高等职业教育经济管理类专业教材
——荣获华东地区大学出版社第七届优秀教材奖



# 税收实务

（第 2 版）

主　编：杨晓明
副主编：张佳佳
参　编：（按姓氏笔画排序）
吴永贺　夏志勤　徐桂峰　韩艳翠

东南大学出版社
·南　京·

## 内 容 提 要

本书包括税收理论和税收实务两部分内容，重点突出税收实务。在税收理论方面，主要阐述税收的本质、职能以及与税收制度建立、涉税业务运用有关的基础理论和基本知识。在税收实务方面，系统反映和介绍税收实体法和税收程序法的最新内容，包括每一税种的立法精神、征收制度、税额计算和申报缴纳方法、主要税种的会计处理以及我国税收管理体制、征收管理法规和税务行政司法制度。

本书体系结构严谨，内容新颖翔实，突出应用性特点，通过各章的案例设计和习题设计，加强学生应用能力的训练，提高学生理解、运用和执行国家税法的水平，以满足其将来从事经济管理工作的需要。

本书为高等职业教育经济管理类专业教材，也可作为成人教育及国家公务人员的参考用书。

**图书在版编目(CIP)数据**

税收实务／杨晓明主编. —2版. —南京：东南大学出版社，2010.2(2012.8修订)
ISBN 978-7-5641-2065-8

Ⅰ.①税… Ⅱ.①杨… Ⅲ.①税收管理-中国
Ⅳ.①F812.423

中国版本图书馆CIP数据核字(2010)第025101号

**税收实务(第2版)**

出版发行 东南大学出版社
出 版 人 江建中
社　　址 南京市四牌楼2号
邮　　编 210096
网　　址 http://www.seupress.com

经　　销 全国各地新华书店
印　　刷 丹阳兴华印刷厂
开　　本 16
印　　张 17
字　　数 425千字
版　　次 2010年2月第2版 2012年8月修订
印　　次 2012年8月第5次印刷
书　　号 ISBN 978-7-5641-2065-8
印　　数 13001—16000
定　　价 30.00元

(本社图书若有质量问题，请与读者服务部联系。电话：025-83791830)

# 出版说明

“高等职业教育经济管理类专业教材编委会”自2003年3月成立以来，每年召开一次研讨会。针对当前高等职业教育的现状、问题以及课程改革、教材编写、实验实训环境建设等相关议题进行研讨，并成功出版了《高等职业教育经济管理类专业教材》近60种，其中33种被“华东地区大学出版社工作研究会”评为优秀教材。可以看出，完全从学校的教学需要出发，坚持走精品教材之路，紧紧抓住职业教育的特点，这样的教材是深受读者欢迎的。我们计划在“十二五”期间，对原有品种反复修订，淘汰一批不好的教材，保留一批精品教材，继续开发新的专业教材，争取出版一批高质量的和具有职业教育特色的教材，并申报教育部“十二五”规划教材。

“高等职业教育经济管理类专业建设协作网”是一个自愿的、民间的、服务型的、非营利性的组织，其目的是在各高等职业技术院校之间建立一个横向交流、协作的平台，开展专业建设、教师培训、教材编写、实验与实习基地的协作等方面的服务，以推进高等职业教育经济管理专业的教学水平的提高。

“高等职业教育经济管理类专业建设协作网”首批会员单位名单：

南京正德职业技术学院
南京钟山职业技术学院
江苏经贸职业技术学院
南京应天职业技术学院
无锡商业职业技术学院
南京化工职业技术学院
常州建东职业技术学院
常州工程职业技术学院
南京交通职业技术学院
江阴职业技术学院
扬州职业大学
天津滨海职业技术学院
安徽新华职业技术学院
山东纺织职业技术学院
浙江机电职业技术学院
南京商友资讯电子商务应用研究所
东南大学出版社
南京工业职业技术学院
南京金肯职业技术学院
南通纺织职业技术学院
镇江市高等专科学校
常州轻工职业技术学院
常州信息职业技术学院
常州纺织服装职业技术学院
南京铁道职业技术学院
无锡南洋职业技术学院
南京信息职业技术学院
黄河水利职业技术学院
江苏农林职业技术学院
黑龙江农业经济职业学院
东南大学经济管理学院
广东番禺职业技术学院
苏州经贸职业技术学校
江苏海事职业技术学院

**高等职业教育经济管理类专业教材编委会**
**2012年8月**

# 序

高等职业教育是整个高等教育体系中的一个重要组成部分。近几年来，我国高等职业教育进入了高速发展时期，其中经济管理类专业学生占有相当大的比例。面对当前难以预测的技术人才市场变化的严峻形势，造就大批具有技能且适应企业当前需要的生产和管理第一线岗位的合格人才，是人才市场与时代的需要。

为培养出适应社会需求的毕业生，高等职业教育再也不能模仿、步趋本科教育的方式。要探索适合高等职业教育特点的教育方式，就要真正贯彻高等职业教育的要求，即"基础理论适度够用、加强实践环节、突出职业技能教育的方针"。为此，有计划、有组织地进行高等职业教育经济管理类专业的课程改革和教材建设工作已成为当务之急。

本次教材编写的特点是：面向高等职业教育系统的实际情况，按需施教，讲究实效；既保持理论体系的系统性和方法的科学性，更注重教材的实用性和针对性；理论部分为实用而设、为实用而教；强调以实例为引导、以实训为手段、以实际技能为目标；深入浅出，简明扼要。为了做好教材编写工作，还要求各教材编写组组织具有高等职业教育经验的老师参加教材编写的研讨，集思广益，博采众长。

经过多方的努力，高等职业教育经济管理类专业教材已正式出版发行。这是在几十所高等职业院校积极参与下，上百位具有高等职业教育教学经验的老师共同努力高效率工作的结果。

值此出版之际，我们谨向所有支持过本套教材出版的各校领导、教务部门同志和广大编写教师表示诚挚的谢意。

本次教材建设，只是我们在高等职业教育经济管理类专业教材建设上走出的第一步。我们将继续努力，跟踪教材的使用效果，不断发现新的问题；同时也希望广大教师和读者不吝赐教和批评指正。目前我们已根据新的形势变化与发展要求对教材陆续进行了修订，期望它能在几番磨炼中，成为一套真正适用于高等职业教育的优秀教材。

**宁宣熙**

2012 年 8 月

# 再版前言

高等职业教育具有重实践、重应用、重技能的教育特点，其培养的学生应具有较强的操作能力与应用能力，达到社会对职业技术人才的要求。因此，编写适应职业技术人才培养需要的教材，加强学生应用能力的训练，以实现特定的职业教育目标，是发展我国高等职业教育事业的重要一环。《税收实务》的编写初衷正是基于这一考虑。

近年来，随着我国社会主义市场经济的不断发展，税收制度也在不断改革和完善。为了反映市场经济发展的新情况，充分体现我国税收改革的最新政策和成果，我们对2010年1月出版的《税收实务》(第2版)又一次进行了修改。本次修改在基本保持原书体系和特色的前提下，增加了近三年税收法规和政策调整的新内容，更改和删除了部分陈旧过时的制度规定，使修改后的教材更贴近税收改革与制度运行的实际，具有较强的可操作性和实用性。随着我国税收制度改革的深入及税制结构调整的需要，今后还会有新的税收法规和政策陆续出台，我们将密切跟踪税制的每一变化，并及时对本书作出修订。

再版的《税收实务》由南京航空航天大学经济与管理学院副教授杨晓明任主编，镇江市高等专科学校讲师张佳佳任副主编，负责编写大纲设计和全书总纂。参加本书编写的人员有：杨晓明(第1、2、3、4章)，张佳佳(第5、12章)，江苏农林职业技术学院徐桂峰(第6、11章)，南京航空航天大学金城学院韩艳翠(第7章、第10章第4节)，南京正德职业技术学院吴永贺(第8、13章)，南京交通职业技术学院夏志勤(第9章、第10章第1、2、3节)。

本书在编写过程中参阅、借鉴了大量的文献资料，汲取了经济理论界的一些研究成果，在此谨向这些资料的作者致以衷心的感谢！由于我们水平有限，书中欠妥之处在所难免，恳请同行专家和广大读者批评指正。

编者联系方式：yangxm8@nuaa.edu.cn

编　者

2012年8月

# 目　录

# 1 税收概论

## 1.1 税收的涵义

### 1.1.1 税收的一般概念

税收是历史上最早出现的财政范畴,曾被称为赋税、租税或捐税等。它是国家为向社会提供公共产品,凭借政治权力,按照法定标准,强制地、无偿地参与国民收入分配而取得财政收入的一种分配方式,它也是国家用以控制和调节经济的重要工具。

对税收概念的内涵与外延,可从以下几个方面去理解。

1) 税收是国家取得财政收入的一种方式

从最简单最直观的现象看,税收首先是国家取得财政收入的一种方式。从纵向角度看,历史上不同社会制度的国家为取得财政收入曾采用多种方式,但其中都包括税收这种方式。从横向角度看,在现代经济社会,国家财政收入除了税收以外,还有债、费、利等多种形式,但不论是什么类型的国家都把税收作为组织财政收入的主要手段。

2) 国家征税的目的是为社会提供公共产品

税收作为一种分配形式,从本质上说是以满足社会公共需要为基本目的的。公共需要作为一种社会的客观需要,它的物质内容表现为公共产品和公共服务。这类公共产品具有非排他性和非竞争性的特点,由此决定了社会成员不可能通过市场交换的方式来取得公共产品,也决定了满足公共产品需求的分配必须由履行社会公共职能的国家来执行。国家征税,取得财政收入不是目的,而只是一种手段,其目的是为社会提供公共产品。国家在提供公共产品和公共服务的过程中要有相应的人力和物力消耗,形成一定的支出。对这类支出的补偿正是国家征税的目的所在。

3) 国家征税的依据是政治权力

国家取得任何一种财政收入,总要凭借某种权力。而国家权力归根结底不外乎两种,即财产权力和政治权力。国家要取得财政收入,所依据的不是财产权力就是政治权力,两者必居其一。例如:奴隶制国家的王室土地收入凭借的是国家对土地的所有权;封建制国家的官产收入凭借的是国家对生产资料的所有权;社会主义国家的国有企业上缴利润收入也是凭借国家对生产资料的所有权。这些收入依据的都是国家的财产权力。税收则不同,它所依据的是国家的政治权力。也就是说,国家征税带有政治强制性,这种政治权力是通过法律来执行的。因为征税使一部分属于私人所有的社会产品转变为国家所有,必然会引起国家与纳税人的利益冲突。国家只有运用法律的权威性,才能把税收秩序有效地建立起来;也只有通过法律形式,才能保证及时、足额地取得税收,并使国家在税收上的意图得到贯彻执行。

4）税收是国家调节经济的重要工具

税收作为一种财政分配形式，就其与生产的关系来说，一方面要受生产的决定和制约，另一方面又积极影响生产。恩格斯说过，分配并不仅仅是生产和交换的消极的产物，它反过来又同样地影响生产和交换。税收影响和调节经济，首先表现在国家可以运用税收分配政策调节社会的需求总量，实现社会经济的稳定。例如，在经济萧条时期，国家可以采用减税的方法刺激投资和消费，刺激经济增长。其次，国家可以通过税收收入结构的变化影响社会经济结构的变化。例如，在市场经济条件下，国家可以采用轻税或重税政策，鼓励或限制某一产业或行业的发展，从而改变产业结构。

### 1.1.2 税收的形式特征

税收的形式特征，是指税收这种财政收入形式区别于其他财政收入形式的基本标志，是税收本身所固有的表象特征。具体而言，是指税收的强制性、无偿性和固定性。

1）税收的强制性

税收的强制性，是指税收依靠国家权力的强制征收而取得，国家以法律形式来确定政府作为征税者和社会成员作为纳税人之间的权利和义务关系。任何组织和个人都必须依法履行纳税义务，否则就会受到法律的制裁。不论何种社会，税收之所以成为财政收入的强有力的形式，就在于它有法律保证。税收的这种强制性与公债收入、规费收入、公有财产收入等其他财政收入形式有明显的区别。

税收所以具有强制性，是由税收作为补偿公共产品价值的这一分配性质所决定的。由于政府提供的公共产品具有非排他性、非竞争性的特点，因此社会成员在消费公共产品时是不会自愿付费的，政府只有通过强制征税的方式才能使公共产品的价值得以补偿。

2）税收的无偿性

税收的无偿性，是指国家征税后，既不需要偿还，也不需要向纳税人付出任何报酬。正如列宁所说的："所谓赋税，就是国家不付任何报酬而向居民取得东西。"（《列宁全集》第32卷，275页）税收的无偿性是就政府与具体纳税人之间关系而言的，二者权利和义务关系是不对等的。政府向纳税人征税，不是以具体提供公共产品和公共服务为依据；而纳税人向政府纳税，也不是以具体分享公共产品和公共服务利益为前提。就税收的这种无偿性而论，税收和其他财政收入形式是明显不同的。例如：国家发行公债，取得债务收入，国家是作为债务人对债券持有者具有直接的偿还关系，即公债收入是有偿的，必须按期还本付息。规费收入也体现一种有偿性，它是以国家机关为居民提供某种服务为前提的。

税收的无偿性是由财政的无偿分配所决定的。国家财政支出体现着国家在实现其公共职能过程中所耗费的物质资财，财政支出是无偿分配的，因此国家凭借政治权力取得用于这种支出的财政收入——税收，也只能是无偿的。

3）税收的固定性

税收的固定性，是指国家通过法律形式，预先规定征税的对象以及征收的比例或数额，并按预先确定的标准实施征税。税法一经公布实施，征纳双方都必须严格遵守。纳税人必须依法纳税，不得偷漏和拖欠。税务机关也必须依法征税，不得随意降低或提高征收标准。税收的固定性，既有利于纳税人生产经营活动的正常开展，也有利于国家财政收入的稳定。同时，对征纳双方的法律约束也符合市场经济发展的要求。

应该指出的是，对税收的固定性不能误解为课税对象和征收比例永远固定不变。事实上,随着社会经济的发展变化以及国家经济政策的改革和调整,税收的课税对象和征收比例是不断变化的。但课税对象和征收比例的调整变化是要通过法律形式事先规定的,而且在一定时期内要求相对稳定。因此,税收的固定性特征是相对的。

上述税收的三个形式特征是税收的一般特征,是任何社会制度下税收所共有的特征。同时,这三个特征是缺一不可的统一整体,是税收区别于其他财政收入的基本标志,也是鉴别一种财政收入是不是税收的基本尺度。因此判断一种财政收入是否是税收,不能看它的名称,也不能用其他标准,只能看它是否同时具备这三个形式特征。同时具备这三个特征的才是税收,否则就不能算作税收。

## 1.2 税收的产生与发展

税收不仅是一个经济范畴,而且是一个历史范畴。它是人类社会发展到一定历史阶段的产物。也就是说,税收这种分配并不是自人类社会产生以来就有的,而是国家出现以后的产物,并随着国家的发展而发展。税收产生后,经历了几千年的发展,经历了几种不同性质的社会,逐渐完成由简单到复杂、由低级到高级的演变。

### 1.2.1 税收起源

税收的起源是指税收从整个社会产品分配中分离出来,成为一种独立分配形式的过程。这个过程并不是突然出现的,而是同其他经济范畴的起源一样,经历了一个从不完全形态到完全形态的发展演变过程。正如恩格斯所说:“捐税是以前的氏族社会完全没有的,但是现在我们却十分熟悉它了。”(《马克思恩格斯选集》第4卷,第167页)

1) 税收产生的前提条件

税收的产生主要取决于政治和经济这两个相互影响、互为制约的因素,即税收的产生是政治条件和经济条件相结合的产物。

(1) 税收产生的政治条件　原始社会末期,随着社会生产力的不断发展和剩余产品的出现,原始公社的氏族经济逐渐解体,并产生了私有财产制度。人类社会分裂为两个在经济利益上根本对立的阶级——奴隶阶级和奴隶主阶级。奴隶主阶级为了维护他们的统治地位,就需要拥有一种暴力统治的工具,以镇压奴隶阶级的反抗,于是便产生了国家。正如列宁所说:“国家是阶级统治的机关,是一个阶级压迫另一个阶级的机关,是建立一种‘秩序’,来使这种压迫合法化、固定化,使阶级冲突得到缓和。”(《列宁全集》,第25卷,第375~376页)国家的产生和存在,就需要有一批脱离物质生产、专门从事统治机构工作的人员,还要有物质的附属物,如监狱、法庭等各种强制机关。国家为了维持其存在和执行职能的物质资料消费的需要,就必须参与社会产品的分配并占有一部分社会产品,这样便出现了依靠国家政治权力参与社会产品分配的形式——税收。由此可见,国家的产生,公共权力的建立是税收产生的政治条件。

(2) 税收产生的经济条件　在原始公社制度下,社会生产力低下,氏族部落成员共同劳动,共同占有劳动成果,平均分配产品,以维护生存的需要,几乎没有剩余。到了原始公社后期,由于生产力的发展,人们共同劳动所获得的劳动成果,除了满足自身需要以外,开始有了剩余。随着社会剩余产品的出现,社会分工和商品交换也开始产生,氏族部落内部出现了私人占有劳动成果的现象,此时原始公社的共产制经济开始逐渐转变为私有制经济。这时,国家要占有和支配一部分社会产品，只能用强制的、无偿的手段取得。从这个意义上说，征税就是国家对私有财产的一种“侵犯”。氏族部落酋长之所以能利用手中的权力变社会产品公有为私人占有，是因为社会生产力的发展使得剩余产品出现，而国家又需要运用税收方式对私有财产行使支配权。由此可见，剩余产品和私有财产制度的出现是税收产生的经济条件。

综上所述，税收是社会生产力和生产关系发展到一定阶段的产物。它是在人类社会生产力发展到能为社会提供剩余产品，产生私有制并进一步形成阶级、国家后产生的。国家为了其存在和执行职能的需要，必须运用其政治权力参与社会产品的分配，取得它所需要的物质资料。这种为了国家的需要，由国家直接参与的分配从社会产品分配中产生并逐渐独立出来的过程，就是税收起源的过程。

2）我国税收产生的历史过程

我国税收的产生，经历了一个由不完全形态到完全形态的历史演变过程。据史料记载，我国自夏代开始进入奴隶制社会，就具备了产生税收的政治条件和经济条件。夏王朝用贡赋形式向臣民进行征收，这是我国古代最早的赋税形态，并且已具备强制性、无偿性等赋税的一般特征。

（1）税收的雏形阶段　据史书记载，我国在奴隶社会曾实行过贡、助、彻的制度。《孟子·滕文公上》说：“夏后氏五十而贡、殷人七十而助、周人百亩而彻，其实皆什一也。”其中，贡是耕种王室或贵族土地的平民向王室或贵族献纳农作物；助是借助农户耕种公田的力役课征；彻是按耕种地收获物的数量进行课征。总之，贡法、助法、彻法都是对土地的较为原始、简单的课征形式，是一种不完全形态的税收。税收这段尚未成熟的发展过程，称为税收的雏形阶段。

（2）农业赋税——初税亩　由于社会生产力的发展，奴隶制社会到了春秋时期，铁制农用工具日益广泛使用，开垦私田现象十分普遍，而私田里的收获物不纳赋税，这就造成奴隶制国家难以维持日益庞大的财政支出，严重地冲击了奴隶制国家的经济基础。于是，当时主要诸侯国之一的鲁国，在公元前594年，率先实行了“初税亩”，即不论公田、私田，一律按亩纳税。这样，税收课征制度由不完全形态过渡到了完全形态。它以土地私有制为基础，土地所有者只要依法纳税，税后的全部农产品收获物均归自己支配，并且土地可以自由买卖和出租，地租随之变成合法形式。

（3）商业和手工业税收　西周后期，由于农业和手工业产品的交换活动日益增多，除了官营的商业和手工业之外，还出现了私营的家庭手工业作坊。奴隶制国家为了满足日益增加的财政开支的需要，开始对参加商品交换的物品征税，其内容主要包括关市税和山泽税两种。关市税中的关税是对经过关卡的货物征税，市税是对上市交易的商品征税。山泽税，是对山林、园池水泽的各类产出所征的税。这些税可以看做是我国最早出现的工商税收。

### 1.2.2　税收发展

税收产生以后，随着社会的发展，也经历了从简单到复杂、从原始形式到现代形式的不同发展阶段。

1）奴隶制国家税收

奴隶社会生产关系的特点是，奴隶主既是土地的私有者又是国家权力最高的主宰者，奴隶劳动的成果及奴隶本身均是奴隶主阶级的私有财产。因而在奴隶社会，国家财政收支同国王私人的收支是不分的。国家财政收入主要是依靠拥有土地所有权而获得的“地租”性质的收入、直接占有奴隶的劳动成果、降服国的贡纳等，而税收收入在奴隶制国家财政收入中仅占次要地位。

奴隶社会税收具有以下特点：

(1) 地租与赋税混淆不清　奴隶社会的土地分封制和王田制是贡、助、彻的经济基础，国王利用政治权力和土地所有权，对使用土地的臣民收取土地上的收获物，可以称为“地租”，也可以称为“赋税”。

(2) 采用最古老最原始的直接税　奴隶社会由于商品货币经济不够发达，国家的课税办法也极其简单，一般都是以课税对象的外部特征为标志直接课征，如对土地课征的土地税，以人为课税对象的人头税等。这样就不可能做到税负的公平合理。

(3) 纳税形式较为低级　虽然我国是世界上最早使用货币的国家之一，但由于奴隶制社会商品经济很不发达，各种赋税基本上完全采取实物形式，有的还采取力役形式。如商朝的“助”法，就是把土地划分为井字形方块，中央一块为公田，周围八块为私田，耕作私田的八户人家，必须先出劳力耕好公田，而后才能耕种私田，这就是一种力役课征形式。

2) 封建制国家税收

封建社会生产关系的基础是封建主占有生产资料(土地)和不完全占有劳动生产者。封建社会的经济特征是自给自足的自然经济，农民被束缚在小块田地上，生产的农业收获物和自制手工业品除了少量供自身及家庭生存的需要外，大部分被封建统治者占有。封建制国家税收与奴隶制国家税收相比，也具有新的特点：

(1) 对土地的课税逐渐成为国家财政收入的主要来源之一。由于封建社会的田赋是建立在封建土地所有制和农民依附土地的基础之上，它逐渐成为封建国家最重要的税收。田赋的课征对象是土地，但税收负担的实际承受者是佃农，因为地主本身不从事生产劳动，他们所缴纳的田赋实质上是佃农提供的地租的一部分。田赋是农民剩余劳动价值的转化形态，即所谓“税出于租”。

(2) 随着商品经济的发展，工商业税收等间接税日益增多。封建制社会早期，就曾出现过关市之征、山泽之征、布缕之征，以后又逐渐增加盐铁茶酒之征，名目日渐繁多，税负日益加重；到了宋代，工商业税收已成为国家财政的又一重要来源，规模仅次于田赋；到清代乾隆、嘉庆时，中央财政收入的十分之一左右来自于工商业税收。封建制社会工商税收的不断增加反映了商品经济的不断发展。

(3) 纳税形式由实物交纳逐渐向货币交纳转化。税收的实物交纳是以自然经济为前提条件的，主要交纳的是农副产品和部分家庭手工艺品。随着封建社会商品经济的不断发展，纳税形式也逐渐演变，由实物形式过渡到货币形式。在商品经济发达的地方，甚至货币税取代了实物税，成为纳税的主要形式。

3) 资本主义社会国家税收

同封建社会相比，资本主义社会的生产力有了极大的发展，生产关系也随之发生了重大的变化。在生产力方面，机器作业取代了手工作坊，社会化大生产方式取代了自给自足的小生产方式。在生产关系方面，生产资料归资本家所有，劳动者摆脱了对土地所有者的人身依附关系，可以自主地支配自己的劳动力。与此同时，商品经济得到充分发展，整个社会财富表现为庞大的商品堆积，对外经贸往来日益发达。与这种生产方式相适应，资本主义国家的税收也发生了重大变化。

资本主义国家的税收制度主要经历了两个发展阶段：

(1) 自由资本主义时期的税制　在资本主义发展初期,古老的直接税逐渐被取消,建立和发展了以商品为课税对象的间接税制度。这是因为商品课税税源广阔,且易于转嫁,税收负担者主要是消费者,既有利于减轻资产阶级的税收负担,促进资本主义工商业发展,又有利于保证国家财政收入。因此在18世纪前后,间接税制度已在资本主义各国得到广泛的推行。

(2) 垄断资本主义时期的税制　随着自由资本主义向垄断资本主义的过渡,社会财富两极分化日趋严重,阶级矛盾非常尖锐,要求对富有的资产阶级开征高额累进的所得税和财产税,以解决社会分配不公的改良主张盛行。同时,长期实行的间接税由于多环节、全额课征,也阻碍了商品生产和商品流通的进一步发展,影响了国际市场的开拓。因此,许多资本主义国家又逐渐确立了以现代直接税为主体税种的税收制度。

资本主义国家税收具有以下特点:

(1) 税收征纳形式已完全货币化　由于资本主义社会是高度商品化的社会,所以税收已实现了完全的货币化,并且税收与成本、利润、价格、银行信用等范畴之间的相互结合和相互渗透日益加强。

(2) 以所得税和商品税为基础　在大多数资本主义国家里,以所得税为主体税种,所得税税额在税收总额中占有很大比重,但商品课税也并没有放弃,所占比重仅次于所得税。在资本主义税收制度的演变过程中,先以商品税为主,而后才逐渐转变为以所得税为主。所以,资本主义国家的税收制度是以所得税和商品税为基础确立起来的。

(3) 税收制度的法制化　资本主义制度确立以后,废除了封建专制制度,实行了资产阶级民主制。在资产阶级民主制度之下,国家征税均须由议会制定税法,再依法课征,国家元首或君主不能擅自决定征税。这与封建社会的专制课税相比不能不说是巨大的进步。

(4) 税收被作为经济杠杆加以运用　税收具有灵活性和敏感性,长期以来被资本主义国家作为调节经济的"内在稳定器"加以运用。特别是二次世界大战后,各主要资本主义国家经济危机频繁发生,通货膨胀不断加剧,资本主义国家政府常常运用税收作为抵制经济危机和通货膨胀的手段。在经济危机时期,为了刺激经济复苏,实行减税,以增加社会需求;在通货膨胀时期,增加税收,以减少社会需求,使税收成为政府有效地执行经济政策的工具。

4) 社会主义国家税收

我国作为社会主义国家的代表,实行以生产资料公有制为主体、多种经济成分并存的社会经济制度。随着社会主义市场经济体制的逐步建立,国家与微观经济主体的分配关系更多地采用规范的税收形式,也逐步形成一套科学、完善的复合税收制度。社会主义市场经济体制下的税收,不仅是国家筹集财政收入的主要形式,同时也是国家调节经济的重要工具。

### 1.2.3　税收的演变

纵观税收的发展历史,可以归纳出税收的几大演变:

1) 税收名称的发展变化

从名称上看,税收经历了由非税名称向税的名称演变的过程。由于生产方式与社会经济形态的不同,历史上政府的无偿征收曾采用过多种形式,因此税收也曾有过多种名称。在自然经济占统治地位的社会,政府征收更多地采用非税名称,例如我国的贡、赋、租、捐等。但随着商品经济的发展与完善,非税名称逐渐与税的名称结合运用,如赋税、租税、捐税,并向单纯的税收名称转化。

2）税收征收形式的发展变化

从征收形式看，税收经历了由实物征收向货币征收的演变过程。在自然经济条件下的奴隶社会和封建社会，货币和信用体系还不发达，税收的征收形式主要采用实物形式和力役形式。随着商品经济的发展，货币和信用体系已经深入到社会经济生活的各个方面。与之相适应，税收的征收形式也逐渐由实物、力役征收过渡到货币征收。

3）税收法制的发展变化

从法制建设的程度看，税收经历了由专制征收向法制征收的演变过程。在奴隶社会和封建社会初期，税收制度并不完善，税收收入在很大程度上是由国家行使征税权同贡纳者的自由贡献相结合而实现的。在封建国家中央集权制度确立后，税收征收体现为专制课征。随着商品经济的发展，资本主义制度的确立，废除了封建专制制度，建立起了较为健全的税收法律制度，国家征税的法制化程度大大加强。

4）税制结构的发展变化

从税制结构看，税收经历了由古老直接税向间接税，再向现代直接税的演变过程。在自然经济条件下的奴隶社会和封建社会，商品经济还不发达，只能实行直接对人或物征收的人头税、土地税。在资本主义社会，由于商品经济的发展，对商品课征的销售税、消费税等间接税取代了古老直接税，从而上升为主要税收。随着现代经济的发展，税制结构又由商品课税为主向所得课税为主转变，并正进一步向构建现代直接税和现代间接税并存的税制体系发展。

5）税收地位的发展变化

从税收作用看，税收经历了一个由单纯财政收入形式向重要经济调节工具的演变过程。虽然税收分配本身具有调节经济的功能，但在自然经济条件下，税收对经济的调节影响力比较小。在商品经济发展前期的自由竞争阶段，人们注重用价值规律这只无形的手来调节和影响社会经济运行。随着商品经济进一步向垄断竞争的发展，市场在资源配置、收入分配以及经济稳定方面的缺陷和矛盾日益突出，市场调节的局限性日益暴露，政府逐渐开始重视自觉运用财政、税收等手段来调节经济，这使税收在经济运行中的地位也变得日益重要。

## 1.3 税收职能

税收职能是指由税收本质所决定，内在于税收分配过程中的职责与功能。税收职责是指税收在社会再生产中所承担的根本任务，表明税收应该做什么的问题。税收功能是指税收完成其根本任务的能力，表明税收能够做什么的问题。两者的结合构成了税收的职能。

税收职能可以从两个方面考察：一是税收作为政府提供公共产品，满足社会公共需要的价值补偿所具有的功能；二是税收作为政府履行职责的政策工具所具有的功能。具体可分为筹集资金职能、资源配置职能、收入分配职能和宏观调控职能。

### 1.3.1 筹集资金职能

税收的筹集资金职能，是税收所具有的从社会成员处强制性地取得一部分收入，用以满足国家为履行公共事务职能、提供公共产品所需物质的功能。

1）税收筹资的特点

在现代经济社会，国家筹集财政资金的手段除税收外，还有公债、利润上缴、专项基金、规费等多种形式。但除税收以外的其他形式收入都难以为政府提供持续、稳定、足额的收入来源，唯有税收能担当为政府筹集财政资金的职能。现代国家之所以越来越依赖于税收方式筹集收入，税收占财政收入的比重越来越大，是与税收收入的特点密不可分的。与其他财政收入形式相比，税收筹集收入有以下特点：

(1) 来源的广泛性　从社会再生产各环节看，国家既可以在生产领域征税，又可以在流通领域、分配领域、消费领域征税。从产业构成看，国家既可以对农业、工业等第一、第二产业部门征税，也可以对商业、服务业等第三产业部门征税，所有产业部门均可划定在国家的征税范围之内。从课税对象看，国家既可以选择对商品劳务征税，也可以选择对所得额征税，还可以选择对各种资源、财产、行为征税。由此可见，税收深入到社会经济生活的各个角落，保证了财政收入拥有广泛普遍的来源，这是其他任何一种财政收入形式所不及的。

(2) 形成的稳定性　首先，由于税收来源广泛，使不确定因素对税收影响较小。其次，税收是凭借国家的政治权力依法征收的，因而不受财产权力的限制。任何人只要发生了应税收入、所得、财产、行为就必须依法纳税，税款归国家所有，不再直接返还给纳税人，这就使税收收入建立在稳定、可靠的基础之上。

(3) 获得的连续性　税收由不同的经济组织和个人直接缴纳，但最终来源于国民收入。只要社会再生产连续不断地进行，国民经济正常运行，国民收入被源源不断地创造出来，政府就能持续地获得税收收入。

2) 税收筹资的规模

新中国成立以来，特别是经济体制改革以来，我国税收在筹集财政资金方面发挥了重要作用。从数量上看，截至 2011 年，我国年税收收入总额已达 89 720.31 亿元，占同期财政收入的比重为 86.5%，占同期 GDP 的比重为 19.58%，税收已成为国家财政收入的重要支柱。为发展我国的社会主义事业，满足国家行使公共事务职能的物质需要，今后还将筹集更多的税收收入。

但是，政府的税收收入规模究竟有多大，并不是政府主观意愿所决定的，而是由政府为社会提供公共产品的需求和政府取得收入的可能两方面因素共同决定的。

(1) 税收收入规模取决于政府为社会提供公共产品的财力需求。公共产品又分为纯公共产品和准公共产品两类。纯公共产品是同时具备非竞争性和非排他性的产品和服务，比如国防、司法、行政管理等。纯公共产品一般情况下无法由市场提供，而只能由政府提供，因此，满足纯公共产品的社会需求是政府税收收入规模的最低需求。准公共产品是不完全具备非竞争性和非排他性，或只具备两个特征之一的产品和服务，比如医疗、教育、交通等。准公共产品可以由市场提供，也可以由政府提供，选择哪一种提供方式主要取决于效率、公平等多种因素的考虑。如果准公共产品由政府提供比市场提供效率更高，或更有利于公平，那么，税收收入规模就要考虑政府提供准公共产品的需求。

(2) 税收收入规模还取决于政府取得收入的可能。税收收入的增长是受一定条件制约的。从客观条件看，税收收入的多少是由经济发展水平决定的，经济发展的规模和增长速度以及经济效益的水平决定了税收收入的规模和增长速度。从主观条件看，税收收入的增长还受到政府税收政策实施、税收制度建设状况以及税务征收管理水平的制约。只有建立完善公平的税收制度、科学高效的征收管理体系，才能够保证税收收入的有效增长。

3) 税收筹资的实现

要顺利实现税收筹集财政收入的职能，除了要正确处理税收增长与经济发展的关系，通过发展生产和提高效益来促进税收收入增长之外，还应从以下几个方面着手：

(1) 适应市场经济发展的需要，不断拓宽税收聚财的领域。在我国传统的计划经济体制下，由于国家集国有资产的所有权和管理权于一身，主要以利润上缴形式从国有企业取得财政收入，再加上所有制结构的单一化，因此国家与企业的分配关系并不主要依靠税收来解决，税收聚财的范围较窄，聚财的功能有限。随着我国社会主义市场经济体制的建立与发展，客观上要求税收适应国民收入分配格局的变化，适应生产要素全面进入市场的状况，不断扩大税收对经济生活的覆盖面，拓宽税收聚财的领域：一是随着政府职能的转变和国有企业经营机制的转换，政府与国有企业的关系要由"父子关系"、行政隶属关系变为经济关系、税收关系，税收要成为处理国家与国有企业分配关系的最主要手段；二是随着集体企业、三资企业、私营企业等多种经济成分的不断发展，非国有经济创造的产值已是全部产值的70%，国家要改变过去只注重从国有企业单一渠道取得收入的做法，转向注重从多种经济成分中依法取得收入；三是随着第三产业的迅猛发展，资金、财产、土地、劳务、技术、信息等生产要素逐步进入市场，也大大拓宽了税收的聚财领域。

(2) 加强税收立法，完善和健全税收制度。健全完善的税收法规和税收制度是发挥税收聚财功能的基本保证。如果税法不统一、税制不完善，就会造成企业之间税收负担的不合理，市场竞争的不公平，从而限制税收组织收入作用的发挥。同时，税收法制不健全，也影响了税法执行的刚性和严肃性，税收在组织收入的过程中极易受到方方面面的干扰。因此，要逐步加强我国的税收立法，完善税收制度，确保税收聚财功能的实现。

(3) 加强税收征管，为充分发挥税收的聚财功能提供管理保证。要发挥税收组织收入的作用，还必须加强税收征管工作，逐步建立起科学严密的税收征管体系，堵塞税款的跑、冒、滴、漏，切实做到以法治税，应收尽收。

### 1.3.2 资源配置职能

税收的资源配置职能，是税收所具有的，通过一定的税收政策、制度，影响个人、企业经济活动，从而使社会经济资源得以重新组合、安排的功能。

在社会主义市场经济条件下，社会资源配置主要是通过市场而不是通过政府来实现的。但是市场的资源配置作用也不是万能的，它存在着自身无法弥补的缺陷。首先，市场主体利益的局限性，使市场调节具有一定的盲目性。市场机制是通过商品生产者本身利益驱动的，它们的出发点是微观利益，而不是社会利益。因此，对社会宏观需求，对不具有排他性和竞争性的公共产品，市场调节是失效的，不可能通过市场竞争来提供满足社会公共需求的产品和劳务，如任何社会所必需的行政管理、国防和电力、供水、道路、交通设施等。其次，市场信号对生产调节具有局限性和滞后性。商品的暂时脱销和积压、投机者的抛售行为和抢购都会给市场发出不准确、不全面甚至是错误的信息。市场调节是根据市场的价格信号去支配生产经营者行为，而市场价格是根据业已形成的供求关系产生的。对正在形成和变化的供求关系，市场价格是无法反映的，从而会引起市场调节的滞后性。因此就要求有一种兼顾微观主体利益和社会需要的配置手段，这种手段能够在保证企业对资源配置基本要求的基础上实现资源配置的最大社会效益，税收就是这样一种手段。税收作为政府调节经济的杠杆，可以在资源有限和多种资源需求的矛盾中寻求一种社会产出最大或社会效益最大的资源投入方向和资源配置结构。

税收对资源配置的功能主要体现在以下几个方面：

1）调节和影响经济结构

经济结构是指国民经济各个部门、各个地区、各种经济成分、各经济组织以及社会再生产各方面的构成及其相互联系、相互制约的关系。经济结构的内涵十分丰富，表现形式亦多样化，包括产业结构、地区结构、所有制结构等多方面内容。税收影响经济结构，是指国家通过合理设置税种，制定科学的差别税率和针对性强的税收奖限政策等，形成税收上的利益差别机制，引导资源的有效配置和经济结构的优化组合。

（1）调节产品结构或产业结构　不同产品或产业的发展，在很大程度上取决于该产品或产业的盈利水平，而税收对产品或产业的盈利水平具有重要的影响。在价格不变的情况下，增加税收会减少利润，从而限制某种产品或产业的发展；反之，减少税收会增加利润，从而鼓励某种产品或产业的发展。对不同产品、不同行业制定不同的税收奖限政策和差别税率，可以引导产业和产品结构优化。例如，农业、能源、交通、原材料基础工业是我国产业政策扶植的重点，因此在征税上应实行轻税政策，促进这些产业部门的发展。

（2）调节生产力地域结构　生产力在不同地区的配置，不仅受自然资源、交通运输、技术基础、经济协作等客观因素的制约，而且还受税收政策的影响。如果各地区税收政策没有差别，生产力就会涌向客观条件较好的地区，出现各地区经济发展不平衡的现象。如果在税收政策上根据各地区不同情况区别对待，对客观条件较差、经济发展落后的地区给予一定的优惠待遇，就会促进这些地区的经济发展，使生产力地域结构更趋合理。例如，在西部大开发中，对西部投资给予更多的税收优惠，既有利于这些地区的经济发展，又有利于各地区的经济平衡。

（3）调节企业组织结构　不同的企业组织结构对资源的有效利用和经济效益的提高会产生不同的影响，通过税收政策和制度的安排，有利于企业实现经济效益的最大化。例如，对企业商品销售实行多环节按增值额征收的商品课税，由于避免了重复课税，对企业的组织结构选择的影响是中性的，从而有利于促进专业化协作企业的发展。又如，对企业集团实行相对灵活的所得税申报政策，可以提高企业集团的税后收益，有利于企业的集团化规模化发展。

2）纠正外部经济

在市场经济条件下，由于存在外部经济的影响，企业的会计成本和收益不能真实反映企业的实际成本和收益，导致价格失真，使企业决策有可能偏离有效资源配置状态。通过税收的制度安排和政策引导，改变企业的成本和收益，进而通过改变的价格来调整资源的配置状态。外部经济包括外部成本和外部收益两个方面，税收的调节也从这两方面着手。

（1）纠正外部成本　外部成本是指在企业生产成本中没有得到反映的成本，或者说是企业成本和社会成本的差额。例如，企业生产中所造成的环境污染就属于没有通过企业成本补偿，却给社会带来损害的外部成本。如果对产生外部成本的产品征税，以税收替代外部成本，将使低于社会成本的企业成本抬高，使企业按社会成本来决定价格和产出，进而有利于改善资源配置状况。

（2）纠正外部收益　外部收益是指在企业收益中没有得到反映的收益，或者说是企业收益和社会收益之间的差额。例如，企业利用“三废”（废水、废气、废渣）作为原材料生产产品所创造的社会效益，就属于没有计入企业收益却给社会带来福利的外部收益。如果对产生外部收益的产品给予减免税或补贴，以减免税或补贴来反映外部收益，使低于社会收益的企业内部收益得以提高，使企业按社会收益来决定价格和产出，进而有利于改善资源配置状况。

3）有效利用资源

资源的有限性与资源的需求是发展经济的一对矛盾。解决这一矛盾除了依靠市场机制的基础性调节外，还可通过税收政策引导资源的有效配置。例如，当某种资源紧缺应限制消费时，就提高对该资源利用的税收；当某种资源充裕应鼓励消费时，就降低对该资源利用的税收。

另外，企业在自然资源占有情况上的不同，会形成企业之间的级差收益。如果任其差异存在，必然造成企业之间的不平等竞争，造成“采易弃难”、“采富弃贫”的资源浪费现象。因此，按自然资源级差收益征税，一方面可形成国有资源的有偿使用机制，增加政府财政收入；另一方面也能促使企业合理利用和有效配置资源。

### 1.3.3 收入分配职能

税收的收入分配职能，是税收所具有的，通过一定的税收政策、制度，影响社会成员收入分配格局的功能。

分配指的是社会产品的分配，它决定社会成员占有生产成果的比例。我国社会主义市场经济条件下的现行分配机制为：按劳分配为主体，多种分配方式并存。但由于各人能力有别，各人拥有要素质量、数量以及机会的差异，终使个人收入分配结果发生较大差异，从而同按社会伦理角度所确立的公平分配的要求发生矛盾和冲突，可能导致社会的不稳定。因此，要求政府来纠正市场分配缺陷，实现公平分配的目标。

税收对个人收入分配的影响可以通过不同的税种体现出来。

1）所得税对个人收入分配的影响

对个人收入征收个人所得税，在采用累进税率的情况下，征收额随着个人收入的增加而递增，对低收入者按比较低的税率征税或不征税，对高收入者按比较高的税率征税，可以有效缩小高收入者和低收入者之间的收入差距。另外，对不同性质和来源的个人收入，采取区别对待的税收政策，对劳动所得采用低税率，对资本所得采用高税率，既可调节个人收入结构，也能有效缩小收入差距，实现社会公平。

2）商品税对个人收入分配的影响

在商品税由消费者负担的情况下，征收选择性的商品税或实行高低不等的差别税率，既可降低个人的购买能力，也可调整个人的消费结构。例如，我国实行的消费税，主要选择对非生活必需品和奢侈品征税，并采用差别税率，征税品目更多地针对高收入者的消费需求。这样，高收入者在满足自身需求的同时，也相应接受了税收调节，缩小了与低收入者之间的收入差距。

3）财产税对个人收入分配的影响

在财产占有不均衡、贫富悬殊差距较大的情况下，通过开征遗产税、赠与税等可以调节个人财产的占有状况以及财产所有人的收入，有效缩小贫富差距。

### 1.3.4 宏观调控职能

税收的宏观调控职能，是税收所具有的，通过一定的税收政策、制度，影响社会经济运行，促进社会经济稳定和发展的功能。在市场经济条件下，税收宏观调控职能主要体现在调控经济总量和调节供给结构两个方面。

1）调控经济总量

总供给与总需求的矛盾是社会经济运行中的主要矛盾，供求失衡往往会造成经济过分扩张、物价上涨、经济衰退、大量失业等问题，影响整个社会经济的协调稳定发展。因此，各国政府都非常重视运用经济、法律、行政等手段对经济总量施以调控。其中，税收调节是政府运用最多最得力的手段之一。

税收对经济总量的调控主要是通过提高或降低税率，扩大或缩小税基等来减少或增加人们的货币购买或支付能力，达到抑制需求或刺激需求的目的，求得社会总供给和总需求在总量上的平衡的。其基本做法是：当有效需求不足使总需求小于总供给而导致经济萎缩时，政府要选择扩张性税收政策，降低税率，减少税收，增加企业和个人可支配收入，增加投资和消费，通过扩大社会总需求，促进经济的复苏和增长。相反，当需求过旺使总需求大于总供给而导致物价上涨、通货膨胀时，政府要选择紧缩性税收政策，提高税率，增加税收，减少企业和个人可支配收入，减少投资和消费支出，通过抑制社会总需求来减轻通货膨胀的压力。税收的上述调节作用，在以所得税为主体税种并采取累进税率的发达国家表现得尤为突出。

2）调节供给结构

造成总供给与总需求失衡的原因，可能是由于总需求的过度膨胀或过度萎缩引起的，也可能是由于总供给的不足或过剩引起的。而总供给问题引起的经济失衡，又往往是由于供给结构不合理所造成的。例如，当国民经济中的某些关键部门，如能源、交通等部门发展滞后，满足不了其他部门的需求时，就会拖累整个经济的发展。而当某些经济部门生产过剩时，又会造成资源浪费，产业萎缩。税收对供给结构的调节，一方面通过低税或减免税政策，支持和促进国民经济“瓶颈”部门的发展，支持和促进短线产品的生产；另一方面通过高税率政策，限制长线产品的生产，促进产业结构的合理优化。

## 1.4 税收要素

税收所要解决的最基本问题是：对什么征税？向谁征税？征多少税？这些基本问题涉及税收的基本要素：纳税人、课税对象、税率。税收要素是税收理论分析、政策制定、制度设计的基本工具。

### 1.4.1 纳税人

纳税人是纳税义务人的简称，亦称纳税主体，是税法规定的直接负有纳税义务的单位和个人。每一种税都有特定的纳税义务人，纳税人说明一种税由哪些组织和个人交纳，它是税法构成的最基本要素之一。

纳税人包括自然人和法人两种。所谓自然人，是指负有纳税义务的公民或居民个人，如从事工商营利事业的个人以及有应税收入或有应税财产的个人。所谓法人，是指依法成立并能独立行使法定权利和承担法律义务的社会组织，主要是各类公司、企业。不论是自然人还是法人，在国家税法规定的范围内，都是法定纳税义务人，直接同国家税务机关发生征纳关系。在无正当理由而不履行纳税义务时，将受到国家法律的制裁。

与纳税人有联系的一个概念是扣缴义务人。扣缴义务人是代扣代缴义务人和代收代缴义务人的统称，它是税法中规定的，在其经营活动中负有义务扣除或收取应纳税款，并代为向国库缴纳的单位和个人。扣缴义务人必须按税法规定履行其扣缴义务，否则将会受到相应的法律制裁。扣缴义务人依法履行其扣缴义务时,纳税人不得拒绝,税务机关可按规定付给其一定比例的手续费。

与纳税人有联系的另一个概念是负税人,负税人是指税款的最终承担者。当纳税人所缴纳的税款是由自己负担时,纳税人与负税人是一致的。当纳税人通过一定途径将税款转嫁他人负担时,纳税人就不是负税人。

### 1.4.2 课税对象

课税对象又称征税客体,是指税法规定的征税的目的物。每一种税都必须明确规定对什么征税,不同的税种有不同的征税对象,它是一个税种区别于另一个税种的主要标志。根据不同的征税目的和客观经济状况,国家可以选择多种多样的课税对象,如对商品课税,对所得课税,对财产课税,对资源课税以及对特定经济行为课税等。课税对象是税收制度的基本要素之一,它与税源、税基、税目等概念密切相关。

税源是指税收的经济来源,一般来说,税源来自物质生产部门劳动者创造的国民收入。但每种税因课税对象的不同,都有不同的经济来源。从二者的关系看,有些税种的税源与课税对象是一致的,如企业所得税,它的税源与课税对象都是纳税人的利润所得;有些税种的税源与课税对象并不一致,如财产税,课税对象是财产的数量或价值,而税源则是财产带来的收益或财产所有人的收入。作为税法,只规定课税对象而不规定税源,是因为国家税收对经济的调节一般是从课税对象入手,而不直接涉及税源,但是作用的最终归宿主要还是在税源上。由此可见,课税对象是征税的直接依据,而税源则是税收负担的最终归宿。

税基的概念可以从两个方面理解:一方面从宏观角度看,税基是指征税的经济基础,通常分为收入型税基、消费型税基、财富型税基三大类。这是在税收经济分析时经常使用的概念。另一方面从微观角度看,税基是指计算税额的基础或依据,又称为计税依据。如果说课税对象是对征税客体的质的规定,那么计税依据则是对征税客体的量的规定。课税对象与计税依据虽然都是反映征税客体的,但两者要解决的问题却不相同。课税对象是解决对什么征税的问题,计税依据则是解决课税对象的计量问题。例如,消费税的课税对象是列举的消费品,而计税依据则是消费品的销售收入。

税目是指税法规定的课税对象的具体项目,它具体的规定一个税种的征税范围,体现了征税的广度。有的课税对象简单、明确,不再划分税目;有的课税对象则包括多个税目。划分税目的目的,是为了进一步明确具体的征税范围,以利于贯彻国家的经济政策和充分发挥税收的调节作用。

### 1.4.3 税率

税率是应纳税额与课税对象数额之间的比例。税率是计算税额的尺度,体现了征税的深度。在课税对象数额已经确定的前提下,国家征税数量的多寡和纳税人税收负担的轻重取决于税率水平的高低,国家对经济活动的奖限政策也主要体现在税率方面,所以税率是税收制度的中心环节。一般来说,税率可分为比例税率、累进税率和定额税率三种形式。

1）比例税率

即对同一课税对象不论数额大小,都按同一比例征税。比例税率是一种最常见、应用最广泛的税率,适用于许多课税对象。

在实际运用中,比例税率又分为统一比例税率和差别比例税率。统一比例税率是指一种税只设一个比例税率，所有的纳税人或征税项目都适用同一税率。差别比例税率是指一种税设两个或两个以上的比例税率，不同的纳税人或不同的征税项目分别适用不同的税率。我国现行税制中的差别比例税率又包括以下四种：

(1) 产品差别比例税率　即按产品类别或品种设计税率，同一产品采用同一税率，产品不同则税率不同，如消费税。

(2) 行业差别比例税率　即按行业设计税率，同一行业采用同一税率，行业不同则税率不同，如营业税。

(3) 地区差别比例税率　即按不同地区的生产力发展水平和收益差异设计不同的税率。

(4) 幅度差别比例税率　即税法规定的税率有一个从低到高的幅度，由地方政府根据本地区的实际情况，在规定的幅度内确定具体的适用税率。

比例税率的优点：一是同一课税对象的不同纳税人税收负担相同，有利于纳税人在大体相同的条件下开展公平竞争；二是计算简便，有利于征收和缴纳。比例税率的缺点是不能体现量能纳税原则，不论收入多少都按同一比例征税，与纳税人的负担能力不完全相适应，在调节社会分配方面有一定的局限性。

2) 累进税率

即按税基数额的大小，划分若干个等级，随着税基数额的增大而逐级提高的税率。累进税率因计算方法的不同，又分为全额累进税率和超额累进税率两种。

全额累进税率就是税基的全部数额都按照与之相对应的最高级次的税率计算税额。超额累进税率就是把税基按数额大小划分成若干等级部分，各个等级分别规定相应的税率并分别计算税额，然后再汇总为全部应纳税额。

例如，假设所得税税率如表 1.4.1 所示。

**表 1.4.1　假设累进税率表**

| 级　数 | 级　　距 | 税　率 |
|---|---|---|
| 1 | 全月应税所得额在 500 元以下 | 5% |
| 2 | 全月应税所得额在 501 元至 1 000 元部分 | 10% |
| 3 | 全月应税所得额在 1 001 元至 2 000 元部分 | 20% |

设某纳税人全月应纳税所得额为 1 200 元，若按全额累进税率计算，应纳税额为：

$$1\,200\times20\%=240(\text{元})$$

若按超额累进税率计算，应纳税额为：

$$500\times5\%+500\times10\%+200\times20\%=115(\text{元})$$

此例说明，在课税对象数额相同的情况下，采用不同的累进税率计算税额，结果不同。

两种累进税率相比较，全额累进税率计算简便，但税负累进程度急剧，尤其在两个级距的临界部位，会出现税额增加超过税基数额增加的不合理现象；超额累进税率虽然在计算上复杂一些，但税负的累进程度比较缓和，可避免全额累进税率的缺点，税收负担较为合理。

超额累进税率虽然在计算上比较繁琐，但这只是技术问题，在实际运用时可以采用“速算扣除数”的办法加以解决。所谓“速算扣除数”，是指按全额累进税率计算的税额减去按超额累进税率计算的税额的差额。其计算公式为：

$$本级速算扣除数=上一级最高所得额\times(本级税率-上一级税率)+上一级速算扣除数$$

3）定额税率

定额税率又称固定税额，是按课税对象的一定计量单位直接规定一个固定数量的税额，而不是规定征收比例。定额税率是税率的特殊形式，一般适用于从量计征的税种。定额税率在实际运用中，又分为以下三种形式：

（1）地区差别税额　即对同一课税对象根据不同地区的自然资源、生产力水平和盈利水平的差异，分别规定不同的税额。

（2）分类分级税额　即把课税对象按一定的标志分类分级，然后按不同的类别或级别分别规定不同的税额。

（3）幅度税额　即在税法规定的征税幅度内，由地方政府根据本地区实际情况，确定一个执行税额。

定额税率的优点是计征更为简便，同时由于采用从量计征的办法，税额不受价格变动的影响，有利于鼓励企业不断提高产品质量。其缺点是弹性较差，税收不能随着收入的增长而增长。

### 1.4.4　纳税环节

纳税环节是指税法规定的课税对象在从生产到消费的流转过程中应当缴纳税款的环节。任何一种税都要确定纳税环节，有的税种纳税环节比较明确、固定，如所得税就是在分配环节上征收。有的税种则需要在许多流转环节中选择和确定适当的纳税环节，如对商品课税，因商品从生产到消费要经过多个流转环节，就需要选择其中适当的环节作为纳税环节。按照纳税环节的多少，税收课征制度可分为两类：一类是"一次课征制"，即一种税在各个流转环节中只选择其中一个环节课税；另一类是"多次课征制"，即一种税在各个流转环节中选择两个或两个以上的环节课税。

纳税环节的选择和确定，关系到税制结构和税种的布局，关系到税款能否及时足额入库，同时也关系到是否方便纳税人缴纳税款与核算等。因此，选择确定纳税环节，应考虑税种的性质，与价格制度、企业财务核算制度相适应，与纯收入在各个环节的分布情况相适应，以利于经济发展和控制税源。

### 1.4.5　纳税期限

纳税期限是指纳税人缴纳税款的时间规定。它是税收强制性、固定性在时间上的体现。确定纳税期限，首先要根据国民经济各部门生产经营的不同特点和不同课税对象的特点来决定。一般来说，商品课税的纳税期限较短，所得课税的纳税期限较长。其次要根据纳税人缴纳税款数额的多少来决定。应纳税款数额多的，纳税期限较短；应纳税款数额少的，纳税期限较长。再次要根据纳税行为发生的情况，对某些课税对象实行按次征收。

### 1.4.6　税收优惠

税收优惠是对某些纳税人和课税对象给予鼓励和照顾的特定措施，包括减税、免税、退税、起征点、免征额等内容。

1）减税

减税即对应纳税额少征一部分税款。减税的具体方法有：

（1）比例减征法　即按计算出来的应纳税额减征一定比例。

（2）减率减征法　即用减低税率的方法来体现减征税额。

（3）税额减征法　即核准减征一定数额的税额。

2）免税

免税即对应纳税额全部免征。从形式上看，我国减免税包括长期减免、定期减免和临时减免。

3）退税

退税即对纳税人已缴纳的税额，部分或全部予以退回。如再投资退税、出口退税等。

4）起征点

起征点即课税对象的数额达到开始征税的界限。课税对象数额达不到起征点的不征税；达到或超过起征点的，就其全部数额征税。

5）免征额

免征额即从课税对象总额中扣除的免予征税的数额。课税对象数额小于免征额时，不征税；超过免征额时，只就超过部分征税。

### 1.4.7　违章处理

违章处理是指对纳税人违反税法的行为所规定的处罚措施。它是税收强制性的具体体现。违反税法的行为主要有两类：一是违反税收实体法的行为，主要指纳税人发生欠税、漏税、偷税、抗税等行为。二是违反税收程序法的行为，主要指纳税人未按《税收征收管理法》规定办理税务登记、纳税申报；未按规定设置、保管账簿、票证和有关纳税资料或拒绝税务机关检查等行为。

纳税人发生违反税法行为，都应受到制裁。制裁的具体措施有：加收滞纳金、处以罚款、移送司法机关依法处理等。

## 思考题

1. 什么是税收？税收有哪些形式特征？
2. 税收产生的前提条件是什么？
3. 税收有哪些职能？各职能的涵义是什么？
4. 应如何确定政府税收收入的规模？
5. 如何运用税收纠正外部经济？
6. 如何运用税收促进资源的合理开发与利用？
7. 如何运用税收调节个人的收入分配？
8. 如何运用税收控制需求总量？
9. 税收有哪些基本要素？
10. 比例税率、累进税率和定额税率的涵义是什么？
11. 起征点与免征额有何异同？

# 2 税收负担

## 2.1 税收负担及其衡量

### 2.1.1 税收负担的涵义

税收负担是指纳税人因向国家缴纳税款，而承受的福利损失或经济利益的牺牲。它反映了国家与纳税人之间的利益分配关系。由于国家向纳税人征税，纳税人的一部分收入永久地改变其所有权，成为国家所有和支配使用的财政收入，纳税人实际支配的收入相应减少，满足自身需要的程度随之降低。正是从这个意义上说，国家征税构成纳税人的经济负担。

税收负担的存在是客观必然的，因为国家征税行为是客观必然的，作为"社会扣除"的需要，国家依法征税不仅是为了满足自身行使职能的物质需要，同时，也是为纳税人的生产和生活创造必要的外部条件，也是为社会成员提供公共产品的需要。因此，国家征税所产生的税收负担也是纳税人应承担的经济义务。问题不在于有没有税收负担，而在于税负的轻重合理与否，对经济的促进或阻碍作用如何。因为税收负担的轻重不仅关系到各微观经济主体正常再生产的维持和发展，而且关系到国家职能的实现，对整个国民经济影响重大。所以说，税收负担是国家税收政策的核心所在，税收负担是否合理，是衡量税收制度合理与否的重要标志。

### 2.1.2 税收负担的分类

税收负担的分类是指依据一定的标准对纳税人的税收负担进行科学的划分和归类，以便从各个不同角度，在各个不同层次上，对税收负担的分布状况和承受程度进行实证分析，为税收政策的制定提供理论依据。税收负担通常可从以下几个角度进行分类：

1）按照税收负担所涉及的范围划分

按照税收负担所涉及的范围划分，可分为宏观税收负担、中观税收负担和微观税收负担。

（1）宏观税收负担　又称总体税负，指一国全体纳税人所缴纳的全部税收占同期经济产出的比例。宏观税收负担用于衡量国民经济税收负担总水平的轻重，考察税收政策对经济影响的总体效应。研究宏观税收负担，旨在解决税收在宏观方面促进国民经济和社会稳定发展中带有全局性、关键性的问题。

（2）中观税收负担　指一定地域或国民经济某一部门的全体纳税人所缴纳的全部税收占同期该地域或部门经济产出的比例。研究中观税收负担，可以确定税收在促进地区经济和部门发展中合适的课征范围、强度及课征结构等目标，从而正确处理地区经济、部门经济发展与国民经济发展的关系。

(3) 微观税收负担　又称个体税负，指某一纳税人在一定时期或某一经济事件过程中，所缴纳的全部税收占同期或该事件的经济收入的比例。微观税收负担的研究主体一般是具有某种共同特点或彼此间联系密切的某类纳税人，而不是单个纳税人或无关联性的纳税人。研究微观税收负担，目的是要解决微观经济领域中税收负担的公平、合理问题，从而维护市场机制，促进市场经济体制的发展和完善。

2) 按照税收负担是否转嫁划分

按照税收负担是否转嫁划分，可分为直接税收负担和间接税收负担。

(1) 直接税收负担　指纳税人所缴纳的税收不能转移给他人，完全由纳税人承担的情况。纳税义务人与税收负担人是同一的。直接税收负担一般是对直接税(包括财产税和所得税)而言。

(2) 间接税收负担　指纳税人所缴纳的税收可以通过各种途径转移给他人，纳税人并未承担税收负担的情况。纳税义务人与税收负担人不是同一个人。间接税收一般是对间接税即商品课税而言。

直接税收负担和间接税收负担研究的是纳税人纳税后是否将其承担的税收负担全部或部分转移出去，以此考察税收负担的运动状况及其运动对纳税人和负税人产生的影响。

3) 按照税收负担真实度划分

按照税收负担真实度划分，可分为名义税收负担和实际税收负担。

(1) 名义税收负担　指按税法规定税率应缴纳的税额数量与相应经济指标之间的比例。在有些情况下，名义税收负担与实际税收负担不相一致。

(2) 实际税收负担　指纳税人在税法规定的名义税收负担下，扣除税收减免、饶让、抵免、免征额和各种优惠，以及各种因素造成的不足缴纳以后，实际缴纳的税额数量与相应经济指标之间的比例。

名义税收负担和实际税收负担研究的是纳税人在法律上承担的负担与其实际承担的负担之间的关系。一般情况下，名义税收负担比实际税收负担高。从某种意义上说，两者的偏离程度反映了税收的公平程度。二者的偏离程度越大，意味着税收分配的非公平性越显著。因此，在进行税制设计时，应尽可能使名义税收负担和实际税收负担相接近，以体现税收的公平性。

### 2.1.3　税收负担的衡量指标

税收负担表现为纳税人经济利益的损失，这种经济利益损失用绝对数表示，就是负担额；用相对数表示，就是负担率。衡量税收负担状况，通常是以税收负担的比例为标准，即一定时期内纳税人实际缴纳的税额占课税对象或其他有关指标的比率。对税收负担，常以多种指标从不同角度和不同层次上进行比较，其中最主要的是宏观税收负担指标和微观税收负担指标。税收负担指标是制定税收政策，处理国家与纳税人之间分配关系的重要依据。

1) 宏观税收负担指标

宏观税收负担指标是从一个国家整个国民经济角度考察和分析税收负担的指标。该类指标可用于研究国家与纳税人之间的征纳关系，分析总体税收负担的程度及其合理状况；研究国家与国家之间税收负担水平，以便进行相互对比和借鉴。宏观税收负担指标主要包括：国民生产总值税收负担率、国内生产总值税收负担率和国民收入税收负担率等。

(1) 国民生产总值税收负担率　指一定时期内国家税收收入总额与同期国民生产总值的比率，即 T/GNP。其中，国民生产总值是一国在一定时期内（通常是一年）国民经济各部门生产的最终产品和劳务的价值总和，即由物质生产部门所生产的产品的价值（不包括所消耗的原材料价值）和非物质生产部门所提供的劳务价值两部分组成。国民生产总值税收负担率反映一个国家在一定时期内所有部门提供的全部产出和服务所承受的税收负担状况。其计算公式如下：

$$国民生产总值税收负担率(T/GNP)=\frac{税收收入总额}{国民生产总值}\times 100\%$$

(2) 国内生产总值税收负担率　指一定时期内国家税收收入总额与同期国内生产总值的比率，即 T/GDP。其中，国内生产总值是指国民生产总值减去国内居民投在国外的资本和服务的收入，加上外国居民投在本国的资本和服务的收入。一般而言，国内生产总值更能确切地反映一国实际产出规模，因而国内生产总值税收负担率也是分析宏观税收负担的常用指标。其计算公式如下：

$$国内生产总值税收负担率(T/GDP)=\frac{税收收入总额}{国内生产总值}\times 100\%$$

(3) 国民收入税收负担率　指一定时期内国家税收收入总额与同期国民收入总额的比率，即 T/NI。其中，国民收入是指一国物质生产部门在一定时期（通常为一年）内新创造的价值总和。国民收入税收负担率反映一国在一定时期内新创造价值的税收负担状况。其计算公式如下：

$$国民收入税收负担率(T/NI)=\frac{税收收入总额}{国民收入}\times 100\%$$

上述三项指标从不同侧面反映出宏观税收负担的一定状况，具有各自特点。但国际上较为通用的指标是前两项，特别是国内生产总值税负率运用得最普遍，因为目前世界上大多数国家同时行使地域和居民两种税收管辖权。随着我国经济制度同国际经济制度的接轨，也更适合采用国内生产总值税负率。而在应用国民收入税收负担率指标时，应注意国与国之间经济核算体系的差异。我国在计算国民收入时，仅仅包括五大物质生产部门新创造的价值，不包括非物质生产部门的增加值，计算口径同国际上通用的计算口径之间存在着一定的差距。因此，在用这一指标进行国家之间横向比较时，应该做适当的调整。

2) 微观税收负担指标

微观税收负担指标是从微观主体角度考察和分析税收负担的指标。通过对比纳税人之间微观税收负担指标，可以为税收政策制定和为纳税人创造公平的竞争环境提供依据。微观税收负担指标主要有：企业所得税收负担率、企业综合税收负担率和个人所得税收负担率。

(1) 企业所得税收负担率　指企业一定时期内实际缴纳的所得税额与该企业同期实现利润之间的比率。它反映企业实现利润所承担的税收情况，是衡量企业税收负担的重要指标。其计算公式如下：

$$企业所得税收负担率=\frac{实际缴纳的所得税总额}{企业实现利润总额}\times 100\%$$

（2）企业综合税收负担率　指企业一定时期内实际缴纳的各项税收总额，包括流转税、所得税、财产税等，与同期企业的盈利或各项收入总额之间的比率。它反映国家以税收参与企业纯收入分配的规模，也可以用来比较不同类型企业的总体税负水平。其计算公式如下：

$$企业综合税收负担率=\frac{企业实际缴纳的各项税收总额}{企业盈利(或各项收入总额)}\times 100\%$$

（3）个人所得税收负担率　指个人在一定时期内所缴纳的所得税额与个人全部所得之间的比率。该指标以个人为主体，反映个人所得承受税收负担的状况，体现了国家用税收参与个人所得分配的程度。其计算公式如下：

$$个人所得税收负担率=\frac{个人缴纳的所得税额}{个人全部所得}\times 100\%$$

上述微观税收负担指标可用于不同企业、不同个人之间税负轻重的比较，也可用于说明同一微观经济主体不同历史时期的税负变化。但微观税收负担指标并不完全反映纳税人的实际负担状况，其主要原因在于：一是税负转嫁的客观存在。由于税负转嫁的存在，使法定纳税人和实际负税人发生分离，而在计算微观税收负担指标时，是以法定纳税人为依据的，因此，就会使微观税收负担指标不能完全反映企业和个人的实际税收负担水平。在流转税存在税负转嫁的情况下，纳税人是企业，负税人往往是个人。所以，如果以法定纳税人为依据来确定纳税人的税收负担，就会低估个人的税收负担，高估企业的税收负担。二是名义税负和实际税负存在着差异。衡量微观税收负担的指标，是以企业实现利润还是计税利润为依据，是以个人收入总额还是以计税所得为依据，会对企业和个人税收负担率产生不同的影响。而且由于企业利润计算的口径差异和个人非货币收入的客观存在，也会使微观税收负担指标不能完全反映企业和个人的实际税负水平。

综上所述，任何一项指标都有其局限性，不可能具有完全的可比性和准确性。因此，无论选择哪一指标进行分析，都不能把它的作用绝对化，而应该从实际出发，根据不同情况选择比较恰当的衡量指标，同时配合运用其他指标，取长补短，以反映客观的事实。

## 2.2　影响税收负担的因素

一个国家的税收负担水平受制于多种因素，并且制约宏观税收负担和微观税收负担的因素也不尽相同。其中制约宏观税收负担的主要因素有经济发展水平、国家经济制度、国家职能范围、宏观经济政策、财政收入结构等。

### 2.2.1　经济发展水平

一国经济的发展水平或发达程度，是影响一国税收负担的根本的决定性因素。

1）经济发展水平决定了税源的丰富程度

因为税收分配的对象是国民收入，生产不断发展，收入不断增长，税收就会源远流长。经济发展水平高的国家，创造出的社会财富较多，税源丰富，为税收负担水平的提高奠定了可靠的物质基础；反之，经济发展水平低的国家，税源基础相对比较薄弱，税收负担水平就难以提高。

2）经济发展水平决定了纳税人的承受能力

经济越发达，人均占有收入越多，说明纳税人的税收承受能力越强，税收负担水平越高；

经济欠发达，人均占有收入也低，纳税人税收承受能力也弱，税收负担水平就相对要低一些。实证分析也表明，人均收入水平高的国家，其税收负担水平总是比人均收入水平低的国家高，两者呈正相关的关系。从这个意义上讲，发展中国家在经济发展过程中，随着人均收入水平的提高，纳税人纳税能力的增强，其税收负担水平也必将表现为逐步上升的趋势。

### 2.2.2 国家经济制度

一国的经济制度对其纳税人的税收负担状况也有重要的影响。影响税收负担的经济制度因素主要有财产制度、企业财务制度和个人收入分配制度。

1）财产制度与税收负担

财产制度包括对财产的占有、使用、转让和继承等几个方面。在生产资料公有制国家，如果它的财产制度不赋予国有企业生产资料的占有权，不存在土地私有权，也不承认私有财产的继承权，那么它只能对基于上述财产的使用而取得的收入课税，而不能像私有制国家那样对上述财产的占有、转让和继承的财产价值或转让所得课税。如果公有制国家的财产制度发生改变，国有企业建立了独立的法人财产权，并基于这种权力产生相应收益，这时对企业的税收处理也将随之发生变化并进而影响企业的税收负担。

2）企业财务分配制度与税收负担

分配对生产的反作用，通常首先是通过作为基本物质生产单位的企业财务分配制度反映出来的，并进而对税收负担产生重要的影响。特别是企业财务分配制度的变化，会对课于企业所得的税收负担产生直接的影响。从我国情况看，这种影响主要反映在以下几个方面：

(1) 国有企业的利润分配是采取税收与利润并存分流的形式，还是采用税收和利润二者居其一的单一的分配形式。

(2) 国有企业在财务上是独立核算、自负盈亏、自主经营、自我发展，成为真正的投资主体，独立地行使投资决策权，还是由国家统收统支、统负盈亏，收入由国家集中，支出由国家拨款。

(3) 企业财务是独立于国家财政体系之外，还是归属于国家财政体系之中。

(4) 企业财务会计制度中有关各项成本、费用的列支标准和范围，是高度统一还是在一定原则前提下允许有较大的灵活性，等等。

以上这些企业分配制度方面的问题，不仅与微观税收负担有直接联系，更重要的是还具有一种不能从表象发现的对宏观税收负担总水平的降低效应和拉上效应。

3）个人收入分配制度与税收负担

个人收入分配制度在不同国家之间、不同企业之间往往存在一定的差异。工资形式是采取计时形式还是计件形式，社会福利费用是采取社会保险形式还是社会扣除形式等，都会直接影响个人收入的多少，从而影响个人所得的税收负担。特别是由于不同的个人收入分配制度在相对合理性方面的差异，还会对劳动激励产生不同的效应，继而通过作用于整个社会经济增长水平，间接对宏观税收负担产生一种不可忽视的影响。

### 2.2.3 国家职能范围

税收是国家实现其职能的物质保证。国家职能范围不同，对税收的需要量就不同，因而形成的税收负担水平也不同。国家职能范围广，需要的税收量则大，税收负担就相应重些；国家职能范围窄，需要的税收量则小，税收负担也就相应轻些。而国家职能范围的大小又受到经济发展、经济制度、社会历史等多方面因素的影响。就经济发展而言，经济发展水平高的国家其职能范围也不断拓宽，这就要求有更多的税收以满足日益增加的国家履行各项职能所需的财政支出，从而提高税收负担水平。就经济制度而言，在以生产资料公有制为基础的社会中，国家的职能不只限于一般的社会管理，还要承担进行经济建设投资的任务，国家的职能范围在扩大，因而税收负担也相应加重。就社会历史因素而言，比较典型的例子是实行高福利社会政策的欧洲国家，这类国家在承担社会保障方面的职能较强，社会福利支出较高，税负水平也相应较高。

### 2.2.4 宏观经济政策

国家为促进经济协调稳定发展，运用不同的宏观经济政策，激励或制约经济发展速度，将会直接或间接地影响到税收负担水平。当经济衰退，有效需求不足时，国家采取扩张性经济政策，降低税率，减少税收，增加政府支出，放松银根等，以提高总需求，刺激经济复苏。从短期看，扩张性政策必然使宏观税收负担下降。但从长期看，宏观税负的变化要视税收对国民收入的弹性而定。如弹性大于1，则宏观税收负担提高；如弹性小于1，则宏观税收负担下降。当经济过热，通货膨胀加剧时，国家采取紧缩性经济政策，提高税率，增加税收，紧缩政府支出，收紧银根等，以降低总需求，抑制通货膨胀。从短期看，紧缩性政策必然使宏观税收负担增加。但从长期看，宏观税负的变化还要视税收对国民收入的弹性而定。如弹性大于1，则宏观税收负担下降；如弹性小于1，则宏观税收负担提高。

### 2.2.5 财政收入结构

税收是国家取得财政收入的主要形式，但不是唯一形式，除了税收之外，还有国有企业上缴利润、国债、规费收入等。在多种财政收入形式并存的情况下，国家对其他收入形式的依赖程度直接影响税收收入的规模，也相应的影响到宏观税负水平。如果其他形式取得的财政收入较多，宏观税负水平会相对低些。如我国计划经济时期，国有企业上缴利润占财政收入比重大，税负则轻。1980年，我国税收收入占国民收入的比例仅为15.5%，而1985年，国有企业由上缴利润改为缴纳所得税后，税收收入占国民收入的比例就上升为29.1%。

以上主要分析影响宏观税收负担的因素，当然，这些因素对微观税收负担也会产生直接或间接的影响。但对微观税收负担产生最直接影响的因素主要是税率和税基。在税基既定的情况下，税率高则税负重，税率低则税负轻。在税率既定的情况下，税基宽则税负重，税基窄则税负轻。而税基的宽窄又受到税收优惠、税前扣除、折旧和成本费用的列支标准等因素的影响。对这些影响税基的因素的政策规定不同，必将影响到个人和企业的微观税收负担。

## 2.3 税收负担选择

### 2.3.1 税收负担的类型

根据税收收入占国内生产总值比率的大小，可将世界各国税收负担划分为低税负型、中税负型和高税负型三种。

1) 低税负型

低税负型国家是指国内生产总值税负率在20%以下的国家，其中大多数国家在15%左右，有的国家还不到10%。总的说来，实行低税负的国家有三种情况：一是经济不发达的国家，国内生产总值数额小，税源窄，从而影响其税收收入总额。二是实行低税模式的避税地国家，为了吸引外资，促进本国经济的繁荣和发展，通常在税收上实行低税或免税等税收优惠政策。三是政府财政收入以非税收入为主的资源国，特别是石油输出国，由于其税收收入占财政收入的比重低，税收收入占国内生产总值的比例也就低。像阿联酋和科威特的非税收入都占财政收入的90%以上。

2）中税负型

中税负型国家是指国内生产总值税负率一般介于20%～30%之间的国家。世界上多数国家属于该种类型。这类国家从促进经济增长、满足政府支出需要的角度考虑，主观上希望增加税收收入，但限于国家经济还不很发达，税源并不十分充裕，国民负担能力有限，因而税收收入占国内生产总值的比率也难以提高。如埃及、以色列、斯里兰卡、扎伊尔、马耳他、肯尼亚、南非、突尼斯、巴西、哥伦比亚等国家和地区。

3）高税负型

高税负型国家是指国内生产总值税负率一般在35%以上的国家。大多数经济发达国家，特别是西欧、北欧国家属于此种类型。税负较高的像挪威、瑞典、比利时、丹麦、荷兰、英国等国家，税收占GDP的比值甚至达到50%。这种高税负，一方面是因为这些国家的经济发展水平高，人均收入高，税源广，居民的纳税能力强，为政府增加税收收入提供了条件。另一方面，从需要的角度看，这些国家的职能范围宽，公共服务支出多，实行高福利政策，即所谓的“福利国家”。福利国家的社会保障制度比较健全，社会保障支出数额大，开支标准高，享受面广，包揽了人们“从摇篮到坟墓”的全部生活过程，导致国家预算规模庞大，国家有必要增加税收收入规模。尽管税收负担水平可随经济发展水平的提高而提高，但过重的税负也会阻碍经济的进一步增长。目前在高税负福利国家，普遍遇到社会福利和经济发展之间的矛盾和冲突。因为实行高税负、高福利的结果往往是不利于激励人们工作、投资和储蓄的积极性，使得财政负担日益沉重，导致经济发展放缓。因此，改革社会保障制度，取消部分社会福利，降低税负，以刺激经济的发展，是这些国家近年来主要的政策选择。

### 2.3.2 我国税负政策的选择

一国政府应根据其本国经济发展要求和国家职能需要来确定其税负政策。而税负政策又主要是通过具体的税率政策、税收优惠政策、折旧政策等表现出来的。低税负政策一般表现为低税率、较多的税收优惠和加速折旧政策；重税负政策则要求高税率、较少的税收优惠和较低的折旧率政策；适度的税负政策介于两者之间。税负政策的选择和税收负担水平有着密切的关系，一般而言，重税负政策导致重的税收负担，轻税负政策产生轻的税收负担。但是，要判断一个国家税收负担水平的轻重和适度与否，主要是看税收负担对经济发展和人民生活水平的影响以及能否满足国家职能的需要。如果税收负担水平已经高到阻碍经济的发展，加重了人民生活的负担，那么这时的税收负担就属于高税收负担。如果税收负担低到了难以满足国家职能的正常发挥，从而对经济发展和人民生活水平的提高也产生不利影响时，这时的税收负担则属于低税收负担。而所谓的适度税收负担是指既能满足国家职能的正常发挥，又能促进经济稳定发展和人民生活水平不断提高的税收负担水平。当然，适度的税收负担水平并不是一个一成不变的宏观税负率，它必须结合经常变化的客观经济情况进行分析和研究，并适时适量地提高或降低宏观税负水平，使其始终处于一个动态的最佳值。

我国税负政策的选择，一方面要比较和借鉴不同经济发展阶段国家的税负政策，同时又要根据我国的具体国情来决定。从我国的现实情况看，在经济体制改革过程中，我国的税收收入占 GDP 的比率从 1985 年的 22.77%下滑到 1996 年的 9.7%，尽管从 1997 年开始税收比率有所回升，到 2006 年提高到 16.5%，但仍处于发展中国家中的较低水平。这种税负水平已难以适应我国经济和社会发展以及政府提供公共产品的需要。显然，适度提高宏观税负水平，调整并规范税负结构，将继续成为我国近期税负政策的重要选择。

## 2.4 税负转嫁和税负归宿

### 2.4.1 税负转嫁与税负归宿的概念

所谓税负转嫁，是指纳税人通过种种途径，将其缴纳的税款转移给他人负担的过程。也就是说，法定纳税人不一定就是其所缴税款的实际承担者，税收负担可能被全部或部分地转移给他人。只要某种税收的纳税人和负税人不为同一个人，便发生了税收负担转嫁。

所谓税负归宿，是指税收负担的最终归着点或税收负担转嫁的最后结果。

从政府征税至税负归宿是一个从起点到终点的税负运动过程：政府向纳税人征税，称为税负运动的起点；纳税人把缴纳的税款转由他人负担的过程，称为税负转嫁；税负由负税人最终承担，不再转嫁，称为税负归宿。

税负转嫁与税负归宿研究的是税收负担转移的过程和结果问题。西方经济学者对这一问题研究较早，17 世纪中叶英国重商主义学者托马斯·曼在其《英国来自对外贸易的财富》一文中首次提出。但是，将它作为一个重要的、独立的税收理论问题进行研究，则始于 18 世纪法国的重农学派，而后逐步成为税收学的重要组成部分，并形成许多不同的观点和学派。主要可分为绝对转嫁论和相对转嫁论。绝对转嫁论或认为一切税收负担都可以转嫁，或认为某一特定税收负担无法转嫁。相对转嫁论则认为税收负担能否转嫁、转嫁程度以及转嫁结果如何，是由税种、课税对象性质、供求关系以及其他经济条件等多种因素共同决定的。税收负担的转嫁是相对的，而不是绝对的。当代学者大多赞成相对转嫁论。

研究税收负担的转嫁，目的在于确定税收负担的最后归宿点，从而将税收缴纳者和税收负担承受者真正区别开来，把握税收分配关系的实质，合理确定纳税人的税收负担，制定出科学合理的税收政策，以达到预期的调节效果。

### 2.4.2 税负转嫁的形式

按照税负转嫁的不同途径，税负转嫁通常被归纳为以下四种形式：

1）前转

前转指纳税人作为商品或劳务的销售者，通过提高商品或劳务销售价格的方法，将其所缴纳的税款，向前转移给购买者或消费者负担的一种形式。这是税负转嫁的最典型、最普遍的形式。由于前转方式是卖者向买者转移税负，与商品流转方向一致，因此亦称为“顺转”。前转往往不是一次完成，两次以上的前转就称为辗转前转。这种转嫁形式常发生于商品求大于供或供求基本保持平衡的状态下，在商品供大于求的情况则难以实现。

2）后转

后转指纳税人作为商品或劳务的购买者，通过压低商品或劳务购买价格的方法，将所缴纳的税款,向后转移给商品或劳务供应者负担的一种形式。后转是买者向卖者转嫁税收负担,与前转方式正好相反,是逆商品流转方向的转嫁形式,所以又称为"逆转"。后转与前转一样,常发生多次才能完成。后转两次以上称为辗转后转。纳税人一般是在前转受到阻碍时,才考虑以后转方式转嫁税收负担。

在现实经济活动中,税负转嫁的次数和程度要取决于多种经济因素和经济条件。有时税收负担可以全部转嫁出去,有时则只能转嫁一部分税款。有时转嫁的形式表现为纯粹的前转或后转,但更多的则是部分通过前转,部分通过后转,将税负转嫁出去,这种情况称为"混转"或"散转"。所以,对税收负担前转或后转形式,必须根据具体情况具体分析,作出判断。

3) 消转

消转指纳税人将所缴纳的税款,通过改善经营管理,提高劳动生产率,扩大生产规模,改进生产技术等方法,补偿其纳税损失,使税收负担在生产发展和收入增长中自行消失的一种形式,又称为"税负转化"。消转与一般意义上的税负转嫁不同,此时纳税人并未把税收负担转移给他人,也没有特定的负税人,因而它是一种特殊的税负转嫁形式。

消转必须具备一定的条件,如生产成本递减、商品销量尚有扩大的弹性、生产技术与方法尚有发展与改进的余地、物价有上涨的趋势以及税负不重,等等。这样,课税商品在生产与流通中增加的盈利足以抵消税负而有余,不用提高价格即可保持原有的利润水平,因此所课之税也就无形消失。

4) 税收资本化

税收资本化是指生产要素购买者将所购资本品可预计的未来应纳税款,在购入价格中预先一次性扣除,从而降低资本品的成交价格,将税负转嫁给资本品出售者。这种税负资本化的含义是指税负转化为资本品的价值或价格。因为资本品的价值反映它预期能产生的收入,如果税收改变了资本品的预期收入,就会随之改变它的市场价格,即税收已经资本化了。税收资本化实际上是税收负担后转的一种特殊形式。

### 2.4.3 影响税负转嫁的因素

政府向纳税人征税所引起的税收负担能否转嫁以及转嫁实现的程度,取决于税种形式、商品定价方式、供求弹性、征税范围、反应期限、市场结构等多种因素。

1) 税种形式

税负能否转嫁首先取决于税种形式。因为按税负能否转嫁,可把整个税收分为直接税和间接税两类。直接税是指按立法者意图,税负不能转嫁,由纳税人承担的税种,主要包括所得税和财产税;间接税是指按立法者意图,税负能够全部或部分转嫁由他人承担的税种,主要包括流转税。直接税和间接税的分类尽管过于简单,而且立法者的预期意图并不一定同复杂的经济关系相符合,预期能转嫁的税种并不一定转嫁,而预期不能转嫁的税种并不一定不转嫁,但这种分类方式说明税种形式同税负转嫁之间存在比较紧密的内在联系。

流转税作为间接税,能够通过提高或降低商品价格转由他人负担。因此,流转税是能够转嫁的税种,但转嫁多少则取决于商品定价方式、价格弹性、征税范围等因素。这里的流转税是大类税收的统称,包括对国内商品征税和对进出口商品征税,对商品征税和对非商品征税。

所得税作为直接税,是对纯收入征税,一般由纳税人负担,不能转嫁。其中,个人所得税不能转嫁的结论比较明了。但企业所得税税收负担的转嫁问题较为复杂，因为企业本身不是负担主体，最终有三种可能的负担主体：如果企业由于征税而提高商品价格，有可能将税负转嫁给商品消费者负担；如果企业由于征税而降低职工工资，有可能将税负转嫁给企业职工负担；如果企业不能将税负转嫁给商品消费者和企业职工，税收负担则由企业所有者负担。因此，企业所得税具有转嫁的可能性。

财产税有对财产所得和财产交易征税之分。财产所得税的税负转嫁情况类似于企业所得税，因为财产所得税是对不动产所得征税。如对土地租金、房屋租金征税，土地或房产所有者有可能因征税而提高租金价格，将税负转嫁给土地或房屋使用者负担。财产交易税的税负转嫁情况类似于流转税，财产出售方在出售财产时有可能因征税而提高财产销售价格，将税负转嫁给财产购买方负担。在财产供给无弹性的情况下，也可能出现税负资本化，即财产出售后由购买方今后缴纳的财产所得税也通过降低财产出售价格由出售方负担。

2）商品定价方式

作为间接税的流转税是典型意义上能够转嫁的税种，也是税负转嫁研究的主要对象。但流转税能否转嫁还取决于商品定价方式。因为流转税的转嫁是指纳税人通过提高或降低商品价格将税负转嫁给他人负担，因此，流转税能否转嫁的关键在于商品价格变动。商品价格变动同定价方式密切相关，定价方式主要有市场价格和计划价格两种。

（1）市场定价　市场定价是指商品价格由市场供求情况决定的一种定价方式。当商品需求大于供给时，商品价格上升；而当商品需求小于供给时，商品价格下降。流转税作为商品价格的组成部分，流转税的征收或变动直接影响商品价格变动。因此，在市场价格下，纳税人有可能通过改变商品价格而转嫁税负，但转嫁多少则取决于价格弹性、征税范围等因素。

（2）计划定价　计划定价是指商品价格由政府物价部门按计划制定。虽然计划价格由成本、利润和税金三要素组成，也要反映商品价值和供求关系，但计划价格更多的是体现国家的价格政策，并且价格确定以后较少变动。因此，在计划价格下，纳税人难以通过改变商品价格而转嫁税收负担。

3）供求弹性

在市场价格下，流转税通过影响商品价格变动而引起税负转嫁，但流转税转嫁多少则取决于商品的供给和需求弹性。商品的需求弹性和供给弹性是决定流转税转嫁的最主要因素。

（1）需求弹性　即商品需求的价格弹性，是指商品的需求量对于市场价格变动的反应程度，用公式表示为

$$\text{需求弹性}(E_d)=(\Delta Q_d/Q_d)/(\Delta P/P)$$

式中：$\Delta Q_d/Q_d$ 为商品需求量变动率；$\Delta P/P$ 为商品价格变动率。

需求弹性系数大于 1，表示需求富有弹性；系数小于 1，表示需求缺乏弹性；系数等于 0，表示需求完全无弹性；系数等于无穷大，表示需求完全有弹性。

需求弹性同税负前转成反向运动。需求弹性越大，需求量对价格的变动就越敏感，价格稍有变动，需求量就急剧变化，价格的上升便受到抑制，通过价格把税收负担向前转嫁的可能性就越小，越趋向由生产者负担；需求弹性越小，需求量对价格变动的反应就越弱，税收负担前转的可能性就越大，越趋向由消费者负担。

(2) 供给弹性　即商品供给的价格弹性，是指商品的供给量对于市场价格变动的反应程度，用公式表示为

$$供给弹性(E_s)=(\Delta Q_s/Q_s)/(\Delta P/P)$$

式中：$\Delta Q_s/Q_s$ 为商品供给量的变动率。

供给弹性系数大于1，表示供给富有弹性；系数小于1，表示供给缺乏弹性；系数等于0，表示供给完全无弹性；系数等于无穷大，表示供给完全有弹性。

供给弹性同税负前转成正向运动。供给弹性越大，供给量受价格变动影响就越大，当某种商品增加税负时，生产者就会因利润减少而缩减生产，使其供给减少而不能满足需求，驱使价格回升，因而税负前转的可能性越大，越趋向由消费者负担；供应弹性越小，税负前转的可能性越小，越趋向由生产者负担。

(3) 供求之间的弹性　在实际经济生活中，供求双方对价格的影响和对税负转嫁的影响是同时发生的。因此，供求两个方面对税负转嫁的影响程度可以组合成多种情况。如供给和需求弹性都小或都大，弹性小的需求结合弹性大的供给，弹性大的需求结合弹性小的供给，等等。结果就会出现不同商品的税负存在着多种多样程度不同的转嫁，同时也使税负的前转与后转出现多种多样的结合。当需求弹性大于供给弹性，即 $E_d/E_s>1$ 时，税负更多地向后转嫁，趋向由生产者负担；当需求弹性小于供给弹性，即 $E_d/E_s<1$ 时，税负更多地向前转嫁，趋向由消费者负担。

4) 征税范围

流转税既可以选择部分商品征税，也可以对商品实行普遍征税。前者征税范围比较窄，后者征税范围比较宽。征税范围的宽窄不但影响税收收入，也影响税负转嫁。

(1) 从需求角度分析　征税范围窄，消费者选择替代商品的余地比较大，税负不易前转嫁，更多地趋向由生产者负担；征税范围宽，消费者选择替代商品的余地比较小，税负容易前转嫁，更多地趋向由消费者负担。

(2) 从供给角度分析　征税范围窄，生产者选择转换生产的余地比较大，税负容易前转嫁，更多地趋向由消费者负担；征税范围宽，生产者选择转换生产的余地比较小，税负不易前转嫁，更多地趋向由生产者负担。

由于从需求和供给不同角度可得出税负归宿的不同结论，因此，不能仅从征税范围的宽窄来确定税负归宿，还必须进一步从反应期限来分析。

5) 反应期限

实行选择性商品征税，消费者必然选择替代品消费以对税收作出反应，而生产者也必然转向相关品生产以对税收作出反应，而税负转嫁最终取决于两者的反应速度。

(1) 从即期看，在政府实行选择性征税的初期，消费者和生产者都难以立即作出替代消费和转换生产的反应，税负由供求双方均衡负担。

(2) 从短期看，消费者采取替代品，变更消费习惯，改变支出预算比生产者改变产品生产、改变计划、改变设备容易，因此，税负更趋向由生产者负担。

(3) 从长期看，生产者和消费者都会作出替代消费和转换生产的反应，因此，不考虑其他因素，税负又趋向于由供求双方均衡负担。如果考虑到其他因素，税负的最终归宿还是要取决于供求弹性。

6) 市场结构

市场结构可分为四种类型：完全竞争市场、不完全竞争市场、寡头垄断市场和完全垄断

市场。因市场结构不同,使价格的形成有所差异,对税负转嫁实现的影响程度也不同。

(1) 完全竞争市场结构下的税负转嫁　完全竞争指的是一种竞争完全不受任何阻碍和干扰的市场结构。完全竞争市场具有以下特点:市场上存在许多生产者和消费者,且其销售量和购买量所占市场份额很小,任何人都无力控制价格,市场上每个人都只能是价格的接受者,而不是决定者;产品是同质的,即不存在产品差异,生产者无法通过产品差别控制价格;各种资源可以完全自由流动而不受任何限制;市场信息畅通,生产者和消费者都能获得完备的信息。在完全竞争市场结构中,市场价格由整个行业的供求关系决定。因此,在短期内,任何生产者都无法单独提高商品价格,将税收负担向前转嫁给消费者。但从长期看,在商品成本不变的条件下,全体生产者形成一股行业的提价力量,就能够通过提高价格,将税收负担完全转嫁给消费者。

(2) 不完全竞争市场结构下的税收负担转嫁　不完全竞争指的是一种既有垄断又有竞争的市场结构。它具有两个特点:一是市场上存在许多生产者,且各自占有市场的份额都不大,各生产者对市场的控制力较小;二是产品之间存在差异,因差异的存在,使生产者成为自己有差异产品的垄断者,但这些差异又是同类、相似的,具有很强的相互替代性,各差异产品之间又形成了竞争。这种市场结构中的税负转嫁和完全竞争市场结构中的税负转嫁略有不同。单个生产者可以利用产品差异性对产品价格作适当调整,从而有可能把部分税收负担前转给消费者。但由于尚未形成垄断市场,仍有竞争,不可能把全部税收负担转嫁出去而获取垄断利润。

(3) 寡头垄断市场结构下的税负转嫁　寡头垄断是指少数几个生产者共同供给某种商品的大部分,各个生产者的供应量在市场中都占有较大份额,从而对市场的价格发挥重要影响的市场结构。在这种市场结构中,如果对某一商品课税,各寡头生产者必然知道其余寡头生产者也会面临同样的情况,因此,各寡头生产者会同时提高价格,将税负转嫁给消费者。通常的情况是,各寡头生产者之间早已达成协议,一旦各家成本同时增加,就会在原价的基础上,根据协议各自提高价格。

(4) 完全垄断市场结构下的税负转嫁　完全垄断是指某种产品市场为一家厂商独自控制的市场结构。垄断生产者独自面对整个市场需求,他是商品价格的决定者。在这种市场结构下,转嫁多少则要由商品的需求弹性而定,若需求弹性较小,垄断生产者可以通过提高价格,把税收负担全部或大部分转嫁给消费者。若需求弹性较大,垄断生产者提高价格会导致需求减少,价格提高会受到限制,税收负担会更多地后转。

## 思考题

1. 什么是税收负担?衡量税收负担的指标有哪些?
2. 影响宏观税收负担的因素有哪些?
3. 如何改善我国的宏观税收负担?
4. 什么是税负转嫁?什么是税负归宿?
5. 税负转嫁有哪些形式?
6. 影响税负转嫁有哪些主要因素?
7. 试述供求弹性对税负转嫁的影响。
8. 试述市场结构对税负转嫁的影响。

# 3 税制结构

## 3.1 税收原则

税收原则是制定税收政策,建立理想税收制度和合理分配税负的理论依据,也是一个国家治税思想的高度概括。揭示税收原则的科学内涵,注重税收原则的实际运用,对于完善我国税收制度,充分发挥税收的职能作用,具有重要的现实意义。

### 3.1.1 税收效率原则

税收效率包括两层含义:一是指税收分配要有利于经济效率的提高,即要求税收在实现资源的有效配置和经济的稳定增长方面发挥作用;二是指税务行政本身的效率,即以尽可能少的征收费用获得尽可能多的税收收入。

1) 税收经济效率

经济效率即资源配置效率,一般是以"帕累托效率"来定义的。根据帕累托效率定义,如果资源的配置和使用已经达到这样一种状态:任何资源的重新配置已不可能使一些人的境况变好而又不使另一些人的境况变坏;或者说,社会分配已经达到这样一种状态:任何分配的改变都不可能使一些人的福利有所增加而又不使其他人的福利减少,那么这种资源配置已经使社会效用达到最大,这种资源配置状态被称为资源最优配置状态,或称帕累托最优。

同帕累托最优相联系的问题是帕累托改进,或称为资源配置效率的改进。如果生产资源在各个部门之间的分配和使用处于这样一种状态:当生产资源重新配置时,不使任何人受损,却使一些人受益,那么这种资源重新配置就是一种效率的提高。或者说,只要资源重新配置使一些人的受益大于另一些人的受损,那么这种资源重新配置也可以被看做是一种效率的提高。

通过税收分配促进经济效率的提高,有两种不同的选择:

(1) 税收的中性选择　又称中性原则,即国家课税应当避免对市场机制产生不良影响和不要使纳税人遭受税款牺牲之外的"超额负担"。按照税收中性的观点,在完全市场经济机制下,通过价格机制的作用就可以达到资源的有效配置,从而既满足厂商获取最大利润的目的,又满足消费者的需求,这时税收分配就应保持中立性,以不破坏这种市场均衡为有效率。如果政府课税扭曲了价格平衡的作用,给纳税人带来了额外的负担,进而改变纳税人的抉择,使原有的市场均衡受到破坏,资源配置偏离了最优配置状态,这种税收就是无效率或低效率的。采取税收中性的政策措施时,要注意以下几点:

① 税种选择:商品税特别是选择性商品税会影响商品的比价关系,干扰消费者的商品选择,产生以一种商品替代另一种商品的替代效应。而所得税只产生减少个人收入的收入效应,没有对消费者的商品选择进行干扰,没有产生替代效应。因此,商品税导致的效率损

失大于所得税。政府在税种选择上应尽可能避免选择性商品税。

② 税基选择：一般商品税实行普遍征税，由于征税范围大，征税对消费者的消费选择影响小于选择性商品税。因此，一般商品税的效率损失小于选择性商品税。

③ 税率选择：一般商品税有单一税率和差别税率两种。在实行一般商品税的情况下，如果选择差别税率，对资源配置的影响相当于选择性商品税。因为差别税率影响到不同商品的比价关系，从而影响到由市场决定的商品选择，产生超额负担。而单一税率不会影响商品的比价关系。因此，单一税率的效率损失小于差别税率。

④ 价格弹性选择：如果必须实行差别税率的商品课税，那么应依据反弹性法则选择课税商品或设计差别税率。所谓"反弹性法则"，即征税商品的选择或税率高低差异的确定应同价格弹性相反。对价格弹性大的商品不征税，或按较低税率征收；而对价格弹性小的商品征税，或按较高税率征收，可以达到减少效率损失的目的。

(2) 税收的非中性选择　即要求税收发挥调节经济的作用，"熨平"经济的周期波动，促进经济的稳定与增长。按照税收非中性的观点，在现代混合经济中市场失灵的问题总是存在的，这就不能保证市场调节始终保持经济运行的高效率。因此，需要税收根据不同的情况，对市场经济活动进行积极的干预，控制和诱导资源的合理配置，调节供给与需求，促进经济的稳定增长。税收在优化资源配置上的主要作用有：

① 纠正外部经济：在存在外部经济影响的情况下，企业的会计成本和收益不能真实反映企业的实际成本和收益，因而使企业决策偏离有效资源配置状态，导致效率损失。这时，应选择对产生外部成本的产品征税或实行高税率，以税收来反映企业外部成本；对产生外部收益的产品进行补贴或实行低税率，以补贴来反映企业外部收益，从而纠正企业的决策偏差，提高资源配置效率。

② 平衡产销供求：在不完全竞争市场中，由于国家对一些行业和产品制定垄断价格和保护价格，因而使这部分产品不可避免地偏离由市场决定的资源配置效率。如果价格定得高，一方面使高价产品的边际收益大于边际成本而扩大产出；另一方面因价高而使产品消费减少，出现供过于求。如果价格定得低，又会出现相反的情况。若通过选择性税收和差别税率，对高价产品实行高税，对低价产品实行低税，可以弥补国家定价的部分局限，改进资源配置效率。因此，选择性商品税和差别税率是配合政府定价、弥补价格缺陷的一种政策手段。

③ 调节级差收益：对于使用矿产、土地等国有自然资源的企业应实行有偿收费，并按市场原则制定资源使用价格；否则，使用资源的企业就不能真实反映生产成本，使企业决策偏离资源有效配置状态。同时，为了使资源收益归国家所有，也可以以税代费，以资源征税来调节资源级差收益，促使企业节约使用资源，合理配置资源，提高资源使用和配置的效率。

2) 税收行政效率

税收行政效率的高低主要是通过一定时期税收成本占入库税收收入的比重来衡量的。税收成本与入库收入之间的比率越小，税收行政效率就越高；反之则低。寻求税收的行政效率最大化就是以最小的税收成本取得最大的税收收入。税收成本包括征税成本和纳税成本。征税成本专指税务机关因征税而发生的各项征收费用，纳税成本是指纳税人因纳税而发生的各项费用支出。通常情况下，税收征收费用比较容易计算，而纳税费用则不易计算。所以，对税收行政效率的考核，基本上以税收征收费用占全部税收收入的比重为主。

要提高税收的行政效率，首先要求税法规定简明确实，便于征纳双方执行。其次要采取有效措施，控制影响税收成本的主要因素，如加强税务人员培训，提高税务干部素质；精减机构，减少冗员，节约经费开支；引进运用现代管理技术，改进征管手段，将繁杂的征纳过程、手工计算与操作变得简捷迅速；等等。通过这些做法，不断提高税务行政的质量与效率，从而达到降低税收成本，提高税收效益的目的。

### 3.1.2 税收公平原则

在市场经济条件下，个人收入的初次分配是按要素报酬进行的。但由于个人拥有要素的数量、质量和机会存在很大差异，直接决定了个人收入水平和收入结构存在巨大的差距。这种市场决定的个人收入分配，从公平分配的意义上来看，有很大的局限性，需要政府运用税收分配来予以解决。从纠正市场分配的缺陷考虑，税收的公平原则应主要体现在创造平等竞争环境、按受益多寡征税和依据能力负担等方面。

1）创造平等竞争环境

创造平等竞争环境主要通过税收为企业和个人创造平等竞争机会，鼓励平等竞争。在市场存在缺陷而无法为企业和个人提供平等竞争环境的前提下，税收应为企业和个人的平等竞争创造条件。如由于企业资源条件差异、行业垄断、个人的遗产继承等原因而导致不平等竞争，形成收入和财富的差异，应运用税收对这种差异进行调节，使纳税人的竞争环境或竞争机会趋向平等。另外，税收在达到机会平等目标时，不只是遵循机会相同得益相同原则，还要根据某一机会质量，通过合理的课税机制加以调节，承认、尊重并保护由劳动努力和贡献大小不同而形成的收入差别，恰当地调节和限制非劳动收益，以促进公平分配的实现。

2）按受益征税

按受益征税，是根据市场经济所确立的等价交换原则，把个人向政府支付税收看做是分享政府提供公共产品或公共服务利益的价格，因此，个人税收负担应根据各人分享的公共产品或公共服务受益大小来确定。受益原则的运用是假定市场所决定的收入分配是合理的，税收分配是一种资源的转移，因此需依据对等原则进行。特别是对于部分由政府提供的准公共产品或公共服务，因这类公共产品或公共服务的受益边界较为清楚，消费的竞争性又较强，按照谁受益谁纳税，谁受益大谁纳税多的原则征税，可以补偿政府投资于准公共产品的支出，提高分配效率。

3）依据能力负担

依据能力负担是以个人纳税能力为依据进行征税。由于公平的均等标准是均等个人收入和财富的分配，或缩小个人收入和财富的差异，而由市场决定的个人收入和财富分配的结果必然不符合均等标准。因此，应以个人收入或财富作为衡量能力标准，按个人纳税能力进行征税，使负担能力比较强的人承担较多的纳税义务，负担能力比较弱的人承担较少的纳税义务，通过税收调整个人收入和财富分配结果，实现均等收入的公平目标。能力原则包括普遍征税和能力负担两个方面。

（1）普遍征税　依据普遍征税原则，市场经济中的行为主体凡是具有纳税能力的都必须普遍征税，消除税收上的一切特权。同时，排除对不同行为主体的区别对待，以及对某些行为主体不应有的减税和免税，并制止和消除逃避纳税行为的发生，使税收普及于税收管辖权下的一切自然人和法人。

（2）能力负担　即凡是经济条件相同，纳税能力相等的人，应当缴纳相等的税收，以体现税收的横向公平；凡是经济条件不同，纳税能力不等的人，应当缴纳不等的税收，以体现税收的纵向公平。那么，如何测定人们的纳税能力呢？反映个人纳税能力的指标主要有收入、支出和财富三种。对这三种指标进行比较可以发现,收入指标基础广泛,易于掌握,管理上可行;而支出和财富两个指标不易掌握,管理难度大。所以,大多数人主张以所得作为衡量个人纳税能力的最主要指标。所得多者多征,所得少者少征,无所得者不征,即能体现出税收公平。

### 3.1.3 税收稳定原则

税收稳定原则是就税收的宏观调控而言的,也就是税收对经济发展的宏观调控应依据稳定准则,达到减少经济波动和经济平衡增长两方面的目标要求。在市场经济条件下,市场机制具有自动调节经济平衡,保持经济稳定的功能。但市场调节有很大的局限性,不能有效地达到经济平衡,经常出现由于总需求小于总供给而导致需求不足的失业,或总需求大于总供给而导致需求拉动的通货膨胀,以及经济的过快增长或停滞增长,使经济不能保持稳定发展。市场经济缺陷导致的经济失衡不可能由市场本身解决,需要由政府运用财政政策、货币政策、就业政策等政策手段来调节总需求或总供给,促使经济稳定发展。其中,税收就是一个重要的政策工具,可以同其他政策手段协调配合,通过直接或间接影响经济运行中的供求关系,影响经济增长中的消费、投资等因素,实现经济稳定和增长的宏观政策目标。

1) 调节价格稳定

在通货膨胀时期,会产生价格上升。可以针对价格上升的不同原因,采取不同的税收调节政策。对于需求拉动型通货膨胀,可采用提高所得税税率的做法,以降低总需求,稳定价格。对于成本推动型通货膨胀,通过调整税率结构,降低对生产要素的征税,以降低企业生产成本,稳定价格。

2) 实现充分就业

在摩擦性失业、结构性失业、需求不足性失业和季节性失业等四种类型的失业中,税收对需求不足的失业能发挥一定的调节作用。当现实的国民收入水平低于潜在的国民收入水平时,由于资源没有得到充分利用,就会发生有效需求不足的失业。税收作为总需求的一个重要变量因素,税收变动会直接影响总需求的变动,并间接影响就业水平的变动。当发生有效需求不足的失业时,采取降低税率,减少税额的措施,有利于扩大需求,增加产出,增加就业,促使现实国民收入上升。反之,提高税率,增加税额,就会减少产出,减少就业。

3) 促进经济增长

经济增长取决于劳动力供给、储蓄、投资和技术进步等多种要素,这些要素共同作用于经济增长和发展过程。税收对经济增长的影响是通过影响经济增长的诸种要素而间接起作用的。

(1) 税收对劳动供给的影响　对劳动所得征税,会同时产生增加工作的收入效应和减少工作的替代效应。在不同的税制条件下,净效应的大小也不同。一般而言,累进税制对劳动供给的抑制作用大于比例税制;单一劳动所得的课税对劳动供给的抑制作用大于对多种所得的课税。在劳动供给低于资本对劳动的要求并影响产出时,可通过适当的税收政策调整,激励劳动供给增加,促进产出增长。

(2) 税收对储蓄的影响　税收对储蓄的增加或减少的影响,取决于税收对储蓄的收入效应与替代效应的相对大小。税收对储蓄的收入效应的大小取决于所得税的平均税率水平,而替代效应的大小取决于所得税的边际税率的高低。所得税的累进程度越高,对个人储蓄行为的抑制作用越大。减征或免征利息所得税将提高储蓄的收益率,有利于增加储蓄。

(3) 税收对投资的影响　当投资的边际收入大于或等于资本的边际使用成本时，企业就会增加投资。而征收企业所得税，将增大投资成本，降低预期投资报酬率。因此，征税会减少企业投资。税收制度不仅影响新投资的数量进而影响资本存量，而且还影响企业的投融资决策。若对企业经营所得征收企业所得税，将起到鼓励企业利用债务融资而抑制股票融资的作用；若对公司支付的股息征收所得税，将鼓励企业保留收益用于再投资，而不是把它作为股息分配给股东。

(4) 税收对技术进步的影响　技术进步既是经济发展水平的标志，又是经济发展的条件。在同样的资金和劳动投入情况下，整个社会的技术水平高低决定着经济增长率的高低。技术进步虽然是科学技术问题，由科技发展所决定，但也受到科技政策的导向。如果对于新兴产业、企业技术改造、新产品开发给予税收政策优惠，对于高风险的科技产业给予特定税收政策，也会起到鼓励技术进步，促进科技发展的作用。

4) 税收稳定机制

上述税收对经济稳定的影响作用是通过税收自动稳定机制和税收政策抉择机制实现的。

(1) 税收自动稳定机制　税收自动稳定机制是税收制度本身所具有的稳定经济的方式，是税收制度对经济的一种自动反应能力。根据税收的自动稳定机制，在经济增长，GDP上升时，个人收入和企业利润水平上升，税收相应增加；反之，在经济衰退，GDP下降时，个人收入和企业利润水平下降，税收相应减少。税收对经济的这种自动反应和调节是在税收制度设计时，采取累进所得税的方式所形成的。累进程度越高，这种自动稳定机制的功能也就越大。税收自动稳定机制的主要优点是它的自动反应能力，避免了在政策抉择时所遇到的时滞因素对决策的不利影响，使作用目标准确，作用效果比较快，缓解了经济周期变化的波动幅度。

(2) 税收政策抉择机制　税收政策抉择机制是政府根据经济形势的变化，所作出的税收政策变动及其选择机制。税收相机抉择的政策目的，就在于消除税收自动稳定机制所无法消除的经济波动。它包括两个方面，即扩张性的税收政策与紧缩性的税收政策。在经济发生萎缩时，政府要实行扩张性的税收政策，也就是降低税率，减少政府税收，增加企业和个人可支配收入，从而增加投资和消费支出，通过扩大社会总需求，促进经济的复苏和增长。在经济发生通货膨胀时，政府要实行紧缩性的税收政策，也就是提高税率，增加政府税收，减少企业和个人可支配收入，从而减少投资和消费支出，通过抑制社会总需求，减轻通货膨胀的压力。

政府在不同的经济情况下，根据宏观经济政策的调节要求，及时选择并作出开征或停征税种，提高或降低税率，扩大或缩小税基，增加或减少税收优惠，以实现经济的稳定。为了提高税收调节效果，税收的这种政策抉择需要选择弹性比较大、税基比较宽、调整速度比较快的税种。所得税和商品税作为两大税种，在经济稳定中起着重要作用，但上述两种税对经济稳定也有不同的调节特点。从控制需求角度分析，所得税调节相对比较有效。从影响成本角度分析，商品税调节相对比较有效。而从作用于供给角度分析，所得税和商品税各有特点，所得税对储蓄、投资结构影响比较大，而商品税对生产结构影响比较大。

### 3.1.4　正确处理公平与效率的关系

税收诸原则是相互联系的有机整体，但这些原则之间并不总是统一的，有可能出现互相掣肘的情况，影响到税收分配的整体效应。因此，有必要正确认识和处理税收诸原则之间的相互关系，抓住重点。

在税收诸原则中，公平与效率的矛盾是最突出的。在强调公平原则时，往往要损失一定的税收效率；在强调效率原则时，又往往要以牺牲一定的税收公平为代价。例如，为了调整产业结构，达到资源有效配置，国家对不同产业采取不同的税收奖限政策，这是有利于提高效率的，但因税负不等，造成纳税人占有收入不均，通常又被认为是不公平的。又如，为给企业创造平等竞争环境，国家可采用公平税负政策，但税负绝对公平，又难以有效地促进资源合理配置和宏观效益提高。因此，政府在征税时往往会遇到公平与效率的两难选择。现阶段，大力发展社会主义市场经济，提高社会生产力水平是我国经济建设的首要任务，因此在税收制度建设中，应把效率原则放在第一位，力求在促进效率提高的前提下体现社会公平。就税制整体来看，我们应提倡效率优先，兼顾公平，二者有机结合的税收制度。但就某一税种来看，则可以效率为主导，可以公平为主导，或二者兼而有之。

## 3.2 税收分类

所谓税收分类，就是按照一定的标准，对性质相同或近似的税种进行归类研究。现代国家的税制一般都是由多个税种组成的复合税制，每个税种都具有自身的特点和功能，但用某个特定的标准去衡量，有些税种具有共同的性质、特点和相近的功能，从而区别于其他税种而形成一“类”。对税种进行科学的分类，有利于认识各类税收的特征和功能，加强各税种之间的配合，更好地发挥各类税收的调节作用；有利于分析和研究税制发展演变的历史过程，研究税源的分布和税收负担的归宿，以达到培养财源，组织收入的目的；还有利于正确划分中央税收与地方税收，以及各级政府之间的税收管理权限，解决财力分配方面的矛盾。

1）按税负能否转嫁划分为直接税和间接税

直接税是指税款由纳税人缴纳，同时也由纳税人负担，不能转嫁给他人的税收；间接税是指税款由纳税人缴纳，但可以通过各种方式将税负转嫁给他人的税收。一般认为所得税和财产税属于直接税，商品课税属于间接税。事实上，税负转嫁是一个相当复杂的过程。它不仅取决于税种的性质和特点，还取决于客观的经济条件。所有税收都有转嫁的可能，只是所得税和财产税不易转嫁，而商品课税则更容易转嫁而已。

2）按税收收入的形态划分为实物税和货币税

实物税是指以实物形式征收的税；货币税是指以货币形式征收的税。实物税是自然经济条件下的产物，也是税收采取的初级形态。实物税使国家能够直接掌握和控制关系国计民生的重要产品物资，但却不便于税收的缴纳与征收管理。随着商品货币经济的发展，实物税逐步被货币税所取代。采用货币形式征税，不仅便于缴纳和征收管理，有助于财政资金的供给，而且还使税收调节社会经济生活的职能得以广泛实现。

3）按税收的计量标准划分为从量税和从价税

从量税是以课税对象的数量、重量、容积、体积、面积等为标准，按预先确定的单位税额计征的税，亦称“从量计征”，如我国的资源税、车船税等。从价税是以课税对象的价格为标准，按一定比例计征的税，亦称“从价计征”，如我国的增值税、营业税、关税等。从量税的税额随课税对象数量的变化而变化，计算简便，再配合以差别固定税额，可以达到调节级差收入及特定经济行为之目的。但其税负水平是相对固定的，不能随价格高低变动而增减，因此在保证财政收入和公平税负方面有一定的缺陷。相比较而言，从价税更适应商品经济的要求，它不仅与课税对象的数量有密切关系，更受价格变动的明显影响。因此，从价税能够保证税额与国民收入同步增长，也能够体现税负公平。

4）按税收与价格的关系划分为价内税和价外税

价内税是指税金作为价格的组成部分的税收；价外税是指税金作为价格以外的附加，不构成价格组成部分的税收。与之相适应，价内税的计税依据称为含税价格，价外税的计税依据称为不含税价格。一般认为，价内税课征的侧重点是生产者，起调节生产之作用；价外税课征的侧重点是消费者，起调节消费之作用。

5）按税收管理权限划分为中央税、地方税、中央地方共享税

凡属中央政府征收管理并支配其收入的税种称为中央税；凡属地方政府征收管理并支配其收入的税种称为地方税；凡属中央政府和地方政府共同享有，按照一定比例分成的税种称为中央地方共享税。这种分类的目的在于适应国家财政管理体制的要求，确保中央财政和地方财政都有固定的收入来源，使财权与事权相结合，调动中央与地方两个积极性，更好地完成各自承担的政治经济任务。

6）按课税对象性质划分为流转课税、所得课税、财产课税、资源课税和行为课税

(1) 流转课税　又称商品课税，即以商品和劳务为课税对象的税收。流转课税以商品交换为前提，伴随着商品销售的实现进行课征。其计税依据是商品销售收入额、劳务收入额或服务性业务收入额，一般采用比例税率。流转课税具有税收负担的间接性、税收分配的累退性、税收征收的隐蔽性、税收管理的便利性、税收收入的稳定性等特点，是保证国家财政收入的主要税类。目前，我国流转课税包括增值税、营业税、消费税、关税等。

(2) 所得课税　即以纳税人的净收入为课税对象的税收。净收入是指收入总额扣除成本、费用及损失后的余额，即所得额。所得课税是在分配领域内进行的，税收收入的数量直接取决于纳税人的所得水平。如采用累进税率，则对调节纳税人之间的收入差距具有特殊功效。所得课税具有税收负担的直接性、税收分配的累进性、税收征收的公开性、税收管理的复杂性、税收收入的弹性等特点。目前，我国所得课税包括企业所得税、个人所得税。

(3) 财产课税　即以纳税人所拥有或支配的财产为课税对象的税收。财产包括不动产和动产，这两类均可列入征税范围。对财产课税有利于充分利用生产资源，限制消费；同时对缓解财富分配不均的矛盾有一定的积极意义。财产课税具有税源的广泛性、征收的区域性、管理的复杂性等特点。目前我国财产课税有房产税、车船税、契税等。

(4) 资源课税　即以开发和利用的自然资源为课税对象的税收。对资源课税有利于调节纳税人因自然资源差异而形成的级差收入，促进自然资源的合理开发和利用。资源课税具有征收范围的局限性、税率设计的差别性、计征方法的从量性等特点。目前我国资源课税包括资源税、土地增值税、城镇土地使用税、耕地占用税等。

(5) 行为课税　即以纳税人的某些特定行为为课税对象，为实现特定政策目标而征的税收。特定行为是指商品流转、所得获取、财产占有、资源开发等行为之外的其他应税行为。对特定行为课税，有利于根据国家的有关政策灵活地运用税收杠杆，有效地调节社会经济生活。目前我国行为课税包括印花税、城市维护建设税、屠宰税、筵席税等。

除以上六种分类方法外，还可以按课税权行使的期限为标准，分为经常税和临时税；以税款的征收方法为标准，分为定率税和配赋税；以课税目的和税款用途为标准，分为一般税和目的税；以税收主客体为标准，分为对人税和对物税；以税种在税收体系中的地位与作用

为标准，分为主体税和辅助税；等等。

## 3.3 税制结构

税制结构是指实行复合税制的国家，根据其经济条件和财政要求，在按一定标志进行税收分类的基础上所形成的主次配合、相互协调补充的税收分布格局。

不同的国家由于经济条件、历史传统、政策目标和管理水平的不同，在税种设置、税收分布格局上也不完全相同，甚至存在着比较大的差异，因此也形成了各具特点的税制结构类型，或称税制结构模式。

### 3.3.1 税制结构模式

税制结构模式是指由主体税特征所决定的税制结构类型。在一个国家的税制体系中，各类税收在税制体系中的地位有主次之分；而在一个国家的大类税收中，各个税种在大类税收中的地位也有主次之别。因此，在组织财政收入和调节经济方面处于主要地位，发挥主要作用的主体税种成为区别不同税制结构类型的主要标志。由主体税特征所决定的税制结构模式大体可归纳为以下三种类型：

1）以流转税为主体的税制结构模式

以流转税为主体的税制结构模式是指在整个税制体系中，以流转税作为主体税，流转税在全部税收中占极大比重并起主导作用。以流转税为主体的税制结构模式就其内部主体税特征而言，还可以进一步分为以下两种类型：

（1）以一般商品税为主体　一般商品税是对全部商品和劳务，在产制、批发、零售及劳务服务等各个环节实行普遍征税。一般商品税具有普遍征收、收入稳定、调节中性的特点。一般商品税在课税对象的确定上，既可以对收入全额征税，也可以对增值额征税。

（2）以选择性商品税为主体　选择性商品税是对部分商品和劳务，在产制、批发、零售及劳务的某些环节选择性征税。选择性商品税具有个别征收、收入集中、特定调节的特点。选择性商品税既可以选择在产制环节征税，也可以选择在零售环节征税。

2）以所得税为主体的税制结构模式

以所得税为主体的税制结构模式是指在整个税制体系中，以所得税作为主体税，所得税在全部税收中占极大比重并起主导作用。以所得税为主体的税制结构模式就其内部主体税特征而言，还可以进一步分为以下三种类型：

（1）以个人所得税为主体　一般是在经济发达国家，个人收入水平较高，收入差异较大，需要运用个人所得税来保证财政收入，并促进个人收入的公平分配。

（2）以企业所得税为主体　在经济比较发达，又实行公有制经济的国家，在由间接税制向直接税制转换的过程中，有可能选择以企业所得税为主体税。

（3）以社会保险税为主体　在一些福利经济国家，为实现社会福利经济政策，税制结构已经由个人所得税为主体转向以社会保险税为主体。

3）流转税和所得税双主体的税制结构模式

双主体税制结构模式是指在整个税制体系中，流转税和所得税占有相近的比重，在财政收入和调节经济方面共同起着主导作用。一般来说，在由流转税为主体向所得税为主体的转换过程中，或者在由所得税为主体向发展增值税、扩大流转税的转化过程中，都会形成双主体的税制结构模式。

### 3.3.2 我国税制结构目标模式的选择

一个国家在一定时期内的税制结构并不是可以随意安排的，而是要受多种因素的制约。从客观方面讲，税制结构取决于一国的经济发展水平、社会经济结构等因素；从主观方面讲，税制结构要受国家经济运行制度、宏观经济政策以及经济管理水平的制约。

从我国税制结构现状来看，经过 20 多年的税制改革，我国已逐步建立起一套适应社会经济发展的复合税制。其中，流转税占主导地位，是主体税，所得税也占有重要地位，其他税是辅助税。但我国税制结构同发达国家相比，还存在比较大的差异，主要表现在以下几个方面：第一，我国现行税制结构是以流转税为主体税，而发达国家则是以所得税为主体税。第二，我国现行税制结构中所得税的纳税主体为企业，个人所得税比重较小；而发达国家税制结构中所得税的纳税主体为个人，企业所得税的比重相对较低。第三，我国现行税制结构中还没有建立起社会保险税制度；而发达国家已普遍建立起社会保险税制度，并在税收中占有很大的比重。

随着我国社会主义市场经济体制的建立与完善，社会经济的持续发展要求我国税制结构确立更为合理的目标模式，对主体税种、税种组合和配置方式作出更为合理的选择。从我国社会主义市场经济改革和发展趋势来看，我国税制结构应选择流转税和所得税为双主体，税种之间合理配置，整体功能优化的目标模式。

1）主体税的选择

主体税在整个税制体系中处于主导地位，占有主要比重。主体税的选择是确定税制结构目标模式的核心问题。流转税和所得税双主体的目标模式，是符合我国国情的现实选择。

(1) 流转税和所得税双主体的目标模式符合我国经济改革和发展的客观实际。因为单一主体，无论是流转税，还是所得税，都不能单独发挥税收的整体功能。

首先从流转税看，虽然其具有征收面广泛，税源稳定，财政收入及时可靠，计算征收简便易行，能够弥补市场对资源配置的缺陷等优点，但也存在收入缺乏弹性，难以发挥税收在促进公平收入分配、促进经济稳定方面作用的缺点，而这个缺点又恰恰是在社会主义市场经济发展中需要补充和加强的。其次从所得税看，虽然其收入具有弹性，有利于公平收入分配和促进经济稳定，但是在可预见的未来中国经济发展水平条件下，它的征收面狭窄，收入稳定性差，征收管理的内外部条件难以适应等缺点仍不能完全避免。因此，仅以所得税为主体，很难保证财政收入。

由此可见，选择商品课税和所得课税双主体的税制目标模式，可以发挥这两类税的综合优势，弥补各自的缺陷。在财政收入上，充分利用商品课税刚性收入的特点和所得税的弹性收入的特点，实现互补；在调节经济方面，同时发挥流转税弥补市场资源配置和所得税在促进经济稳定方面的协同调节作用；在公平收入分配方面，能够同时运用所得税累进税率的基础调节以及流转税差别比例税率的补充调节作用。这样，才能适应和满足社会主义市场经济发展对税制模式的要求。

(2) 流转税和所得税并重的目标模式是我国税制结构模式发展的必然进程。从我国税制发展的历史变化进程来看，曾经历了一个由自然经济下的古老直接税为主体，向商品经济下的间接税为主体的发展阶段。在现代市场经济条件下，一些发达国家已经或正在朝着以直接税即所得税为主体的目标模式转换。但是，从我国作为一个发展中国家的经济条件以及现行以流转税为主体、所得税比重较低的现实经济状况出发，选择以流转税和所得税双主体目标模式过渡是比较稳妥可行的。

2）税种合理配置

在主体税确定的前提下，在主体税内部还存在一个税种之间的组合和配置，即主体税内部结构的问题。

(1) 流转税内部结构的目标模式　应选择具有中性特征的增值税为主体，以选择性的非中性的消费税为辅的内部结构模式。既可适应市场经济对资源基础配置的要求，起到保证财政收入的作用；又可对市场资源配置进行必要的弥补，起到个别调节的作用。

(2) 所得税内部结构的目标模式　根据我国国民经济发展水平、财产制度和收入分配方式，应选择以企业所得税为主，逐步扩大并提高个人所得税的所得税内部结构模式。

3）辅助税种的设计

在主体税确定，主体税内部税种配置合理的条件下，为使税制结构整体功能优化，还需要在流转税和所得税无法征收和调节的范围内，本着简化税制、优化功能的原则，建设与完善辅助税类，充分发挥其对经济的特殊调节功能。我国辅助税包括资源课税、财产课税和特定行为目的课税等税类。资源类税收在促进资源合理开发和利用，调节级差收入方面具有特殊功效；财产类税收在缩小社会贫富差别，缓解社会分配不公方面具有特殊功效；行为类税收具有调节目的明确，因时因地制宜的特点，能够配合国家有关政策，有效调节特定经济行为。

## 3.4　我国税收体系的变革

1949 年新中国成立以后，我国的税收体系根据不同时期政治经济发展的需要，经历了一个从无到有、不断变革的过程，并逐步趋向合理、完善。

### 3.4.1　建立统一的税收体系

新中国成立之初，为了统一全国税政，建立新税制，中央人民政府于 1949 年 11 月在北京召开了首届全国税务会议。会议根据《中国人民政治协商会议共同纲领》第 40 条“国家的税收政策，应以保障革命战争的供给，照顾生产的恢复和发展及国家建设的需要为原则，简化税制，实行合理负担”的精神，制定了《全国税政实施要则》(以下简称《实施要则》)，并于 1951 年 1 月公布施行。

《实施要则》明确规定了新中国的税收政策、税收制度、管理体制、组织机构等一系列重要内容，它是统一全国税政、建立新税制的纲领性文件。关于税收制度，《实施要则》规定，除农业税外，全国统一开征 14 种税，即货物税、工商业税、盐税、关税、存款利息所得税、薪给报酬所得税、印花税、遗产税、交易税、屠宰税、房产税、地产税、特种消费行为税、使用牌照税，并相继公布了各税税法。不久又开征了契税、棉纱统销税、船舶吨税。1950 年 9 月，中央人民政府政务院颁布了《新解放区农业税暂行条例》，按 40 级全额累进税率征收。老解放区仍沿用原来的农业税办法，初步建立起了统一的社会主义税收体系。

新税制的基本特点是实行多种税、多次征的复合税制。它以流转额和所得额为征税主体，既具有征税面广，税源普遍，收入稳定可靠的优点，又有利于调节各种经济成分的收入，调节国家与资本主义工商业之间的利润分配关系。

《实施要则》还对税收立法作了统一规定，凡全国性的税收条例法令，均由中央人民政府统一制定和颁布实施，各地区应切实执行，如有意见可以提出建议，在中央未修改前不得自行修改或变更。全国性税种实施细则的制定和解释权均归财政部。凡有关地方性税收的立法，应由县人民政府拟议报各省人民政府核转各大行政区人民政府批准，并报中央备案。

### 3.4.2 计划经济管理体制下的税收体系

20世纪50年代至70年代，我国实行的是计划经济管理体制以及与其相适应的税收制度。在这期间，随着社会经济的发展，税收体系也不断地进行了调整。

1) 1953年修正税制

1952年底，我国胜利完成了恢复国民经济的任务。社会主义经济在整个国民经济中的比重不断提高，工商企业的经营方式和商品流通渠道也发生了很大变化。随着委托加工、代购代销、联合经营、产销直接见面等经营方式的大量涌现，使商品流转环节大为减少，并引起了经济税源的变化，出现了"经济日渐繁荣，税收相对下降"的现象。因此，为适应经济形势的变化，保证财政需要，1953年1月，国家对税收制度进行了修正。这次修正税制，是本着"保证税收，简化手续"的原则进行的。修正的主要内容如下：

(1) 试行商品流通税　从货物税的品目中，选择烟、酒、麦粉、水泥等22种国家能够控制生产或收购的产品，把它们原在生产环节应纳的货物税、营业税及其附加、印花税与在商业批发及商业零售环节应纳的营业税及印花税加以合并，只征收一次商品流通税。把棉纱统销税和棉花交易税合并为商品流通税的一个税目。凡已纳商品流通税的商品，在以后的各个流转环节上，均不再征收其他税。

(2) 调整货物税　除上述22种征收货物税的产品改征商品流通税外，对其余征收货物税的产品，将原来在生产环节、批发环节缴纳的营业税及其附加和印花税，并入货物税内征收；粮食、土布交易税也改征货物税；同时简并了货物税税目。

(3) 修订工商业税　将工商企业原来缴纳的印花税、营业税附加均并入营业税征收，统一调整营业税税率；已纳商品流通税的商品，不再缴纳营业税；已纳货物税的商品，在商业零售环节仍缴纳一道营业税；对商业批发环节不再征收营业税。

(4) 修订其他各税　包括合并印花税的若干税目；将屠宰商应纳的营业税和印花税并入屠宰税内征收；取消特种消费行为税，原电影、戏剧及娱乐税目改征文化娱乐税，其余税目并入营业税内征收；简化交易税，将棉花交易税并入商品流通税，粮食、土布交易税并入货物税，停征药材交易税，只保留了牲畜交易税。

经过1953年的税制修正，我国税收计有14个税种，即商品流通税、货物税、工商业税、盐税、关税、农(牧)业税、利息所得税、印花税、牲畜交易税、屠宰税、城市房地产税、车船使用牌照税、文化娱乐税、契税。

2) 1958年改革工商税制和统一农业税制

1956年我国的社会主义改造基本完成，生产关系和社会经济结构发生了巨大变化，由多种经济成分并存转变为基本单一的社会主义公有制经济，税收征纳关系的重点也由资本主义工商业转变为社会主义全民所有制和集体所有制。为适应这一变化，国家对税收制度进行了一次较大的改革。

(1) 简并工商税收　1958年9月，根据"在原有税负基础上简化税制"的原则，对工商税收制度进行了改革。这次改革的主要内容是：把原来的货物税、商品流通税、营业税和印花税合并为工商统一税，征税范围包括工业品生产、农产品采购、外货进口、商业零售、交通运输和服务性业务。同时，简化纳税环节，对工农业产品基本上实行两次课征制；简化征税办法，工业产品一律改按销售收入计税，并减少对中间产品的征税。经过这次改革，我国的税制结构更加突出了以流转课税为主体的格局。

在以后的几年中，工商税制又陆续作了些调整。1959 年停征了利息所得税，1962 年开征了集市交易税，1963 年调整了工商所得税的负担，1966 年停征了文化娱乐税。

(2) 统一农业税制　新中国成立初期，由于革命根据地与新解放区的情况不同，农业税制度也不同。革命根据地沿用了革命战争时期制定的比例税制，而占全国人口三分之二的新解放区，则实行差距很大的全额累进税制。1956 年农业合作化以后，个体经济都走上合作化道路。为了适应农村经济的这种变化，1958 年 6 月，我国公布了《中华人民共和国农业税条例》，废止了原来在新老解放区实行的不同征税办法，采用按比例征收，在全国范围内实行统一的农业税制度。

3) 1973 年税制简并

"十年动乱"时期，由于受"左"倾错误思潮的影响，"非税论"甚嚣尘上，认为税制越简化越适应社会主义经济发展的需要。1973 年，对几经简化的工商税制进行了又一次简并。简并的主要内容如下：

(1) 废止工商统一税，改征工商税。把企业原来缴纳的工商统一税及其附加、城市房地产税、车船使用牌照税、屠宰税和盐税合并为工商税。缴纳工商税的企业不再缴纳其他的流转税和财产税。

(2) 合并税目、税率。把工商统一税的 108 个税目减为工商税的 44 个，税率由 141 个减少为 82 个。此外，还简化了连续生产用的中间产品和委托加工产品的征收办法和手续。

经过这次税制简化，除农业税外，我国实际只开征 8 种税，即工商税、工商所得税、牲畜交易税、城市房地产税、车船使用牌照税、屠宰税、关税、契税。简并后的税收体系和结构并未发生大的变化，但是企业交纳的税种大为减少，对国营企业只征收一种工商税，对集体企业只征工商税和工商所得税。这种税制严重削弱了税收调节经济的职能作用，在组织收入方面也受到局限和束缚。

### 3.4.3 计划商品经济体制下的税制改革

党的十一届三中全会确定把党和国家的工作重点转移到社会主义现代化建设上来，并从 1979 年开始全面实行改革开放的政策。随着经济体制改革的深化和对外经济开放的扩大，我国的所有制结构、产业结构、国家对经济的管理方式以及对外经济往来的发展等，都发生了深刻的变化。而过于简化的税制显然远远不能适应经济发展和改革开放的要求。因此，从 1979 年开始至 80 年代，我国对税收制度又进行了一系列改革。改革的主要内容如下：

1) 建立涉外税制

为适应对外开放的需要，做到既有利于吸引外资，引进技术，又有利于行使国家的税收管辖权，1980 年 9 月，我国开征了中外合资经营企业所得税和个人所得税。1982 年 1 月，开征了外国企业所得税，同时还明确对外商投资企业的生产经营仍执行 1958 年颁布的工商统一税、城市房地产税和车船使用牌照税，形成了比较完整的涉外税制。此后又陆续对经济特区、经济开发区和沿海开放城市的外商投资企业，规定了一些特殊的税收优惠办法。为公平税负，规范税制，1991年7月，我国将两个涉外企业所得税合并为外商投资企业和外国企业所得税，进一步完善了涉外税制。

2）建立与完善所得税制

(1) 1983至1984年，对国有企业进行了"利改税"改革，即把国有企业向国家上缴利润改为缴纳所得税，开征了国营企业所得税和国营企业调节税。

(2) 1985年，将工商所得税更名为集体企业所得税，同时调整了税率，减轻了集体企业的税收负担。

(3) 1986年1月，开征城乡个体工商业户所得税。

(4) 1987年1月，开征个人收入调节税。

(5) 1988年开征私营企业所得税。

3）改革与完善流转税制

(1) 1984年10月，将原工商税一分为四，改为征收产品税、增值税、营业税和盐税，使不同税种在不同经济领域发挥特定调节作用，以后又不断对流转税制进行改进，其中心内容是扩大增值税征收范围，改进增值税计征方法。

(2) 1980年以来，我国先后多次修订关税制度，对涉及200多个税号的进口关税税率作了较大调整。1985年3月，制定了《中华人民共和国进出口关税条例》，健全了关税法规。同时，以国际上通行的《海关合作理事会商品分类目录》为基础，修订了《中华人民共和国海关进出口税则》，较大范围地调整了关税税率，降低了税率水平。

4）资源课税的建立

1984年10月，开征了资源税，对开发原油、天然气、煤炭等自然资源的企业征收。开征资源税加上盐税，我国初步形成了资源课税体系。

5）改革与完善农业税收

1983年，对农林特产收入征收农业税作了统一规定。1985年，农业税由征收实物改为折征代金。

6）特定行为课税体系的建立

(1) 为合理使用能源，促进企业以烧煤代替烧油，1982年开征烧油特别税。

(2) 为控制固定资产投资规模，调整投资结构，1983年开征建筑税；1991年改为固定资产投资方向调节税。

(3) 为促进企事业单位工资制度改革，并从宏观上控制消费基金的过快增长，从1984年起，先后开征了国营企业奖金税、国营企业工资调节税、集体企业奖金税、事业单位奖金税。

除以上之外，1986至1989年，还陆续开征了房产税、车船使用税、耕地占用税、筵席税、印花税、城镇土地使用税和特别消费税。

### 3.4.4 社会主义市场经济体制下的税制改革

20世纪90年代，我国确立了发展社会主义市场经济的改革目标。为了适应社会主义市场经济改革和发展要求，从根本上克服在20世纪80年代计划商品经济条件下建立起来的税收制度的局限性，1994年，我国税制进行了重大改革。这次改革是自新中国成立以后历次税制改革中规模最大、范围最广泛、内容最深刻、影响最深远的一次改革。这次改革不但解决了原有税制的主要问题，而且初步建立起适应社会主义市场经济改革和发展要求的新税制体系。

1）20世纪90年代税制改革

1994年税制改革的指导思想是：统一税法，公平税负，简化税制，合理分权，理顺分配关系，规范分配方式，保障财政收入，建立符合社会主义市场经济要求的税制体系。根据这一指导思想，改革的主要内容如下：

（1）流转税制的改革　流转税制的改革是整个税制改革的重点和关键所在。改革的目标是按照公平、中性、透明、普遍的原则，建立增值税、消费税、营业税并立，双层次调节的税制格局。改革后的流转税主要由增值税、消费税、营业税和关税组成。在生产和流通环节普遍征收增值税，取消产品税，在此基础上选择部分消费品再征收一道消费税。对不实行增值税的劳务交易和第三产业征收营业税。新的流转税制适用于内资企业、外商投资企业和外国企业，取消对外资企业征收的工商统一税。原来征收产品税的农、林、牧、水产品，改为征收农业特产税。

（2）企业所得税的改革　改革的目标是调整、规范国家与企业的分配关系，促进企业经营机制的转换，实现公平竞争。改革的主要内容是：废止原国营企业所得税、集体企业所得税和私营企业所得税，取消国营企业调节税和国有企业上缴的"两金"，对所有的内资企业实行统一的企业所得税。内资企业所得税与外商投资企业和外国企业所得税并存，待条件成熟后，再完成内外资企业所得税的统一。

（3）个人所得税的改革　改革的目标是调节个人收入差距，缓解社会分配不公的矛盾，使我国的个人所得税朝着法制化、规范化、合理化的方向发展。改革的主要内容是：合并原个人所得税、个人收入调节税和城乡个体工商业户所得税，建立统一的个人所得税。新的个人所得税参照国际上通行做法，并结合我国实际，重新调整和确定了费用扣除标准和税率水平，体现了调节过高收入，对中低收入者不征或少征税的原则。

（4）其他税种的改革　主要包括以下几项：

① 改革资源税：资源税的征税范围扩大至所有矿产资源；把盐税并入资源税；同时，配合增值税税率的简并，适当调整税负。

② 开征土地增值税：通过征税对房地产业的过高利润进行调节。

③ 调整或撤并一些税种：一是将特别消费税并入消费税；二是取消烧油特别税、集市交易税、牲畜交易税、奖金税和工资调节税；三是取消对外资企业、外籍人员征收的城市房地产税和车船使用牌照税，统一实行房产税和车船税，并适当调高税率和税额；四是调高城镇土地使用税的税额；五是下放屠宰税、筵席税的管理权；六是准备开征遗产税和证券交易税。

经过1994年的税制改革，建立起了由22个税种组成的新税制体系。同原有税制体系比较，新税制具有税种简明、设计规范、配置合理的特点，基本适应社会主义市场经济发展对税收制度的要求。

2）进入21世纪后的税制完善

20世纪90年代改革中形成的税收制度，在进入新世纪后又不断得到完善。新时期我国的治税思想是在继续强化筹集财政收入功能的同时，重视公平原则，探寻税收中性与积极发挥税收调控作用的平衡点，坚持合理负担的税制改革取向，强调税收发展的可持续性，发挥和提高税收在国家宏观调控方面的作用和能力，促进和谐社会建设。在这一治税思想的指导下，新一轮税制改革的目标也更加清晰。从改革内容看，可归纳为以下4个方面：

(1) 流转税制改革　流转税制的改革主要体现在增值税和消费税上。

① 增值税改革：改革的主要内容是分步实施增值税转型，将生产型增值税改为消费型增值税，对购入固定资产已纳税金允许在购入当期一次性抵扣，以解决资本品的重复征税问题，降低企业投资的税收负担。2004 年，首先选择在东北三省八大行业试行消费型增值税，扩大增值税抵扣范围，这既是为振兴东北老工业基地采取的重大措施，也是为全国实施增值税转型改革积累经验。2007 年增值税转型改革由东北三省八大行业扩大到中部地区 26 个老工业基地城市的八大行业。从 2009 年 1 月 1 日起，在全国范围内实行消费型增值税。这意味着我国的增值税与国际接轨更加紧密，其避免重复征税的优势得到更充分的发挥。

为建立健全有利于科学发展的税收制度，促进经济结构调整，支持现代服务业发展，自 2012 年 1 月 1 日始，在上海市开展交通运输业和部分现代服务业营业税改征增值税试点，2012 年 8 月起将逐步扩大试点范围。

今后，增值税改革的趋势是进一步扩大增值税征收范围。由目前的货物销售逐步向劳务领域延伸，首先将现行营业税中重复征税矛盾比较突出的不动产销售行业，与商品生产经营关联度较大的交通运输业、建筑安装业等行业纳入增值税征收范围，再逐步向其他服务行业延伸，最终全面推行增值税。

② 消费税改革：根据消费者消费结构的变化，产品盈利水平的变化，相应调整消费税的征税范围和税率结构。减少对普通消费品和生活必需品的征税，增加对高档服务消费的征税，以及资源类产品的征税。2006 年消费税政策的调整和完善就体现了上述改革精神，增加了对高档手表、高尔夫用具等奢侈品和木制地板、燃料用油等资源消耗品的征税。

自 2009 年 1 月 1 日起，正式启动了酝酿多年的成品油税费改革，取消公路养路费等收费，提高现行成品油消费税单位税额，不再新设立燃油税，利用消费税现有税制、征收方式和征管手段，实现成品油税费改革相关工作的有效衔接。

今后，消费税改革的趋势是积极创造条件，适时将消费税征收环节后移到批发环节，并改为价外征收。

(2) 所得税制改革　所得税制的改革主要为企业所得税改革和个人所得税改革。

① 企业所得税改革：企业所得税改革的指导思想是：根据科学发展观和完善社会主义市场经济体制的总体要求，按照"简税制、宽税基、低税率、严征管"的税制改革原则，借鉴国际经验，建立各类企业统一适用的科学、规范的企业所得税制度，为各类企业创造公平的市场竞争环境。依据这一指导思想，2007 年 3 月 16 日全国人民代表大会审议通过了新的《企业所得税法》，并于 2008 年 1 月 1 日起实施。新的企业所得税体现了"四个统一"：内资、外资企业适用统一的企业所得税法；统一并适当降低企业所得税税率；统一和规范税前扣除范围和标准；统一税收优惠政策，实行"产业优惠为主、区域优惠为辅"的新税收优惠体系。

② 个人所得税改革：近年来，随着我国经济的发展和通货膨胀的变化以及个人收入水平的提高，为达到公平税负、调节收入分配的目标，个人所得税也在不断调整和修改。修改的主要内容为：调整了工资、薪金所得的费用减除标准，自 2011 年 9 月 1 日起提高至 3500 元；调整了工资、薪金所得的税率及所得级距；建立了对收入较高的重点行业和重点纳税人的自行申报制度。今后，个人所得税深化改革的思路将围绕调整税率结构，改分类征税模式为分类和综合相结合模式，加强征收管理等方面展开。

(3) 农业税制改革　近年来，农村税费改革不断深化。初始的改革内容可概括为"三个取消、一个逐步取消、两个调整、一项改革"，即取消乡统筹费，取消所有专门面向农民征收的行政事业性收费和政府性基金、集资，取消屠宰税；逐步取消统一规定的劳动积累工和义务工；调整农业税政策；调整农业特产税政策；改革村提留征收和使用办法。而至2006年，农业税这一在中国历史上绵延了数千年的古老税种已告终结。全面取消农业税，既是着眼于增加农民收入和增强农业的国际竞争力，也是着眼于建立完善的社会主义市场经济体制，着眼于逐步消除城乡二元经济结构的体制性障碍，着眼于统筹城乡经济社会的协调发展。未来农业税收将朝着"城乡统一税制"的改革方向发展。因此，我们对农民还是要长期坚持实行"多予，少取，放活"的方针。

(4) 其他税制改革

① 稳妥推进物业税改革：物业税的功能定位应该有利于加快地方主体税种建设，完善房地产税制，有利于促进地方政府加强对地方基础设施的投入力度，有利于规范房地产市场行为。

② 择机改革资源税：资源税改革的思路是：扩大征收范围、改革计征方式、提高税负水平、统筹税费关系。在资源品价格大幅上升的背景下，改"从量计征"为"从价计征"，并适当扩大征收范围、提高税率，会给国家财政带来相应的涨价收益，也更有利于自然资源的有效节约和利用。

③ 实施社会保障费改税：为促进社会保障制度的发展，需要探讨将养老保险金、失业保险金、医疗保险金等收费改为社会保险税。

## 思考题

1. 市场经济体制下的税收原则有哪些？
2. 试述税收中性选择与非中性选择的涵义。
3. 如何运用税收实现经济稳定？
4. 税收的自动稳定机制的相机抉择机制的涵义。
5. 税收有哪些基本分类方法？
6. 按课税对象性质，税收如何分类？
7. 流转税和所得税有哪些主要特点？
8. 税制结构有哪些主要模式？
9. 我国应选择什么样的税制结构模式？
10. 我国现行税制体系的主要内容是什么？

# 4 增值税

## 4.1 增值税概述

### 4.1.1 增值税的概念和特点

增值税是以商品或劳务价值中的增值额为课税对象的一种税，它是我国商品课税体系中的主体税种。

对增值税的理解要从增值额入手。所谓增值额，是指纳税人在其生产经营活动中新创造的价值或商品的附加值。一般来说，增值额相当于商品价值扣除生产经营过程中消耗掉的生产资料的转移价值之后的余额，即由劳动者所创造的新价值。由于商品从生产到消费要经过多个环节，每一环节都可能增加新的价值。因此，增值额既可以从个别生产经营环节来考察，也可以从商品生产流通的全过程来考察。

从个别生产经营环节考察，增值额表现为某个生产经营企业的商品销售额或经营收入额扣除生产经营所消耗的生产资料价值后的余额。

从商品生产流通的全过程考察，一个商品进入消费时的最终销售额等于该商品从生产到消费全过程中各个经营环节的增值额之和。

**例 4.1.1** 设某种商品的最终销售额为 100 元，其分环节的售价与增值额如表 4.1.1 所示。

**表 4.1.1 某商品增值额与销售额的关系**

| | 销售额 | 增值额 |
|---|---|---|
| 原材料生产环节 | 30 元 | 30 元 |
| 产成品生产环节 | 70 元 | 40 元 |
| 商品批发环节 | 90 元 | 20 元 |
| 商品零售环节 | 100 元 | 10 元 |
| 合计 | | 100 元 |

从此例看，该商品的最终销售额（100 元）恰好等于四个环节的增值额相加之和（30＋40＋20＋10），这说明一个商品的最终销售额是由以前各个环节的增值额所组成的。

上述增值额的概念只是理论意义上的阐释。从世界各国实行增值税的实践来看，由于各国都是根据本国的具体情况对生产资料转移价值的扣除作出不同的规定，有的国家法定抵扣内容基本上等于当期生产资料转移价值，有的国家法定抵扣内容小于或大于当期生产资料转移价值，由此形成增值额在理论上与实践中的差异。

增值税与传统的商品课税相比，具有以下特点：

(1) 增值税是能够避免重复课征的税　因为增值税只对商品或劳务在本环节增加的价

值征收，而对以前环节已征税价值不再课征，所以，能够完全排除传统的商品课税所存在的重复征税的弊端。

(2) 增值税是"中性"税　增值税是对商品的增值额征税，而与该商品在生产流通过程中所经历的交易次数多少无关。也就是说，商品不论经历过多少道生产或流通环节，都不会影响某一具体环节的纳税人的税收负担和商品的整体税负。这表明增值税消除了税负不平的因素，对企业选择生产经营形式没有任何影响，对资源配置无干扰作用。就这点而言，增值税是一种"中性"的税收。

(3) 增值税采用价外税形式　即增值税税金是在商品或劳务的价格之外，税款是按不含税价格计算的。增值税要保持其"中性"立场，只能采取价外税。这样才能消除税收对市场价格形成的制约，使价格真正反映市场供求的变化，保证市场机制配置资源作用的发挥。

(4) 增值税是多环节征收的税　商品每经过一个流转环节，就要征收一次税。增值税像链条一样，环环相扣，体现了商品课税从生产到消费全过程的连续性和完整性。

### 4.1.2　增值税的沿革

1) 增值税的形成

增值税的前身是按商品流转全额课征的营业税。营业税具有征收广泛、及时，便于计算、管理等优点，在商品经济初级阶段是许多国家的重要税种之一。但是，随着商品经济的发展，社会分工越来越细，生产专业化程度越来越高，营业税所存在的重复征税的弊端也越来越突出。由于营业税是多环节阶梯式课征，一个商品从生产到消费，不论经历几道生产经营环节，每一道环节都要征税，并且是按商品销售总额课征。因此，商品的税收负担随着生产经营环节的增加而呈阶梯式递增，即商品经过的流转环节越多，税收负担就越重；反之则越轻。这种重复征税和税负不平，不利于专业化协作生产的发展，不利于商品流通的扩大，给市场公平竞争设置了障碍，成为商品经济进一步发展的桎梏，同时也给政府取得财政收入带来了不稳定因素。为此，人们开始探索改进营业税，使其去弊存利。

早在第一次世界大战结束时，就有人提出以增值额为课税依据的设想。如德国的西门兹博士、美国耶鲁大学教授托马斯. S. 亚当斯都曾提出以增值税代替所得税的设想。当时他们称自己的设想是设立一种"巧妙的营业税"，一个"经过改造的所得税"。他们的巧妙构思尽管当时没有得到政府的采纳，但却为后来一些国家改进营业税制的尝试指明了方向。以后，阿根廷、智利、荷兰、法国、菲律宾、土耳其等国家，都在局部范围内进行过带有增值税性质的实践。如法国在1948年规定，制造企业准予抵扣生产过程中购进的货物在以前环节已纳的税款。1954年，经法国财政部官员莫里斯·劳莱的努力，法国进一步完善了改革后的税制，扩大了抵扣范围，对已税的生产经营所用的一切投入物全部实行抵扣。在实施税收抵扣这项基本原则的过程中，人们看到，按销售额全值计算的应纳税额，再抵扣掉购进的商品或劳务所含的税款，实际征收额正好相当于对企业生产经营新增加的价值所征的税额。所以，为了区别于旧的营业税制，法国称这种改革后的新税种为"增值税"。至此，增值税作为商品课税体系中的一个独立税种正式登上了历史舞台。

增值税一经产生，很快显示出它的独特的优越性。增值税通过税款抵扣办法克服了原税制存在的重复征税的弊端，真正体现出税负公平，使得税制与市场机制的原则相统一，促进了商品经济的发展。因此，增值税得到了世界许多国家的青睐，纷纷仿效，使增值税成了一个具有国际性的税种。经过50年的发展，增值税制度在征税范围、税率档次、税款扣除内容、税额计算方法等方面逐步取得了规范和完善。

2) 我国增值税的建立和发展

我国的增值税是在经济体制改革以后实施并逐步完善的。过去,我国对商品及劳务课征的货物税、营业税、工商统一税和工商税等都以销售额或营业额为课税对象,实行多环节课征,货物每销售一次都要按照全部销售额计算征税。这种征收制度不可避免地存在着重复征税的弊端。为了解决这种弊端所引起的矛盾,国家曾经采取过许多措施,如通过对协作厂给予减免税来平衡协作厂与全能厂的税收负担;全能厂和协作厂生产的同一种商品,分别适用不同的税率等。但由于这些措施没有消除造成税负不公平的根本原因——重复征税,所以未能从根本上解决税负不平的矛盾,反而使税制越来越复杂。为了彻底解决原税制的弊端,在经济体制改革初始阶段,我国就开始尝试实行增值税。1979 年首先选择对机器机械、农业机具两个行业和自行车、缝纫机、电风扇三种产品试行增值税。1984 年 10 月,国务院发布了《中华人民共和国增值税条例(草案)》,开始在我国正式实行增值税。该条例(草案)将增值税的征收范围扩大到 12 种工业产品,并在其后的几年中几次扩大征税范围,增值税收入成倍增长。在 1994 年的税制改革中,国务院正式颁布了《中华人民共和国增值税暂行条例》(以下简称《增值税暂行条例》),对增值税制度进行了较为彻底的重新构造,具体表现为以下几方面:

(1) 将增值税的范围扩大到所有货物的销售和进口环节,以及加工和修理修配劳务。

(2) 实行价外计税的方法,以不含增值税的价格为计税依据,使成本、价格和利润均不含增值税因素,从而能够较真实地反映企业的经营业绩。

(3) 实行凭增值税专用发票注明的税款进行抵扣的制度,从而更准确地反映对增值额的课税。

(4) 减少税率档次,简化计税办法,由改革前 8%~45%共 12 个税率档次减为 17%和 13%两档,同时对小规模纳税人实行固定征收率的简易计税办法。

改革后的增值税更符合国际惯例,已成为我国商品课税体系中的核心税种。

2008 年 11 月 5 日,国务院第 34 次常务会议又通过了修订的《中华人民共和国增值税暂行条例》,并自 2009 年 1 月 1 日起施行。为大力发展第三产业尤其是现代服务业,国家自 2012 年 1 月 1 日起在上海试点交通运输业和部分现代服务业的营业税改增值税。

### 4.1.3 增值税的类型

世界各国实行的增值税,都是根据税款抵扣的原理,结合本国经济发展的具体情况加以制定的,因此存在着较大的差异。若从不同角度进行比较,可以把它们划为不同的类别。

1) 按课税范围的大小分类

增值税的征税范围既可广,又可专。说其广,它可以延伸到农业、工业、商业、服务业等一切经济领域,成为最广泛征收的税种;说其专,它也可以局限于某一特定的经济领域实施。增值税究竟在什么范围内实施,是由各国自身的经济条件和财政政策决定的。就目前各国的实施范围看,大体有四种结构:

(1) 征税范围仅限于工业生产环节,如塞内加尔、阿尔及利亚、摩洛哥、突尼斯等国。

(2) 征税范围除工业生产环节外,还扩大到商业批发环节,如马达加斯加等国。

(3) 征税范围从工业生产、商业批发环节进一步延伸到零售环节,或包括全部零售商,或只包括销售额超过一定数量的零售商,如韩国、巴拉圭以及我国现行的增值税都采取这种结构。

(4) 征税范围包括一切经济领域，即在农业、工业、商业以及服务业的所有行业普遍实行增值税，如欧盟各国。

2) 按抵扣税款范围的大小分类

增值税的主要特征就是计税时允许扣除购入商品及劳务的已纳税金。对于购入流动资产的已纳税金世界各国均允许扣除。而对于购入固定资产的已纳税金不同国家则有不同的处理方式，由此分为消费型增值税、收入型增值税和生产型增值税。

(1) 消费型增值税　是指课税时，允许将购入固定资产的已纳税金在购入当期全部抵扣。从国民经济整体看，增值额相当于全部消费品的价值，不包括资本品的价值，所以称为消费型增值税。这种增值税因抵扣彻底，故具有抑制消费、刺激投资、促进资本形成和经济增长的作用。欧共体国家的增值税均属于这种类型。

(2) 收入型增值税　是指课税时，允许把购入固定资产的已纳税金按折旧比例和使用年限分期抵扣。从国民经济整体看，增值额相当于国民收入，所以称为收入型增值税。这种增值税对经济增长呈中性作用。拉丁美洲国家的增值税大多属于这种类型。

(3) 生产型增值税　是指课税时，不允许扣除购入固定资产的已纳税金。从国民经济整体看，增值额相当于国民生产总值，即国民收入加折旧额之和，所以称为生产型增值税。这种增值税在一定程度上仍带有重复征税的问题，不利于鼓励投资，不利于资本有机构成较高的高新技术产业的发展。采用这种类型增值税的国家主要是一部分发展中国家，如玻利维亚、巴西。

3) 按规定税率的多少分类

(1) 单一税率的增值税　即对所有商品和劳务以及不同的课税环节都采用同一个税率。如丹麦、英国、玻利维亚等国家的增值税只有一个比例税率。

(2) 多个税率的增值税　即对不同的商品和劳务以及不同的课税环节实行不同的税率，法定税率在5个以上。如我国1994年改革前的增值税就属于这种类型。

(3) 一个基本税率加少数辅助税率的增值税　即对大多数商品及劳务规定统一的税率，作为基本税率；对少数商品规定高于或低于基本税率的税率，作为辅助税率。辅助税率的数目一般为1～4个。如法国、比利时等国家就采用这种类型。

4) 以计算方法分类

以计算方法为划分标准，增值税可分为直接计算的增值税和间接计算的增值税。

(1) 直接计算法　是指先直接计算出增值额，然后再据此计算出应纳税额。由于计算增值额的方法不同，直接计算法又分为“加法”和“减法”两种。

① 加法：即把纳税人在纳税期内的各个增值项目逐项相加，组成增值额，再据以计税。基本计算公式为：

增值额＝工资＋利息＋租金＋利润＋其他增值项目

应纳税额＝增值额×适用税率

② 减法：即以纳税人在纳税期的商品与劳务销售额减去法定扣除的非增值额(如购进的原材料、燃料、动力、零配件等金额)后的余额作为增值额，再据以计税。基本计算公式为：

增值额＝销售收入额－法定非增值项目金额

应纳税额＝增值额×适用税率

直接计算法要求区分增值因素和非增值因素，并用数量关系准确地表现出来，这在现实中非常不易做到。同时,增值额要到核算期结束时才能计算出来,这将影响财政收入的及时性和准确性。所以,实行增值税的国家大都不采用此种方法计税。

(2) 间接计算法　又称税款抵扣法。这种方法不要求直接计算增值额,而是以纳税人在纳税期内的商品与劳务销售额乘以增值税税率,求出商品与劳务的总体税金,再抵扣购进商品与劳务已纳的税款,其余额为纳税人在本环节应付的税额。基本计算公式为:

应纳税额＝销售收入额×适用税率－非增值项目的已纳税金

这种方法简便易行、计税准确,是实行增值税的国家普遍采用的计税方法。

### 4.1.4 增值税的立法意义

1) 有利于公平税负、鼓励竞争

只有税负公平、负担合理,才有利于企业在同等条件下开展竞争。增值税较好地体现了公平税负的原则:一是同一产品的税收负担是相等的,即不论企业是全能型还是非全能型,不论其生产结构和流通环节发生如何变化,它们的税收负担是一致的;二是由于增值税以增值额作为课税对象,而商品的盈利是构成增值额的主要因素之一,因此,增值税的税收负担同纳税人的负担能力是基本相适应的。

2) 有利于促进生产向专业化和协作化方向发展

由于增值税将多环节征税的普遍性与按增值额征税的合理性有机地结合起来,有效地克服了传统流转税按全额计税造成全能企业税负轻而协作企业和专业化程度高的企业税负重的弊端,消除了对商品价值的重复征税,有利于生产向专业化和协作化方向发展。

3) 有利于促进国家对外贸易的发展

从出口方面看,在按销售全额征税的情况下,同一种商品因生产结构或流通环节的不同,所负担的税款是不同的。当这种商品最终出口时,它在各个环节共缴纳了多少税款很难计算清楚,所以一般只能退还该商品最后一个环节的税款,退税不够彻底,不利于鼓励出口。而增值税是按增值额征税,各环节增值税税额之和等于按商品最终销售额计算的总体税负,因而,可以在商品出口时把各环节已纳税款如数退还给企业,使出口商品实行彻底退税,以完全不含税价格进入国际市场,从而提高其竞争能力。

从进口方面看,在按销售全额征税的情况下,同种商品若是国内生产的,则要承担多环节的重复课征;若是国外进口的,仅在进口环节征一次税,这就造成国内商品税负高于进口同种商品税负,使国内商品在市场竞争中处于不利地位。实行增值税后,国内商品税负则与进口商品税负一致,既体现税负对等的原则,又有利于维护国家经济权益和国内生产。

4) 有利于保证国家财政收入的普遍、及时和稳定增长

增值税是对传统商品课税制的重大改革,但不是对原税制的全面否定。它在克服了重复征税弊端的同时,仍保留了原税制的优点,即确保财政收入的普遍、及时和稳定。增值税的普遍性在于一切从事生产经营活动的纳税人,只要在其生产经营中产生增值额,就要相应缴纳税金;同时,一个商品不论在生产经营中经历多少环节,每个环节都应按各自的增值额分别纳税。增值税的及时性在于它虽然以增值额为课税对象,但在征收上却是随商品销售额的实现而计征入库的。增值税的稳定性在于它是一种与企业创造的国民收入密切联系的税种,其税率一经确定,就把国家从国民收入中收取的比例确定下来。只要国民收入增长,

税收也会相应上升,从而保证财政收入的稳定增长。

## 4.2 增值税基本制度

### 4.2.1 增值税的纳税人

增值税的纳税义务人是指在我国境内销售货物或者提供加工、修理修配劳务以及进口货物的单位和个人。

单位是指企业、行政单位、事业单位、军事单位、社会团体及其他单位。个人是指个体工商户和其他个人。

单位租赁或者承包给其他单位或者个人经营的,以承租人或者承包人为纳税人。

境外的单位或个人在境内提供应税劳务而在境内未设有经营机构的,其应纳税款以境内代理人为扣缴义务人;在境内没有代理人的,以购买方为扣缴义务人。

实行增值税,必须要有健全的财务制度和严密的会计核算作保证。因为增值税是多环节征收,像一根链条,环环相扣,任何一个环节出问题,税款征收就会中断。在我国有些小规模纳税人,他们年销售额较小,更重要的是其会计核算不健全,缺乏基本的核算制度,很容易造成征收链条的中断。因此,为了保证规范化增值税的推行,并有利于加强征管,税法规定将增值税的纳税人划分为一般纳税人和小规模纳税人,对不同类型的纳税人采取不同的计税方法。

一般纳税人和小规模纳税人的认定标准如下:

(1) 定量标准　即看销售规模。具体规定为:从事货物生产或提供应税劳务的纳税人,以及以从事货物生产或提供应税劳务为主,并兼营货物批发或零售的纳税人,年应税销售额在 50 万元以下(含本数,下同)的;从事货物批发或零售的纳税人,年应税销售额在 80 万元以下的,均为小规模纳税人。反之,则为一般纳税人。

规定中所称"以从事货物生产或者提供应税劳务为主"是指纳税人的年货物生产或者提供应税劳务的销售额占年应税销售额的比重在 50%以上。

(2) 定性标准　即看核算水平。如果企业年应税销售额达不到一般纳税人标准,但会计核算健全,即能够按照国家统一的会计制度规定设置账簿,根据合法、有效凭证核算,并能准确提供税务资料,年销售额不低于 30 万元的(不包括商业企业),经主管税务机关批准,也可被认定为一般纳税人。

(3) 其他标准

① 年应税销售额超过小规模纳税人标准的其他个人按小规模纳税人纳税。

② 非企业性单位、不经常发生应税行为的企业可选择按小规模纳税人纳税。

③ 纳税人总分支机构实行统一核算,其总机构年应税销售额超过规定标准,但分支机构年应税销售额未超过规定标准的,其分支机构可以申请办理一般纳税人手续。

④ 新开业的小规模企业,如果当年应税销售额超过规定标准的,可在次年申请认定为一般纳税人。新开业的符合一般纳税人条件的企业,如果预计其年应税销售额超过规定标准的,应在办理税务登记的同时暂时认定为一般纳税人,其开业后的实际年应税销售额未超过规定标准的,应重新申请办理认定手续。不符合上述规定的纳税人,应被认定为一般纳税人。

### 4.2.2 增值税的征税范围

我国增值税的课征范围不同于一些发达国家所实行的对一切领域全面课征增值税，而是根据我国具体经济条件确定的。《增值税暂行条例》规定，在中华人民共和国境内销售货物或提供加工、修理修配劳务以及进口货物都属于增值税的征税范围。

1）销售货物

货物是指有偿转让的商品，包括有形动产、电力、热力、气体。除免征的以外，无论在哪个环节销售，均应纳入增值税的征税范围。一般来说，货物的销售是指有偿转让各种有形动产的所有权，从购买方取得货款、货物和其他经济利益的行为。然而，实际经济情况是十分复杂的，税法对某些特殊情况的征税范围作出了具体的解释和明确的界定。

(1) 视同销售货物征税范围的确定　单位或者个体工商户的下列行为，视同销售货物：

① 将货物交付其他单位或者个人代销。

② 销售代销货物。

③ 在不同县(市)设有两个以上机构并实行统一核算的纳税人，将货物从一个机构移送其他机构用于销售。

④ 将自产或者委托加工的货物用于非应税项目；用于集体福利或个人消费。

⑤ 将自产、委托加工或者购进的货物作为投资，提供给其他单位或者个体工商户；分配给股东或者投资者；无偿赠送其他单位或者个人。

上述行为视同销售征收增值税，一是为了保证增值税税款抵扣制度的实施，不致因发生上述行为而造成税款抵扣环节中断；二是避免因上述行为而造成货物销售税收负担不平衡，防止偷漏税。

(2) 混合销售行为征税范围的确定　所谓混合销售行为是指一项销售行为既涉及货物又涉及非应税劳务。例如，商场销售商品并提供送货上门服务，在商品价格中既包括商品本身的售价，还包括不单独计价的运送费。对于混合销售行为是作为商品销售征收增值税，还是作为劳务提供征收营业税，需视纳税人的性质而定。税法规定：凡从事货物的生产、批发或零售的企业、企业性单位及个体工商户，以及以从事货物的生产、批发或零售为主，并兼营非增值税应税劳务的企业、企业性单位及个体工商户的混合销售行为，视为销售货物征收增值税；其他单位和个人的混合销售行为，视为销售非增值税应税劳务，不征收增值税。上述所称“以从事货物的生产、批发或零售为主，并兼营非增值税应税劳务”，是指纳税人年货物销售额与非增值税应税劳务营业额的合计数中，年货物销售额超过50%，非增值税应税劳务营业额不到50%。上述所称“非增值税应税劳务”是指应缴营业税的各种劳务。纳税人的销售行为是否属于混合销售行为，由国家税务总局所属征收机关确定。

纳税人的混合销售行为是属于销售自产货物并同时提供建筑业劳务的行为，或者是财政部、国家税务总局规定的其他情形，应当分别核算货物的销售额和非增值税应税劳务的营业额，并根据其销售货物的销售额计算缴纳增值税，非增值税应税劳务的营业额不缴纳增值税；未分别核算的，由主管税务机关核定其货物的销售额。

(3) 兼营业务征税范围的确定　纳税人兼营非增值税应税项目的，应分别核算货物或者应税劳务的销售额和非增值税应税项目的营业额。未分别核算的，由主管税务机关核定货物或者应税劳务的销售额。

(4) 其他列举应税销售　税法还针对某些特殊的销售行为进一步明确应纳入增值税的

征税范围。

① 货物期货(包括商品期货和贵金属期货),应当征收增值税,在期货的实物交割环节纳税。

② 银行销售金银的业务,应当征收增值税。

③ 除经中国人民银行批准经营融资租赁业务的单位外,其他单位从事的融资租赁业务,租赁的货物的所有权转让给承租方,征收增值税;租赁的货物的所有权未转让给承租方,不征收增值税。

④ 基本建设单位和从事建筑安装业务的企业附设的工厂、车间生产的水泥预制构件、其他构件或建筑材料,用于本单位或本企业建筑工程的,应当在移送使用时征收增值税。但对其在建筑现场制造的预制构件,凡直接用于本单位或本企业建筑工程的,不征收增值税。

⑤ 典当业的死当物品销售业务和寄售业代委托人销售寄售物品的业务,均应征收增值税。

⑥ 集邮商品,如邮票、首日封、邮折等的生产、调拨,以及邮政部门以外的其他单位和个人销售的,均应征收增值税。

2) 提供应税劳务

目前,我国增值税仅对加工和修理修配两种劳务征收增值税。加工是指受托加工货物,即委托方提供原材料及主要材料,受托方按照委托方的要求制造货物并收取加工费的业务。修理修配是指受托对损伤和丧失功能的货物进行修复,使其恢复原状和功能的业务。在应税的加工和修理修配劳务中不包括单位或个体工商户聘用的员工为本单位或雇主提供的加工和修理修配劳务。

3) 进口货物

进口货物是指将货物从我国境外移送到我国境内的行为。税法规定,凡进入我国国境或关境的货物(除免税的以外),进口方在报关进口时,必须向海关缴纳增值税。

### 4.2.3 增值税的税率与征收率

从世界上实行增值税的国家看,各国税率档次多少不一。但大多数国家均采用比较规范的做法,即一个基本税率加少数辅助税率。基本税率又称标准税率,作为适用于一般商品和劳务的通用税率,其高低是由各国的经济与税收政策、收入水平的高低以及历史形成的税负所决定的。在基本税率的基础上,再规定一至两个低税率,适用于政策上需要照顾的商品和劳务,如居民生活必需品;同时再规定一至两个高税率,适用于政策上给予限制的商品和劳务,如奢侈性商品。

我国现行的增值税按照规范化的原则,也采取了基本税率再加低税率的做法。

(1) 基本税率为17%　增值税一般纳税人销售或者进口货物,提供加工、修理修配劳务,除适用低税率的应税商品和销售个别旧货适用征收率外,税率一律为17%。

(2) 低税率为13%　增值税一般纳税人销售或者进口下列货物,按低税率13%计征增值税:

① 粮食、食用植物油。

② 自来水、暖气、冷气、热水、煤气、石油液化气、天然气、沼气、居民用煤炭制品。

③ 图书、报纸、杂志。

④ 饲料、化肥、农药、农机、农膜。

⑤ 国务院规定的其他货物。国务院和财政部规定的其他执行低税率的货物有农产品、音像制品、电子出版物、二甲醚。

在设计低税率时,主要考虑了以下几点:第一,为保持增值税的中性,适用低税率的商品应尽可能地少,只限于人民生活必需品、支农产品等少数几类商品上。第二,低税率与基本税率的差距不宜过大,以免出现生产低税率产品的企业因销项税额小于进项税额不足抵扣的现象。第三,低税率和基本税率的适用范围按货物品种划定,不按流转环节划定。即税法规定适用低税率的商品,不论在生产环节还是在批发、零售环节,均适用13%的低税率。

(3) 零税率　零税率的适用范围只限于出口货物,包括两类:一是报关出境货物;二是输往海关管理的保税工厂、保税仓库和保税区的货物。零税率的含义是这种商品虽然属于应税范围,但实际上并不负担任何税款。零税率不等同于免税。根据增值税的计税公式:销项税额-进项税额=应付税额。销项如采用零税率,则销项税额为零,再减去进项税额,应付税额必为负数,这意味着不但不必缴税,反而可以退税。而免税规定,只是应付税额为零,进项税金不能退回。采用零税率可以鼓励出口,促进对外贸易,同时避免对出口商品的重复征税。

(4) 适用税率的特殊规定　由于纳税人的生产经营方式多种多样,因此,在确定适用税率时有以下规定:

① 纳税人兼营不同税率的货物或者应税劳务,应当分别核算不同税率货物或者应税劳务的销售额。未分别核算销售额的,从高适用17%税率。

② 纳税人销售不同税率的货物或应税劳务,并兼营应属一并征收增值税的非应税劳务的,其非应税劳务应从高适用17%税率。

(5) 征收率　考虑到小规模纳税人经营规模小,且会计核算不健全,难以使用增值税专用发票抵扣进项税款,因此实行按销售额与征收率计算应纳税额的简易办法。另外,一些特殊项目的销售也按征收率实行简易计税。征收率的适用规定如下:

① 自2009年起,小规模纳税人增值税征收率由过去的6%和4%一律调整为3%。

② 一般纳税人销售自己使用过的属于《增值税暂行条例》规定不得抵扣且未抵扣进项税额的固定资产,按简易办法依4%征收率减半征收增值税。一般纳税人销售自己使用过的除固定资产以外的物品,应当按照适用税率征收增值税。按照增值税转型改革的有关规定,自2009年1月1日起,一般纳税人销售自己使用过的固定资产(以下简称"已使用过的固定资产"),应区分不同情形征收增值税:

第一,销售自己使用过的2009年1月1日以后购进或者自制的固定资产,按照适用税率征收增值税。

第二,2008年12月31日以前未纳入扩大增值税抵扣范围试点的纳税人,销售自己使用过的2008年12月31日以前购进或者自制的固定资产,按照4%征收率减半征收增值税。

第三,2008年12月31日以前已纳入扩大增值税抵扣范围试点的纳税人,销售自己使用过的在本地区扩大增值税抵扣范围试点以前购进或者自制的固定资产,按照4%征收率减半征收增值税;销售自己使用过的在本地区扩大增值税抵扣范围试点以后购进或者自制的固定资产,按照适用税率征收增值税。

③ 小规模纳税人(除其他个人外)销售自己使用过的固定资产,减按2%征收率征收增值税;小规模纳税人销售自己使用过的除固定资产以外的物品,应按3%的征收率征收增值税。

④ 纳税人销售旧货,按照简易办法依照4%征收率减半征收增值税。所称旧货,是指进入二次流通的具有部分使用价值的货物(含旧汽车、旧摩托车和旧游艇),但不包括自己使用过的物品。

⑤ 一般纳税人销售自产的下列货物,可选择按照简易办法依照6%征收率计算缴纳增值税:县级及县级以下小型水力发电单位生产的电力;建筑用和生产建筑材料所用的砂、土、石料;以自己采掘的砂、土、石料或其他矿物连续生产的砖、瓦、石灰(不含黏土实心砖、瓦);用微生物、微生物代谢产物、动物毒素、人或动物的血液或组织制成的生物制品;自来水;商品混凝土(仅限于以水泥为原料生产的水泥混凝土)。一般纳税人选择简易办法计算缴纳增值税后,36个月内不得变更。

⑥ 一般纳税人销售货物属于下列情形之一的,暂按简易办法依照4%征收率计算缴纳增值税:第一,寄售商店代销寄售物品;第二,典当业销售死当物品;第三,经国务院或其授权机关批准的免税商店零售免税货物。

### 4.2.4 增值税的减免优惠规定

增值税作为一个普遍征收的税种,其减免范围不宜太大,品目不宜太多。因为过多的减免税会缩小增值税的课征基数,破坏税款征收的普遍性,减少国家的财政收入;同时,过多的免税还会引起税法解释和征收管理上的困难,也不利于公平税负。

另外,增值税的减免有一个特点,即减免税一般都放在最后的零售环节或对商品流转全过程的免税,而不规定中间环节的减免税。这是因为增值税是多环节征收,上一环节缴纳的税款在下一环节抵扣。若中间某一环节减免了税款,下一环节就相应减少抵扣,则意味着下一环节把上一环节减免的税款又补交上去。因此,中间环节的减免税是没有意义的。

我国现行增值税的减免优惠主要包括以下内容:

1)《增值税暂行条例》规定的免税项目

(1) 农业生产者销售的自产农产品。农业,是指种植业、养殖业、林业、牧业、水产业。农业生产者,包括从事农业生产的单位和个人。农产品,是指初级农产品,具体范围由财政部、国家税务总局确定。

(2) 避孕药品和用具。

(3) 古旧图书。古旧图书,是指向社会收购的古书和旧书。

(4) 直接用于科学研究、科学试验和教学的进口仪器、设备。

(5) 外国政府、国际组织无偿援助的进口物资和设备。

(6) 由残疾人组织直接进口供残疾人专用的物品。

(7) 销售的自己使用过的物品。自己使用过的物品,是指其他个人自己使用过的物品。

2) 财政部、国家税务总局规定的其他减免项目

(1) 为鼓励资源综合利用、节能减排、促进环保,规定对再生水、以废旧轮胎为全部生产原料生产的胶粉、翻新轮胎、污水处理劳务等免征增值税;对销售以工业废气为原料生产的高纯度二氧化碳产品、以垃圾为燃料生产的电力或者热力、以煤炭开采过程中伴生的舍弃物油母页岩为原料生产的页岩油等自产货物实行增值税即征即退的政策;对销售以退役军用发射药为原料生产的涂料硝化棉粉、以煤矸石、煤泥、石煤、油母页岩为燃料生产的电力和热力、利用风力生产的电力等自产货物实现的增值税实行即征即退50%的政策;对销售自产的综合利用生物柴油实行增值税先征后退政策;在2010年底以前,对符合条件的增值税一

般纳税人销售再生资源缴纳的增值税实行先征后退政策。

(2) 自2008年6月1日起，纳税人生产销售和批发、零售有机肥产品免征增值税。

(3) 对农民专业合作社销售本社成员生产的农业产品，视同农业生产者销售自产农业产品免征增值税。对农民专业合作社向本社成员销售的农膜、种子、种苗、化肥、农药、农机免征增值税。

(4) 自2000年6月至2010年底，对增值税一般纳税人销售其自行开发生产的软件产品、自产的集成电路产品(含单晶硅片)，按17%的税率征收增值税后，对其增值税实际税负超过3%的部分实行即征即退政策。

纳税人销售软件产品并随同销售一并收取的软件安装费、维护费、培训费等收入，应按照增值税混合销售的有关规定征收增值税，并可享受软件产品增值税即征即退政策。

(5) 经国务院批准，自2012年1月1日起，对从事蔬菜批发、零售的纳税人销售的蔬菜免征增值税。蔬菜是指可作副食的草本、木本植物，包括各种蔬菜、菌类植物和少数可作副食的木本植物。经挑选、清洗、切分、晾晒、包装、脱水、冷藏、冷冻等工序加工的蔬菜，属于上述蔬菜的范围。各种蔬菜罐头不属于免税蔬菜的范围。

纳税人既销售蔬菜又销售其他增值税应税货物的，应分别核算蔬菜和其他增值税应税货物的销售额；未分别核算的，不得享受蔬菜增值税免税政策。

3) 起征点规定

为照顾低收入的纳税人，增值税规定了起征点，其适用范围仅限于个人。为鼓励下岗失业人员再就业，调动个人创业的积极性，从2011年11月1日起，国家提高了原定的增值税起征点。现行起征点规定为：

(1) 销售货物的起征点为月销售额5 000～20 000元；

(2) 销售应税劳务的起征点为月销售额5 000～20 000元；

(3) 按次纳税的起征点为每次(日)销售额300～500元。

未达到起征点的免征增值税，达到或超过起征点的，就其全额征税。增值税起征点的具体执行数字，由国家税务总局直属分局在规定的幅度内，根据本地区的实际情况确定，报国家税务总局备案。

除上述规定外，增值税的减免项目由国务院规定，任何地区、部门都不得规定减免税项目。

纳税人兼营免税、减税项目的，应当分别核算免税、减税项目的销售额；未分别核算销售额的，不得免税、减税。

纳税人销售货物或者应税劳务适用免税规定的，可以放弃免税，依照条例的规定缴纳增值税。放弃免税后，36个月内不得再申请免税。

## 4.3 增值税的计算

### 4.3.1 一般纳税人应纳税额的计算

一般纳税人销售货物或者提供应税劳务，其应纳税额采用规范化的计税方法，即税款抵扣法。基本计算公式为：

应纳税额＝当期销项税额 — 当期进项税额

1）销项税额的计算

所谓销项税额，是指纳税人销售货物或者提供劳务，按照销售额或应税劳务收入和适用税率计算并向购买方收取的增值税税额。其计算公式为：

$$销项税额=销售额\times税率$$

由公式可见，销项税额的计算取决于销售额和税率两个因素，其中税率是固定的、统一的，关键是销售额的确定，它是增值税的计税基础。关于销售额有以下系列规定：

（1）一般销售方式下的销售额　销售额是指纳税人销售货物或应税劳务向购买方收取的全部价款和价外费用，但不包括收取的销项税额。

价外费用是指销货方在销售价格之外，向购买方收取的各项费用，包括手续费、补贴、基金、集资费、返还利润、奖励费、违约金 、滞纳金、延期付款利息、赔偿金、代收款项、代垫款项、包装费、包装物租金、储备费、优质费、运输装卸费以及其他各种性质的价外收费。以上价外费用，无论其会计制度如何核算，均应并入销售额中计税。应当注意，向购买方收取的价外费用，应视为含税收入，在征税时换算成不含税收入再并入销售额。

但下列项目不包括在价外费用之内：

① 受托加工应征消费税的消费品所代收代缴的消费税。

② 承运部门的运输费用发票开具给购买方且纳税人将该项发票转交给购买方的代垫运费。

③ 代为收取的政府性基金或者行政事业性收费。是指由国务院或者财政部批准设立的政府性基金，由国务院或者省级人民政府及其财政、价格主管部门批准设立的行政事业性收费，且收取时开具省级以上财政部门印制的财政票据，所收款项全额上缴财政。

④ 销售货物的同时代办保险等而向购买方收取的保险费，以及向购买方收取的代购买方缴纳的车辆购置税、车辆牌照费。

销售额以人民币计算。纳税人以人民币以外的货币结算销售额的，应当折合成人民币计算。

（2）特殊方式下的销售额　在销售活动中，为了达到促销的目的，有多种销售方式。不同销售方式下，销售者取得的销售额会有所不同。对不同销售方式下如何确定其计税销售额，税法分别作了以下规定：

① 折扣销售方式下的销售额：折扣销售是指销货方在销售货物或应税劳务时，为鼓励购买方多买而给予的价格优惠。税法规定，纳税人采取折扣方式销售货物，如果销售额和折扣额在同一张发票上分别注明的，可按冲减折扣额后的销售额征收增值税；如果将折扣额另开发票，不论其在财务上如何处理，均不得在销售额中减除折扣额。

② 以旧换新方式下的销售额：以旧换新是指纳税人在销售自己的货物时，有偿收回旧货物的行为。税法规定，纳税人采取以旧换新方式销售货物，应按新货物的同期销售价格确定应税销售额，不得扣减旧货物的收购价格。考虑到金银首饰以旧换新业务的特殊情况，对金银首饰以旧换新业务，可以按销售方实际收取的不含增值税的全部价款征收增值税。

③ 还本销售方式下的销售额：还本销售是指纳税人在销售货物后，到一定期限由销售方一次或分次退还给购货方全部或部分价款。这实际上是以提供货物换取资金的使用权，到期还本不付息的一种融资方法。税法规定，纳税人采取还本销售方式销售货物，不得从销售额中减除还本支出。

④ 以货易货方式下的销售额:以货易货是指购销双方不是以货币结算,而是以同等价款的货物相互结算,实现货物购销的一种方式。税法规定 ,以货易货双方都应作正常的购销处理,以各自发出的货物核算销售额并计算销项税额,以各自收到的货物按规定核算购货额并计算进项税额。在以货易货活动中,应分别开具合法的票据,收到的货物不能取得相应的增值税专用发票或其他合法票据的,不能抵扣进项税额。

⑤ 包装物出租、出借方式下的销售额:纳税人为销售货物而出租出借包装物收取的押金,单独记账核算的,不并入销售额征税,但对因逾期未收回包装物而不再退还的押金,应并入销售额,按所包装货物的适用税率征税。其中,"逾期"是指按合同约定实际逾期或以 1 年为期限,对收取 1 年以上的押金,无论是否退还均并入销售额征税。应当注意,逾期包装物押金应视为含税收入,在征税时换算成不含税收入再并入销售额。税法还规定,对销售除啤酒、黄酒以外的其他酒类产品而收取的包装物押金,无论是否返还以及会计上如何核算,均应并入当期销售额征税。

⑥ 混合销售方式下的销售额:对混合销售行为按税法规定应征收增值税的,其销售额为货物的销售额与非增值税应税劳务营业额的合计。

⑦ 合并定价情况下的销售额:一般纳税人销售货物或应税劳务,采用销售额和销项税额合并定价方法的,要将不含税的计税销售额从合并价格中分离出来。其销售额计算公式为:

$$销售额=含税销售额 \div (1 + 税率)$$

⑧ 视同销售货物以及价格明显偏低情况下的销售额:纳税人销售货物或者应税劳务的价格明显偏低并且无正当理由的,或者有视同销售货物行为而无销售额的,主管税务机关有权按下列顺序确定其销售额:

a. 按纳税人最近时期同类货物的平均销售价格确定;

b. 按其他纳税人最近时期同类货物的平均销售价格确定;

c. 按组成计税价格确定。组成计税价格的公式为:

$$组成计税价格=成本\times(1+成本利润率)$$

如果该货物还同时征收消费税,其组成计税价格中应加计消费税税额。则:

$$组成计税价格=成本\times(1+成本利润率)+消费税税额$$

公式中的成本是指:销售自产货物的为实际生产成本,销售外购货物的为实际采购成本。公式中的成本利润率由国家税务总局确定,一般为 10%,但属于从价定率征收消费税的货物,为消费税有关法规确定的成本利润率。

2) 进项税额的确定

所谓进项税额,是指纳税人购进货物或者接受应税劳务而向对方支付或者负担的增值税税额。进项税额一般是在发票上注明的,而不是计算出来的。

为了正确抵扣进项税额,税法作出以下具体规定:

(1) 准予从销项税额中抵扣的进项税额　根据税法规定,准予从销项税额中抵扣的进项税额限于增值税扣税凭证上注明的增值税税额和按规定的扣除率计算的进项税额。具体指:

① 从销售方取得的增值税专用发票上注明的增值税税额。

② 从海关取得的海关进口增值税专用缴款书上注明的增值税税额。

③ 购进农产品，除取得增值税专用发票或者海关进口增值税专用缴款书外，按照农产品收购发票或者销售发票上注明的农产品买价和13%的扣除率计算的进项税额。进项税额计算公式为：

进项税额＝买价×扣除率

其中：买价包括纳税人购进农产品在农产品收购发票或者销售发票上注明的价款和按规定缴纳的烟叶税。

④ 购进或者销售货物以及在生产经营过程中支付运输费用的，按照运输费用结算单据上注明的运输费用金额和7%的扣除率计算的进项税额。进项税额计算公式为：

进项税额＝运输费用金额×扣除率

执行本规定时应注意：

a. 购买或销售免税货物(购进免税农业产品除外)所发生的运输费用，不得计算进项税额抵扣。

b. 准予作为抵扣凭证的运费结算单据(普通发票)，是指国营铁路、民用航空、公路和水上运输单位开具的货票，以及从事货物运输的非国有运输单位开具的套印全国统一发票监制章的货票。自2007年1月1日起，作为增值税扣税凭证的货运发票，必须是通过货运发票税控系统开具的新版货运发票。

c. 准予计算进项税额抵扣的货物运费金额是指运输费用结算单据上注明的运输费用(包括铁路临管线及铁路专线运输费用)、建设基金，不包括装卸费、保险费等其他杂费。

d. 一般纳税人取得的国际货物运输代理业发票和国际货物运输发票，不得计算抵扣进项税额。

⑤ 混合销售行为按照规定应当缴纳增值税的，该混合销售行为所涉及的非增值税应税劳务所用购进货物的进项税额，且取得合法扣税凭证的，准予从销项税额中抵扣。

以上准予抵扣的项目和扣除率的调整，由国务院决定。

(2) 进项税额抵扣的时间限定　一般纳税人在申报抵扣进项税额时，在时间上有以下限定：

① 自2003年3月1日起，增值税一般纳税人申请抵扣的防伪税控系统开具的增值税专用发票，必须自该专用发票开具之日起90日内到税务机关认证，否则不予抵扣进项税额。一般纳税人认证通过的防伪税控系统开具的增值税专用发票，应在认证通过的当月按照增值税有关规定核算当期进项税额并申报抵扣，否则不予抵扣进项税额。

② 一般纳税人取得的2003年10月31日以后开具的运输发票，应当自开票之日起90天内向主管国家税务局申报抵扣，超过90天的不得予以抵扣。

③ 一般纳税人进口货物，取得的2004年2月1日以后开具的海关完税凭证，应当在开具之日起90天后的第一个纳税申报期结束以前向主管税务机关申报抵扣，逾期不得抵扣进项税额。

(3) 不得从销项税额中抵扣的进项税额

① 纳税人购进货物或者应税劳务，取得的增值税扣税凭证不符合法律、行政法规或者国务院税务主管部门有关规定的，其进项税额不得从销项税额中抵扣。

② 用于非增值税应税项目、免征增值税项目、集体福利或者个人消费的购进货物或者

应税劳务。所称购进货物，不包括既用于增值税应税项目（不含免征增值税项目）也用于非增值税应税项目、免征增值税（以下简称免税）项目、集体福利或者个人消费的固定资产。所称个人消费包括纳税人的交际应酬消费。所称非增值税应税项目，是指提供非增值税应税劳务、转让无形资产、销售不动产和不动产在建工程。

③ 非正常损失的购进货物及相关的应税劳务。所称非正常损失，是指因管理不善造成被盗、丢失、霉烂变质的损失。

④ 非正常损失的在产品、产成品所耗用的购进货物或者应税劳务。

⑤ 国务院财政、税务主管部门规定的纳税人自用消费品。纳税人自用的应征消费税的摩托车、汽车、游艇，其进项税额不得从销项税额中抵扣。

⑥ 上述第②项至第⑤项规定的货物的运输费用和销售免税货物的运输费用。

⑦ 一般纳税人兼营免税项目或者非增值税应税劳务而无法划分不得抵扣的进项税额的，按下列公式计算不得抵扣的进项税额：

不得抵扣的进项税额＝当月无法划分的全部进项税额×当月免税项目销售额、非增值税应税劳务营业额合计÷当月全部销售额、营业额合计

3）一般纳税人应纳税额的计算

一般纳税人销售货物或提供应税劳务，根据上述规定，分别计算和确定当期销项税额和当期进项税额后，二者相减的余额即为本期应纳税额。为正确运用计税公式，还需要掌握相关税务调整规定：

（1）如果一般纳税人当期销项税额小于进项税额时，其不足抵扣的部分可以结转到下期继续抵扣。

（2）一般纳税人因销售货物退回或者折让而退还给购买方的增值税额，应从发生销售货物退回或者折让当期的销项税额中扣减；因购进货物退出或者折让而收回的增值税额，应从发生购进货物退出或者折让当期的进项税额中扣减。

一般纳税人销售货物或者应税劳务，开具增值税专用发票后，发生销售货物退回或者折让、开票有误等情形，应按国家税务总局的规定开具红字增值税专用发票。未按规定开具红字增值税专用发票的，增值税额不得从销项税额中扣减。

（3）一般纳税人用于集体福利或者个人消费的购进货物或者应税劳务，非正常损失的购进货物及相关的应税劳务，非正常损失的在产品、产成品所耗用的购进货物或者应税劳务，以及上述购进发生的运输费用和销售免税货物的运输费用，已抵扣进项税额的，应当将该项购进货物或者应税劳务的进项税额从当期的进项税额中扣减；无法确定该项进项税额的，按当期实际成本计算应扣减的进项税额。

**例 4.3.1** 某生产企业为增值税一般纳税人，适用增值税税率 17%，2012 年 7 月该企业有关生产经营业务如下：销售甲产品，开具增值税专用发票，取得不含税销售额 100 万元；另外，向购买方收取产品包装费 5.85 万元，并开具普通发票；将试制的一批新产品用于集体福利项目，成本价为 20 万元，成本利润率为 10%，该新产品无同类产品市场销售价格。同期购进货物已验收入库并取得增值税专用发票，发票注明的货款 60 万元，进项税额 10.2 万元；支付购货的运输费用 3 万元，取得运输公司开具的新版货运发票；从某农场购进免税农产品一批，支付收购价款 30 万元，取得相关的合法票据；购入一台专用设备，支付设备价款 20 万元，增值税税款 3.4 万元。计算该企业当月应缴纳的增值税税额。

**解** ① 销售甲产品的销项税额：

100×17%+5.85÷(1+17%)×17%=17.85(万元)

② 自用新产品的销项税额：

20×(1+10%)×17%=3.74(万元)

③ 外购货物应抵扣的进项税额：

10.2+3×7%=10.41(万元)

④ 外购免税农产品应抵扣的进项税额：

30×13%=3.9(万元)

⑤ 外购设备应抵扣的进项税额：3.4 万元

⑥ 该企业本月应缴纳的增值税额：

17.85+3.74−10.41−3.9−3.4=3.88(万元)

### 4.3.2 小规模纳税人应纳税额的计算

小规模纳税人应纳税额的计算采用全额定率的简易办法，即按照销售额和规定的征收率计算，不得抵扣进项税额。计算公式为：

应纳税额=销售额×征收率

小规模纳税人的销售额与一般纳税人的销售额规定一致。在具体计算时，应注意两点：

(1) 小规模纳税人销售货物或应税劳务采用销售额和应纳税额合并定价方法的，其不含税销售额按下列公式计算：

销售额=含税销售额÷(1+征收率)

(2) 小规模纳税人因销售货物退回或者折让退还给购买方的销售额，应从发生销货退回或折让当期的销售额中扣减。

**例 4.3.2** 某零售商店为增值税小规模纳税人，某经营月份取得零售收入总额(含税)15.45 万元。计算该商店当月应缴纳的增值税税额。

**解** ① 当月取得的不含税销售额：15.45÷(1+3%)=15(万元)

② 当月应缴纳增值税税额：15×3%=0.45(万元)

### 4.3.3 进口货物应纳税额的计算

无论是一般纳税人还是小规模纳税人进口的应税货物，由于以前环节未承担我国税收，其全部价款均属未税因素，因此，进口货物是按组成计税价格全额计算征税，不得抵扣任何税额。组成计税价格和应纳税额的计算公式为：

组成计税价格=关税完税价格+关税+消费税

应纳税额=组成计税价格×税率

**例 4.3.3** 某外贸公司于 2012 年 8 月进口一批不属于消费税应税品目的货物。该批货物在国外的买价为 90 万元，运抵我国口岸前发生的包装费、运输费、保险费等共计 20 万元。货物已报关纳税并取得了海关开具的完税凭证。假定该批进口货物在国内全部销售，取得不含税销售额 150 万元。计算该批货物进口环节、国内销售环节分别应缴纳的增值税税额(货物进口关税税率 15%，增值税税率 17%)。

**解** ① 应缴纳进口关税税额:(90+20)×15%=16.5(万元)

② 进口环节应纳增值税税额:(90+20+16.5)×17%=21.505(万元)

③ 国内销售环节应纳增值税税额:150×17%−21.505=3.995(万元)

## 4.4 出口货物劳务增值税退(免)税政策

出口退(免)税是指对出口货物劳务实行出口退税或免税的政策。其中,出口退税是指对出口货物劳务免征销项税额,并退还国内生产和流通环节已缴纳的增值税;而出口免税是指对出口货物免征销项税额,但不退还国内生产和流通环节已缴纳的增值税。

### 4.4.1 出口货物劳务退(免)税的适用范围

对下列出口货物劳务,实行免征和退还增值税政策:

1) 出口企业出口货物

所谓出口企业,是指依法办理工商登记、税务登记、对外贸易经营者备案登记,自营或委托出口货物的单位或个体工商户,以及依法办理工商登记、税务登记但未办理对外贸易经营者备案登记,委托出口货物的生产企业。所谓出口货物,是指向海关报关后实际离境并销售给境外单位或个人的货物,分为自营出口货物和委托出口货物两类。所谓生产企业,是指具有生产能力(包括加工修理修配能力)的单位或个体工商户。

2) 出口企业或其他单位视同出口货物

视同出口货物具体是指:

(1) 出口企业对外援助、对外承包、境外投资的出口货物。

(2) 出口企业经海关报关进入国家批准的出口加工区、保税物流园区、保税港区、综合保税区、珠澳跨境工业区(珠海园区)、中哈霍尔果斯国际边境合作中心(中方配套区域)、保税物流中心(B型)(以下统称特殊区域)并销售给特殊区域内单位或境外单位、个人的货物。

(3) 免税品经营企业销售的货物(国家规定不允许经营和限制出口的货物、卷烟和超出免税品经营企业《企业法人营业执照》规定经营范围的货物除外)。具体是指:① 中国免税品(集团)有限责任公司向海关报关运入海关监管仓库,专供其经国家批准设立的统一经营、统一组织进货、统一制定零售价格、统一管理的免税店销售的货物;② 国家批准的除中国免税品(集团)有限责任公司外的免税品经营企业,向海关报关运入海关监管仓库,专供其所属的首都机场口岸海关隔离区内的免税店销售的货物;③ 国家批准的除中国免税品(集团)有限责任公司外的免税品经营企业所属的上海虹桥、浦东机场海关隔离区内的免税店销售的货物。

(4) 出口企业或其他单位销售给用于国际金融组织或外国政府贷款国际招标建设项目的中标机电产品(以下称中标机电产品)。上述中标机电产品,包括外国企业中标再分包给出口企业或其他单位的机电产品。

(5) 生产企业向海上石油天然气开采企业销售的自产的海洋工程结构物。

(6) 出口企业或其他单位销售给国际运输企业用于国际运输工具上的货物。此规定暂仅适用于外轮供应公司、远洋运输供应公司销售给外轮、远洋国轮的货物,国内航空供应公司生产销售给国内和国外航空公司国际航班的航空食品。

(7) 出口企业或其他单位销售给特殊区域内生产企业生产耗用且不向海关报关而输入

特殊区域的水(包括蒸汽)、电力、燃气(以下称输入特殊区域的水电气)。

除财政部和国家税务总局另有规定外,视同出口货物适用出口货物的各项规定。

3) 出口企业对外提供加工修理修配劳务

对外提供加工修理修配劳务,是指对进境复出口货物或从事国际运输的运输工具进行的加工修理修配。

### 4.4.2 增值税退(免)税办法

适用增值税退(免)税政策的出口货物劳务,按照下列规定实行增值税免抵退税或免退税办法。

1) 免抵退税办法

生产企业出口自产货物和视同自产货物及对外提供加工修理修配劳务,以及列名生产企业出口非自产货物,免征增值税,相应的进项税额抵减应纳增值税额(不包括适用增值税即征即退、先征后退政策的应纳增值税额),未抵减完的部分予以退还。

2) 免退税办法

不具有生产能力的出口企业(以下称外贸企业)或其他单位出口货物劳务,免征增值税,相应的进项税额予以退还。

### 4.4.3 出口退税率

出口货物的退税率,是出口货物的实际退税额与退税计税依据的比例。它是出口退税的中心环节,体现着某一类货物在一定时期税收的实际征收水平。退税率的高低影响和刺激对外贸易,影响和刺激国民经济发展的速度,也关系到国家、出口企业的经济利益。我国的出口退税率曾根据国内外经济形势的变化几经调整,现统一作出以下规定:

1) 退税率的一般规定

除财政部和国家税务总局根据国务院决定而明确的增值税出口退税率(以下称退税率)外,出口货物的退税率为其适用税率。国家税务总局根据上述规定将退税率通过出口货物劳务退税率文库予以发布,供征纳双方执行。退税率有调整的,除另有规定外,其执行时间以货物(包括被加工修理修配的货物)出口货物报关单(出口退税专用)上注明的出口日期为准。

2) 退税率的特殊规定

(1) 外贸企业购进按简易办法征税的出口货物、从小规模纳税人购进的出口货物,其退税率分别为简易办法实际执行的征收率、小规模纳税人征收率。上述出口货物取得增值税专用发票的,退税率按照增值税专用发票上的税率和出口货物退税率孰低的原则确定。

(2) 出口企业委托加工修理修配货物,其加工修理修配费用的退税率,为出口货物的退税率。

(3) 中标机电产品、出口企业向海关报关进入特殊区域销售给特殊区域内生产企业生产耗用的列名原材料、输入特殊区域的水电气,其退税率为适用税率。如果国家调整列名原材料的退税率,列名原材料应当自调整之日起按调整后的退税率执行。

适用不同退税率的货物劳务,应分开报关、核算并申报退(免)税,未分开报关、核算或划分不清的,从低适用退税率。

### 4.4.4 退(免)税的计税依据

出口货物劳务的增值税退(免)税的计税依据,按出口货物劳务的出口发票(外销发票)、其他普通发票或购进出口货物劳务的增值税专用发票、海关进口增值税专用缴款书确定。

(1) 生产企业出口货物劳务(进料加工复出口货物除外)增值税退(免)税的计税依据,为出口货物劳务的实际离岸价(FOB)。实际离岸价应以出口发票上的离岸价为准,但如果出口发票不能反映实际离岸价,主管税务机关有权予以核定。

(2) 生产企业进料加工复出口货物增值税退(免)税的计税依据,按出口货物的离岸价(FOB)扣除出口货物所含的海关保税进口料件的金额后确定。所谓海关保税进口料件,是指海关以进料加工贸易方式监管的出口企业从境外和特殊区域等进口的料件,包括出口企业从境外单位或个人购买并从海关保税仓库提取且办理海关进料加工手续的料件,以及保税区外的出口企业从保税区内的企业购进并办理海关进料加工手续的进口料件。

(3) 生产企业国内购进无进项税额且不计提进项税额的免税原材料加工后出口的货物的计税依据,按出口货物的离岸价(FOB)扣除出口货物所含的国内购进免税原材料的金额后确定。

(4) 外贸企业出口货物(委托加工修理修配货物除外)增值税退(免)税的计税依据,为购进出口货物的增值税专用发票注明的金额或海关进口增值税专用缴款书注明的完税价格。

(5) 外贸企业出口委托加工修理修配货物增值税退(免)税的计税依据,为加工修理修配费用增值税专用发票注明的金额。外贸企业应将加工修理修配使用的原材料(进料加工海关保税进口料件除外)作价销售给受托加工修理修配的生产企业,受托加工修理修配的生产企业应将原材料成本并入加工修理修配费用开具发票。

(6) 出口进项税额未计算抵扣的已使用过的设备增值税退(免)税的计税依据,按下列公式确定:

退(免)税计税依据=增值税专用发票上的金额或海关进口增值税专用缴款书注明的完税价格×已使用过的设备固定资产净值÷已使用过的设备原值

已使用过的设备固定资产净值=已使用过的设备原值-已使用过的设备已提累计折旧

所谓已使用过的设备,是指出口企业根据财务会计制度已经计提折旧的固定资产。

(7) 免税品经营企业销售的货物增值税退(免)税的计税依据,为购进货物的增值税专用发票注明的金额或海关进口增值税专用缴款书注明的完税价格。

(8) 中标机电产品增值税退(免)税的计税依据,生产企业为销售机电产品的普通发票注明的金额,外贸企业为购进货物的增值税专用发票注明的金额或海关进口增值税专用缴款书注明的完税价格。

(9) 生产企业向海上石油天然气开采企业销售的自产的海洋工程结构物增值税退(免)税的计税依据,为销售海洋工程结构物的普通发票注明的金额。

(10) 输入特殊区域的水电气增值税退(免)税的计税依据,为作为购买方的特殊区域内生产企业购进水(包括蒸汽)、电力、燃气的增值税专用发票注明的金额。

### 4.4.5 免抵退税和免退税的计算

出口货物劳务只有在适用既免税又退税的政策时,才会涉及如何计算退税的问题。我国主要规定了两种退税计算方法。

1）生产企业出口货物劳务增值税免抵退税的计算

本方法主要适用于自营出口或委托外贸企业代理出口自产货物的生产企业。该方法中的“免”税是指对生产企业出口的自产货物，免征本企业生产销售环节增值税；“抵”税是指生产企业出口自产货物所耗用的原材料、零部件、燃料、动力等所含应予退还的进项税额，抵顶当期销售货物的应纳税额；“退”税是指生产企业出口的自产货物在当期应抵顶的进项税额大于应纳税额时，对未抵顶完的部分予以退税。

具体计算步骤如下：

(1) 当期应纳税额的计算

当期应纳税额＝当期销项税额－(当期进项税额－当期不得免征和抵扣税额)

当期不得免征和抵扣税额＝当期出口货物离岸价×外汇人民币折合率×(出口货物适用税率－出口货物退税率)－当期不得免征和抵扣税额抵减额

当期不得免征和抵扣税额抵减额＝当期免税购进原材料价格×(出口货物适用税率－出口货物退税率)

(2) 当期免抵退税额的计算

当期免抵退税额＝当期出口货物离岸价×外汇人民币折合率×出口货物退税率－当期免抵退税额抵减额

当期免抵退税额抵减额＝当期免税购进原材料价格×出口货物退税率

(3) 当期应退税额和免抵税额的计算

① 如果当期期末留抵税额≤当期免抵退税额，则

当期应退税额＝当期期末留抵税额

当期免抵税额＝当期免抵退税额－当期应退税额

② 如果当期期末留抵税额＞当期免抵退税额，则

当期应退税额＝当期免抵退税额

当期免抵税额＝0

当期期末留抵税额为当期增值税纳税申报表中“期末留抵税额”。

**例 4.4.1** 假定某自营出口的生产企业为增值税一般纳税人，2012 年 7 月的有关经营业务为：内销货物的销售额 100 万元；出口货物的销售额折合人民币 200 万元。购进原材料价款 200 万元，准予抵扣的进项税额 34 万元；另外购进免税原材料 30 万元。上月末留抵税款 3 万元。增值税税率 17%，出口退税率 13%。以上购销均为不含税价，均有增值税专用发票。计算该企业当期的免抵退税额。

**解** ① 当期不得免征和抵扣税额抵减额＝30×(17%－13%)＝1.2(万元)

当期免抵退税不得免征和抵扣税额 ＝200×(17%－13%)－1.2＝6.8(万元)

② 当期应纳税额＝100×17%－(34－6.8)－3＝－13.2(万元)

③ 免、抵、退税额＝200×13% －30×13%＝22.1(万元)

④ 因当期期末留抵税额 13.2 万元＜当期免抵退税额 22.1 万元，所以当期应退税额等于当期期末留抵税额，即该企业当期应退税额为 13.2 万元。

⑤ 当期免抵税额＝当期免抵退税额－当期应退税额

＝22.1－13.2＝8.9(万元)

2）外贸企业出口货物劳务增值税免退税计算

本方法主要适用于收购货物出口的外贸企业。分以下两种情况处理：

(1) 外贸企业出口委托加工修理修配货物以外的货物

增值税应退税额＝增值税退(免)税计税依据×出口货物退税率

(2) 外贸企业出口委托加工修理修配货物

出口委托加工修理修配货物的增值税应退税额＝委托加工修理修配的增值税退(免)税计税依据×出口货物退税率

**例 4.4.2** 某进出口公司2012年5月发生以下出口业务：① 购进家具一批全部出口，进货增值税专用发票注明价款160 000元，增值税税款27 200元，退税率为9%。② 购进另一小规模纳税人夏季服装300套全部出口，取得税务机关代开的增值税专用发票，发票注明金额3 600元，退税率为6%。计算该企业的应退税额。

**解** ① 家具出口应退税额：160 000×9% ＝14 400(元)

② 服装出口应退税额：3 600×6%＝216(元)

以上出口货物劳务退税率低于适用税率的，相应计算出的差额部分的税款计入出口货物劳务成本。

出口企业既有适用增值税免抵退项目，也有增值税即征即退、先征后退项目的，增值税即征即退和先征后退项目不参与出口项目免抵退税计算。出口企业应分别核算增值税免抵退项目和增值税即征即退、先征后退项目，并分别申请享受增值税即征即退、先征后退和免抵退税政策。

用于增值税即征即退或者先征后退项目的进项税额无法划分的，按照下列公式计算：

无法划分进项税额中用于增值税即征即退或者先征后退项目的部分＝当月无法划分的全部进项税额×当月增值税即征即退或者先征后退项目销售额÷当月全部销售额、营业额合计

### 4.4.6 适用增值税免税政策的出口货物劳务

对符合规定条件的出口货物劳务，实行免征增值税(以下称增值税免税)政策。

1）适用范围

以下三种情况的出口货物劳务，适用增值税免税政策。

(1) 出口企业或其他单位出口规定的货物。具体是指：

① 增值税小规模纳税人出口的货物。

② 避孕药品和用具，古旧图书。

③ 软件产品。其具体范围是指海关税则号前四位为“9803”的货物。

④ 含黄金、铂金成分的货物，钻石及其饰品。

⑤ 国家计划内出口的卷烟。

⑥ 已使用过的设备。其具体范围是指购进时未取得增值税专用发票、海关进口增值税专用缴款书但其他相关单证齐全的已使用过的设备。

⑦ 非出口企业委托出口的货物。

⑧ 非列名生产企业出口的非视同自产货物。

⑨ 农业生产者自产农产品(农产品的具体范围按照《农业产品征税范围注释》(财税[1995]52号)的规定执行)。

⑩ 油画、花生果仁、黑大豆等财政部和国家税务总局规定的出口免税的货物。

⑪ 外贸企业取得普通发票、废旧物资收购凭证、农产品收购发票、政府非税收入票据的货物。

⑫ 来料加工复出口的货物。

⑬ 特殊区域内的企业出口的特殊区域内的货物。

⑭ 以人民币现金作为结算方式的边境地区出口企业从所在省(自治区)的边境口岸出口到接壤国家的一般贸易和边境小额贸易出口货物。

⑮ 以旅游购物贸易方式报关出口的货物。

(2) 出口企业或其他单位视同出口的货物劳务。具体是指:

① 国家批准设立的免税店销售的免税货物,包括进口免税货物和已实现退(免)税的货物。

② 特殊区域内的企业为境外的单位或个人提供加工修理修配劳务。

③ 同一特殊区域、不同特殊区域内的企业之间销售特殊区域内的货物。

(3) 出口企业或其他单位未按规定申报或未补齐增值税退(免)税凭证的出口货物劳务。具体是指:

① 未在国家税务总局规定的期限内申报增值税退(免)税的出口货物劳务。

② 未在规定期限内申报开具《代理出口货物证明》的出口货物劳务。

③ 已申报增值税退(免)税,却未在国家税务总局规定的期限内向税务机关补齐增值税退(免)税凭证的出口货物劳务。

对于适用增值税免税政策的出口货物劳务,出口企业或其他单位可以依照现行增值税有关规定放弃免税,并依照本章 4.4.7 节的规定缴纳增值税。

2) 进项税额的处理计算

(1) 适用增值税免税政策的出口货物劳务,其进项税额不得抵扣和退税,应当转入成本。

(2) 出口卷烟,依下列公式计算不得抵扣的进项税额:

$$不得抵扣的进项税额=出口卷烟含消费税金额\div(出口卷烟含消费税金额+内销卷烟销售额)\times当期全部进项税额$$

① 当生产企业销售的出口卷烟在国内有同类产品销售价格时:

$$出口卷烟含消费税金额=出口销售数量\times销售价格$$

“销售价格”为同类产品生产企业国内实际调拨价格。如实际调拨价格低于税务机关公示的计税价格的,销售价格为税务机关公示的计税价格;高于公示计税价格的,销售价格为实际调拨价格。

② 当生产企业销售的出口卷烟在国内没有同类产品销售价格时:

$$出口卷烟含税金额=(出口销售额+出口销售数量\times消费税定额税率)\div(1-消费税比例税率)$$

“出口销售额”以出口发票上的离岸价为准。若出口发票不能如实反映离岸价,生产企业应按实际离岸价计算,否则,税务机关有权按照有关规定予以核定调整。

(3) 除出口卷烟外,适用增值税免税政策的其他出口货物劳务的计算,按照增值税免税政策的统一规定执行。其中,如果涉及销售额,除来料加工复出口货物为其加工费收入外,其他均为出口离岸价或销售额。

### 4.4.7 适用增值税征税政策的出口货物劳务

下列出口货物劳务，不适用增值税退(免)税和免税政策，按以下规定及视同内销货物征税的其他规定征收增值税(以下称增值税征税)。

1) 适用范围

适用增值税征税政策的出口货物劳务，包括：

(1) 出口企业出口或视同出口财政部和国家税务总局根据国务院决定明确的取消出口退(免)税的货物，不包括来料加工复出口货物、中标机电产品、列名原材料、输入特殊区域的水电气、海洋工程结构物。

(2) 出口企业或其他单位销售给特殊区域内的生活消费用品和交通运输工具。

(3) 出口企业或其他单位因骗取出口退税被税务机关停止办理增值税退(免)税期间出口的货物。

(4) 出口企业或其他单位提供虚假备案单证的货物。

(5) 出口企业或其他单位增值税退(免)税凭证有伪造或内容不实的货物。

(6) 出口企业或其他单位未在国家税务总局规定期限内申报免税核销以及经主管税务机关审核不予免税核销的出口卷烟。

(7) 出口企业或其他单位具有以下情形之一的出口货物劳务：

① 将空白的出口货物报关单、出口收汇核销单等退(免)税凭证交由除签有委托合同的货代公司、报关行，或由境外进口方指定的货代公司(提供合同约定或者其他相关证明)以外的其他单位或个人使用的。

② 以自营名义出口，其出口业务实质上是由本企业及其投资的企业以外的单位或个人借该出口企业名义操作完成的。

③ 以自营名义出口，其出口的同一批货物既签订购货合同，又签订代理出口合同(或协议)的。

④ 出口货物在海关验放后，自己或委托货代承运人对该笔货物的海运提单或其他运输单据等上的品名、规格等进行修改，造成出口货物报关单与海运提单或其他运输单据有关内容不符的。

⑤ 以自营名义出口，但不承担出口货物的质量、收款或退税风险之一的，即出口货物发生质量问题不承担购买方的索赔责任(合同中有约定质量责任承担者除外)；不承担未按期收款导致不能核销的责任(合同中有约定收款责任承担者除外)；不承担因申报出口退(免)税的资料、单证等出现问题造成不退税责任的。

⑥ 未实质参与出口经营活动、接受并从事由中间人介绍的其他出口业务，但仍以自营名义出口的。

2) 应纳增值税的计算

适用增值税征税政策的出口货物劳务，其应纳增值税按下列办法计算：

(1) 一般纳税人出口货物

$$销项税额=(出口货物离岸价-出口货物耗用的进料加工保税进口料件金额)\div(1+适用税率)\times适用税率$$

出口货物若已按征退税率之差计算不得免征和抵扣税额并已经转入成本的，相应的税额应转回进项税额。

① 出口货物耗用的进料加工保税进口料件金额＝主营业务成本×(投入的保税进口料件金额÷生产成本)

主营业务成本、生产成本均为不予退(免)税的进料加工出口货物的主营业务成本、生产成本。当耗用的保税进口料件金额大于不予退(免)税的进料加工出口货物金额时，耗用的保税进口料件金额为不予退(免)税的进料加工出口货物金额。

② 出口企业应分别核算内销货物和增值税征税的出口货物的生产成本、主营业务成本。未分别核算的，其相应的生产成本、主营业务成本由主管税务机关核定。

进料加工手册海关核销后，出口企业应对出口货物耗用的保税进口料件金额进行清算。清算公式为：

清算耗用的保税进口料件总额＝实际保税进口料件总额－退(免)税出口货物耗用的保税进口料件总额－进料加工副产品耗用的保税进口料件总额

若耗用的保税进口料件总额与各纳税期扣减的保税进口料件金额之和存在差额时，应在清算的当期相应调整销项税额。当耗用的保税进口料件总额大于出口货物离岸金额时，其差额部分不得扣减其他出口货物金额。

(2) 小规模纳税人出口货物

应纳税额＝出口货物离岸价÷(1＋征收率)×征收率

# 4.5 增值税的征收管理

## 4.5.1 增值税的纳税义务发生时间

纳税义务发生时间，是纳税人发生应税行为应当承担纳税义务的起始时间。

(1) 销售货物或者应税劳务，纳税义务发生时间为收讫销售款项或者取得索取销售款项凭据的当天；先开具发票的，为开具发票的当天。按销售结算方式的不同，具体分为下列几种情况：

① 采取直接收款方式销售货物，不论货物是否发出，均为收到销售款或者取得索取销售款凭据的当天。

② 采取托收承付和委托银行收款方式销售货物，为发出货物并办妥托收手续的当天。

③ 采取赊销和分期收款方式销售货物，为书面合同约定的收款日期的当天，无书面合同的或者书面合同没有约定收款日期的，为货物发出的当天。

④ 采取预收货款方式销售货物，为货物发出的当天，但生产销售生产工期超过12个月的大型机械设备、船舶、飞机等货物，为收到预收款或者书面合同约定的收款日期的当天。

⑤ 委托其他纳税人代销货物，为收到代销单位的代销清单或者收到全部或者部分货款的当天。未收到代销清单及货款的，为发出代销货物满180天的当天。

⑥ 销售应税劳务，为提供劳务同时收讫销售款或者取得索取销售款的凭据的当天。

⑦ 纳税人发生视同销售货物行为，其纳税义务发生时间为货物移送的当天。

(2) 进口货物，纳税义务发生时间为报关进口的当天。

(3) 增值税扣缴义务发生时间为纳税人增值税纳税义务发生的当天。

正确确定纳税义务发生时间，对于控制税源，简化征收，保证财政收入及时入库，促进企业加强经营管理，都是十分重要的。

### 4.5.2 增值税的纳税期限

增值税的纳税期限，基本上根据不同的应税业务和应纳税额的数额大小，由主管税务机关具体确定。

(1) 销售业务纳税期限的确定　由主管税务机关根据纳税人应纳税额的多少，分别核定为1日、3日、5日、10日、15日、1个月或者1个季度。不能按照固定期限纳税的，可以按次纳税。

纳税人以1个月或者1个季度为1个纳税期的，自期满之日起15日内申报纳税；以1日、3日、5日、10日或者15日为1个纳税期的，自期满之日起5日内预缴税款，于次月1日起15日内申报纳税并结清上月应纳税款。

扣缴义务人解缴税款的期限也依照此规定执行。

(2) 进口业务纳税期限的确定　纳税人进口货物，应当自海关填发海关进口增值税专用缴款书之日起15日内缴纳税款。

(3) 出口业务退税期限的确定　纳税人出口货物适用退(免)税规定的，应当向海关办理出口手续，凭出口报关单等有关凭证，在规定的出口退(免)税申报期内按月向主管税务机关申报办理该项出口货物的退(免)税。

出口货物办理退税后发生退货或者退关的，纳税人应当依法补缴已退的税款。

### 4.5.3 增值税的纳税地点

增值税的纳税地点是根据纳税人的机构所在地和业务发生地确定的。有如下规定：

(1) 固定业户应向其机构所在地主管税务机关申报纳税。总机构和分支机构不在同一县(市)的，应分别向各自所在地主管税务机关申报纳税；经国务院财政、税务主管部门或者其授权的财政、税务机关批准，可以由总机构汇总向总机构所在地的主管税务机关申报纳税。

(2) 固定业户到外县(市)销售货物或者应税劳务，应当向其机构所在地的主管税务机关申请开具外出经营活动税收管理证明，向其机构所在地的主管税务机关申报纳税；未开具证明的，应当向销售地或者劳务发生地的主管税务机关申报纳税；未向销售地或者劳务发生地的主管税务机关申报纳税的，由其机构所在地的主管税务机关补征税款。

(3) 非固定业户销售货物或者应税劳务，应当向销售地或者劳务发生地的主管税务机关申报纳税；未向销售地或者劳务发生地的主管税务机关申报纳税的，由其机构所在地或者居住地的主管税务机关补征税款。

(4) 进口货物，应当由进口人或其代理人向报关地海关申报纳税。

(5) 扣缴义务人应当向其机构所在地或者居住地的主管税务机关申报缴纳其扣缴的税款。

### 4.5.4 增值税专用发票的使用和管理

增值税实行凭国家印发的增值税专用发票注明的税款进行抵扣的制度。增值税专用发票不同于普通发票，它不仅是纳税人经济活动中的重要商事凭证，而且是兼记销货方销项税额和购货方进项税额的合法证明，具有完税凭证的作用。为了加强增值税征收管理，规范增值税专用发票(以下简称专用发票)使用行为，确保增值税凭发票注明税款抵扣制度的顺利实施，1993 年 12 月 30 日，国家税务总局专门制定颁发了《增值税专用发票使用规定》，自 1994 年 1 月 1 日起执行。2006 年 10 月国家税务总局对原《增值税专用发票使用规定》进行了修订，并自 2007 年 1 月 1 日起施行。

专用发票，是增值税一般纳税人（以下简称"一般纳税人"）销售货物或者提供应税劳务开具的发票，是购买方支付增值税额并可按照增值税有关规定据以抵扣增值税进项税额的凭证。

一般纳税人应通过增值税防伪税控系统（以下简称"防伪税控系统"）使用专用发票。使用，包括领购、开具、缴销、认证纸质专用发票及其相应的数据电文。所称防伪税控系统，是指经国务院同意推行的，使用专用设备和通用设备、运用数字密码和电子存储技术管理专用发票的计算机管理系统。"专用设备"是指金税卡、IC 卡、读卡器和其他设备。"通用设备"是指计算机、打印机、扫描器具和其他设备。

一般纳税人领购专用设备后，凭《最高开票限额申请表》、《发票领购簿》到主管税务机关办理初始发行。所称初始发行，是指主管税务机关将一般纳税人的有关信息，诸如企业名称、税务登记代码、开票限额、购票限量、购票人员姓名和密码、开票机数量等，载入空白金税卡和 IC 卡的行为。一般纳税人发生税务登记代码变化，应向主管税务机关申请注销发行；发生其他信息变化，应向主管税务机关申请变更发行。

1）专用发票的联次

专用发票由基本联次或者基本联次附加其他联次构成，基本联次为三联：发票联、抵扣联和记账联。发票联，作为购买方核算采购成本和增值税进项税额的记账凭证；抵扣联，作为购买方报送主管税务机关认证和留存备查的凭证；记账联，作为销售方核算销售收入和增值税销项税额的记账凭证。其他联次用途，由一般纳税人自行确定。

2）专用发票的开票限额

专用发票实行最高开票限额管理。最高开票限额，是指单份专用发票开具的销售额合计数不得达到的上限额度。

最高开票限额由一般纳税人申请，税务机关依法审批。最高开票限额为十万元及以下的，由区县级税务机关审批；最高开票限额为一百万元的，由地市级税务机关审批；最高开票限额为一千万元及以上的，由省级税务机关审批。防伪税控系统的具体发行工作由区县级税务机关负责。

税务机关审批最高开票限额应进行实地核查。批准使用最高开票限额为十万元及以下的，由区县级税务机关派人实地核查；批准使用最高开票限额为一百万元的，由地市级税务机关派人实地核查；批准使用最高开票限额为一千万元及以上的，由地市级税务机关派人实地核查后将核查资料报省级税务机关审核。

一般纳税人申请最高开票限额时，需填报《最高开票限额申请表》。

3）专用发票的领购使用范围

增值税专用发票只限于一般纳税人领购使用，一般纳税人凭《发票领购簿》、IC 卡和经办人身份证明领购专用发票。增值税的小规模纳税人和非增值税纳税人不得领购使用。小规模纳税人销售货物或应税劳务时，可以由税务机关代开增值税专用发票，但必须按规定的征收率填列税金。

一般纳税人有下列情形之一者，不得领购开具专用发票：

(1) 会计核算不健全，不能向税务机关准确提供增值税销项税额、进项税额、应纳税额数据及其他有关增值税税务资料的。

(2) 有《税收征管法》规定的税收违法行为,拒不接受税务机关处理的。

(3) 有以下行为,经税务机关责令限期改正而仍未改正者:虚开增值税专用发票;私自印制专用发票;向税务机关以外的单位和个人买取专用发票;借用他人专用发票;未按规定开具专用发票;未按规定保管专用发票和专用设备;未按规定申请办理防伪税控系统变更发行;未按规定接受税务机关检查。一般纳税人有上列情形的,如已领购专用发票,主管税务机关应暂扣其结存的专用发票和IC卡。

4) 专用发票的开具要求

一般纳税人在领购专用发票后,销售货物或者提供应税劳务时,应向购买方开具专用发票。但在下列情形下不得开具:

① 商业企业一般纳税人零售的烟、酒、食品、服装、鞋帽(不包括劳保专用部分)、化妆品等消费品。

② 销售免税货物,法律、法规及国家税务总局另有规定的除外。

一般纳税人在开具专用发票时,必须做到:

① 项目齐全,与实际交易相符。

② 字迹清楚,不得压线、错格。

③ 发票联和抵扣联加盖财务专用章或者发票专用章。

④ 按照增值税纳税义务的发生时间开具。

对不符合上列要求的专用发票,购买方有权拒收。

一般纳税人销售货物或者提供应税劳务可汇总开具专用发票。汇总开具专用发票的,同时使用防伪税控系统开具《销售货物或者提供应税劳务清单》,并加盖财务专用章或者发票专用章。

5) 专用发票的抵扣要求

一般纳税人用于抵扣增值税进项税额的专用发票应经税务机关认证相符(国家税务总局另有规定的除外)。认证相符的专用发票应作为购买方的记账凭证,不得退还销售方。"认证"是指税务机关通过防伪税控系统对专用发票所列数据的识别、确认。"认证相符"是指纳税人识别号无误,专用发票所列密文解译后与明文一致。

但是,倘若出现以下四种情形,则应按相关规定处理。

(1) 经认证,有下列情形之一的,不得作为增值税进项税额的抵扣凭证,税务机关退还原件,购买方可要求销售方重新开具专用发票。

① 无法认证。是指专用发票所列密文或者明文不能辨认,无法产生认证结果。

② 纳税人识别号认证不符。是指专用发票所列购买方纳税人识别号有误。

③ 专用发票代码、号码认证不符。是指专用发票所列密文解译后与明文的代码或者号码不一致。

(2) 经认证,有下列情形之一的,暂不得作为增值税进项税额的抵扣凭证,税务机关扣留原件,查明原因,分别情况进行处理。

① 重复认证。是指已经认证相符的同一张专用发票再次认证。

② 密文有误。是指专用发票所列密文无法解译。

③ 认证不符。是指纳税人识别号有误,或者专用发票所列密文解译后与明文不一致(不包括上项所述的纳税人识别号认证不符、专用发票代码和号码认证不符的情形)。

④ 列为失控专用发票。是指认证时的专用发票已被登记为失控专用发票。

(3) 对丢失已开具专用发票的发票联和抵扣联的处理

① 一般纳税人丢失已开具专用发票的发票联和抵扣联，如果丢失前已认证相符的，购买方凭销售方提供的相应专用发票记账联复印件及销售方所在地主管税务机关出具的《丢失增值税专用发票已报税证明单》，经购买方主管税务机关审核同意后，可作为增值税进项税额的抵扣凭证；如果丢失前未认证的，购买方凭销售方提供的相应专用发票记账联复印件到主管税务机关进行认证，认证相符的凭该专用发票记账联复印件及销售方所在地主管税务机关出具的《丢失增值税专用发票已报税证明单》，经购买方主管税务机关审核同意后，可作为增值税进项税额的抵扣凭证。

② 一般纳税人丢失已开具专用发票的抵扣联，如果丢失前已认证相符的，可使用专用发票发票联复印件留存备查；如果丢失前未认证的，可使用专用发票发票联到主管税务机关认证，专用发票发票联复印件留存备查。

③ 一般纳税人丢失已开具专用发票的发票联，可将专用发票抵扣联作为记账凭证，专用发票抵扣联复印件留存备查。

(4) 专用发票抵扣联无法认证的，可使用专用发票发票联到主管税务机关认证。专用发票发票联复印件留存备查。

6) 开具专用发票后发生销货退回或开票有误的处理

(1) 一般纳税人在开具专用发票当月，发生销货退回、开票有误等情形，收到退回的发票联、抵扣联符合作废条件的，按作废处理；开具时发现有误的，可即时作废。作废专用发票须在防伪税控系统中将相应的数据电文按“作废”处理，在纸质专用发票(含未打印的专用发票)各联次上注明“作废”字样，全联次留存。

(2) 一般纳税人取得专用发票后，发生销货退回、开票有误等情形但不符合作废条件的，或者因销货部分退回及发生销售折让的，购买方应向主管税务机关填报《开具红字增值税专用发票申请单》(以下简称“申请单”)，视不同情况分别按以下办法处理：

① 因专用发票抵扣联、发票联均无法认证的，由购买方填报申请单，并在申请单上填写具体原因以及相对应蓝字专用发票的信息，主管税务机关审核后出具《开具红字增值税专用发票通知单》(以下简称“通知单”)。购买方不作进项税额转出处理。

② 购买方所购货物不属于增值税扣税项目范围，取得的专用发票未经认证的，由购买方填报申请单，并在申请单上填写具体原因以及相对应蓝字专用发票的信息，主管税务机关审核后出具通知单。购买方不作进项税额转出处理。

③ 因开票有误购买方拒收专用发票的，销售方须在专用发票认证期限内向主管税务机关填报申请单，并在申请单上填写具体原因以及相对应蓝字专用发票的信息，同时提供由购买方出具的写明拒收理由、错误具体项目以及正确内容的书面材料，主管税务机关审核确认后出具通知单。销售方凭通知单开具红字专用发票。

④ 因开票有误等原因尚未将专用发票交付购买方的，销售方须在开具有误专用发票的次月内向主管税务机关填报申请单，并在申请单上填写具体原因以及相对应蓝字专用发票的信息，同时提供由销售方出具的写明具体理由、错误具体项目以及正确内容的书面材料，主管税务机关审核确认后出具通知单。销售方凭通知单开具红字专用发票。

⑤ 发生销货退回或销售折让的，除按照规定进行处理外，销售方还应在开具红字专用发票后将该笔业务的相应记账凭证复印件报送主管税务机关备案。

(3) 税务机关为小规模纳税人代开专用发票需要开具红字专用发票的，比照一般纳税人开具红字专用发票的规定处理。

## 4.6 增值税的会计处理

这里介绍的增值税会计处理以一般纳税人为主，以工业企业为主。因工业企业的一般纳税人业务多样，核算复杂，以其为主更能反映增值税会计处理的全面内容。而小规模纳税人的增值税核算比较简单，只需在“应交税费”科目下设置“应交增值税”二级科目，无需再设明细项目。贷方反映应交的增值税，借方反映实际上交的增值税；贷方余额反映尚未上交或欠交的增值税，借方余额反映多交的增值税。

### 4.6.1 会计科目的设置

增值税实行“价外计税”的办法，即以不含增值税金的价格为计税依据，同时根据增值税专用发票注明税额实行税款抵扣制度，按购进扣税法的原则计算应纳税额。因此，货物和应税劳务的价款、税款应分别核算。

根据现行规定，一般纳税人应在“应交税费”科目下设置“应交增值税”、“未交增值税”和“增值税检查调整”三个二级科目。

1) *“应交税费——应交增值税”科目*

“应交税费——应交增值税”科目的借方发生额反映企业购进货物或接受应税劳务所支付的进项税额、实际已缴纳的增值税以及月末转入“未交增值税”明细科目的当月发生的应缴未缴增值税额；贷方发生额反映销售货物或提供应税劳务应缴纳的增值税额、出口货物退税、转出已支付或应分摊的增值税以及月末转入“未交增值税”明细科目的当月多缴的增值税额；期末借方余额反映企业尚未抵扣的增值税额(期末不会出现贷方余额)。

在“应交税费——应交增值税”二级科目下，可设置以下明细项目。

(1) “进项税额”项目　记录企业购入货物或接受应税劳务而支付的、并准予从销项税额中抵扣的增值税额；若发生购货退回或折让，应以红字记入，以示冲销的进项税额。

(2) “已交税金”项目　记录企业本期(月)实际缴纳的增值税额；若发生多缴增值税，退回时应以红字记入。

(3) “减免税款”项目　记录企业按规定直接减免的、用于指定用途的(新建项目、改扩建和技术改造项目、归还长期借款、冲减进口货物成本等)或未规定专门用途的、准予从销项税额中抵扣的增值税额。按规定，直接减免的增值税用蓝字登记，应冲销直接减免的增值税用红字登记。

(4) “出口抵减内销产品应纳税额”项目　记录企业按规定的退税率计算的当期应予抵扣的税额。

(5) “转出未交增值税”项目　记录企业月终时将当月发生的应缴未缴增值税进行转账的数额。在会计上，作此转账核算后，“应交税费——应交增值税”的期末余额不再包括当期应缴未缴增值税额。

(6) “销项税额”项目　记录企业销售货物或提供应税劳务应收取的增值税额。若发生销货退回或销售折让，应以红字记入，以示冲减销项税额。

(7) “出口退税”项目　记录企业出口适用零税率的货物，向海关办理报关出口手续后，凭出口报关单等有关凭证，向主管出口退税的税务机关申报办理出口退税而收到退回的税款。若办理退税后发生退货或者退关而补缴已退的增值税，则用红字记入。

(8)“进项税额转出”项目　记录企业的购进货物，在产品、产成品等发生非正常损失以及其他原因而不应从销项税额中抵扣，按规定转出的进项税额。若又发生冲销已转出的进项税额时，用红字记入。

(9)“转出多交增值税”项目　记录企业月末将当月多缴增值税进行转账的数额。此项转账后，“应交税费——应交增值税”期末余额不再包含多缴增值税因素。

2)“应交税费——未交增值税”科目

“应交税费——未交增值税”科目的借方发生额反映企业上缴以前月份未缴增值税额和月末自“应交税费——应交增值税”科目转入的当月多缴的增值税额；贷方发生额反映企业月末自“应交税费——应交增值税”科目转入的当月未缴的增值税额；期末借方余额反映企业多缴的增值税，期末贷方余额，反映企业未缴的增值税。

3)“应交税费——增值税检查调整”科目

根据国家税务总局《增值税日常稽查办法的通知》规定：增值税一般纳税人在税务机关对其增值税纳税情况进行检查后，凡涉及增值税涉税账务调整的，应设立“应交税费——增值税检查调整”专门账户。凡检查后应调减账面进项税额或调增销项税额和进项税额转出的数额，借记有关科目，贷记本科目；凡检查后应调增账面进项税额或调减销项税额和进项税额转出的数额，借记本科目，贷记有关科目；全部调账事项入账后，应结出本账户的余额，并对该余额进行处理。处理之后，本账户无余额。

### 4.6.2　会计处理方法

1) 增值税进项税额及其转出的会计处理

(1) 外购材料进项税额的会计处理

① 材料与发票已收到，并同时支付货款。企业外购材料已经验收入库并支付货款或开具并承兑商业汇票，同时也收到销货方开出的增值税专用发票的发票联和抵扣联，应按材料的实际成本，借记“原材料”、“制造费用”等科目；按专用发票上注明的增值税额或允许抵扣的增值税额，借记“应交税费——应交增值税(进项税额)”科目；按照应付或实际支付的金额，贷记“应付账款”、“应付票据”、“银行存款”、“现金”等科目。购入货物发生的退货，作相反的会计分录。

**例 4.6.1**　某企业购入甲材料 6 000 千克，8 元/千克，取得增值税专用发票注明税款为 8 160 元，代垫运杂费 3 600 元(取得运输发票上列明的运费为 3 000 元)，已开出银行承兑汇票，材料验收入库。运费允许抵扣的税额为 210 元(3 000×7%)。作会计分录如下：

借：原材料——甲材料　　51 390
　　应交税费——应交增值税(进项税额)　　8 370
　贷：应付票据——银行承兑汇票　　59 760

② 发票已收到，货款已经支付，但材料尚未收到。发生时应依据有关发票，借记“在途材料”、“应交税费”，贷记“银行存款”、“其他货币资金”、“应付票据”等；在途材料入库后，借记“原材料”，贷记“在途材料”。

③ 预付材料款。因采购业务尚未成立，企业还未取得材料的所有权，企业在按合同规定预付款项时，借记“预付账款”，贷记“银行存款”、“其他货币资金”等；当企业收到所购材料

并验收入库后，按增值税专用发票所列金额，借记“原材料”、“应交税费”，贷记“预付账款”，同时补付或收回剩余或退回的货款。

(2) 投资转入货物进项税额的会计处理　企业接受投资转入的货物，按照增值税专用发票上注明的增值税税额，借记“应交税费——应交增值税(进项税额)”；按照确认的投资货物价值(已扣除增值税，下同)，借记“原材料”、“库存商品”等；按照货物价值与增值税税额的合计数，贷记“实收资本”。

**例 4.6.2**　某联营工业企业接受某公司参加联营，该公司投入原材料一批，开来增值税专用发票注明货物价款 341 880.34 元，税额 58 119.66 元，价税合计 400 000 元。货物已验收入库。投入本公司生产的设备一台，由联营厂作为固定资产使用，开来增值税专用发票，注明设备价款 256 410.26 元，税额 43 589.74 元，价税合计 300 000 元。作会计分录如下：

借：原材料　341 880.34
　固定资产——机器设备　256 410.26
　应交税费——应交增值税(进项税额)　101 709.40
　贷：实收资本——××企业　700 000

(3) 接受捐赠货物进项税额的会计处理　企业接受捐赠转入的货物，按照增值税专用发票上注明的增值税税额，借记“应交税费——应交增值税(进项税额)”；按照确认的捐赠货物价值，借记“原材料”等；按照货物价值和增值税税额的合计数，贷记“资本公积”。

**例 4.6.3**　某企业接受 A 公司捐赠的原材料，增值税专用发票上注明价款 60 000 元，税额 10 200 元，材料已验收入库。作会计分录如下：

借：原材料　60 000
　应交税费——应交增值税(进项税额)　10 200
　贷：资本公积　70 200

(4) 接受应税劳务进项税额的会计处理　生产企业接受加工、修理修配应税劳务，通常是与委托加工业务相联系，应按照专用发票上注明的增值税税额，借记“应交税费——应交增值税(进项税额)”；按所发材料的实际成本、支付的加工费与运杂费，借记“原材料”、“其他业务支出”、“制造费用”、“委托加工材料”、“管理费用”等；按应付或实际支付的金额，贷记“应付账款”、“银行存款”等。

**例 4.6.4**　某企业委托 B 公司加工产品零配件，发出材料 18 000 元，支付加工费 3 200 元和增值税税额 544 元。支付往返运费 200 元，应计运费进项税额 14 元。作会计分录如下：

① 发出材料时：

借：委托加工物资　18 000
　贷：原材料　18 000

② 支付加工费和增值税税额时：

借：委托加工物资　3 200
　应交税费——应交增值税(进项税额)　544
　贷：银行存款　3 744

③ 用银行存款支付往返运费时：

借：委托加工物资　186
　应交税费——应交增值税(进项税额)　14

贷：银行存款　　200

④ 加工零配件验收入库，并结转加工成本时：

借：原材料——××零配件　　21 386

　　贷：委托加工物资　　21 386

(5) 购入免税农业产品进项税额的会计处理　企业购进免税农业产品，按购入农业产品的买价和规定的扣除率计算的进项税额，借记“应交税费——应交增值税(进项税额)”；按买价扣除按规定计算的进项税额后的数额，借记“材料采购”、“原材料”等；按应付或实际支付的金额，贷记“应付账款”、“银行存款”等。

(6) 购入固定资产进项税额的会计处理　我国自2009年开始实行消费型增值税，对企业购进机器设备等固定资产应比照购入材料的会计处理方法，即按购入设备价款，借记“固定资产”、“在建工程”科目；按专用发票上注明的增值税税额，借记“应交税费——应交增值税(进项税额)”科目；按照应付或实际支付的金额，贷记“应付账款”、“应付票据”、“银行存款”等科目。

(7) 进项税额转出的会计处理　企业购进的货物(包括商品、原材料、包装物、免税农业产品等)发生非正常损失及改变用途等原因，其进项税额不能从销项税额中扣除。由于这些货物的增值税税额在其购进时已作为进项税额从当期的销项税额中作了扣除，因此，应将其从进项税额中转出，或将其视同销项税额，从本期的进项税额中抵减，借记有关成本、费用、损失等科目，贷记“应交税费——应交增值税(进项税额转出)”。另外，按我国现行出口退税政策规定，进项税额与出口退税额的差额，也应作“进项税额转出”的会计处理。

**例 4.6.5**　某企业8月份购进生产经营用钢材120吨，3 400元/吨，增值税专用发票上注明价款408 000元，税额69 360元，货物已验收入库。9月份，本企业基建工程需要从仓库中领用上月购入钢材32吨。作会计分录如下：

借：在建工程　　127 296

　　贷：原材料——钢材　　108 800

　　　　应交税费——应交增值税(进项税额转出)　　18 496

2) 增值税销项税额的会计处理

(1) 产品销售销项税额的会计处理　企业销售货物或提供应税劳务，按照实现的销售收入和按规定收取的增值税税额，借记“应收账款”、“应收票据”、“银行存款”、“应付利润”等；按收取的增值税税额，贷记“应交税费——应交增值税(销项税额)”；按实现的销售收入，贷记“主营业务收入”、“其他业务收入”等。发生的销售退回，作相反的会计分录。

**例 4.6.6**　某企业销售甲产品400件，每件750元，计价款300 000元、税额51 000元，货款已收讫。作会计分录如下：

借：银行存款　　351 000

　　贷：主营业务收入　　300 000

　　　　应交税费——应交增值税(销项税额)　　51 000

(2) 以物易物购销的会计处理　增值税法规定，以物易物，双方都要作购销处理，以各自发出的货物核定销售额并计算销项税额，以各自收到的货物核定购货额，并依据对方开具的增值税专用发票抵扣进项税额。

**例 4.6.7**　甲企业以A产品50件，成本8 000元，售价10 000元，兑换乙企业B材料100千克，价款10 000元，双方都为对方开具增值税专用发票。甲企业作会计分录如下：

① 收到材料时：

借：原材料——B材料　　10 000

　应交税费——应交增值税（进项税额）　　1 700

　贷：主营业务收入　　10 000

　　应交税费——应交增值税（销项税额）　　1 700

② 结转销售成本时：

借：主营业务成本　　8 000

　贷：产成品——A产品　　8 000

(3) 视同销售的销项税额的会计处理　视同销售的会计处理，主要是区分会计销售和不形成会计销售的应税销售。对于会计销售业务，要以商事凭证为依据，确认主营业务收入，将其记入"主营业务收入"、"其他业务收入"等收入类科目，并将其收取的增值税税额记入"销项税额"。对于不形成会计销售的应税销售，不作收入处理，而按成本转账，并根据税法的规定，按货物的成本或双方确认的价值、同类产品的销售价格、组成计税价格等乘以适用税率计算，并登记"销项税额"。

视同销售的会计处理主要有以下几种情况：

① 将自产或委托加工的货物用于非应税项目的销项税额的会计处理：企业将自产或委托加工的货物用于非应税项目（包括提供非应税劳务、转让无形资产、销售不动产、固定资产、在建工程），按税法规定视同销售货物计算应交增值税。应税销售成立、发生纳税义务并开具增值税专用发票的时间为货物移送的当天。在移送货物时，按自产或委托加工货物的成本及其所用货物的计税价格乘以适用税率计算的应纳增值税之和，借记"其他业务支出"、"在建工程"等；按自产或委托加工货物的成本，贷记"产成品"、"原材料"、"低值易耗品"等；按应纳税额，贷记"应交税费——应交增值税（销项税额）"。

**例 4.6.8**　某钢铁厂将自产的A型钢材20吨用于本企业基建工程，该钢材成本为2 500元/吨，成本利润率为10%，销项税额9 350元（2 500×20×110%×17%）。作会计分录如下：

借：在建工程　　59 350

　贷：产成品　　50 000

　　应交税费——应交增值税（销项税额）　　9 350

年终计算所得税时，按售价与成本的差额，调增应税所得额，但按上交增值税比例计提的城建税、教育费附加则应予扣除。这种会计处理方法符合财务会计与税务会计分离的原则，也不影响所得税的计算，使财务报表提供的信息更符合投资人、债权人的要求。如果财务会计与税务会计不分离，则应服从税法：纳税人在基本建设、专项工程以及职工福利等方面使用本企业商品、产品的应作为收入处理；当财务会计处理与税法规定相抵触时，按税法的规定计算纳税。上例作会计分录如下：

借：在建工程　　64 350

　贷：主营业务收入　　55 000

　　应交税费——应交增值税（销项税额）　　9 350

② 企业将自产、委托加工或购买的货物作为投资的销项税额的会计处理：企业将自产、委托加工或购买的应税货物作为投资提供给其他单位或个体经营者，应视同销售货物计算缴纳增值税。应税销售成立、发生纳税义务并开具增值税专用发票的时间为移送

货物的当天。按所投资货物的售价或组成计税价格乘以适用税率计算的应纳增值税与投资货物的账面价值之和,借记"长期投资";按货物成本,贷记"产成品"、"原材料"等;按货物成本或账面原价与重估价值的差额,借记或贷记"资本公积";按应纳增值税税额,贷记"应交税费——应交增值税(销项税额)"。自1996年起,税法明确要求企业应将自产货物投资作主营业务收入处理,计缴企业所得税;但按会计制度规定,只需以成本转账,但要进行纳税调整。

③ 企业将自产的、委托加工或购买的货物分配给股东或投资者的销项税额的会计处理:这种业务虽然没有直接的现金流入或流出,但实际上它与将货物出售后取得货币资产,然后再分配利润给股东,并无实质区别。因此,应通过销售来处理,即应按售价或组成计税价格、市场价格计价并计入有关收入类科目。确认销售成立、发生纳税义务并开具增值税专用发票(股东或投资者为法人且为一般纳税人)或普通发票(投资者或股东为自然人或小规模纳税人)的时间,为分配货物的当天。按分配货物的售价或组成计税价格、市场价格和按其适用税率计算的应纳增值税两项之和,借记"应付利润";按应税货物的售价、组成计税价格、市场价格,贷记"主营业务收入"、"其他业务收入";按应纳增值税税额,贷记"应交税费——应交增值税(销项税额)"。

④ 企业将自产、委托加工的货物用于集体福利、个人消费的销项税额的会计处理:企业将自产、委托加工的货物用于集体福利、个人消费,应视同销售货物计算缴纳增值税。其应税销售成立、发生纳税义务并开具普通发票的时间为移送货物的当天。按所用货物的成本与货物售价或组成计税价格乘以适用税率计算的应纳增值税之和,借记"在建工程"、"固定资产"、"应付福利费"等;按所用货物成本,贷记"产成品"、"原材料"等;按应纳增值税税额,贷记"应交税费——应交增值税(销项税额)"。年终调账时,按售价与成本的差额计入应税所得额,计算缴纳所得税。

⑤ 企业将自产、委托加工或购买的货物无偿赠送他人的销项税额的会计处理:企业将自产、委托加工或购买的货物无偿赠送他人,应视同销售计税。其应税销售成立、发生纳税义务并开具增值税专用发票或普通发票的时间为移送货物的当天。按所赠货物的成本与所赠货物售价或组成计税价格乘以税率计算的应纳增值税之和,借记"营业外支出";按所赠货物成本,贷记"产成品"、"原材料"等;按应纳增值税税额,贷记"应交税费——应交增值税(销项税额)"。

(4) 包装物销售及没收押金的销项税额的会计处理

① 随同产品销售并单独计价的包装物销项税额的会计处理:按税法规定,随同产品销售并单独计价的包装物应作为销售计算缴纳增值税,借记"银行存款"、"应收账款",贷记"主营业务收入"、"其他业务收入"、"应交税费——应交增值税(销项税额)"。

② 逾期未退的包装物押金的销项税额的会计处理:当包装物逾期未退还时,收取的押金按适用税率计算销项税额,借记"其他应付款"等,贷记"应交税费 ——应交增值税(销项税额)"。会计处理时应注意两点:一是应将包装物押金还原为不含税价格,再并入其他业务收入征税;二是包装物押金适用的税率是包装货物的适用税率。

3) 增值税减免及上缴的会计处理

(1) 减免增值税的会计处理　按我国现行增值税的减免规定,减免增值税分为先征收后返回、即征即退、直接减免三种形式。因此,其会计处理也有所不同。

① 先征收后返回、先征后退增值税的会计处理:若是按指定用途返回,如指定用于新建

项目、改扩建项目、归还长期借款等，则借记“银行存款”，贷记“实收资本——国家投入资本”、“专项应付款”等。若是用于弥补企业亏损和未指定专门用途的返回，当纳税人实际收到返回的增值税时，借记“银行存款”，贷记“补贴收入”。

② 即征即退的会计处理：根据规定，对进口的某些商品应计征的增值税采取即征即退的办法，退税额冲减采购成本，退税的直接受益者必须是以购进商品从事再加工的生产企业。

③ 直接减免增值税的会计处理：若企业是部分产品（商品）免税，则在月份终了，按免税主营业务收入和适用税率计算出销项税额，然后减去按税法规定方法计算的应分摊的进项税额，其差额即为当月销售免税货物应免征的税额。作会计分录如下：

a. 结转免税产品（商品）应分摊的进项税额时：

借：主营业务成本（应分摊的进项税额）

  贷：应交税费——应交增值税（进项税额转出）

b. 结转免税产品（商品）销项税额时：

借：主营业务收入

  贷：应交税费——应交增值税（销项税额）

c. 结转免缴增值税税额时：

借：应交税费——应交增值税（减免税款）

  贷：补贴收入

若企业的全部产品（商品）都免税，企业应在月终将免税主营业务收入参照上年度实现的增值率计算出增值额（产销较均衡的企业也可以按月用“购进扣税法”计算），并将其折算为不含税增值额，然后依适用税率，计算应免缴增值税税额。根据计算结果，作会计分录如下：

a. 计算免缴税额时：

借：主营业务收入

  贷：应交税费——应交增值税（销项税额）

b. 结转免缴税额时：

借：应交税费——应交增值税（减免税款）

  贷：补贴收入

（2）上缴增值税的会计处理　平时，企业在“应交税费——应交增值税”多栏式明细科目中核算增值税业务；月末，结出借、贷方合计和差额。若“应交税费——应交增值税”为借方余额，表示本月尚未抵扣的进项税额，应继续留在该科目借方，不再转出；若为贷方余额，表示本月应交增值税税额，通过“应交税费——应交增值税（转出未交增值税）”科目，转入“应交税费——未交增值税”科目的贷方。作会计分录如下：

借：应交税费——应交增值税（转出未交增值税）

  贷：应交税费——未交增值税

企业实际上缴增值税时，若属当月预缴或上缴当月应交增值税的，作会计分录如下：

借：应交税费——应交增值税（已交税金）

  贷：银行存款

若属月初结清上月应交增值税或上缴以前月份（年度）欠缴增值税的，作会计分录如下：

借：应交税费——未交增值税

贷:银行存款

## 思考题

1. 增值税有哪些特点?

2. 增值税一般纳税人与小规模纳税人如何划分?

3. 增值税的征税范围包括哪些?

4. 增值税的视同销售货物行为如何确定?

5. 增值税低税率适用哪些范围?

6. 何谓销项税额、进项税额?

7. 增值税的计税依据有哪些主要规定?

8. 准予抵扣的进项税额包括哪些?

9. 不得抵扣的进项税额包括哪些?

10. 出口货物退税和免税的主要区别是什么?

11. 增值税一般纳税人领购和开具增值税专用发票的要求是什么?

12. 企业如何进行增值税进项税额的会计处理?

13. 企业如何进行增值税销项税额的会计处理?

## 计算题

1. 某服装厂为增值税一般纳税人,2012 年某月发生下列经济业务:

(1) 销售各种服装实现销售额 360 万元,本企业生产服装用于职工福利计 20 万元,捐赠给小学校 2 万元。以上款项均为不含税价。

(2) 购入布料不含税价款 120 万元,取得增值税专用发票;从小规模纳税人处购入辅料支付金额为 26.78 万元,取得税务机关代开增值税专用发票。

(3) 前期购入的原料因保管不善发生霉变,损失金额为 6 万元。

(4) 购入加工设备一批,取得增值税专用发票,价税合计款项 35.1 万元。

(5) 支付水电费取得增值税专用发票,价款 8 000 元,税款 1 360 元。

(6) 支付原材料运费 6 000 元,其中包括保管费 400 元,装卸费 600 元。

试计算该厂当月应纳的增值税税额。

2. 某商业企业为增值税一般纳税人,2012 年某月发生以下购销业务:

(1) 向消费者个人销售货物,价税合计款项 234 万元。

(2) 向某商贸公司 9 折销售一批价值为 40 万元的货物,并开具增值税专用发票,但折扣额没有在同一张发票上开具。

(3) 采取以旧换新方式销售 A 商品 100 件,每件不含税售价 1200 元,旧货作价 100 元。

(4) 向某经销商收取货款逾期利息 4 680 元。

(5) 从一般纳税人处购入货物,取得增值税专用发票,注明不含税价款 100 万元,增值税税率为 17%。

(6) 从小规模纳税人处购入货物,取得税务机关代开增值税专用发票,支付货款价税合计数为 61.8 万元。

(7) 支付购货运输费用 2 万元,取得货运发票。

试计算该企业当月应纳的增值税税额。

3. 某小规模商业企业 2012 年某月发生以下经济业务:

(1) 向消费者销售各类日用品,取得含税零售收入计 81 120 元。

(2) 向某一般纳税人销售货物,由税务机关代开增值税专用发票,取得价款 4 000 元,税款 120 元。

(3) 将一台使用过的旧空调出售,原价 12 000 元,售价 5 150 元。

(4) 外购商品,取得增值税专用发票,注明价款 36 000 元,增值税 6 120 元。

试计算该企业当月应纳增值税税额。

4. 某汽车修理厂为增值税一般纳税人，2012 年某月发生以下经济业务：

(1) 购入各种汽车零配件，均取得增值税专用发票，注明不含税价款 720 000 元。

(2) 从小规模纳税人处购入修车辅料 5 730 元，取得普通发票。

(3) 购入建筑材料一批，用于营业厅装潢，取得增值税专用发票，注明价款 180 000 元，税款 30 600 元。

(4) 委托外贸企业进口一批配件，关税完税价格 150 000 元，关税税率 10%，增值税税率 17%，已支付相关税费并取得海关完税凭证。

(5) 本月取得汽车修理收入(含税)1 614 600 元。

(6) 为甲企业代销车载 MP3 产品 200 个，代销合同定价(含税)210.60 元/个，汽修厂实际售价(含税)234 元/个。本月已按合同规定向甲企业支付代销款 42 120 元，取得增值税专用发票，并取得代销手续费1 000 元。

(7) 用本厂 B 配件 70 件与另一厂家采取以物易物方式交换 C 配件，双方均未开具增值税专用发票，B 配件价值为 250 元/件。

试计算该汽修厂当月应纳增值税税额。

5. 某纺织厂为增值税一般纳税人，2012 年某月有关经济业务如下：

(1) 进口纺织原料 A，买价折合人民币 400 000 元，海运费和保险费 32 000，关税税率 5%，已支付相关税费并取得海关完税凭证。

(2) 购入免税农产品一批，支付货款 35 000 元。

(3 )支付水电费取得增值税专用发票，价款 6 000 元，税款 1 020 元，其中有 10%的水电费用是用于职工福利项目。

(4) 生产并销售 B 型面料，实现不含税销售额 750 000 元。

(5) 委托服装厂加工服装 80 套，全部作为福利发给职工。该批服装面料成本 13 000 元，支付辅料款及加工费 16 380 元(含税)，取得增值税专用发票。

试计算该纺织厂当月应纳增值税税额。

6. 某电子元器件厂为增值税一般纳税人，2012 年某月有关经济业务如下：

(1) 向经销商销售 A 产品，取得不含税销售收入 280 万元；向小规模纳税人销售 B 产品，取得含税销售收入 70.2 万元。

(2) 委托乙公司代销 C 产品 2 000 件，每件 70 元(含税)，合同金额共 14 万元；本月收到乙公司支付的代销款 5.6 万元。

(3) 以自产电子元件 E 作为投资品投入联营企业，该批电子元件生产成本为 50 万元。

(4) 本月发生逾期的包装物押金 7 020 元。

(5) 购入各类原材料支付的款项共 210.6 万元，取得增值税专用发票，注明价款 180 万元。支付原材料运费 9 万元，交通建设基金 0.9 万元，取得运输部门开具的结算单据。

(6) 前期购入材料因保管不善发生一定毁损，损失价值 41 500 元，含运费 1 500 元。

试计算该厂当月应纳增值税税额。

7. 某贸易公司当月进口彩色电视机 1 000 台，海关审定的关税完税价为每台 4 200 元，关税税率为 15%。当月销售给国内公司 900 台，每台售价 7 956 元(含税)。要求计算该贸易公司进口应纳关税、增值税和国内销售环节增值税。

8. 某自营出口生产企业为增值税一般纳税人，出口货物的征税税率为 17%，退税率为 13%。5 月份内销货物销售额 140 万元，出口货物销售额折合人民币 100 万元，内外销全部进项税额 40 万元。6 月份内销货物销售额 120 万元，出口货物销售额折合人民币 240 万元；购入原材料一批已验收入库，支付价税合计款项 257.4 万元，取得增值税专用发票；购进免税材料一批，价款 80 万元。要求计算该企业 5 月份和 6 月份的“免、抵、退”税额。

# 5 消费税

## 5.1 消费税概述

消费税是世界各国普遍开征的一个税种，世界上已有 100 多个国家开征了消费税。特别是发展中国家，它们大多以商品课税为主体，而消费税又是商品课税类中的一个主要税种，其收入在国家税收总额中占有相当比重。我国对消费品的征税也由来已久，新中国成立之后，先后实行的货物税、商品流通税、工商统一税、工商税及产品税等税种中都有对消费品的征税。我国现行消费税是 1994 年税制改革中新设置的一个税种。

### 5.1.1 消费税的概念

消费税是以特定消费品为课税对象的一种税，是对在我国境内从事生产、委托加工和进口应税消费品的单位和个人就其应税消费品的销售额或销售数量征收的一种税。

消费税虽然是对消费品课征，但并非一切消费品都是应税的。通常，课税的品目是有所选择的。按照征税范围的宽窄，国际上流行把消费税分为有选择的消费税和无选择的消费税两种类型。有选择的消费税只选择部分消费品课税，征税范围主要限于传统的商品品目，诸如烟、酒、石油制品、机动车辆等。无选择的消费税对全部或大部分消费品课税。在课征消费税的国家中，大部分国家是实施有选择的消费税，我国也是如此。我国在对货物普遍征收增值税的基础上，选择少数消费品再征收一道消费税，目的是为了调节产品结构，引导消费方向，保证国家财政收入。

### 5.1.2 消费税的特点

（1）征收范围具有选择性　消费税只是选择了一部分特殊的消费品、奢侈品、高能耗的消费品和不可再生的资源消费品作为征税对象，而不是对所有消费品都征收消费税。

（2）征收环节具有单一性　绝大多数应税消费品只是在生产环节或进口环节一次性征收消费税，其他环节不征消费税，金银首饰也只在零售环节征收消费税。目前，只有卷烟在生产和批发两个环节同时征收消费税。因此，总体来看，消费税仍以单环节征税为主。

（3）征收方法具有灵活性　消费税可以根据征税对象的不同特点确定不同的征收方法，既采取依消费品的数量实行从量定额的征收方法，又采取依消费品的价格实行从价定率的征收方法。

（4）税率水平具有差别性　消费税是根据不同的消费品的种类、档次或消费品中某一成分的含量，以及国家的产业政策和消费政策，消费品的市场供求状况或价格水平等情况规定高低不等的比例税率或固定税额。

## 5.2 消费税基本制度

### 5.2.1 消费税的纳税人

消费税的纳税义务人是指在中华人民共和国境内从事生产、委托加工和进口应税消费品的单位和个人，以及国务院确定的销售本条例规定的消费品的其他单位和个人，为消费税的纳税人。这里所称“单位”，是指企业、行政单位、事业单位、军事单位、社会团体及其他单位。“个人”是指个体工商户和其他个人。“中华人民共和国境内”是指生产、委托加工和进口属于应当缴纳消费税的消费品的起运地或者所在地在境内。

以上各类纳税人，不论经济性质、隶属关系、经营方式、所在地区如何，不分法人和自然人，不分中国人和外国人，不分中国企业和外国企业，都要依法缴纳消费税。

### 5.2.2 消费税的征税范围

我国实行有选择的消费税，其征税范围主要是根据我国的经济发展现状和消费政策，人民群众的消费水平和消费结构，以及国家的财政需要确定的。课征的商品大体分为五种类型：

第一类，一些过度消费会对人类健康、社会秩序、生态环境等方面造成危害的特殊消费品，包括烟、酒、鞭炮、焰火。

第二类，奢侈品和非生活必需品，包括化妆品、贵重首饰。

第三类，高能耗及高档消费品，包括摩托车、小汽车。

第四类，不可再生产和替代的石油类消费品，包括汽油、柴油。

第五类，具有一定财政意义的产品，包括护肤护发品、汽车轮胎等。

为适应社会经济形势的发展需要，进一步完善消费税制，消费税征税范围经过多次调整。根据国务院〔2008〕第 539 号《中华人民共和国消费税暂行条例》的规定，现行消费税的具体税目规定如下：

(1) 烟　包括卷烟(进口卷烟、白包卷烟、手工卷烟和未经国务院批准纳入计划的企业及个人生产的卷烟)、雪茄烟和烟丝。

(2) 酒及酒精　酒类包括粮食白酒、薯类白酒、黄酒、啤酒、果啤和其他酒。酒精包括用蒸馏法和合成方法生产的各种工业酒精、医药酒精、食用酒精。对饮食业、商业、娱乐业举办的啤酒屋(啤酒坊)利用啤酒生产设备生产的啤酒，应当征收消费税。

(3) 化妆品　包括各类美容、修饰类化妆品，高档护肤类化妆品和成套化妆品。其中，美容、修饰类化妆品是指香水、香水精、香粉、口红、指甲油、胭脂、眉笔、唇笔、蓝眼油、眼睫毛和成套化妆品。舞台、戏剧、影视演员化妆用的上妆油、卸妆油、油彩、发胶和头发漂白剂等，不属于本税目征收范围。

(4) 贵重首饰及珠宝玉石　包括以金、银、白金、宝石、珍珠、钻石、翡翠、珊瑚、玛瑙等高贵稀有物质以及其他金属、人造宝石等制作的各种纯金银首饰及镶嵌首饰和经采掘、打磨、加工的各种珠宝玉石。下设金银首饰、铂金首饰和钻石及钻石饰品，其他贵重首饰和珠宝玉石子目。

(5) 鞭炮、焰火　包括各种鞭炮、焰火。体育上用的发令纸、鞭炮药引线不按本税目征税。

(6) 成品油　下设汽油、柴油、石脑油、溶剂油、润滑油、燃料油、航空煤油等七项子目。其中,汽油是指用原油或其他原料加工生产的辛烷值不小于66的可用作汽油发动机燃料的各种轻质油。含铅汽油是指铅含量每升超过0.013克的汽油。汽油分为车用汽油和航空汽油。以汽油、汽油组分调和生产的甲醇汽油、乙醇汽油也属于本税目征收范围。

柴油是指用原油或其他原料加工生产的倾点或凝点在－50至30的可用作柴油发动机燃料的各种轻质油和以柴油组分为主、经调和精制可用作柴油发动机燃料的非标油。以柴油、柴油组分调和生产的生物柴油也属于本税目征收范围。

石脑油又叫化工轻油,是以原油或其他原料加工生产的用于化工原料的轻质油。

溶剂油是以石油加工生产的用于涂料和油漆生产、食用油加工、印刷油墨、皮革、农药、橡胶、化妆品生产的轻质油。

航空煤油也叫喷气燃料,是以石油加工生产的用于喷气发动机和喷气推进系统中作为能源的石油燃料。

润滑油是用于内燃机、机械加工过程的润滑产品。润滑油分为矿物性润滑油、植物性润滑油、动物性润滑油和化工原料合成润滑油。

燃料油也称重油、渣油。是用原油或其他原料加工生产,主要用于电厂发电、船舶锅炉燃料、加热炉燃料、冶金和其他工业炉燃料。

(7) 汽车轮胎　包括用于各种汽车、挂车、专用车和其他机动车上的内、外轮胎。不包括农用拖拉机、收割机、手扶拖拉机的专用轮胎,子午线轮胎免征消费税,翻新轮胎停止征收消费税。

(8) 摩托车　包括轻便摩托车和摩托车两种。其中摩托车包括两轮车、边三轮车、正三轮车等。对最大设计车速不超过50 km/h,发动机汽缸总工作容量不超过50 ml的三轮摩托车不征收消费税。

(9) 小汽车　下设乘用车、中轻型商用客车两项子目,征收范围包括含驾驶员座位在内最多不超过9个座位(含)的,在设计和技术特性上用于载运乘客和货物的各类乘用车和含驾驶员座位在内的座位数在10至23座(含23座)的在设计和技术特性上用于载运乘客和货物的各类中轻型商用客车。用排气量小于1.5升(含)的乘用车底盘(车架)改装、改制的车辆属于乘用车征收范围。用排气量大于1.5升的乘用车底盘(车架)或用中轻型商用客车底盘(车架)改装、改制的车辆属于中轻型商用客车征收范围。含驾驶员人数(额定载客)为区间值的(如8～10人;17～26人)小汽车,按其区间值下限人数确定征收范围。电动汽车、沙滩车、雪地车、卡丁车、高尔夫车不属于本税目征收范围。

(10) 高尔夫球及球具　指从事高尔夫球运动所需的各种专用装备,征税范围包括高尔夫球、高尔夫球杆(含杆头、杆身和握把)及高尔夫球包(袋)。

(11) 高档手表　指销售价格(不含增值税)每只在10 000元(含)以上的各类手表。凡符合该价值标准的各类手表列入本税目征税。

(12) 游艇　指长度大于8米小于90米,船体由玻璃钢、钢、铝合金、塑料等多种材料制作,可以在水上移动的水上浮载体。按照动力划分,游艇分为无动力艇、帆艇和机动艇。包括艇身长度大于8米(含)小于90米(含),内置发动机,可以在水上移动,一般为私人或团体购置,主要用于水上运动和休闲娱乐等非牟利活动的各类机动艇。

（13）木制一次性筷子　又称卫生筷子，是指以木材为原料经过锯段、浸泡、旋切、刨切、烘干、筛选、打磨、倒角、包装等环节加工而成的各类一次性使用的筷子。

（14）实木地板　以木材为原料，经锯割、干燥、刨光、截断、开榫、涂漆等工序加工而成的块状或条状的地面装饰材料。包括各类规格的实木地板、实木指接地板、实木复合地板、未经涂饰的素板及用于装饰墙壁、天棚的侧端面为榫、槽的实木装饰板。

### 5.2.3　消费税的税率

消费税采用比例税率、定额税率及复合税率等多种形式，以适应不同应税消费品的实际情况。对一些供求基本平衡，价格差异不大，计量单位规范的消费品实行定额税率，如黄酒、啤酒、成品油等。而对一些供求矛盾突出，价格差异较大，计量单位又不是十分规范的消费品则采用比例税率。对卷烟、白酒则采用比例税率和定额税率相结合的复合税率。根据国务院〔2008〕539 号文、财税〔2008〕167 号文及财税〔2009〕84 号文的规定，现行消费税税目税率见表 5.2.1。

表 5.2.1　消费税税目税率(税额)表

| 税　目 | 征收范围 | 税率(税额) |
|---|---|---|
| 一、烟 | | |
| 1. 卷烟 | | |
| 工业生产环节 | | |
| (1) 甲类卷烟 | 每标准条(200 支)调拨价格在 70 元(不含增值税)以上(含 70 元) | 56%加 0.003 元/支 |
| (2) 乙类卷烟 | 每标准条(200 支)调拨价格在 70 元(不含增值税)以下 | 36%加 0.003 元/支 |
| 商业批发环节 | | 5% |
| 2. 雪茄烟 | | 36% |
| 3. 烟丝 | | 30% |
| 二、酒及酒精 | | |
| 1. 白酒 | | 20%加 0.5 元/500 克(毫升) |
| 2. 黄酒 | | 240 元/吨 |
| 3. 啤酒 | | |
| (1) 甲类啤酒 | 每吨出厂价格(含包装物及包装物押金)在 3 000 元(含 3 000 元,不含增值税)以上 | 250 元/吨 |
| (2) 乙类啤酒 | 每吨出厂价格(同上)在 3 000 元(不含增值税)以下 | 220 元/吨 |
| | 娱乐业、商业、饮食业自制 | 250 元/吨 |
| 4. 其他酒 | | 10% |
| 5. 酒精 | | 5% |
| 三、化妆品 | 含成套化妆品 | 30% |
| 四、贵重首饰及珠宝玉石 | | |
| 1. 金银首饰、铂金首饰和钻石及钻石饰品 | | 5% |
| 2. 其他贵重首饰和珠宝玉石 | | 10% |

续 表

| 税　　目 | 征收范围 | 税率(税额) |
| --- | --- | --- |
| 五、鞭炮、焰火 | | 15% |
| 六、成品油 | | |
| 1. 汽油(无铅) | | 1.00 元/升 |
| 汽油(含铅) | | 1.40 元/升 |
| 2. 柴油 | | 0.80 元/升 |
| 3. 航空煤油 | | 0.80 元/升 |
| 4. 石脑油 | | 1.00 元/升 |
| 5. 溶剂油 | | 1.00 元/升 |
| 6. 润滑油 | | 1.00 元/升 |
| 7. 燃料油 | | 0.80 元/升 |
| 七、汽车轮胎 | | 3% |
| 八、摩托车 | | |
| 1. 气缸容量(排气量,下同)在 250 毫升(含 250 毫升)以下的 | | 3% |
| 2. 气缸容量在 250 毫升以上的 | | 10% |
| 九、小汽车 | | |
| 1. 乘用车 | | |
| (1) 气缸容量(排气量,下同)在 1.0升(含)以下的 | | 1% |
| (2) 气缸容量在 1.0 升以上至 1.5 升(含)的 | | 3% |
| (3) 气缸容量在 1.5 升以上至 2.0 升(含)的 | | 5% |
| (4) 气缸容量在 2.0 升以上至 2.5 升(含)的 | | 9% |
| (5) 气缸容量在 2.5 升以上至 3.0 升(含)的 | | 12% |
| (6) 气缸容量在 3.0 升以上至 4.0 升(含)的 | | 25% |
| (7) 气缸容量在 4.0 升以上的 | | 40% |
| 2. 中轻型商用客车 | | 5% |
| 十、高尔夫球及球具 | | 10% |
| 十一、高档手表 | | 20% |
| 十二、游艇 | | 10% |
| 十三、木制一次性筷子 | | 5% |
| 十四、实木地板 | | 5% |

消费税税率的运用应注意以下几个问题：

(1) 纳税人兼营不同税率的应税消费品(指生产销售两种税率以上的应税消费品),应当分别核算不同税率应税消费品的销售额、销售数量,未分别核算销售额、销售数量的,从高适用税率。

(2) 将不同税率的应税消费品组成成套消费品销售的,从高适用税率。

(3) 为了增加财政收入,完善烟产品消费税制度,财税〔2009〕84 号文《财政部 国家税务总局关于调整烟产品消费税政策的通知》规定：自 2009 年 5 月 1 日起，新的卷烟生产环节消费税最低计税价格由国家税务总局核定并下达。调整卷烟生产环节（含进口）消费税的从价税税率，甲类卷烟，即每标准条（200 支，下同）调拨价格在 70 元（不含增值税）以上（含 70 元）的卷烟，税率调整为 56%；乙类卷烟，即每标准条调拨价格在 70 元（不含增值税）以下的卷烟，税率调整为 36%；卷烟的从量定额税率不变，即 0.003/支。调整雪茄烟生产环节（含进口）消费税的从价税税率为 36%。另外，在卷烟批发环节加征一道从价税，税率为 5%。纳税人应将卷烟销售额与其他商品销售额分开核算，未分开核算的，一并征收消费税。

(4) 根据财税〔2008〕167 号文《财政部 国家税务总局关于提高成品油消费税税率的通知》，自 2009 年 1 月 1 日起，将无铅汽油的消费税单位税额由每升 0.2 元提高到每升 1.0 元；将含铅汽油的消费税单位税额由每升 0.28 元提高到每升 1.4 元；将柴油的消费税单位税额由每升 0.1 元提高到每升 0.8 元；将石脑油、溶剂油和润滑油的消费税单位税额由每升 0.2 元提高到每升 1.0 元；将航空煤油和燃料油的消费税单位税额由每升 0.1 元提高到每升 0.8 元。

(5) 根据财税〔2008〕105 号文《财政部 国家税务总局关于调整乘用车消费税政策的通知》，自 2008 年 9 月 1 日起，在“乘用车”项下增加“气缸容量≤1.0 升”栏，适用税率为 1%，调整后的申报表乘用车划分为 7 档税率；气缸容量在 3.0 升以上至 4.0 升（含 4.0 升）的乘用车，税率由 15%上调至 25%；气缸容量在 4.0 升以上的乘用车，税率由 20%上调至 40%。

(6) 配制酒（露酒）是指以发酵酒、蒸馏酒或食用酒精为酒基，加入可食用或药食两用的辅料或食品添加剂，进行调配、混合或再加工制成的并改变了其原酒基风格的饮料酒。以蒸馏酒或食用酒精为酒基，酒精度低于 38 度（含），并具有国家相关部门批准的国食健字或卫食健字文号的配制酒，按消费税税目税率表“其他酒”10%适用税率征收消费税。以发酵酒为酒基，酒精度低于 20 度（含）的配制酒，按消费税税目税率表“其他酒”10%适用税率征收消费税。其他配制酒，按消费税税目税率表“白酒”适用税率征收消费税。上述以蒸馏酒或食用酒精为酒基是指酒基中蒸馏酒或食用酒精的比重超过 80%（含）；以发酵酒为酒基是指酒基中发酵酒的比重超过 80%（含）。

### 5.2.4 消费税的纳税环节

消费税的纳税环节，是指应税消费品在流转过程中缴纳税款的环节。本着有效控制税源，保证财政收入，简化征收手续和降低征收费用的原则，绝大多数消费税征税品目为单环节课税，纳税环节确定在工业生产销售环节。具体规定如下：

(1) 生产并销售应税消费品，由生产者于销售环节纳税。

(2) 自产自用应税消费品，用于连续生产应税消费品的，不纳税；用于其他方面的，于移送使用环节纳税。用于连续生产应税消费品是指纳税人将自产自用的应税消费品作为直接材料生产最终应税消费品，自产自用应税消费品构成最终应税消费品的实体。用于其他方面是指纳税人将自产自用应税消费品用于生产非应税消费品和在建工程，管理部门、非生产机构，提供劳务，以及用于馈赠、赞助、集资、广告、样品、职工福利、奖励等方面。

(3) 委托加工应税消费品，除受托方为个人外，在提货环节，即由受托方向委托方交货时代收代缴税款。

(4) 进口应税消费品，在报关进口环节，由海关代征代缴税款。

(5) 金银首饰在零售环节征税，生产、批发和进口环节均不征收消费税。

(6) 卷烟采用“两次课征制”，纳税环节分设在生产销售环节和批发销售环节。财税〔2009〕84 号文《财政部 国家税务总局关于调整烟产品消费税政策的通知》规定：自 2009 年 1 月 1 日起，在卷烟批发环节加征一道从价税。其纳税义务人为在中华人民共和国境内从事卷烟批发业务的单位和个人，征收范围包括纳税人批发销售的所有牌号规格的卷烟。纳税人销售给纳税人以外的单位和个人的卷烟于销售时纳税。纳税人之间销售的卷烟不缴纳消费税。

### 5.2.5 消费税的减免

条例规定，纳税人出口应税消费品，免征消费税，国家限制出口的应税消费品除外。这条规定的基本考虑是为了鼓励出口，提高本国商品在国际市场上的竞争能力。同时，因消费税只是对我国境内的消费品征收的税，出口商品在境内未实现销售，故不应征税。

出口的应税消费品办理免税或退税后，发生退关或国外退货的情况，报关出口者应申报补缴消费税。

自 2009 年 1 月 1 日起，对成品油生产企业在生产成品油过程中，作为燃料、动力及原料消耗掉的自产成品油，免征消费税。自 2011 年 10 月 1 日起，生产企业自产石脑油、燃料油用于生产乙烯、芳烃类化工产品的，按实际耗用数量暂免征消费税。航空煤油暂缓征收消费税。变压器油、导热类油等绝缘油类产品不属于应征消费税的“润滑油”，不征收消费税。

子午线轮胎免征消费税。农用拖拉机、收割机和手扶拖拉机专用轮胎不属于应征消费税的“汽车轮胎”范围，不征收消费税。

## 5.3 消费税的计算

### 5.3.1 基本计税方法

消费税实行从价定率或从量定额的方法计算应纳税额。

1) 从价定率计税

从价定率计税，是指根据应税消费品的价格和税法规定的税率计算消费税应纳税额的方法。其基本计算公式为：

$$\text{应纳税额}=\text{应税消费品的销售额}\times\text{比例税率}$$

正确计算应纳税额的关键是销售额的确定。销售额为纳税人销售应税消费品向购买方收取的全部价款和价外费用。

价外费用是指价外向购买方收取的手续费、补贴、基金、集资费、返还利润、奖励费、违约金、滞纳金、延期付款利息、赔偿金、代收款项、代垫款项、包装费、包装物租金、储备费、优质费、运输装卸费以及其他各种性质的价外收费。但下列项目不包括在内：

① 承运部门的运输费用发票开具给购买方的，同时纳税人将该项发票转交给购买方的代垫运输费用。

② 由国务院或者财政部批准设立的政府性基金，由国务院或者省级人民政府及其财政、价格主管部门批准设立的行政事业性收费，收取时开具省级以上财政部门印制的财政票

据，所收款项全额上缴财政。同时符合上述条件的纳税人代为收取的政府性基金或者行政事业性收费。

其他价外费用，无论是否属于纳税人的收入，均应并入销售额计算征税。

确定销售额还应注意以下几点：

(1) 应税消费品连同包装物销售的，无论包装物是否单独计价，也不论在会计上如何核算，均应并入应税消费品的销售额中征收消费税。如果包装物不作价随同产品销售，而是收取押金，且单独核算又未过期的，此项押金则不应并入应税消费品的销售额中征税。但对因逾期未收回的包装物不再退还的和已收取1年以上的押金，应并入应税消费品的销售额，按照应税消费品的适用税率征收消费税。

对既作价随同应税消费品销售，又另外收取的包装物押金，凡纳税人在规定的期限内不予退还的，均应并入应税消费品的销售额，按照应税消费品的适用税率征收消费税。

对酒类产品生产企业销售酒类产品而收取的包装物押金，无论押金是否返还与会计上如何核算，均应并入酒类产品销售额中，依酒类产品的适用税率征收消费税。

(2) 应税消费品的销售额，不包括应向购货方收取的增值税税款。由于消费税和增值税实行交叉征收，消费税实行价内税，增值税实行价外税，因此实行从价定率征收消费税的消费品，其消费税税基和增值税税基是一致的，即都是以含消费税不含增值税的销售额作为计税依据。如果纳税人应税消费品的销售额中未扣除增值税税款或者因不得开具增值税专用发票而发生价款和增值税税款合并收取的，在计算消费税时，应换算为不含增值税税款的销售额。其换算公式为：

应税消费品的销售额＝含增值税的销售额÷(1＋增值税税率或征收率)

在使用换算公式时，应根据纳税人的具体情况分别使用增值税税率或征收率。如果消费税的纳税人同时又是增值税一般纳税人，应适用17％的增值税税率；如果消费税的纳税人是增值税小规模纳税人，应适用3％征收率。

**例5.3.1** 某摩托车生产厂为一般纳税人，3月份采用直销方式销售自产摩托车100辆，每辆含增值税销售价格8 190元，共计价款819 000元；该摩托车适用消费税税率为10％，计算该企业应纳消费税税额。

**解** 应税销售额＝819 000÷(1＋17％)＝700 000(元)

消费税应纳税额＝700 000×10％＝70 000(元)

(3) 纳税人通过自设非独立核算门市部销售的自产应税消费品，应当按照门市部对外销售额或者销售数量征收消费税。

(4) 纳税人用于换取生产资料和消费资料、投资入股和抵偿债务等方面的应税消费品，应当以纳税人同类应税消费品的最高销售价格作为计税依据计算消费税。

(5) 卷烟批发环节计税依据为纳税人批发卷烟的销售额(不含增值税)。

(6) 为进一步加强对白酒消费税的征收管理，国家税务总局颁布了《白酒消费税最低计税价格核定管理办法(试行)》。该《办法》规定，自2009年8月1日起，白酒生产企业销售给销售单位的白酒，生产企业消费税计税价格低于销售单位对外销售价格(不含增值税，下同)70％以下的，应由税务机关核定消费税最低计税价格。税务机关应根据生产规模、白酒品牌、利润水平等情况在销售单位对外销售价格50％至70％范围内自行核定。其中生产规模较大、利润水平较高的企业生产的需要核定消费税最低计税价格的白酒，税务机关核价幅度原则上应选择在销售单位对外销售价格60%至70%范围内。

已核定最低计税价格的白酒，生产企业实际销售价格高于消费税最低计税价格的，按实际销售价格申报纳税；实际销售价格低于消费税最低计税价格的，按最低计税价格申报纳税。销售单位对外销售价格持续上涨或下降时间达到3个月以上、累计上涨或下降幅度在20%(含)以上的白酒，税务机关重新核定最低计税价格。

(7) 纳税人应税消费品的计税价格明显偏低又无正当理由的，由主管税务机关核定其计税价格。其中，卷烟、白酒和小汽车的计税价格由国家税务总局核定，送财政部备案；其他应税消费品的计税价格由省、自治区和直辖市国家税务局核定；进口的应税消费品的计税价格由海关核定。

(8) 纳税人销售的应税消费品，以人民币以外的货币结算销售额的，其销售额的人民币折合率可以选择销售额发生的当天或者当月1日的人民币汇率中间价。纳税人应在事先确定采用何种折合率，确定后1年内不得变更。

2) 从量定额计税

从量定额计税，是指根据消费品的应税数量和税法规定的单位税额计算消费税应纳税额的方法。其基本计算公式为：

$$应纳税额=应税消费品的销售数量\times定额税率$$

(1) 销售数量的确定　实行从量定额征税办法的计税消费品的计税依据，是应税消费品的数量。具体为：

① 销售应税消费品的，为应税消费品的销售数量；

② 自产自用应税消费品的，为应税消费品的移送使用数量；

③ 委托加工应税消费品的，为纳税人收回的应税消费品数量；

④ 进口的应税消费品，为海关核定的应税消费品进口征税数量。

(2) 计量单位的换算标准　税法规定，黄酒、啤酒以吨为税额单位；成品油类以升为税额单位。但是，考虑到在实际销售过程中，一些纳税人会把吨或升这两个计量单位混用，为了规范不同产品的计量单位，以准确计算应纳税额，吨与升两个计量单位的换算标准为：

① 黄酒　1吨=962升

② 啤酒　1吨=988升

③ 汽油　1吨=1 388升

④ 柴油　1吨=1 176升

⑤ 航空煤油　1吨=1 246升

⑥ 石脑油　1吨=1 385升

⑦ 溶剂油　1吨=1 282升

⑧ 润滑油　1吨=1 126升

⑨ 燃料油　1吨=1 015升

**例5.3.2**　某饭店啤酒屋5月份销售自制的啤酒9 880升。计算啤酒应纳消费税税额。

**解**　应纳税额=9 880÷988×250=2 500(元)

3) 从价定率和从量定额复合计税办法

在现行消费税的征税范围中，只有卷烟、白酒采用复合计税办法。其基本计算公式为：

$$应纳税额=应税销售额×比例税率+应税销售数量×定额税率$$

生产销售卷烟、白酒从量定额计税依据为实际销售数量;进口、委托加工、自产自用卷烟、白酒从量定额计税依据分别为海关核定的进口征税数量、委托方收回数量、移送使用数量。

**例 5.3.3** 某卷烟厂为增值税一般纳税人,生产的卷烟每标准条不含增值税调拨价格为 60 元,9 月份销售该卷烟 120 箱,计算应纳消费税额。

**解** 应纳消费税额=60×250×120×36%+120×150=666 000(元)

### 5.3.2 自产自用应税消费品应纳税额的计算

纳税人自产自用的应税消费品,凡用于其他方面,应当纳税。对于实行从量征税的消费品,应以应税消费品的移送使用数量为计税依据,按规定的单位税额计税。

对于实行从价定率征税的消费品,应区分两种情况分别计算:

(1) 有同类消费品的销售价格的,按照纳税人生产的同类消费品的销售价格计算纳税。所谓同类消费品的销售价格,是指纳税人或者代收代缴义务人当月销售的同类消费品的销售价格,如果当月同类消费品各期销售价格高低不同,应按照销售数量加权平均计算,如当月无销售或者当月未完结,应按照同类消费品上月或最近月份的销售价格计算纳税。但销售的应税消费品存在销售价格明显偏低而又无正当理由的,或者无销售价格的情况,不得列入加权平均计算。

(2) 没有同类消费品销售价格的,按照组成计税价格计算纳税。

实行从价定率办法计算纳税的组成计税价格计算公式为:

$$组成计税价格=\frac{成本+利润}{1-比例税率}=\frac{成本×(1+成本利润率)}{1-比例税率}$$

$$应纳税额=组成计税价格×比例税率$$

实行复合计税办法计算纳税的组成计税价格计算公式为:

$$组成计税价格=\frac{成本+利润+自产自用数量×定额税率}{1-比例税率}$$

$$=\frac{成本×(1+成本利润率)+自产自用数量×定额税率}{1-比例税率}$$

$$应纳税额=组成计税价格×比例税率+自产自用数量×定额税率$$

上述公式的“成本”是指应税消费品的产品生产成本,“利润”是指根据应税消费品的全国平均成本利润率计算的利润。应税消费品的全国平均成本利润率由国家税务总局确定(见表 5.3.1)。

**表 5.3.1 应税消费品全国平均成本利润率表**

| 品　名 | 成本利润率 | 品　名 | 成本利润率 |
|---|---|---|---|
| 1. 甲类卷烟 | 10% | 11. 贵重首饰及珠宝玉石 | 6% |
| 2. 乙类卷烟 | 5% | 12. 汽车轮胎 | 5% |
| 3. 雪茄烟 | 5% | 13. 摩托车 | 6% |

续 表

| 品　　名 | 成本利润率 | 品　　名 | 成本利润率 |
|---|---|---|---|
| 4. 烟丝 | 5% | 14. 高尔夫球及球具 | 10% |
| 5. 粮食白酒 | 10% | 15. 高档手表 | 20% |
| 6. 薯类白酒 | 5% | 16. 游艇 | 10% |
| 7. 其他酒 | 5% | 17. 木制一次性筷子 | 5% |
| 8. 酒精 | 5% | 18. 实木地板 | 5% |
| 9. 化妆品 | 5% | 19. 乘用车 | 8% |
| 10. 鞭炮、焰火 | 5% | 20. 轻型商用客车 | 5% |

**例 5.3.4** 某烟厂为了开拓市场，特制卷烟 2 个标准箱赠送给有关客户。该批卷烟无同类产品销售价格，已知每箱卷烟的实际成本为 18 000 元，平均利润率为 10%，适用税率为 56%。计算该产品应纳消费税税额。

**解** 组成计税价格＝[18 000×2×(1＋10%)＋2×150]÷(1－56%)＝90 681.82(元)

应纳消费税额＝90 681.82×56% ＋150×2＝51 081.82(元)

### 5.3.3 委托加工应税消费品应纳税额的计算

1) 委托加工应税消费品的确定

委托加工的应税消费品是指由委托方提供原料和主要材料，受托方只收取加工费和代垫部分辅助材料加工的应税消费品。确定委托加工业务必须同时符合两个条件：一是原材料必须由委托方提供；二是受托方只能收取加工费或代垫部分辅助材料。对于由受托方提供原材料生产的应税消费品，或者受托方先将原材料卖给委托方，然后再接受加工的应税消费品，以及由受托方以委托方名义购进原材料生产的应税消费品，不论纳税人在财务上是否作销售处理，都不得作为委托加工应税消费品，而应当按照销售自制应税消费品缴纳消费税。这一规定的实质就是，受托方不得参与原材料的提供，否则与自产自销混淆不清，而自产自销与委托加工是两种不同的业务，有不同的税收待遇，应该严格区分。

2) 委托加工应税消费品应纳消费税额的计算

对于符合税法规定条件的委托加工的应税消费品，无论委托方还是受托方均需作出相应的税务处理。具体来说，由委托方承担纳税义务，受托方承担代收代缴义务。税款计算按以下两种情况处理：

(1) 受托方有同类消费品销售价格的，按照受托方同类消费品销售价格计算纳税。同类消费品的销售价格是指受托方(即代收代缴义务人)当月销售的同类消费品的销售价格，如果当月同类消费品各期销售价格高低不同，应按销售数量加权平均计算。但销售价格明显偏低又无正当理由的，或者无销售价格的，不得列入加权平均计算。如果当月无销售或者当月未完结，应按照同类消费品上月或最近月份的销售价格计算纳税。

(2) 受托方没有同类消费品销售价格的，按组成计税价格计算纳税。

实行从价定率办法计算纳税的组成计税价格计算公式为：

$$\text{组成计税价格}=\frac{\text{材料成本}+\text{加工费}}{1-\text{比例税率}}$$

$$应纳税额=组成计税价格\times比例税率$$

实行复合计税办法计算纳税的组成计税价格计算公式为：

$$组成计税价格=\frac{材料成本+加工费+委托加工数量\times定额税率}{1-比例税率}$$

$$应纳税额=组成计税价格\times比例税率+委托加工数量\times定额税率$$

公式中的“材料成本”是指委托方所提供加工材料的实际成本。委托加工应税消费品的纳税人必须在委托加工合同上如实注明(或以其他方式提供)材料成本,凡未提供材料成本的,受托方所在地主管税务机关有权核定其材料成本。“加工费”是指受托方加工应税消费品向委托方所收取的全部费用(包括代垫辅助材料的实际成本,不包括增值税税金)。

对于确属委托加工的应税消费品,由受托方在向委托方交货时代收代缴消费税。如果受托方对委托加工的应税消费品未代收代缴或少代收代缴消费税,就要按照《税收征收管理法》的规定承担相应的法律责任,且并不能因此免除委托方补交税款的责任。如果发现委托加工的应税消费品受托方没有代收代缴税款,委托方要补交税款。补征税款的依据是:如果收回的应税消费品已经直接销售的,按销售额计税;收回应税消费品尚未销售或不能直接销售的(如收回后用于连续生产等),按组成计税价格计税。纳税人委托个人加工应税消费品,一律由委托方收回后在委托方所在地缴纳消费税。

**例 5.3.5** A酒厂委托B酒厂加工粮食白酒5吨,由A厂提供原料成本(不含增值税)为110 000元。B厂收取加工费10 000元。B厂无同类产品销售价格,则B厂应代收代缴的消费税为:

**解** 组成计税价格=(110 000+10 000+5×2 000×0.5)÷(1－20%)=156 250(元)

代收代缴的消费税额=156 250×20% ＋ 5×2 000×0.5=36 250(元)

### 5.3.4 外购和委托加工应税消费品已纳税款的扣除

由于某些应税消费品是用外购或委托加工收回已缴纳消费税的应税消费品连续生产出来的,在对这些连续生产出来的应税消费品计算征税时,如果不将原料已纳税款扣除,则会出现重复征税问题。因此,税法规定,对用外购或委托加工收回的应税消费品连续生产应税消费品的,应按当期生产领用数量计算扣除外购或委托加工收回的应税消费品已纳的消费税税款。扣除范围包括:

(1) 以外购或委托加工收回的已税烟丝生产的卷烟。

(2) 以外购或委托加工收回的已税化妆品生产的化妆品。

(3) 以外购或委托加工收回的已税珠宝玉石生产的贵重首饰及珠宝玉石。

(4) 以外购或委托加工收回的已税鞭炮焰火生产的鞭炮焰火。

(5) 以外购或委托加工收回的已税汽车轮胎生产的汽车轮胎。

(6) 以外购或委托加工收回的已税摩托车生产的摩托车(如用外购两轮摩托车改装三轮摩托车)。

(7) 以外购或委托加工收回的已税杆头、杆身和握把为原料生产的高尔夫球杆。

(8) 以外购或委托加工收回的已税木制一次性筷子为原料生产的木制一次性筷子。

(9) 以外购或委托加工收回的已税实木地板为原料生产的实木地板。

(10) 以外购或委托加工收回的已税石脑油为原料生产的应税消费品。

(11) 以外购或委托加工收回的已税润滑油为原料生产的润滑油。

纳税人用外购或委托加工收回的已税珠宝玉石生产的改在零售环节征收消费税的金银首饰,在计税时一律不得扣除外购或委托加工收回的珠宝玉石的已纳消费税税款。

卷烟消费税在生产和批发两个环节征收后,批发企业在计算纳税时不得扣除已含的生产环节的消费税税款。

上述当期准予扣除外购应税消费品已纳税款的计算公式为:

当期准予扣除外购应税消费品已纳税款＝当期准予扣除外购应税消费品买价×外购应税消费品适用税率

当期准予扣除外购应税消费品买价＝期初库存的外购应税消费品买价＋当期购进的外购应税消费品买价－期末库存的外购应税消费品买价

外购应税消费品的买价是指购货发票上注明的销售额(不包括增值税额)。

上述当期准予扣除委托加工收回的应税消费品已纳消费税税款的计算公式为:

当期准予扣除委托加工收回的应税消费品已纳消费税税款＝期初库存的委托加工应税消费品已纳税款＋当期收回的委托加工应税消费品已纳税款－期末库存的委托加工应税消费品已纳税款

**例 5.3.6** 某化妆品公司用外购基础化妆品继续加工成高级成套化妆品销售。5 月初,库存外购基础化妆品 3 000 千克,当月购入 8 000 千克,月末库存 1 000 千克,每千克进价 20 元。本月销售连续生产的高级成套化妆品 600 盒,每盒售价 900 元,以上价格均不含增值税。计算该公司本月应纳消费税。

**解** 准予扣除的外购化妆品已纳税额＝(3 000＋8 000－1 000)×20×30%
＝60 000(元)

应纳消费税额＝600×900×30%－60 000＝102 000(元)

**例 5.3.7** A 木地板厂委托 B 木材加工厂加工实木地板,A 提供原材料,价值160 000 元,并支付 B 厂加工费 30 000 元。A 厂收回实木地板后,一半直接出售,取得含增值税价款 198 200 元;其他用于连续生产高档实木地板,当月全部销售,取得不含增值税价款 380 000 元。B 厂无同类产品销售价格。计算 B 厂应代收代缴消费税及 A 厂应缴消费税。

**解** B 厂代收代缴消费税额＝[(160 000＋30 000)÷(1 － 5%)]×5%＝10 000(元)

A 厂准予扣除的已纳税额＝10 000×50%＝5 000(元)

A 厂实际应纳消费税额＝380 000×5%－ 5 000＝14 000(元)

### 5.3.5 进口应税消费品应纳税额的计算

进口应税消费品实行从价定率办法计算应纳税额的,按照组成计税价格计算纳税。计算公式为:

$$组成计税价格=\frac{关税完税价格+关税}{1-消费税比例税率}$$

$$应纳税额=组成计税价格\times 消费税比例税率$$

公式中的"关税完税价格",是指海关核定的关税计税价格。

进口应税消费品实行从量定额办法计算消费税应纳税额的，其计算公式为：

$$应纳税额=应纳消费品数量\times消费税定额税率$$

进口应税消费品实行从价定率和从量定额复合征收办法的，其计算公式为：

$$组成计税价格=\frac{关税完税价格+关税+进口数量\times消费税定额税率}{1-消费税比例税率}$$

$$应纳税额=组成计税价格\times消费税比例税率+进口数量\times消费税定额税率$$

**例 5.3.8** 某外贸公司进口一批高尔夫球具，关税完税价格为 630 000 元，缴纳关税 72 000元，计算该公司应纳消费税税额。

**解** 组成计税价格＝(630 000＋72 000)÷(1 － 10％)＝780 000(元)

应纳消费税额＝780 000×10％＝78 000(元)

**例 5.3.9** 某烟草公司 2 月份进口 100 个标准箱的卷烟，到岸价及关税总金额为 750 万元，当月全部批发给某零售商，取得不含增值税价款 2 000 万元，计算该公司应纳消费税。

**解** 组成计税价格＝(750＋100×0.015)÷(1 － 56％)＝1 707.95(万元)

进口环节应纳消费税＝1 707.95×56％＝956.45(万元)

批发环节应纳消费税＝2 000×5％＝100(万元)

## 5.4 消费税的征收管理

### 5.4.1 消费税的纳税义务发生时间

消费税的纳税义务发生时间，以货款结算方式或行为发生时间分别确定。

(1) 纳税人生产销售的应税消费品，其纳税义务发生时间为：

① 采取赊销和分期收款结算方式的，为书面合同约定的收款日期的当天，书面合同没有约定收款日期或者无书面合同的，为发出应税消费品的当天。

② 采取预收货款结算方式的，为发出应税消费品的当天。

③ 采取托收承付和委托银行收款方式的，为发出应税消费品并办妥托收手续的当天。

④ 采取其他结算方式的，为收讫销售款或取得索取销售款的凭据的当天。

(2) 纳税人自产自用的应税消费品，为移送使用的当天。

(3) 纳税人委托加工的应税消费品，为纳税人提货的当天。

(4) 纳税人进口的应税消费品，为报关进口的当天。

(5) 卷烟批发环节纳税义务发生时间为纳税人收讫销售款或者取得索取销售款凭据的当天。

### 5.4.2 消费税的纳税期限

消费税的纳税期限分别为 1 日、3 日、5 日、10 日、15 日、1 个月或者 1 个季度。纳税人的具体纳税期限，由主管税务机关根据纳税人应纳税额的大小分别核定；不能按照固定期限纳税的，可以按次纳税。

纳税人以 1 个月或者 1 个季度为 1 个纳税期的，自期满之日起 15 日内申报纳税；以 1 日、3 日、5 日、10 日或者 15 日为 1 个纳税期的，自期满之日起 5 日内预缴税款，于次月 1 日起15日内申报纳税并结清上月应纳税款。

纳税人进口应税消费品，应当自海关填发海关进口消费税专用缴款书之日起15日内缴纳税款。

### 5.4.3 消费税的纳税地点

(1) 纳税人销售的应税消费品，以及自产自用的应税消费品，除另有规定外，应当向纳税人核算地主管税务机关申报纳税。

(2) 委托加工的应税消费品，除受托方为个人外，由受托方向机构所在地或者居住地的主管税务机关解缴消费税税款。委托个人加工的应税消费品，由委托方向其机构所在地或者居住地主管税务机关申报纳税。

(3) 进口的应税消费品，由进口人或者代理人在进口报关地向海关申报纳税。

(4) 纳税人到外县(市)销售或者委托外县(市)代销自产应税消费品的，于应税消费品销售后，向机构所在地或者居住地主管税务机关申报纳税。

(5) 纳税人的总机构与分支机构不在同一县(市)的，应当分别向各自机构所在地的主管税务机关申报纳税；经财政部、国家税务总局或者其授权的财政、税务机关批准，可以由总机构汇总向总机构所在地的主管税务机关申报纳税。卷烟批发企业的机构所在地，总机构与分支机构不在同一地区的，由总机构申报纳税。

(6) 纳税人销售的应税消费品，如因质量等原因由购买者退回时，经机构所在地或者居住地主管税务机关审核批准后，可退还已缴纳的消费税税款。

### 5.4.4 消费税的报缴方法

纳税人报缴消费税税款的方法，由所在地主管税务机关视不同情况，于下列办法中核定一种实行：

(1) 纳税人按期向税务机关填报纳税申报表，并填开纳税缴款书，向所在地代理金库的银行缴纳税款。这种报缴方法适用于经营规模较大，财务管理和会计核算比较健全的纳税人。

(2) 纳税人按期向税务机关填报纳税申报表，由税务机关审核后填发缴款书，按期缴纳。这种报缴方法适用于财务管理和会计核算不十分健全的纳税人。

(3) 对会计核算不健全的小型业户，税务机关可根据其产销情况，按季或按年核定其应纳税款，分月缴纳。

## 5.5 消费税的会计处理

### 5.5.1 会计科目的设置

为正确反映和核算消费税有关纳税事项，纳税人应在"应交税费"科目下设置"应交消费税"明细科目。该科目贷方核算企业按规定应缴纳的消费税，借方核算纳税人实际缴纳的消费税；期末贷方余额反映尚未缴纳的消费税，借方余额反映多缴的消费税。计算应交消费税时，根据不同情况，借记"营业税金及附加"、"其他业务支出"、"长期股权投资"、"在建工程"、"营业外支出"、"应付职工薪酬"、"销售费用"、"应收账款"等科目，贷记本科目。实际缴纳时，借记“应交税费——应交消费税”科目，贷记“银行存款”等科目。消费税的会计核算根据消费税具体计算缴纳的情况，分为不同的情形进行。

### 5.5.2 会计处理方法

1）销售应税消费品的会计处理

消费税是价内税，即应税消费品的售价中包含消费税，消费税已从销售收入中得到补偿，所以，消费税属于企业的费用，应计入“营业税金及附加”科目。纳税人在销售自产的应税消费品时，借记“营业税金及附加”，贷记“应交税费——应交消费税”。实际缴纳时，借记“应交税费——应交消费税”，贷记“银行存款”。发生销货退回及退税时，作相反的会计分录。

**例 5.5.1** 某木器厂销售木制一次性筷子不含增值税价款 27 000 元，消费税税率为 5%，应纳消费税额为 1 350 元。货款已收到。会计分录如下：

① 销售实现时：

借：银行存款　　31 590

　贷：主营业务收入　　27 000

　　应交税费——应交增值税（销项税额）　　4 590

② 计提消费税时：

借：营业税金及附加　　1 350

　贷：应交税费——应交消费税　　1 350

③ 实际缴纳消费税时：

借：应交税费——应交消费税　　1 350

　贷：银行存款　　1 350

2）自产自用应税消费品的会计处理

企业将自产的应税消费品用于在建工程、管理部门、非生产机构、提供劳务，以及用于馈赠、赞助、集资、广告、样品、职工福利、奖励等方面应视同销售，会计上不作收入，直接结转成本，并按同类消费品的平均销售价格计算应纳消费税和应纳增值税。纳税人应在移送使用时，借记“在建工程”、“固定资产”、“应付职工薪酬”、“销售费用”、“营业外支出”等，贷记“应交税费——应交增值税”、“应交税费——应交消费税”，并按移送使用的货物成本，贷记“库存商品”。

**例 5.5.2** 某化妆品厂将自产的化妆品作为礼品赠送关系客户，该批化妆品售价 12 000元，成本 6 000 元。

应纳消费税额＝12 000×30%＝3 600（元）

应纳增值税销项税额＝12 000×17%＝2 040（元）

作会计分录如下：

借：营业外支出　　11 640

　贷：库存商品　　6 000

　　应交税费——应交增值税（销项税额）　　2 040

　　应交税费——应交消费税　　3 600

3）应税消费品包装物的会计处理

（1）随同产品销售而不单独计价的包装物，因其收入已包含在产品销售收入中，故其应交消费税与产品销售一并进行账务处理。

(2) 随同产品销售而单独计价的包装物，因其收入记入“其他业务收入”科目，其应交消费税则应记入“其他业务成本”科目。纳税人应在销售时按单独计价的包装物应纳消费税，借记“其他业务成本”，贷记“应交税费——应交消费税”。

**例 5.5.3** 中泉酒厂销售酒精一批，对随同出售的包装物单独作价，计 50 000 元，包装物成本为 30 000 元，款项已收，存入银行。

应纳消费税额＝50 000×5%＝2 500(元)

应纳增值税销项税额＝50 000×17%＝8 500(元)

作会计分录如下：

① 销售收入实现时：

| | | |
|---|---|---|
| 借：银行存款 | 58 500 | |
| 贷：其他业务收入 | | 50 000 |
| 应交税费——应交增值税(销项税额) | | 8 500 |

② 计提消费税时：

| | | |
|---|---|---|
| 借：其他业务成本 | 2 500 | |
| 贷：应交税费——应交消费税 | | 2 500 |

③ 结转包装物成本时：

| | | |
|---|---|---|
| 借：其他业务成本 | 30 000 | |
| 贷：周转材料——包装物 | | 30 000 |

(3) 纳税人出租、出借包装物收取的押金记入“其他应付款”科目，对包装物逾期未还而没收包装物押金的，应从“其他应付款”转入“其他业务收入”，并计提消费税，借记“其他业务成本”，贷记“应交税费——应交消费税”。

4) 委托加工应税消费品的会计处理

按照税法规定，企业委托加工的应税消费品，由受托方在向委托方交货时代收代缴税款，双方都有涉税处理。受托方按应代收的消费税额，借记“银行存款”、“应收账款”等，贷记“应交税费——代收代缴消费税”。委托方将委托加工应税消费品收回后，应分别不同情况进行账务处理：

(1) 委托加工应税消费品收回后直接用于销售的，在提货时支付消费税，销售时不再缴纳消费税。因此，委托方应将负担的消费税直接计入委托加工材料成本，不通过“应交税费——应交消费税”账户。借记“委托加工物资”、“生产成本”等，贷记“银行存款”、“应付账款”。

(2) 委托加工的应税消费品收回后用于连续生产应税消费品按规定准予抵扣。委托方应按代扣代缴的消费税额，借记“应交税费——应交消费税”，贷记“银行存款”、“应付账款”。加工成最终应税消费品并销售时，按最终应税消费品应纳税额，借记“营业税金及附加”，贷记“应交税费——应交消费税”。此时，“应交税费——应交消费税”科目中借贷方发生额的差额即为纳税人实际应缴纳的消费税额。

**例 5.5.4** A 化妆品厂委托 B 日化厂加工一批化妆品原料，A 厂提供的原材料成本为 10 000 元，B 厂收取的加工费为 2 000 元，增值税税款 340 元，并开具增值税专用发票。B 厂无同类产品销售价格。

第一种情况：A 厂收回化妆品半成品后直接对外销售。

A 厂(委托方)的会计分录如下：

① 发出材料时：

借:委托加工物资　　　　10 000

　贷:原材料　　　　10 000

② 支付加工费时：

借:委托加工物资　　　　2 000

　应交税费——应交增值税(进项税额)　　　　340

　贷:银行存款　　　　2 340

③ 支付代扣代缴消费税时：

组成计税价格＝(10 000＋2 000)÷(1－30％)＝17 142.86(元)

应纳消费税额＝17 142.86×30％＝5 142.86(元)

借:委托加工物资　　　　5 142.86

　贷:银行存款　　　　5 142.86

④ 委托加工材料收回入库时：

入库价＝原材料成本＋加工费＋消费税额＝10 000＋2 000＋5 142.86＝17 142.86(元)

借:库存商品　　　　17 142.86

　贷:委托加工物资　　　　17 142.86

收回的委托加工产品直接销售时,不再缴纳消费税。

B 厂(受托方)会计分录如下：

收到加工费、增值税款及代收代缴的消费税时：

借:银行存款　　　　7 482.86

　贷:主营业务收入　　　　2 000

　　应交税费——应交增值税(销项税额)　　　　340

　　应交税费——代收代缴消费税　　　　5 142.86

第二种情况:A 厂收回化妆品半成品后,当月全部领用,继续加工成高档化妆品销售,销售额为 50 000 元,款已收回并取得增值税专用发票。

① 发出材料、支付加工费时,会计分录同前。

② 支付代扣代缴消费税时：

借:应交税费——应交消费税　　　　5 142.86

　贷:银行存款　　　　5 142.86

③ 委托加工材料收回入库时：

入库价＝原材料成本＋加工费＝10 000＋2 000＝12 000(元)

借:库存商品　　　　12 000

　贷:委托加工物资　　　　12 000

④ 化妆品销售实现时：

借:银行存款　　　　58 500

　贷:主营业务收入　　　　50 000

　　应交税费——应交增值税(销项税额)　　　　8 500

⑤ 计提销售化妆品应纳消费税时：

应纳消费税额＝50 000×30％＝15 000(元)

借:营业税金及附加　　15 000

　贷:应交税费——应交消费税　　15 000

⑥ 缴纳当月消费税时:

实际应纳消费税额＝15 000－5 142.86＝9 857.14(元)

借:应交税费——应交消费税　　9 857.14

　贷:银行存款　　9 857.14

B厂(受托方)会计分录同前。

5) 进口应税消费品的会计处理

纳税人进口应税消费品所缴纳的消费税应计入该进口应税消费品的成本。按进口成本连同应纳增值税、消费税,借记“固定资产”、“原材料”、“应交税费——应交增值税(进项税额)”等科目;为了简化核算,关税、消费税可以不通过“应交税费”科目,直接贷记“银行存款”科目。若特殊情况下,先提货后交税时,可以通过“应交税费”科目。

## 思考题

1. 什么是消费税?消费税有什么特点?
2. 开征消费税有什么意义?
3. 消费税的征税范围如何确定?
4. 消费税的纳税环节如何确定?
5. 哪些应税消费品采用复合计税的方法?其公式如何表示?
6. 自产自用应税消费品可分为哪两种情况?两者税务处理有什么不同?
7. 计征消费税时,哪些情况下需按组成计税价格计算?
8. 复合计税方法下,自产自用、委托加工和进口应税消费品的组成计税价格如何计算?
9. 消费税会计处理主要涉及哪些会计科目?
10. 委托加工应税消费品应如何进行会计处理?

## 计算题

1. 某汽车轮胎生产企业为增值税一般纳税人,某纳税期内向甲厂销售汽车轮胎一批,开具增值税专用发票,取得销售额30万元,增值税额5.1万元;向某汽车修理厂(为小规模纳税人)销售汽车轮胎一批,开具普通发票,取得含增值税销售额7.02万元。计算该企业应纳消费税税额。

2. 某炼油厂5月份销售汽油(无铅)2 000吨,柴油800吨。当月将自产的汽油(无铅)2吨供本厂基建工程的车辆使用。计算该厂当月应纳消费税额。

3. A卷烟厂委托B卷烟厂加工烟丝,A厂提供原材料烟叶,价值180 000元,支付B厂加工费25 000元,并由B厂代垫辅助材料5 000元。A厂收回烟丝后,30％直接出售,取得不含增值税价款120 000元;70％用于连续生产卷烟,当月全部销售,共20个标准箱,每箱售价25 000元。B厂无同类烟丝销售价格。计算B厂应代扣代缴消费税及A厂应缴消费税,并编制相关会计分录。

4. 西南卷烟厂为一般纳税人,其生产的卷烟适用的消费税税率为56％。某纳税月份期初库存外购已税烟丝买价为10万元,当月又购入已税烟丝一批,买价150万元,期末库存5万元。当月销售以外购烟丝为原料生产的卷烟200个标准箱,取得销售收入320万元。以上价款均不含增值税。计算该厂本月应纳消费税。

5. 某外贸进出口公司本月从国外进口一批高档手表,到岸价和关税共计45万元。当月全部售出,取得含增值税的销售收入936 000元。分别计算该公司应纳的增值税和消费税,并进行相关会计处理。

6. 某日用化学厂为增值税一般纳税人，主要生产不同类型的化妆品和一部分护肤护发品。9月份发生以下经济业务：

(1) 企业把化妆品和护肤护发品组成套装礼盒一起销售，取得不含增值税销售额 600 000 元。

(2) 设一门市部(非独立核算)，销售本厂生产的化妆品，取得价税合计收入 1 170 000 元。

(3) 将自产化妆品作为福利发给企业职工，生产成本 20 000 元，本企业无同类产品销售价格。

计算该企业当月应交的消费税，并作相关会计处理。

7. A酒厂生产销售粮食白酒和啤酒。某月份有关业务如下：

(1) 销售粮食白酒 140 吨，价款 830 000 元，随同产品销售单独计价的包装物价款 16 000 元，代垫运杂费 400 元，承运部门将发票开给对方，已收到购货方商业汇票一张，面值 846 400 元；

(2) 以分期收款方式销售粮食白酒，按合同规定本期应收 100 吨粮食白酒的价款 800 000 元，收款期限已到，但货款未到；

(3) 销售啤酒 50 吨，价款 80 000 元，另收取啤酒押金 30 000 元，款已全部收到；

(4) 委托某商场代销啤酒，收到代销清单计销售数量 30 吨，价款 60 000 元，款到入账；

(5) 特制粮食白酒 2 吨赞助给交易会，无同类产品销售价格，生产这批酒的成本为 20 000 元。

计算 A 酒厂该月份应纳消费税额。

8. 某汽车制造厂(一般纳税人)生产销售排气量为 2.2 升的轿车，每辆不含增值税售价为 15 万元，生产成本为 8 万元。3 月份有关购销业务如下：

(1) 销售轿车 60 辆，款项已收。

(2) 以自产轿车 20 辆向某汽车租赁公司进行投资，双方协议每辆投资作价 14.5 万元。

(3) 以自产轿车 2 辆提供给上级主管部门使用。

(4) 将自产轿车 1 辆转作企业自用固定资产。

(5) 上月发出材料委托 A 轮胎厂加工汽车内、外胎 300 套，加工费每套 50 元(不含税)，A 厂同类轮胎不含增值税售价每套 400 元。加工的轮胎本月全部收回，支付加工费并取得专用发票，其消费税已由 A 厂代收代缴。收回后用于连续生产汽车轮胎(非子午线轮胎)300 只，当月全部销售，每只不含税售价 450 元。

根据上述资料，计算该厂当月应纳消费税额。

# 6 营业税

## 6.1 营业税概述

### 6.1.1 营业税的概念与沿革

营业税是以在我国境内提供应税劳务、转让无形资产、销售不动产的营业额为课税对象的一种税。它与增值税、消费税同属于流转课税。区别在于:增值税和消费税主要是对有形的货物商品的征税,营业税则主要是对无形的劳务商品的征税。从这个意义上说,营业税也可称作劳务商品税。

营业税是一个历史悠久,古今中外普遍采用的税种。在西方,重商主义者曾积极倡导营业税。法国于 1791 年最早开征营业税。第一次世界大战之后,为满足日益增长的财政需要,大多数国家广泛实行营业税,并使营业税成为各国税制中的一个重要税种。在中国,远在两千多年前的周朝对商贾征收的“关市之赋”,就是营业税的雏形。后来两汉时期的“算缗钱”,明代的“市肆门摊税”,清代的“牙税”、“当税”,都属于营业税性质的税种。1928 年,国民党政府颁布了《营业税办法大纲》,正式开征了营业税。营业税的名称,由此而始。

新中国成立后,政务院于 1950 年公布了《工商业税暂行条例》,将固定工商业户缴纳的营业税和所得税合称为工商业税。规定凡在我国境内的工商业营利事业,无论本国人或外国人经营,一律依法缴纳工商业税。1958 年,将当时实行的货物税、商业流通税、印花税以及工商业税中的营业税部分,合并为工商统一税,不再征收营业税。1973 年,又将工商统一税与其他几个税种合并为工商税。1984 年工商税制改革,将对第三产业的征税从工商税中分离出来,单独设置税种,恢复营业税的名称。征税范围主要是商品批发与零售及各种劳务。1994 年工商税制改革,将商品生产、流通全过程都改征增值税,同时也将加工、修理修配行业改征增值税,重新修订、颁布了《中华人民共和国营业税暂行条例》,将营业税的课税范围限定为提供应税劳务、转让无形资产和销售不动产,而且适用于内、外资企业,建立了统一、规范的营业税制。

我国现行营业税法的基本规范,是 2008 年 11 月 5 日国务院第 34 次常务会议修订通过的《中华人民共和国营业税暂行条例》(以下简称《营业税暂行条例》)和 2008 年 12 月 5 日财政部、国家税务总局发布的《中华人民共和国营业税暂行条例实施细则》。

### 6.1.2 营业税的特点

营业税与其他流转税相比,在课征内容和方法上有所区别,大致有以下特点:

1）征税范围以提供劳务行为为主

现行的营业税主要针对第三产业中的各类劳务活动进行征收，包括交通运输、建筑安装、金融保险、邮电通讯、文化体育、娱乐服务等，税源极为广泛。凡在我国境内经营这些业务并取得营业收入的单位和个人，都必须缴纳营业税。随着我国第三产业的加快发展，营业税的来源将进一步扩大，营业税收入在整个财政收入中所占的比重也将逐步提高。

2）按行业设计税目税率

营业税按不同的行业设计相应的税目和税率，即对不同行业实行差别税率，对同一行业实行统一税率。这种设计不仅计算简便，而且税负比较合理。

### 6.1.3 营业税的立法意义

营业税在我国的税制中一直占有重要地位，是国家财政收入的可靠来源。营业税以营业收入额为计税依据，不受纳税人经营费用高低的影响，不论纳税人是盈利还是亏损，只要发生营业行为，取得了营业收入，就要向国家纳税。因此，有利于国家及时、稳妥、可靠地取得财政收入。

营业税按不同行业的经营业务及其盈利水平，确定征免界限，设计差别税率。对一些有利于社会稳定和发展的福利单位和教育、卫生部门，予以免税；对一些关系国计民生的行业采用低税率，如交通运输、邮政电信、文化体育等适用3%的低税率；而对营业收入较高的舞厅、高尔夫球场等适用20%的高税率，充分体现了营业税既保证财政收入，又照顾到与人民生活密切相关行业发展的立法精神，以便较好地发挥税收对第三产业发展的调节作用。

## 6.2 营业税基本制度

### 6.2.1 营业税的纳税人

1）纳税人的一般规定

营业税的纳税人为在中华人民共和国境内提供应税劳务、转让无形资产、销售不动产的单位和个人。这里所称“单位”，是指企业、行政单位、事业单位、军事单位、社会团体及其他单位。“个人”是指个体工商户和其他个人。负有营业税纳税义务的单位为发生应税行为并收取货币、货物或者其他经济利益的单位，但不包括单位依法不需要办理税务登记的内设机构。

2）纳税人的特殊规定

(1) 单位以承包、承租、挂靠方式经营的，承包人、承租人、挂靠人（以下统称承包人）发生应税行为，承包人以发包人、出租人、被挂靠人（以下统称发包人）名义对外经营并由发包人承担相关法律责任的，以发包人为纳税人；否则以承包人为纳税人。

(2) 中央铁路运营业务的纳税人为铁道部，合资铁路运营业务的纳税人为合资铁路公司，地方铁路运营业务的纳税人为地方铁路管理机构，基建临管线运营业务的纳税人为基建临管线管理机构。

(3) 从事水路运输、航空运输、管道运输或其他陆路运输业务并负有营业税纳税义务的单位，为从事运输业务并计算盈亏的单位。

(4) 建筑安装业务实行分包或转包的,分包或转包人为纳税人。

(5) 金融保险业纳税人包括银行、信用合作社、证券公司、金融租赁公司、证券基金管理公司、财务公司、信托投资公司、证券投资基金、保险公司,以及其他经中国人民银行、中国证监会、中国保监会批准成立且经营金融保险业务的机构等。

3) 扣缴义务人的规定

在现实生活中,有些具体情况难以确定纳税人。因此,为了控制税源,便于征管,营业税还规定了扣缴义务人:

(1) 委托金融机构发放贷款,以受托发放贷款的金融机构为扣缴义务人。

(2) 建筑安装业务实行分包或者转包的,以总承包人为扣缴义务人。

(3) 境外单位或者个人在境内发生的应税行为而在境内未设有经营机构的,其应纳税款以代理人为扣缴义务人;没有代理人的,以受让者或者购买者为扣缴义务人。

(4) 单位或者个人进行演出由他人售票的,其应纳税款以售票者为扣缴义务人。演出经纪人为个人的,其办理演出业务的应纳税款也以售票者为扣缴义务人。

(5) 分保险业务,以初保人为扣缴义务人。

(6) 个人转让除土地之外的其他无形资产,其应纳税款以受让者为扣缴义务人。

### 6.2.2 营业税的征税范围

1) 征税范围的一般规定

营业税的征税范围是指在我国境内提供应税劳务、转让无形资产和销售不动产三大类经营行为。所谓应税劳务,是指应当征收营业税的劳务,具体包括:交通运输业、建筑安装业、金融保险业、邮电通讯业、文化体育业、娱乐业、服务业。加工和修理修配不属于营业税应税劳务。所谓无形资产,是指不具备实物形态,但能带来经济利益的资产,具体包括:土地使用权、专利权、非专利技术、商标权、著作权、商誉。所谓不动产,是指不能移动、移动后会引起性质、形状变化的财产,包括建筑物或构筑物、其他土地附着物。

对上述三类经营行为征税时,要符合两个限定条件:第一,经营行为是在境内发生,即在中华人民共和国境内提供应税劳务、转让无形资产和销售不动产。第二,是有偿提供应税行为,即指从受让方取得货币、货物或其他经济利益为条件,而提供应税行为。但单位或个体工商户聘用的员工为本单位或雇主提供应税劳务,不包括在征税范围内。

营业税的具体税目如下:

(1) 交通运输业　交通运输是使用运输工具或人力、畜力,将货物或旅客送达目的地,使其空间位置得到转移的劳务活动。按照不同的运输方式、使用不同的线路设备和运载工具,分为陆路运输、水路运输、航空运输、管道运输和装卸搬运五大类。

① 陆路运输是指通过陆路(地上或地下)运送货物和旅客的运输业务。包括铁路运输、公路运输、缆车运输、索道运输及其他陆路运输。

② 水路运输是指通过江、河、湖、川等天然或人工水道和海洋航道运送货物和旅客的运输业务。打捞业务也比照水路运输的办法征税。

③ 航空运输是指使用飞机或其他飞行器,通过空中航线运送货物或旅客的运输业务。与航空直接有关的通用航空业务、航空地面服务业务也按照航空运输业务征税。

④ 管道运输是指使用管道设施输送气体、液体、固体物资的运输业务。

⑤ 装卸搬运是指使用装卸搬运工具或人力、畜力,将货物在运输工具之间、装卸现场之

间或运输工具与装卸现场之间进行装卸和搬运的业务。

⑥ 对远洋运输企业从事程租、期租业务和航空运输企业从事湿租业务取得的收入，按“交通运输业”税目征收营业税。

凡与运营业务有关的各项劳务活动，均属交通运输业的税目征收范围。包括：通用航空业务，航空地面服务业务，打捞，理货，港务局提供的引航、系解缆、搬家、停泊、移泊等劳务及引水员交通费、过闸费、货物港务费等。

(2) 建筑业　建筑业包括建筑、安装、修缮、装饰和其他工程作业，以及管道煤气集资费(初装费)业务。其中，建筑是指新建、改建和扩建各种建筑物、构筑物工程。安装是指对各种生产、动力、起重、运输、传动、医疗实验的设备及其他设备的装配、安置工程作业，包括与设备相连的工作台、梯子、栏杆的装设工程，被安装设备的绝缘、防腐、保温、油漆等工程。修缮是指对建筑物、构筑物进行修补、加固、养护、改善，使之恢复原来的使用价值或延长其使用期限的工程作业。装饰是指对建筑物、构筑物进行修饰，使之美观或具有特定用途的工程作业。其他工程作业是指建筑、修缮、安装、装饰以外的各种工程作业，如代办电信工程、水利工程、道路修缮、疏浚、钻井(打井)等。管道煤气集资费(初装费)，是指用于管道煤气工程建设和技术改造，在报装环节一次性向用户收取的费用。

(3) 金融保险业　金融保险业是指经营金融、保险的业务。其中，金融是指经营货币资金融通活动的业务，包括贷款、融资租赁、金融商品转让、金融经纪业和其他金融业务。保险是指将通过契约形式集中起来的资金，用以补偿被保险人的经济利益的活动。按保险的范围可分为财产保险、人身保险、保证保险、责任保险和其他保险业务。

(4) 邮电通信业　邮电通信业是指专门办理信息传递的业务活动。按不同的传递方式，分为邮政和电信两类。邮政是指传递实物信息的业务，包括传递函件或包件、邮汇、集邮、报刊发行、邮政物品销售、邮政储蓄和其他邮政业务。电信是指以各种电传设备传输电讯号来传递信息的业务，包括电报、电传、电话、电话安装、电信物品销售及其他电信业务。电信业务，包括基础电信业务和增值电信业务。基础电信业务是指提供公共网络基础设施、公共数据传送和基本语音通信服务的业务，具体包括固定网国内长途及本地电话业务、移动通信业务、卫星通信业务、互联网及其他数据传送业务、网络元素出租出售业务、电信设备及电路的出租业务、网络接入及网络托管业务、国际通信基础设施国际电信业务、无线寻呼业务和转售的基础电信业务。增值电信业务是指利用公共网络基础设施提供的电信与信息服务的业务，具体包括固定电话网增值电信业务、移动电话网增值电信业务、卫星网增值电信业务、互联网增值电信业务、其他数据传送网络增值电信业务等服务。

(5) 文化体育业　文化体育业是指以演技或实物向人们提供各种文化、艺术表演、体育比赛等活动的业务，包括文化业和体育业。文化业是指经营文化活动的业务，包括表演、播映、经营游览场所和各种展览、培训活动，举办文学、艺术、科技讲座、演讲、报告会，图书馆的图书和资料的借阅业务等。体育业是指举办各种体育比赛和为体育比赛或体育活动提供场所的业务。

(6) 娱乐业　娱乐业是指为娱乐活动提供场所和服务的业务。包括经营歌厅、舞厅、卡拉 OK 歌舞厅、音乐茶座、台球、高尔夫球、保龄球场、网吧、游艺场等娱乐场所，以及娱乐场所为顾客进行娱乐活动提供服务的业务。娱乐场所为顾客提供的饮食服务及其他各种服务也按照娱乐业征税。

(7) 服务业　服务业是指利用设备、工具、场所、信息或技能为社会提供服务的业务，包括代理业、旅店业、饮食业、旅游业、仓储业、租赁业、广告业和其他服务业。对远洋运输企业从事光租业务和航空运输企业从事干租业务取得的收入，按“服务业”税目中的“租赁业”项目征收营业税。

(8) 转让无形资产　转让无形资产是指转让无形资产的所有权或使用权的行为，包括转让土地使用权、转让商标权、转让专利权、转让非专利技术、转让著作权和转让商誉。以无形资产投资入股，参与接受投资方利润分配、共同承担投资风险的行为，不属于本税目征税范围。在投资后转让其股权的也不征收营业税。

(9) 销售不动产　销售不动产是指有偿转让不动产所有权的行为，包括销售建筑物或构筑物和销售其他土地附着物。在销售不动产时连同不动产所占土地的使用权一并转让的行为，比照销售不动产征税。以不动产投资入股，参与接受投资方利润分配、共同承担投资风险的行为，不属于本税目征税范围。在投资后转让其股权的也不征收营业税。

2) 征税范围的特殊规定

(1) 从事货物生产、批发或零售的企业、企业性单位及个体工商户的混合销售行为，视为销售货物，不征收营业税。其他单位和个人的混合销售行为，视为提供应税劳务，应当征收营业税。以上所述的货物是指有形动产，包括电力、热力、气体在内。上述从事货物的生产、批发或零售的企业、企业性单位及个体工商户，包括以从事货物的生产、批发或零售为主，并兼营应税劳务的企业、企业性单位及个体工商户在内。

纳税人在提供建筑业劳务的同时销售自产货物的行为，以及财政部、国家税务总局规定的其他混合销售行为，应当分别核算应税劳务的营业额和货物的销售额，其应税劳务的营业额缴纳营业税，货物销售额不缴纳营业税；未分别核算的，由主管税务机关核定其应税劳务的营业额。

纳税人的销售行为是否属于混合销售行为，由国家税务总局所属征收机关确定。

(2) 纳税人兼营应税行为和货物或者非应税劳务的，应当分别核算应税行为的营业额和货物或者非应税劳务的销售额，其应税行为营业额缴纳营业税，货物或者非应税劳务销售额不缴纳营业税；未分别核算的，由主管税务机关核定其应税行为营业额。

(3) 单位或个人自己新建建筑物后销售，其自建行为视同提供应税劳务，应当按建筑业税目征收营业税。

(4) 转让不动产有限产权或永久使用权，以及单位或者个人将不动产或者土地使用权无偿赠送其他单位或者个人的行为，视同销售不动产，征收营业税。

### 6.2.3　营业税的税率

营业税采用按行业设置税目税率的做法。对大多数应税劳务实行较低的比例税率，税率水平为3%或5%。对娱乐业实行5%～20%的幅度比例税率，具体适用的税率，由省、自治区、直辖市人民政府根据当地的实际情况在税法规定的幅度内决定。从2001年5月1日起，对夜总会、歌厅、舞厅、射击、狩猎、跑马、游戏、高尔夫球、游艺、电子游戏厅等娱乐行为一律按20%的税率征收营业税。自2004年7月1日起，保龄球、台球减按5%的税率征收营业税。营业税税目税率见表6.2.1。

纳税人兼营不同税率应税项目的，应当分别核算不同税目的营业额；未分别核算营业额的从高适用税率。

表 6.2.1　营业税税目税率表

| 税　目 | 征 税 范 围 | 税　率 |
| --- | --- | --- |
| 一、交通运输业 | 陆路运输、水路运输、航空运输、管道运输、装卸搬运 | 3% |
| 二、建筑业 | 建筑、修缮、安装、装饰和其他工程作业 | 3% |
| 三、金融保险业 | | 5% |
| 四、邮电通信业 | | 3% |
| 五、文化体育业 | | 3% |
| 六、娱乐业 | 歌厅、舞厅、卡拉OK歌舞厅、音乐茶座、台球、高尔夫球、保龄球场、网吧、游艺场等 | 5%~20% |
| 七、服务业 | 代理业、旅店业、饮食业、旅游业、仓储业、租赁业、广告业及其他服务业 | 5% |
| 八、转让无形资产 | 转让土地使用权、商标权、专利权、非专利技术、著作权、商誉 | 5% |
| 九、销售不动产 | 销售建筑物及其他土地附着物 | 5% |

### 6.2.4　营业税的减免优惠规定

1）法定免税项目

法定免税项目是指《营业税暂行条例》及其实施细则中明确列举的免税项目。包括下列内容：

（1）托儿所、幼儿园、养老院、残疾人福利机构提供的养育服务、婚姻介绍、殡葬服务。

（2）残疾人员个人提供的劳务，指残疾人员本人为社会提供的劳务。

（3）医院、诊所和其他医疗机构提供的医疗服务。是指非营利性医疗机构按照国家规定的价格取得的医疗服务收入，免征营业税。医疗服务是指医疗机构对患者进行检查、诊断、治疗、康复和提供预防保健、接生、计划生育方面的服务，以及与这些服务有关的提供药品、医用材料器具、救护车、病房住宿和伙食的业务。

（4）学校和其他教育机构提供的教育劳务，学生勤工俭学提供的劳务。学校和其他教育机构是指普通学校以及经地、市以上人民政府或者同级政府的教育行政部门批准成立、国家承认其学员学历的各种学校。

（5）农业机耕、排灌、病虫害防治、植物保护、农牧保险以及相关技术培训业务，家禽、牲畜、水生动物的配种和疾病防治。

（6）纪念馆、博物馆、文化馆、文物保护单位管理机构、美术馆、展览馆、书画院、图书馆举办文化活动的门票收入；宗教场所举办文化、宗教活动的门票收入。前者是指这些单位在自己的场所举办的属于文化体育业税目征税范围的文化活动，销售第一道门票的收入；后者是指寺庙、宫观、清真寺和教堂举办文化、宗教活动销售门票的收入。

（7）境内保险机构为出口货物提供的保险产品，包括出口货物保险和出口信用保险。

2）其他政策性减免

其他政策性减免是指根据财政部、国家税务总局的相关规定，减征或免征营业税的项目。主要有以下内容：

（1）保险公司开展的一年期以上的返还性人身保险业务的保费收入免征营业税。

（2）对单位和个人从事技术转让、技术开发业务和与之相关的技术咨询、技术服务业务取得的收入，免征营业税。

(3) 个人转让著作权，免征营业税。

(4) 将土地使用权转让给农业生产者用于农业生产，免征营业税。

(5) 立法机关、司法机关、行政机关的收费，如果同时具备以下两个条件的，不征收营业税：一是国务院、省级人民政府或其所属财政、物价部门以正式文件允许收费，而且收费标准符合文件规定的；二是所收费用由立法机关、司法机关、行政机关自己直接收取的。

(6) 对从原高校后勤管理部门剥离出来而成立的进行独立核算并有法人资格的高校后勤经济实体（以下简称“高校后勤实体”），经营学生公寓和教师公寓及为高校教学提供后勤服务取得的租金和服务性收入，免征营业税。对社会性投资建立的为高校学生提供住宿服务并按高教系统统一收费标准收取租金的学生公寓取得的租金收入，免征营业税；对设置在校园内的实行社会化管理和独立核算的食堂，向师生提供餐饮服务取得的收入，免征营业税。

(7) 对按政府规定价格出租的公有住房和廉租住房暂免征收营业税；对个人按市场价格出租的居民住房，暂按3%的税率征收营业税。

(8) 对营利性医疗机构取得的收入，直接用于改善医疗卫生条件的，自其取得执业登记之日起，3年内免征营业税。

(9) 对下岗失业人员从事个体经营活动免征营业税。对从事个体经营的军队转业干部、城镇退役士兵和随军家属，自领取税务登记证之日起，3年内免征营业税。

(10) 自2008年12月15日起，对台湾航运公司从事海峡两岸海上直航业务在大陆取得的运输收入，免征营业税。

(11) 为了促进房地产市场健康发展，经国务院批准，财税〔2011〕12号文规定：自2011年1月28日起，个人将购买不足5年的住房对外销售的，全额征收营业税；个人将购买超过5年（含5年）的非普通住房对外销售的，按照其销售收入减去购买房屋的价款后的差额征收营业税；个人将购买超过5年（含5年）的普通住房对外销售的，免征营业税。

除上述免税规定外，营业税的免税、减税项目由国务院规定，任何地区和部门均不得规定减税、免税项目。纳税人兼营免税、减税项目的，应当单独核算免税、减税项目的营业额；未单独核算营业额的，不得免税、减税。

3) 起征点规定

为了照顾收入较低的纳税人，营业税规定了起征点。凡营业额未达到起征点的，免征营业税；达到或超过起征点的，按营业额全额计税。起征点的适用范围仅限于个人。从2011年11月1日起，国家提高了原定的营业税起征点。现行起征点规定为：

(1) 按期纳税的起征点为月营业额5 000～20 000元；

(2) 按次纳税的起征点为每次（日）营业额300～500元。

具体起征点由各省、自治区、直辖市人民政府所属地方税务机关可以在规定的幅度内，根据本地实际情况确定，并报财政部、国家税务总局备案。

## 6.3 营业税的计算与征收

### 6.3.1 营业税的计税依据

营业税的计税依据是营业额,营业额为纳税人提供应税劳务、转让无形资产或销售不动产向对方收取的全部价款和价外费用。所称价外费用,是指价外向对方收取的手续费、补贴、基金、集资费、返还利润、奖励费、违约金、滞纳金、延期付款利息、赔偿金、代收款项、代垫款项、罚息及其他各种性质的价外收费。但不包括收取时开具省级以上财政部门印制的财政票据,所收款项全额上缴财政的由国务院或者财政部批准设立的政府性基金,以及由国务院或者省级人民政府及其财政、价格主管部门批准设立的行政事业性收费。凡价外费用,无论会计制度规定如何核算,均应并入营业额计算应纳税额。

以营业额为计税依据,一般不得从中扣除任何成本和费用。但是,由于某些行业存在着特殊情况,税法允许某些特定费用可以从营业额中扣除。这些特殊扣除主要涉及以下业务:

1) 交通运输业的计税依据

(1) 运输企业自中华人民共和国境内运输旅客或者货物出境,在境外改由其他运输企业承运乘客或货物的,以全程运费减去付给该承运企业运费后的余额为营业额。

(2) 运输企业从事联运业务,以其实际取得的营业收入为营业额。联运业务是指两个以上运输企业完成旅客或货物从发送地点至到达地点所进行的运输业务,联运的特点是一次购买、一次收费、一票到底。

2) 建筑业的计税依据

(1) 建筑业的总承包人将工程分包或者转包给他人的,以工程的全部承包额减去付给分包人或者转包人的价款后的余额为营业额。

(2) 纳税人从事建筑、修缮、装饰工程作业,无论对方如何结算,其营业额均应包括工程所用原材料及其他物资和动力的价款在内。纳税人从事安装工程作业,凡所安装的设备价值作为安装工程产值的,其营业额应包括设备的价值在内。

3) 金融保险业的计税依据

(1) 一般贷款业务的营业额为贷款利息收入(包括各种加息、罚息等)。

(2) 金融机构的外汇转贷业务,以贷款利息减去借款利息后的余额为营业额。

(3) 金融机构从事外汇、有价证券、期货买卖业务,以卖出价减去买入价后的余额为营业额。

(4) 金融机构从事融资租赁业务,以其向承租者收取的全部价款和价外费用(包括残值)减去出租方承担的出租货物的实际成本后的余额,以直线法折算出本期的营业额。计算方法为:

本期营业额=(应收取的全部价款和价外费用－实际成本)×(本期天数÷总天数)

实际成本=货物购入原价＋关税＋增值税＋消费税＋运杂费＋安装费＋保险费＋支付给境外的外汇借款利息支出和人民币借款利息

(5) 保险业实行分保险的,初保业务以全部保费减去付给分保人的保费后的余额为营业额。

4）文化体育业中的表演业务计税依据

单位和个人进行的演出业务，以全部票价收入或者包场收入减去付给提供演出场所的单位、演出公司或者经纪人的费用后的余额为营业额。

5）服务业中有关项目的计税依据

(1) 从事旅游业务的，以其取得的全部价款和价外费用扣除替旅游者支付给其他单位或者个人的住宿费、餐费、交通费、旅游景点门票和支付给其他接团旅游企业的旅游费后的余额为营业额。

(2) 广告代理业务的营业额为代理者向委托方收取的全部价款和价外费用减去付给广告发布者的广告发布费后的余额。

(3) 从事物业管理的单位，以与物业管理有关的全部收入减去代业主支付的水、电、燃气以及代承租者支付的水、电、燃气、房屋租金的价款后的余额为营业额。

6）销售不动产或受让土地使用权的计税依据

(1) 单位和个人销售或转让其购置的不动产或受让的土地使用权，以全部收入减去不动产或土地使用权的购置或受让原价后的余额为营业额。

(2) 单位和个人销售或转让抵债所得的不动产、土地使用权的，以全部收入减去抵债时该项不动产或土地使用权作价后的余额为营业额。

7）税务机关核定营业额的规定

当发生纳税人提供应税劳务、转让无形资产或销售不动产价格明显偏低又无正当理由的情况，单位或个人自建建筑后销售的情况，以及单位或者个人将不动产或者土地使用权无偿赠送他人的情况，主管税务机关有权按下列顺序核定其营业额：

(1) 按纳税人最近时期发生同类应税行为的平均价格核定；

(2) 按其他纳税人最近时期发生同类应税行为的平均价格核定；

(3) 按下列公式核定：

$$营业额=营业成本或者工程成本\times(1+成本利润率)\div(1-营业税税率)$$

公式中的成本利润率，由省、自治区、直辖市税务局确定。

### 6.3.2 营业税应纳税额的计算

纳税人提供应税劳务、转让无形资产或者销售不动产，按照营业额和规定的税率计算应纳税额。计算公式为：

$$应纳税额=营业额\times税率$$

营业税应纳税额计算实例：

**例 6.3.1** 某运输公司 3 月份货运收入 100 万元，客运收入 80 万元，搬家业务收入 15 万元；从事联运业务收入共 50 万元，付给合作承运企业运费、装卸费 25 万元。计算该企业应纳的营业税。

**解** 应纳营业税$=(100+80+15+50-25)\times3\%=6.6$(万元)

**例 6.3.2** 某建筑公司自建一幢办公楼房，建筑工程成本为 1 940 万元，当地税务机关规定的建筑工程成本利润率为 10%。该楼房已全部售出，取得销售额 2 400 万元。计算该建筑公司应纳的营业税税额。

**解** 自建行为应纳营业税$=1\,940\times(1+10\%)\div(1-3\%)\times3\%=66$(万元)

销售不动产应纳营业税＝2 400×5％＝120(万元)

### 6.3.3 营业税的征收管理

1）营业税的纳税义务发生时间

营业税纳税义务发生时间，为纳税人提供应税劳务、转让无形资产或者销售不动产并收讫营业收入款项或者取得索取营业收入款项凭据的当天。所称“收讫营业收入款项”是指纳税人应税行为发生过程中或者完成后收取的款项。所称“取得索取营业收入款项凭据的当天”，为书面合同确定的付款日期的当天；未签订书面合同或者书面合同未确定付款日期的，为应税行为完成的当天。

为了适应纳税人的特殊情况，营业税的纳税义务发生时间还有以下具体规定：

(1) 纳税人转让土地使用权或者销售不动产，提供建筑业或者租赁业劳务，采用预收款方式的，其纳税义务发生的时间为收到预收款的当天。

(2) 纳税人自己新建建筑物后销售的，其纳税义务发生时间为其销售自建建筑物并收讫营业额或者取得索取营业额的凭据的当天。

(3) 纳税人将不动产或者土地使用权无偿赠与他人，其纳税义务发生时间为不动产所有权、土地使用权转移的当天。

(4) 营业税扣缴义务发生时间为纳税人营业税纳税义务发生的当天。

2）营业税的纳税期限

营业税的纳税期限分别为5日、10日、15日、1个月或1个季度。纳税人的具体纳税期限，由主管税务机关根据纳税人应纳税额的大小分别核定；不能按照固定期限纳税的，可以按次纳税。纳税人以1个月或1个季度为一个纳税期的，自期满之日起15日内申报纳税；以5日、10日或者15日为一个纳税期的，自期满之日起5日内预缴税款，于次月1日起15内申报纳税并结清上月应纳税款。银行、财务公司、信托投资公司、信用社、外国企业常驻代表机构的纳税期限为1个季度。扣缴义务人的解缴税款期限，比照以上规定执行。

3）营业税的纳税地点

营业税的纳税地点，本着便于纳税人缴纳和税务机关征收管理，考虑地方财政利益等原则确定。具体规定如下：

(1) 纳税人提供应税劳务应当向其机构所在地或者居住地的主管税务机关申报纳税。但是，纳税人提供的建筑业劳务以及国务院财政、税务主管部门规定的其他应税劳务，应当向应税劳务发生地的主管税务机关申报纳税。

(2) 纳税人转让无形资产应当向其机构所在地或者居住地的主管税务机关申报纳税。但是，纳税人转让、出租土地使用权，应当向土地所在地的主管税务机关申报纳税。

(3) 纳税人销售、出租不动产应当向不动产所在地的主管税务机关申报纳税。

(4) 纳税人在本省、自治区、直辖市范围内发生应税行为，其纳税地点需要调整的，由省、自治区、直辖市人民政府所属税务机关确定。

(5) 纳税人应当向应税劳务发生地、土地或者不动产所在地的主管税务机关申报纳税而自应当申报纳税之月起超过6个月没有申报纳税的，由其机构所在地或者居住地的主管税务机关补征税款。

(6) 扣缴义务人应当向其机构所在地或者居住地的主管税务机关申报缴纳其扣缴的税款。但建筑安装工程业务的总承包人，扣缴分包或者转包的非跨省(自治区、直辖市)工程的营业税税款，应当向分包或者转包工程的劳务发生地主管税务机构解缴。

## 6.4 营业税的会计处理

### 6.4.1 会计科目的设置

纳税人应在“应交税费”科目下设置“应交营业税”明细科目，该科目贷方核算企业按规定应缴纳的营业税，借方核算纳税人实际缴纳的营业税；期末贷方余额反映尚未缴纳的营业税，借方余额反映多缴的营业税。

### 6.4.2 会计处理方法

（1）根据2006年财政部新颁布的《企业会计准则》，纳税人发生应税事项时，按其营业额和规定的税率，计算应缴纳的营业税，借记“营业税金及附加”，贷记“应交税费——应交营业税”科目。

① 由企业主营业务收入负担的营业税和由其他业务收入负担的营业税均通过“营业税金及附加”科目核算，会计分录如下：

借：营业税金及附加

　贷：应交税费——应交营业税

**例6.4.1** 某运输公司某月运营收入为500万元，联运业务支出100万元。该公司应纳税额的计算和会计处理为：

应纳营业税税额＝（500－100）×3%＝12（万元）

作会计分录如下：

借：主营业务税金及附加　　120 000

　贷：应交税费——应交营业税　　120 000

**例6.4.2** 某工业企业对外提供运输劳务，取得运输收入30万元，营业税率3%，计算应纳营业税税额为9万元。

作会计分录如下：

借：其他业务支出　　90 000

　贷：应交税费——应交营业税　　90 000

② 销售不动产（不含房地产开发企业经营房地产）应交营业税，应作会计分录如下：

借：固定资产清理

　贷：应交税费——应交营业税

③ 企业按规定代扣的营业税，应作会计分录如下：

借：应付账款

　贷：应交税费——应交营业税

（2）纳税人缴纳税金时，应作会计分录如下：

借：应交税费——应交营业税

　贷：银行存款或现金

## 思考题

1. 营业税有哪些特点?

2. 营业税的征收范围主要包括哪些项目?

3. 如何理解营业额的构成?在哪些情况下要按营业收入差额计税?

4. 营业税的扣缴义务人如何确定?

5. 营业税的纳税地点如何确定?

6. 营业税的会计核算主要涉及哪些会计科目?

## 计算题

1. 某建筑工程公司承包一项大型工程项目,当月取得总承包金额3 000万元,该公司当月将其中的一部分工程转包给另一家建筑公司,付转包费用为500万元。计算该建筑工程公司应纳营业税额和应代扣的营业税额。

2. 某酒店本月发生下列经济业务:餐饮部营业收入10万元;客房部房费收入30万元;歌舞厅营业收入为:门票收入5万元,台位费3万元,点歌费8万元,烟酒和饮料费7万元,其他收费为4万元。计算该酒店当月应纳营业税。

3. 体育馆举办体育比赛的门票收入80万元;另在馆内为厂商树立广告牌,取得赞助费50万元。计算该体育馆应纳的营业税。

4. 某旅游公司某月组织到泰山旅游,共收取旅游费用30万元,其中由公司代游客支付给其他单位的房费为6万元,餐费4万元,交通费7万元,门票费2万元,其他费用1万元,另外该公司当月还组织到国外旅游,共取得收入80万元,到国外后由国外旅游公司负责,支付给国外旅游公司50万元。计算该旅游公司当月应纳营业税。

5. 某建筑公司在某年9月发生以下业务:

(1) 承包某建材厂厂房扩建项目,收取工程款170万元,另由建材厂提供建筑材料30万元。

(2) 将去年自建的一座住宅楼出售,其建筑安装成本为1 552万元,本月取得售楼收入为2 000万元。

(3) 公司总部的礼堂对外出租,本月取得租金收入2万元。

(4) 转让一幢办公楼,收取价款2 000万元,该办公楼为去年某服装企业抵顶所欠该建筑企业1 600万元工程款而得。

计算该公司当月应缴纳的营业税。(当地规定的营业税成本利润率为10%)

# 7 关　　税

## 7.1 关税概述

### 7.1.1 关税的概念

关税是国际通行的税种，由海关对进出国境或关境的货物或物品所征收的一种税。

国境与关境是两个既有联系又不完全相同的概念。所谓国境，是指一个主权国家行使行政权力的领域范围，包括国家的全部领土、领海和领空；所谓关境，是指一个国家的海关法令全面实施的领域。一般而言，国境和关境是一致的，商品进出国境也就是进出关境。但是二者也有不一致的情况。当一个国家在境内设立自由贸易港、自由贸易区或保税区时，商品进出自由港(区)可以免征关税，这时该国的关境小于国境。当几个国家组成关税同盟，成员国之间互相取消关税，对外实行共同的关税税则时，就各成员国而言，关境大于国境。所称进出国境或关境，具体分为进入国境或关境与输出国境或关境。对进入国境或关境的货物或物品的征税为进口关税，对输出国境或关境的货物或物品的征税为出口关税。

关税与增值税、消费税相比，虽然都属于商品课税，但是增值税和消费税是对国内生产或消费的商品进行征税，而关税则是对进出国境或关境的商品进行征税。从这个意义上说，增值税和消费税可以称作国内商品税，关税可以称作进出口商品税。

### 7.1.2 关税的产生与发展

关税是一个历史悠久的税种，它是伴随国家之间经济联系的需要而产生和发展起来的。它最早出现在欧洲。据说在公元前 5 世纪，雅典曾以使用港口的报酬为名对输出入的货物征收 2%～5%的使用费。罗马帝国征服欧、非、亚大片领地之后，曾对通过海港、道路、桥梁的货物征收 2.5%的商品税。在中国，公元前 11 世纪至公元前 771 年的西周曾对通过关卡和上市交易的商品征收“关市之赋”，它具有内地关税的性质。秦统一天下之后，汉唐各国国境不断扩大，开始在陆地边境关卡和沿海港口征税，出现了边境关税。鸦片战争以后，由于西方列强的侵入，中国门户被迫开放，海关大权亦落入外人之手。这时引进了近代关税概念和关税制度。国境关税和内地关税逐渐有所区别。1931 年，取消了常关税、子口税、厘金等国内税。此后的关税主要是指进出口关税。

中华人民共和国成立后，1950 年 10 月，政务院发布了《关于关税政策和海关工作的决定》。1951 年 5 月又相继颁布实施了《中华人民共和国暂行海关法》、《中华人民共和国海关进出口税则》和《中华人民共和国海关进出口税则暂行实施条例》，统一了新中国的关税政策，建立了完全独立自主的保护关税制度。

党的十一届三中全会以来，随着对内改革、对外开放方针政策的贯彻实施，我国的对外贸易和科技文化交往取得了长足的发展。为了贯彻对外开放政策，促进对外经济贸易和国民经济的发展，同时为使关税制度更加符合国际惯例，1985 年 3 月，国务院发布了《中华人民共和国进出口关税条例》和《中华人民共和国海关进出口税则》。1987 年 9 月，国务院修订发布了《关税条例》。1992 年 1 月，经国务院批准，海关总署修订发布了《进出口税则》。1992 年 3 月，国务院第二次修订发布了《关税条例》。1994 年 1 月，经国务院批准，海关总署第二次修订发布了《进出口税则》。2001 年我国海关根据 WTO 规则的要求和经济发展的要求，对旧的《海关法》进行了全面修订，新《海关法》明确了进出口货物的原产地规则，确定了商品预归类制度，合理调整了完税价格的基础，2002 年起施行新的《完税价格办法》。2004 年起实施新的《关税条例》，新的条例在税率设置、完税价格的确定等方面作了较为全面的修订。

### 7.1.3 关税的作用

1）有利于维护国家主权和经济利益

对进出口货物征收关税，表面上看似乎只是一个与对外贸易相联系的税收问题，其实一国采取什么样的关税政策直接关系到国与国之间的主权和经济利益。历史发展到今天，关税已成为各国政府维护本国政治、经济权益，乃至进行国际经济斗争的一个重要武器。我国根据平等互利和对等原则，通过关税复式税则的运用，争取国际关税互惠并反对他国对我国进行关税歧视，促进对外经济技术交往，扩大对外经济合作。

2）有利于保护与扶持本国产业的发展

在国际市场上实行自由贸易，使各国根据自己的资源优势生产其成本最低、绝对有利的产品，可使整个世界的生产取得最大收益。但在各国经济发展很不平衡的条件下，如果一味实行自由贸易，只会使发达国家处于有利地位，而使落后国家处于不利地位。目前，世界各国的经济发展很不平衡，不仅发展中国家与发达国家的差距日益扩大，而且发达国家之间也存在明显差距。因此，各国在国际贸易中大都采取保护政策。关税是公认的实行贸易保护的合法手段。通过征收进口关税，可以提高进口商品的销售价格，削弱其在国内市场上同本国商品的竞争能力，达到保护国内幼稚产业或弱小产业的目的。同时，通过提高进口商品的销售价格，也可维持乃至提高国内同类产品的销售价格，对鼓励国内产品的生产具有重要作用。对某些资源产品征收出口关税，可以防止资源大量外流，避免给本国经济发展造成重大损失。

3）有利于调节国内市场的商品供求关系

在开放经济社会中，国内市场的商品供求关系在很大程度上取决于商品的进口和出口。在国内市场商品供求基本平衡的条件下，如果进口大于出口，就会出现供过于求的局面；反之，则会出现供不应求的局面。在国内市场供不应求的条件下，通过使进口大于出口，或者在国内市场供过于求的条件下，通过使出口大于进口，就会使国内市场趋于供求平衡。征收关税是调节商品进出口的一个重要手段。在国内市场商品供求基本平衡的情况下，通过调整关税政策，使商品的进口和出口大体保持平衡，有助于国内市场的供求平衡。在国内市场供不应求或供过于求的情况下，通过降低进口关税、提高出口关税，或提高出口关税、降低进口关税，也可使国内市场趋于供求平衡。

4）调节外汇收支，维持国际收支平衡

一个国家如果进口商品数量过大，无法用出口商品换取足够的外汇，就会出现国际收支逆差。为了缩小国际收支逆差,有必要限制商品进口数量。关税是限制商品进口数量的一个有效手段,也是维持国际收支平衡的一个重要杠杆。

5) 筹集国家财政收入

从世界大多数国家尤其是发达国家的税制结构分析,关税收入在整个财政收入中的比重不大,并呈下降趋势。但是,一些发展中国家,其中主要是那些国内工业不发达、工商税源有限、国民经济主要依赖于某种或某几种初级资源产品出口,以及国内许多消费品主要依赖于进口的国家,征收进出口关税仍然是他们取得财政收入的重要渠道之一。我国关税收入是财政收入的重要组成部分,新中国成立以来,关税为经济建设提供了可观的财政资金。目前,发挥关税在筹集建设资金方面的作用,仍然是我国关税政策的一项重要内容。

### 7.1.4 关税的种类

依据不同的标准,关税可以划分为不同的种类。

1) 按货物的流向划分,可分为进口税、出口税和过境税

(1) 进口税　是指进口国海关在外国货物进口时所征收的关税。一般是在货物进入国境或关境时征收,或在货物从海关保税仓库中转出,投入国内市场时征收。进口税是关税中最基本的一种,在许多不征出口税和过境税的国家,关税指的就是进口关税。

(2) 出口税　是指出口国海关在本国货物出口时征收的关税。目前世界上许多国家为了增强本国出口商品在国际市场上的竞争能力,一般不征或者只对较少的产品征收出口关税。有些国家出于保护本国资源或增加财政收入等考虑,仍对某些货物征收出口税。

(3) 过境税　也叫转口税,是指一国海关对通过本国国境或关境,销往第三国的外国货物征收的一种关税。在重商主义时期,过境税曾盛行于欧洲各国,其目的是为了增加国家财政收入。由于过境货物对国内生产和市场没有影响,又能促进本国运输业和服务业的发展,国家通过交通运输、港口使用、仓储保管等行业提供的收入远比征收过境税更有意义。所以随着国际交通的发达,自19世纪下半叶起各国相继取消了过境税,只是在外国货物过境时,征收少量的准许费、印花费、签证费、统计费等。

2) 按关税的征收目的划分,可分为财政关税和保护关税

(1) 财政关税　是以增加国家财政收入为主要目的而课征的关税。关税在其产生后很长一段历史时期内是属于这类关税。通常财政关税的税率比保护关税低,这有助于外国商品的大量输入和增加财政收入。但是征收财政关税必然会影响商品的成本,影响市场供求,进而影响国内经济的发展,因此随着资本主义经济的发展,财政关税逐渐被保护关税所代替。

(2) 保护关税　是以保护本国经济发展为主要目的而课征的关税。保护关税主要是进口税,税率较高,有的甚至高达百分之几百。保护关税源于重商主义时期,当时对外国货物一律课以高税,以限制其进口,保护本国的工场手工业、商业和航运业的发展。在现代,各国保护关税的保护重点又有所不同,发展中国家通过关税保护国内新兴的幼稚产业,使其免受更先进国家的工业制成品竞争,而发达国家则以保护其垄断资本的出口产品为主,尤其是国际市场上竞争激烈的敏感商品。

3) 按关税的计征标准划分,可分为从价关税、从量关税、复合关税、选择关税、滑准税

(1) 从价关税　是以进口货物的完税价格为计税依据,按比例税率计算征收的关税。

(2) 从量关税　是以进口货物的重量、长度、容量、面积等计量单位为计税依据,按定额

税率计算征收的关税。

(3) 复合关税　是对同一种进口商品同时采用从价、从量两种标准课征的关税。课征时，按两种税率分别计算出税额，以两个税额之和作为该商品的应征关税税额。复合关税既可以减少物价波动对财政收入的影响，又可以有效发挥两种计税方法的各自优点。

(4) 选择关税　是对同一种进口商品同时规定从价与从量两种税率，征税时由海关选择其中一种税率计征的关税。选择的目的，或是为了避免物价波动影响财政收入，或是为了抑制质次价廉的货物进口。该税在具体运用中一般是选择其税额较高的一种征税。

(5) 滑准税　是一种关税税率随进口商品价格由高到低而由低至高设置计征关税的方法。当进口商品价格高时征低税或不征税，价格低时征高税。目的是使进口商品在征税后保持在一个预期的价格水平上，以稳定国内市场商品价格。

4) 按税率制定划分，可分为自主关税和协定关税

(1) 自主关税　又称国定关税，指一个国家基于其主权，独立自主地制定并有权修订的关税，包括关税税率及各种法规、条例。国定税率一般高于协定税率，适用于没有签订关税贸易协定的国家。

(2) 协定关税　指两个或两个以上的国家，通过缔结关税贸易协定而制定的关税税率。协定关税有双边协定税率、多边协定税率和片面协定税率。双边协定税率是两个国家达成协议而相互减让的关税税率。多边协定税率，是两个以上的国家之间达成协议而相互减让的关税税率，如关税及贸易总协定中的相互减让税率的协议。片面协定税率是一国对他国输入的货物降低税率，为其输入提供方便，而他国并不以降低税率回报的税率制度。

5) 按差别待遇和特定的实施情况划分，可分为加重关税和优惠关税

(1) 加重关税　是指进口国因歧视、报复、保护、经济等方面的原因，对某些国家输入的进口商品按高于正常的税率征收进口关税。主要包括：

① 反倾销关税：对外国向本国倾销的商品，在一般进口税之外再加征一道附加税。

② 反贴补关税：是对在其本国接受各种出口补贴的外国商品以低于正常价格进口时所征收的一种附加税，税额一般与该商品所接受的补贴数额相等。

③ 差价税：又称差额税。当某种本国生产的产品国内价格高于同类的进口商品价格时，为了削弱进口商品的竞争能力，保护国内生产和国内市场，按国内价格与进口价格之间的差额征收的关税。

④ 报复关税：是对歧视本国商品输入的国家，在其商品进口时采用的高税率关税。

(2) 优惠关税　是指对来自某些国家的进口商品按低于正常的税率征收进口关税。常见的有：

① 互惠关税：是指两国相互间给予对方优惠税率的一种协定关税。

② 特惠关税：是对有特殊关系的国家，单方面或相互间采用的特别低的进口税率甚或免税的一种关税。

③ 最惠国待遇关税：是指缔约国双方通过签约商定，其中一方现在和将来给予任何第三国的关税优惠，缔约国另一方也同样享受。

④ 普遍优惠制关税：简称普惠制。它是发展中国家在联合国贸易与发展会议上经过长期斗争，在 1968 年通过建立普惠制决议后取得的。该决议规定，发达国家承诺对从发展中国家或地区输入的商品，特别是制成品和半成品，给予普遍的、非歧视性的和非互惠的优惠关税待遇。普惠制税率比最惠国税率低。

## 7.2 关税基本制度

### 7.2.1 关税的纳税义务人

贸易性商品的纳税人是经营进出口货物的收、发货人。具体是指依法取得对外贸易经营权,并进口或者出口货物的法人或者其他社会团体,如外贸进出口公司、工贸或农贸结合的进出口公司、有自营出口权的生产企业。

物品的纳税人是进出境物品的所有人,包括该物品的所有人和推定为所有人的人。一般情况下,对于携带进境物品,推定其携带人为所有人;对分离运输的行李,推定相应的进出境旅客为所有人;对以邮递方式进境的物品,推定其收件人为所有人;以邮递或其他运输方式出境的物品,推定其寄件人或托运人为所有人。

### 7.2.2 关税的征税对象

凡中华人民共和国准许进出境的货物和物品,均为关税的征税对象。所称货物,通常指贸易性商品。所称物品,通常指非贸易性物品,包括入境旅客或运输工具上的服务人员随身携带的物品、个人邮递物品、馈赠物品以及其他方式入境的个人物品。

### 7.2.3 关税的税目和税率

1) 进出口税则

《海关进出口税则》是我国政府根据关税政策和经济政策,按一定的立法程序以及一定的商品分类目录序列制定并实施的关税税目税率表。通常包括税号、税目和税率三个部分。其中,税号是商品分类的编号,税目是对商品分门别类的排列,税率是征税的比率。中国现行《海关进出口税则》的商品分类目录,采用了国际上通行的《商品名称及编码协调制度》(简称 HS)的目录。该《协调制度》是国际贸易中商品分类的标准语言,分项目和子目两个层次。HS一般每4～6年修订一次,现最新版本为2002年版,共有5 224个税目。我国根据产业政策和贸易政策的要求,在HS的基础上自主增列了部分税目,我国2012年版进出口税则税目总数达到7 868个。

2) 税率确定原则

为贯彻国家的对外开放政策,保护与促进国民经济的发展,保证财政收入,关税税率主要遵循以下原则确定:

(1) 对进口国家建设和人民生活所必需的,而且国内不能生产或生产数量不足的动植物良种、肥料、饲料、药剂、精密仪器、仪表、关键机械设备和粮食等,制定低税率或予以免税。

(2) 对原材料,一般要制定比半成品、制成品低的进口税率。特别是对受自然条件制约,国内生产短期内不能迅速发展的原材料,制定更低的税率。

(3) 对国内不能生产或质量未过关的机械设备和仪器、仪表的零件、部件,其进口税率比整机低。

(4) 对国内已能生产和非国计民生必需的物品,制定较高的税率。

(5) 对国内需要保护的产品和国内外差价大的产品,制定更高税率,以保护国内商品与外国商品的竞争。

（6）实行鼓励出口的政策。对一般出口商品不征出口税，但国内外差价大的，在国际市场上容量有限而竞争性强的商品，以及需要限制出口的少数原料和半成品，可适当征收出口税。

3）进口税率设置与适用

在我国加入世界贸易组织（WTO）之前，我国进口税则设有两栏税率，即普通税率和优惠税率。我国加入WTO之后，为履行我国在加入WTO关税减让谈判中承诺的义务，享有WTO成员应有的权利，从2002年1月1日起，我国进口税则设有最惠国税率、协定税率、特惠税率、普通税率、关税配额等税率。最惠国税率适用原产于与我国共同适用最惠国待遇条款的WTO成员国或地区的进口货物，或原产于与我国签订有相互给予最惠国待遇条款的双边贸易协定的国家或地区的进口货物，以及原产于我国境内的进口货物。协定税率适用原产于我国参加的含有关税优惠条款的区域性贸易协定有关缔约方的进口货物。特惠税率适用原产于与我国签订有特殊优惠关税协定的国家或地区的进口货物。普通税率适用原产于上述国家或地区以外的其他国家或地区的进口货物。按照普通税率征税的进口货物，经国务院关税税则委员会特别批准，可以适用最惠国税率。适用最惠国税率、协定税率、特惠税率的国家或地区名单，由国务院关税税则委员会决定。关税配额税率是指关税配额限度内货物适用的税率。按照国家规定实行关税配额管理的进口货物，关税配额内的，适用关税配额税率；关税配额外的，其税率的适用按照前述税率的规定执行。

4）进口货物原产地的确定

确定进口货物原产地的主要目的，是便于正确运用进口税则的各栏税率，对产自不同国家或地区的进口货物适用不同的关税税率。我国原产地规定基本上采用了"全部产地生产标准"、"实质性加工标准"两种国际上通用的原产地标准。

（1）全部产地生产标准　是指进口货物完全在一个国家内生产或制造，生产或制造国即为该货物的原产国。所称"完全在一个国家内生产或制造的进口货物"包括：

① 在该国领土或领海内开采的矿产品；

② 在该国领土上收获或采集的植物产品；

③ 在该国领土上出生或由该国饲养的活动物及从其所得产品；

④ 在该国领土上狩猎或捕捞所得的产品；

⑤ 在该国的船只上卸下的海洋捕捞物，以及由该国船只在海上取得的其他产品；

⑥ 在该国加工船加工以上第⑤项所列物品所得的产品；

⑦ 在该国收集的只适用于作再加工制造的废碎料和废旧物品；

⑧ 在该国完全使用上述①～⑦项所列产品加工成的制成品。

（2）实质性加工标准　本标准是适用于确定两个或两个以上国家参与生产的产品的原产国的标准，其基本含义是：经过几个国家加工、制造的进口货物，以最后一个对货物进行经济上可以视为实质性加工的国家作为有关货物的原产国。所称"实质性加工"是指产品加工后，在《海关进出口税则》中四位数税号一级的税则归类已经有了改变，或者加工增值部分所占新产品总值的比例已超过30%及以上的。

（3）机器、仪器、器材或车辆所用零件、部件、配件、备件及工具，如与主件同时进口且数量合理，其原产地按主件的原产地予以确定；分别进口的则按各自的原产地确定。

进口货物向海关申报时，报关人应严格按照上述各项规定，正确填报货物的原产地或购自地，同一批货物原产地不同时，应分别填报。进口货物的原产地，由海关予以确定。必要时，海关可通知进口申报人交验有关外国发证机关发放的原产地证书。

5）进口税率水平与计征办法

在20世纪90年代，我国多次较大幅度地调低关税总水平。至2002年，我国关税总水平（最惠国税率的算术平均水平）已降低到12%，普通税率总体水平平均约为57%。为了履行入世承诺，近年我国进口关税总水平逐步降低，2003年降至11%，2004年为10.4%，2005年为9.9%，2007年为9.8%，目前仍然维持在这一水平。关税税率结构也进一步完善，进口商品的税率结构主要体现为产品加工程度越深，关税税率越高。

我国对大部分进口商品实行从价税，即以进口货物的完税价格作为计税依据，按相应比例税率计算税额。从1997年7月1日起，我国对部分产品实行从量税、复合税和滑准税。从量税的特点是税额计算简便，通关手续快捷，并能起到抑制质次价廉商品或故意低瞒价格商品的进口。目前我国对原油、部分鸡产品、啤酒、胶卷进口实行从量税。复合税的特点是既可发挥从量税抑制低价商品进口的作用，又可发挥从价税税负合理、稳定的作用。目前我国对录像机、放像机、摄像机、数字照相机和摄录一体机实行复合税。滑准税的特点是可保持进口商品的国内市场价格的相对稳定，尽可能减少国际市场价格波动的影响。目前我国对新闻纸实行滑准税。

6）出口税率规定

我国征收出口关税的总原则是：既要服从鼓励出口的政策，又要控制一些商品的盲目出口，因而仅限于对少数资源性产品及易于竞相杀价、需要规范出口秩序的半制成品征收出口关税。现行税则对36种商品计征出口关税，主要是鳗鱼苗、部分有色金属矿砂及其精矿、生锑、磷、苯、硅铁、山羊板皮等。征税货物实行差别比例税率，其税率从20%～50%，共分5级。现有23种商品实行0～20%的暂定税率，其中16种商品为零关税，6种商品税率为10%及以下。与进口暂定税率一样，出口暂定税率优先适用于出口税则中规定的出口税率。因此，我国真正征收出口关税的商品只是20种，税率也较低。

7）暂定税率

国务院税则委员会可以根据国家经济贸易政策和商品进出口的需要制定关税暂定税率，包括进口暂定税率和出口暂定税率。为积极扩大进口，满足国内经济社会发展及消费需求，2012年我国将对730多种商品实施较低的进口暂定税率，平均税率为4.4%，比最惠国税率低50%以上。这些商品主要分为五大类：一是能源资源性产品，包括煤炭、焦炭、成品油、大理石、花岗岩、天然橡胶、稀土、铜、铝、镍等；二是发展高端装备制造、新一代信息技术、新能源汽车等战略性新兴产业所需的关键设备和零部件，包括喷气织机、涡轮轴航空发动机、高压输电线、手机用摄像组件、高清摄像头、小轿车车身冲压件用关键模具等；三是农业生产资料，包括大马力拖拉机、大型收割机、乳品加工机、种用鲸、农药原料、化肥、动物饲料等；四是用于促进消费和改善民生的日用品，包括冷冻海鱼、特殊配方婴幼儿奶粉、婴儿食品、护肤品、烫发剂、餐具、厨房用具等；五是与公共卫生相关的产品，包括疫苗、血清、人工耳蜗、X光片等。此外，为推动社会主义文化事业大繁荣大发展，满足人民群众精神文化需求，2012年新增对数字电影放映机、各类画作原件以及雕塑品原件实施进口暂定税率。为促进经济可持续发展，推动资源节约型、环境友好型社会建设，2012年我国继续以暂定税率的形式对煤炭、原油、化肥、铁合金等“两高一资”产品征收出口关税。

### 7.2.4 关税的减免税规定

关税减免分为法定减免税、特定减免税和临时减免税。

1）法定减免税

法定减免税是税法中明确列出的减税或免税。符合税法规定可予减免税的进出口货物，纳税人无须提出申请，海关可按规定直接予以减免税。法定减免税主要内容有：

（1）关税税额在人民币 50 元以下的一票货物免税。

（2）无商业价值的广告品和货样免税。

（3）外国政府、国际组织无偿赠送的物资免税。

（4）进出境运输工具装载的途中必需的燃料、物料和饮食用品免税。

（5）因故退还的中国出口货物，经海关审查属实，可予免征进口关税，但已征收的出口关税不予退还。因故退还的境外进口货物，经海关审查属实，可予免征出口关税，但已征收的进口关税不予退还。

（6）经海关核准暂进境或出境并在 6 个月内复运出境或进境的货样、展览品、施工机械、工程车辆、工程船舶、供安装设备时使用的仪器和工具、电视或电影摄制器械、盛装货物的容器以及剧团服装道具，在货物的收发货人向海关缴纳相当于税款的保证金或者提供担保后，可予暂时免税。

（7）为境外厂商加工、装配成品和为制造外销产品而进口的原材料、辅料、零件、部件、配套件和包装物料，按照实际加工出口的成品数量免征进口关税；或者对进口料、件先征进口关税，再按照实际加工出口的成品数量免征予以退税。

（8）进口货物如遭受损坏或损失的，可酌情减免进口关税。主要有 3 种情形：一是在境外运输途中或者在起卸时，遭受损坏或者损失的；二是起卸后海关放行前，因不可抗力遭受损坏或者损失的；三是海关查验时已经破漏、损坏或者腐烂，经证明不是保管不慎造成的。

（9）无代价抵偿货物，即进口货物在征税放行后，发现残损、短少或品质不良，而由国外承运人、发货人或保险公司免费补偿或更换的同类货物，可以免税。但有残损或质量问题的原进口货物如未退运国外，其进口的无代价抵偿货物应照章纳税。

（10）我国缔结或者参加的国际条约规定减征、免征关税的货物和物品。

2）特定减免税

特定减免税也称政策性减免税，是指在法定减免税之外，对特定地区、特定企业和特定用途的货物的减免。主要内容有：

（1）对国家鼓励发展的国内投资项目和外商投资项目进口设备，在规定范围内免税。

（2）科学研究机构和学校进口科学研究和教学用品免税。

（3）进口残疾人个人专用品免税。

（4）进口扶贫、慈善性捐赠物资免税。

（5）符合条件的特殊贸易方式下的进出口货物可以享受相应的减免税规定。

（6）为鼓励、支持部分行业或特定产品的发展，国家制定了部分行业或用途的减免税政策。

3）临时减免税

临时减免税是指对某个单位、某类商品、某个项目或某批进出口货物的特殊情况，给予特别照顾，一案一批，专文下达的减免税。一般有单位、品种、期限、金额或数量等限制，不能比照执行。

我国加入 WTO 后，为遵循统一、规范、公平、公开的原则，国家严格控制减免税，一般不办理个案临时性减免，对特定减免税也在逐步规范、清理，对不符合国际惯例的税收优惠政策将逐步予以废止。

## 7.3 关税的计算

### 7.3.1 关税的完税价格

关税完税价格是计算关税应纳税额的依据。《中华人民共和国海关法》(以下简称《海关法》)规定，进出口货物的完税价格，由海关以该货物的成交价格为基础审查确定；成交价格不能确定时，由海关依法估定。

1) 一般进口货物的完税价格

进口货物的完税价格以海关审定的成交价格为基础审查确定。完税价格包括货价，加上货物运抵我国关境内输入地点起卸前的包装费、运费、保险费和其他劳务费用。进口货物的成交价格是指买方为购买该货物，并按《中华人民共和国海关审定进出口货物完税价格办法》(以下简称《完税价格办法》)的规定调整后实付或应付价格。

在确定关税完税价格时，下列费用如果单独列明，不得计入关税完税价格：第一，厂房、机械、设备等货物进口后的基建、安装、装配、维修和技术服务的费用；第二，货物运抵境内输入点之后的运输费用、保险费用和其他相关费用；第三，进口关税和其他国内税收。

如果进口货物的成交价格经海关审查未能确定，或者因进口人申报的成交价格明显低于境内其他单位进口的大量成交的相同或类似货物的价格，或明显低于海关掌握的相同或类似货物的国际市场公开成交货物的价格，而又不能提供合法证据和正当理由，致使海关不接受进口人申报的成交价格，这时，海关可依次以下列价格为基础估定完税价格：

(1) 相同货物成交价格方法　即以该项进口货物同时或大约同时进口的相同货物的成交价格为基础，估定完税价格。“相同货物”是指与进口货物在同一出口国家或地区生产的，在物理性质、质量和信誉等所有方面都相同的货物，但表面的微小差异允许存在。

(2) 类似货物成交价格方法　即以该项进口货物同时或大约同时进口的类似货物的成交价格为基础，估定完税价格。“类似货物”是指与进口货物在同一出口国家或地区生产的，虽然不是在所有方面都相同，但却具有相似的特征、相似的组成材料、同样的功能，并且在商业中可以互换的货物。

(3) 倒扣价格方法　即以该项进口货物、相同或类似进口货物在境内销售的价格为基础，估定完税价格。按该价格销售的货物应当同时符合五个条件，即在被估货物进口时或大约同时销售；按照进口时的状态销售；在境内第一环节销售；合计的货物销售总量最大；向境内无特殊关系方的销售。

以该方法估定完税价格时，下列各项应当扣除：

① 该货物的同等级或同种类货物，在境内销售时的利润和一般费用及通常支付的佣金；

② 货物运抵境内输入地点之后的运费、保险费、装卸费及其他相关费用；

③ 进口关税、进口环节税和其他与进口或销售上述货物有关的国内税。

为简化计税办法，进口后的各项费用及利润可按完税价格的20%估定，按下列公式计算完税价格：

$$完税价格=\frac{国内销售价格}{1+进口关税税率+20\%}$$

如果该项进口货物在进口环节应缴纳消费税，则应扣除该税后计算完税价格：

$$完税价格=\frac{国内销售价格}{(1+进口关税税率)\div(1-消费税税率)+20\%}$$

(4) 计算价格方法　计算价格方法即按下列各项的总和计算出的价格估定完税价格。有关项目为：

① 生产该货物所使用的原材料价值和进行装配或其他加工的费用；

② 与向境内出口销售同等级或同种类货物的利润、一般费用相符的利润和一般费用；

③ 货物运抵境内输入地点起卸前的运输及相关费用、保险费。

(5) 其他合理方法　按照上述次序仍不能确定货物的完税价格时，由海关按照其他合理的方法估定。使用其他合理方法时，应当根据《完税价格办法》规定的估价原则，以在境内获得的数据资料为基础估定完税价格。但不得使用以下价格：

① 境内生产的货物在境内的销售价格；

② 可供选择的价格中较高的价格；

③ 货物在出口地市场的销售价格；

④ 以计算价格方法规定的有关各项之外的价值或费用计算的价格；

⑤ 出口到第三国或地区的货物的销售价格；

⑥ 最低限价或武断虚构的价格。

2) 特殊进口货物的完税价格

(1) 进料加工贸易方式进口货物　加工贸易进口料件及其制成品需征税或内销补税的，海关按照一般进口货物的完税价格确定，审定完税价格。其中：

① 进口时应当征税的进料加工进口料件，以该料件申报进口时的成交价格为基础审查确定完税价格；

② 进料加工进口料件或者其制成品(包括残次品)内销时，海关以料件原进口成交价格为基础审查确定完税价格。料件原进口成交价格不能确定的，海关以接受内销申报的同时或者大约同时进口的与料件相同或者类似的货物的进口成交价格为基础审查确定完税价格；

③ 来料加工进口料件或者其制成品(包括残次品)内销时，海关以接受内销申报的同时或者大约同时进口的与料件相同或者类似的货物的进口成交价格为基础审查确定完税价格；

④ 加工企业内销加工过程中产生的边角料或者副产品，以海关审查确定的内销价格作为完税价格。

加工贸易内销货物的完税价格按照前款规定仍然不能确定的，由海关按照合理的方法审查确定。

(2) 保税区、出口加工区货物　从保税区或出口加工区销往区外、从保税仓库内销的进口货物(加工贸易进口料件及其制成品除外)，以海关审定的价格估定完税价格。对经审核销售价格不能确定的，海关应当按照一般进口货物估价办法的规定，估定完税价格。如销售价格中未包括在保税区、出口加工区或保税仓库中发生的仓储、运输及其他相关费用的，应当按照客观量化的数据资料予以计入。

(3) 运往境外加工的货物　运往境外加工的货物，出境时已向海关报明并在海关规定期限内复运进境的，应当以境外加工费和料件费以及该货物复运进境的运输及其相关费用、保险费为基础审查确定完税价格。

(4) 运往境外修理的货物　运往境外修理的机械器具、运输工具或者其他货物，出境时已向海关报明并在海关规定的期限内复运进境的，应当以境外修理费和料件费为基础审查确定完税价格。

(5) 租赁方式进口货物　以租金方式对外支付的租赁货物，在租赁期间以海关审查确定的租金作为完税价格，利息应当予以计入；而留购的租赁货物则以海关审查确定的留购价格作为完税价格。纳税义务人申请一次性缴纳税款的，经海关同意，按照一般进口货物估价办法的规定估定完税价格。

(6) 暂时进境货物　对于海关批准的暂时进境货物，应当按照一般进口货物估价办法的规定，估定其完税价格。

(7) 留购的进口货样等　对于国内单位留购的进口货样、展览品和广告陈列品，以海关审定的留购价格作为完税价格。

(8) 予以补税的减免税货物　按照特定减免税办法减税或免税进口的货物需予补税时，应当以海关审定的该货物原进口时的价格，扣除折旧部分价值作为完税价格。其计算公式如下：

完税价格＝该货物原进口时的价格×[1－申请补税时实际已使用的时间(月)÷(监管年限×12)]

(9) 以其他方式进口的货物　以易货贸易、寄售、捐赠、赠送等其他方式进口的货物，应当按照一般进口货物估价办法的规定，估定完税价格。

3) 出口货物的完税价格

出口货物的完税价格，由海关以该货物向境外销售的成交价格为基础审查确定，并应包括货物运至我国境内输出地点装载前的运输及其相关费用和保险费，但其中包含的出口关税税额，应当扣除。其计算公式为：

$$\text{完税价格}=\frac{\text{离岸价格}}{1+\text{出口关税税率}}$$

出口货物的成交价格，是指该货物出口销售到我国境外时买方向卖方实付或应付的价格。出口货物成交价格中含有支付给国外的佣金，如果单独列明，应予扣除。

出口货物成交价格如为境外口岸的到岸价格或货价加运费价格时，应先扣除运费、保险费后，再按公式计算完税价格。

出口货物的成交价格不能确定时，完税价格由海关依次使用下列方法予以估定：

① 同时或大约同时向同一国家或地区出口的相同货物的成交价格；

② 同时或大约同时向同一国家或地区出口的类似货物的成交价格；

③ 根据境内生产相同或类似货物的成本、利润和一般费用、境内发生的运输及其相关费用、保险费计算所得的价格；

④ 按照合理方法估定的价格。

### 7.3.2 关税应纳税额的计算

1) 从价关税应纳税额的计算

从价关税应纳税额的计算公式为:

$$关税税额=应税进(出)口货物数量\times单位完税价格\times适用税率$$

**例 7.3.1** 某外贸公司进口印刷机械设备 10 套,每套设备成交价格折合 60 万元人民币,该货物运抵中国境内输入地起卸前的包装、运输费用为 40 万元,保险费为 1.92 万元,关税税率为 12%,计算该公司应缴纳的进口关税税额。

**解** 关税完税价格=60×10+40+1.92=641.92(万元)

进口关税税额=641.92×12%=77.03(万元)

**例 7.3.2** 某铁合金厂向日本出口一批硅铁,国内港口离岸价格折合人民币为 6 420 000 元,硅铁出口关税税率为 7%,关税以支票付讫。计算出口关税税额。

**解** 出口关税税额$=\dfrac{6\,420\,000}{1+7\%}\times7\%=420\,000$(元)

2) 从量关税应纳税额的计算

从量关税应纳税额的计算公式为:

$$关税税额=应税进(出)口货物数量\times单位货物税额$$

3) 复合关税应纳税额的计算

我国目前的复合关税都是先计征从量关税,再计征从价关税,其计算公式为:

$$关税税额=应税进(出)口货物数量\times单位货物税额+应税进(出)口货物数量\times单位完税价格\times适用税率$$

**例 7.3.3** 某进出口公司从日本进口一批录像机,共 200 台,每台货价 600 美元。该批货物运抵中国关境内输入地起卸前的包装、运输、保险和其他劳务费用共计 3 000 美元。已知汇率为 1∶7.20,录像机从价税税率为 3%,从量税税额为 5 480 元,计算该公司进口此批录像机应缴纳的关税税额。

**解** 完税价格=[600×200 +3 000]×7.20=885 600(元)

进口关税税额=885 600×3% +5 480×200=1 122 568(元)

4) 滑准税应纳税额的计算

滑准税应纳税额的计算公式为:

$$关税税额=应税进(出)口货物数量\times单位完税价格\times滑准税税率$$

### 7.3.3 非贸易性物品进口税的计算

非贸易性进口物品主要指入境旅客或运输工具上的服务人员随身携带的物品、个人邮递物品、馈赠物品以及其他方式入境的个人物品。对这些物品征收的进口税包括关税、增值税和消费税,实行三税合并征收。

1) 非贸易性物品的进口税率

非贸易性进口物品按产品品种实行产品差别比例税率,现行税率分为 50%、30%、

20%、10%四个档次。具体规定为：

(1) 烟、酒适用50%的税率。

(2) 高档手表、高尔夫球及球具，适用30%的税率。

(3) 纺织品及其制成品，摄像机、摄录一体机、数码相机及其他电器用具，照相机、自行车、手表、钟表(含配件、附件)、化妆品，适用20%的税率。

(4) 书报、刊物、教育专用的电影片、幻灯片、原版录音带、录像带，金银及其制品，食品、饮料和其他商品，适用10%的税率。

2) 非贸易性物品进口税额的计算

非贸易性物品进口税采用从价计征。完税价格由海关参照该项物品的境外正常零售平均价格确定。由于个人进口物品来自世界各地，数量零星、品种繁杂，价格不一，为解决完税价格审定工作的困难，建立统一的审价尺度，海关总署编印了《进境旅客行李物品和个人邮递物品完税价格表》，作为完税价格依据，由全国海关统一执行。进口旧物品，海关按新旧程度折价计算完税价格，计征进口税。

应税进口物品由海关按照填发税款缴纳证当日有效的税率和完税价格计征进口税。其计算公式为：

$$进口税税额=完税价格\times进口税税率$$

纳税人应当在海关放行应税个人自用物品之前缴清税款。

## 7.4 关税的征收管理

### 7.4.1 关税缴纳

关税的纳税义务人或他们的代理人应在规定的报关期限内向货物进(出)境地海关申报，经海关对实际货物进行查验后，根据货物的税则归类和完税价格计算应纳关税和进口环节代征税费，填发税款缴纳证。纳税义务人或他们的代理人应在海关填发税款缴纳证的次日起15日内，向指定银行缴纳，并由当地银行解缴中央金库。进口货物在完税后方可进入国内市场流通，出口货物完税后方可装船出口。为了方便货主，经货物收货人申请，海关批准，也可在指运地海关办理申报纳税手续，货物由进境地海关作为转关运输货物监管至指运地海关验放。出口货物，可申请由启运地海关办理申报纳税手续。

### 7.4.2 关税缓纳

缓纳是海关批准纳税义务人将其部分或全部应缴税款的缴纳期限延长的一种制度。这项关税制度是针对纳税义务人因缺乏纳税资金或由于其他原因而造成的缴纳关税困难，不能在关税缴纳期限内履行纳税义务时实施的。根据有关政策规定，关税纳税义务人因不可抗力或者在国家税收政策调整的情形下，不能按期缴纳税款的，经海关总署批准，可以延期缴纳税款，但最长不得超过6个月。

### 7.4.3 关税的强制执行

纳税义务人未在关税缴纳期限内缴纳关税，即构成关税滞纳。为保证海关征收关税决

定的有效执行和国家财政收入的及时入库,《海关法》赋予海关对滞纳关税的纳税人强制执行的权利。强制措施主要有两类:

(1) 征收关税滞纳金　滞纳金自海关缴纳期限届满之次日起,至纳税人缴清税款之日止,按日征收滞纳税款的 0.5‰,周末或法定假日不予扣除。其计算公式为:

$$关税滞纳金=滞纳关税税额 \times 0.5‰ \times 滞纳天数$$

(2) 强制征收　如纳税义务人自海关填发缴款书之日起 3 个月仍未缴纳税款,经海关关长批准,海关可以采取强制扣缴、变价抵缴等强制措施。强制扣缴即海关从纳税人在开户银行或者其他金融机构的存款中直接扣缴税款。变价抵缴即海关将应税货物依法变卖,以变卖所得抵缴税款。

### 7.4.4 关税退还

关税退还是关税纳税义务人按海关核定的税额缴纳关税后,因某种原因的出现,海关将实际征收多于应当征收的税额退还给关税纳税义务人的一种行政行为。按规定,有下列情形之一的,进出口货物的收发货人或者他们的代理人,可以自缴纳税款之日起 1 年内,书面申明理由,连同原纳税收据向海关申请退税并加算银行同期活期存款利息,逾期不予受理:

① 因海关误征,多纳税款的;

② 海关核准免验进口的货物,在完税后发现有短缺情况,经海关查验属实的;

③ 已征出口关税的货物,因故未装运出口而申报退关,经海关查验属实的;

④ 已征出口关税的出口货物或已征进口关税的进口货物,因货物品种或规格原因(非其他原因)原状复运进境或出境的,经海关查验属实的,也应退还已征关税。

海关应当自受理退税申请之日起 30 日内作出书面答复并通知退税申请人。

### 7.4.5 关税补征和追征

补征和追征是海关在纳税义务人按海关核定的税额缴纳关税后,发现实际征收税额少于应当征收的税额时,责令纳税义务人补缴所差税款的一种行政行为。根据短征关税原因的不同分为关税的补征和追征。由于纳税义务人违反海关规定造成短征税款的,称为关税的追征;非因纳税义务人违反海关规定造成短征税款的,称为关税的补征。根据《海关法》规定,进出口货物完税后,海关发现少征或者漏征税款,应当自缴纳税款或者货物放行之日起 1 年内,向纳税人补征。因纳税人违反规定而造成的少征或漏征,海关在 3 年内可以追征;因特殊情况,追征期可延至 10 年。骗取退税款的,可无限期追征。

## 7.5 关税的会计处理

随着我国外贸管理体制改革的逐步深化,"大外贸"的格局将逐渐形成,即由外贸企业一家做进出口贸易的局面,改变为工贸、农贸、技贸、科贸等多形式、多局面的大外贸。这样,符合条件的生产企业经批准将具有自营进出口经营权。为了核算和反映有关关税的计缴情况,在会计上就需要进行相应的会计处理。企业进出口业务的会计处理需要设置记录外汇业务的复币式账户,如"应收(应付)外汇账款、预收(预付)账款"等,还要进行汇兑损益的计算和处理。

### 7.5.1 工业企业关税的会计处理

1）进口关税的核算

工业企业通过外贸企业代理或直接从国外进口原材料和设备，应支付的进口关税，一般可以不通过“应交税费”账户核算，而是直接借记“物资采购”、“原材料”、“在建工程——引进设备工程”，贷记“银行存款”、“应付账款”等。

**例 7.5.1** 某工业企业进口 A 材料需 USD100 000，当日的外汇牌价为 USD1＝RMB 7.20。应付进口关税 40 000 元，该企业已对外付汇，材料已验收入库。代征增值税税率 17%。作会计分录如下：

① 购入现汇时：

| | | |
|---|---|---|
| 借：银行存款——美元户 | 720 000 | |
| 　贷：银行存款——人民币户 | | 720 000 |

② 对外付汇，支付进口关税、增值税，计算进口 A 材料的采购成本时：

A 材料采购成本＝720 000＋40 000＝760 000（元）

应支付增值税＝760 000×17%＝129 200（元）

| | | |
|---|---|---|
| 借：物资采购——A 材料 | 760 000 | |
| 　　应交税金——应交增值税（进项税额） | 129 200 | |
| 　贷：银行存款——美元户 | | 720 000 |
| 　　　　　　——人民币户 | | 169 200 |

③ 验收入库时：

| | | |
|---|---|---|
| 借：原材料——A 材料 | 760 000 | |
| 　贷：物资采购——A 材料 | | 760 000 |

2）出口关税的核算

工业企业出口产品应缴纳的出口关税，支付时可直接借记“营业税金及附加”科目，贷记“银行存款”、“应付账款”等科目。

### 7.5.2 外贸企业关税的会计处理

1）自营进出口业务关税的核算

外贸企业自营进口业务所计缴的关税，在会计核算上是通过设置“应交税费——进口关税”和“物资采购”科目加以反映的。应缴纳的进口关税，借记“物资采购”，贷记“应交税费——进口关税”；实际缴纳时，借记“应交税费——进口关税”，贷记“银行存款”。也可不通过“应交税费——进口关税”账户，而直接借记“物资采购”账户，贷记“银行存款”、“应付账款”等账户。

外贸企业自营出口业务所计缴的关税，在会计核算上是通过设置“应交税费——出口关税”和“主营业务税金及附加”科目加以反映的。应缴纳的出口关税，借记“主营业务税金及附加”，贷记“应交税费——出口关税”；实际缴纳时，借记“应交税费——出口关税”，贷记“银行存款”。

**例 7.5.2** 某外贸公司从国外自营进口商品一批，到岸价格折合人民币为 600 000 元，进口关税税率为 30%，代征增值税税率 17%，计算关税税额为 180 000 元，增值税税额为 132 600元。根据海关开出的专用缴款书，以银行转账支票付讫税款。作会计分录如下：

① 计提关税时：

借：物资采购 780 000

  贷：应交税金——进口关税 180 000

    应付账款 600 000

② 支付关税和增值税时：

借：应交税金——进口关税 180 000

  应交税金——应交增值税(进项税额) 132 600

  贷：银行存款 312 600

③ 商品验收入库时：

借：库存商品 780 000

  贷：物资采购 780 000

2）代理进出口业务关税的核算

外贸企业作为受托方代理进出口业务，一般不垫付货款，大多以收取手续费形式为委托方提供代理服务。因此，由于进出口而计缴的关税均由委托单位负担，外贸企业即使向海关缴纳了关税，也只是代垫或代付，日后仍要从委托方收回。

代理进出口业务所计缴的关税，在会计核算上也是通过设置"应交税费"科目来反映的，其对应科目是"应付账款"、"应收账款"、"银行存款"等。

**例 7.5.3** 某生产企业委托某外贸公司代理出口一批商品。我国口岸离岸价格折合人民币为 360 000 元，出口关税税率为 20%，计算应缴出口关税 60 000 元；手续费为 12 000 元。作会计分录如下：

① 计算应缴出口关税时：

借：应收账款——××单位 60 000

  贷：应交税金——出口关税 60 000

② 缴纳出口关税时：

借：应交税金——出口关税 60 000

  贷：银行存款 60 000

③ 应收手续费时：

借：应收账款——××单位 12 000

  贷：代购代销收入——手续费 12 000

④ 收到委托单位付来的税款及手续费时：

借：银行存款 72 000

  贷：应收账款——××单位 72 000

## 思考题

1. 关税有哪些作用？分为哪些种类？
2. 我国关税的征税对象是什么？
3. 进口关税的完税价格如何确定？
4. 出口关税的完税价格如何确定？
5. 进口货物的原产地如何确定？
6. 我国进口关税税率是如何设置的？

7. 一般进口货物的完税价格如何估定?

8. 运往境外修理、加工货物完税价格如何确定?

9. 非贸易性进口物品关税的完税价格如何确定?

10. 关税有哪些减免税措施?

11. 试述关税强制执行与关税退还的有关规定。

12. 工业企业应怎样进行关税的会计处理?

## 计算题

1. 某科研所以120万元的价格进口了一台光学实验仪器,2012年2月份因发生故障运往国外修理(出境时已向海关报明),2012年6月份该台仪器在海关规定的期限内复运进境,此时该仪器的国际市场价格已达到150万元。经海关审查确定的修理费为10万元,料件费为20万元,运输费1.8万元,进口关税税率为6%,计算该仪器复运进境时应缴纳的关税税额。

2. 某进出口公司从国外进口一批化工原料,共200吨,每吨成交价格折合人民币为28 000元。已知该货物运抵我国关境内输入地起卸前的包装、运输、保险和其他劳务费共计200 000元。海关于2012年5月1日填发税款缴纳证,本应于5月8日前完税,但因该公司确有暂时经济困难,经海关审核批准其缓纳进口关税,并应于8月8日前缴清税款。但该公司直到8月28日才一次性缴清税款。已知关税税率为10%,计算该公司应缴纳的关税税额和滞纳金数额。

3. 某企业从国外进口100吨工业原料,海关无法确定其成交价格,但国内市场相同货物的批发价格为每吨3 500元,费用利润率为20%,进口关税税率为30%。要求计算该工业原料应纳的进口关税。

4. 某进出口公司向马来西亚出口锌矿砂10吨,每吨成交价格为马来西亚到岸价格9 00美元,其中运费800美元,保险费40美元,计税日的外汇牌价为USD1=RMB7.20。锌矿砂出口关税税率为8%。要求计算该批货物应纳出口关税税额。

5. 某建筑工程公司获核准从国外暂时进口A、B两台施工机械(海关监管年限为4年)。已知A、B机械的到岸价格分别为1 600和2 000万元,其留在国内使用的时间分别为5个月和9个月,海关对暂时进境货物从第7个月开始征税,适用关税税率均为10%。要求计算该公司应纳关税税额。

6. 某进出口企业,运往境外加工货物一批,出境时已向海关报明,并在规定的期限内复运进境,支付境外加工费为5 000美元、材料费2 000美元、境外运输和保险费为500美元。机器设备关税税率7%,当期汇率1∶7.2。要求计算运往境外加工的货物应缴纳的关税。

7. 某服装公司为增值税一般纳税人。2012年6月份从国外进口一批服装面料,海关审定的完税价格为60万元,该批服装布料分别按5%和17%的税率向海关缴纳了关税和进口环节增值税,并取得了相关完税凭证。该批服装布料当月加工成服装后全部在国内销售,取得销售收入90万元(不含增值税)。要求计算该公司应缴纳的关税、进口环节增值税和国内销售环节增值税。

8. 某外贸公司为增值税一般纳税人,2012年7月从境外进口一批化妆品,成交价格为1 000万元,运抵我国海关前发生的运输费用、保险费用占货价的比例为3%,已向海关缴纳了相关税款,并取得了海关开具的完税凭证;当月在国内销售化妆品取得不含税价款2 500万元。已知关税税率为40%,消费税税率为30%。要求计算该外贸公司2012年7月进口环节应缴纳的关税、消费税和增值税,以及国内销售环节应缴纳的增值税。

# 8 企业所得税

## 8.1 企业所得税概述

### 8.1.1 企业所得税的概念

企业所得税是对我国境内企业和其他组织的生产经营所得和其他所得所征收的一种税收。它是国家参与企业利润分配的重要手段。

我国的企业所得税制度是随着改革开放和经济体制改革的不断推进而逐步建立、完善起来的。由于历史原因，2008 年前我国的企业所得税是按内资、外资企业分别立法，外资企业适用 1991 年第七届全国人民代表大会第四次会议通过的《中华人民共和国外商投资企业和外国企业所得税法》，内资企业适用 1993 年国务院发布的《中华人民共和国企业所得税暂行条例》。自改革开放以来，对外资企业采取了有别于内资企业的税收政策，这对吸引外资，促进我国经济的快速发展发挥了重要的作用。但随着我国市场经济的不断完善，内资、外资企业所得税制度并存也暴露出一些问题，已经不能适应新的形势要求。一是内、外资企业所得税政策差异较大，造成企业之间税负不平、苦乐不均。在税收优惠、税前扣除等政策上，存在对外资企业偏松、内资企业偏紧的问题，企业要求统一税收待遇、公平竞争的呼声越来越高。二是企业所得税优惠政策存在较大漏洞，扭曲了企业经营行为，造成国家税款的流失。比如，一些内资企业采取将资金转到境外再投资境内的"返程投资"方式，曲线享受外资企业的所得税优惠。三是内、外资企业所得税制度实施 10 多年来，我国经济社会情况和国际经济社会等都发生了很大变化，而所得税制度不能完全适应变化的经济形势。

为了理顺国家与企业的分配关系并达到内、外资企业的税负公平，以及有利于促进我国经济的稳定发展，2007 年 3 月 16 日第十届全国人民代表大会第五次全体会议通过了新的《中华人民共和国企业所得税法》，合并了原有的内资、外资企业所得税法，并于 2008 年 1 月 1 日起施行。《中华人民共和国企业所得税法实施条例》于 2007 年 11 月 28 日在国务院 197 次常务会议通过，自 2008 年 1 月 1 日起施行。

### 8.1.2 企业所得税的特点

(1) 征税多少与企业的效益直接相关　在税率既定的前提下，税额的多少直接取决于纳税人所得的多少，因此，征收所得税对纳税人的切身利益有直接的影响，并且企业所得税一般不能转嫁，所以其调节分配的作用较强。

(2) 以纳税人的实际负担能力为征税原则　企业所得税将实现税收的公平性放在重要位置，具有"所得多的多征，所得少的少征，无所得的不征"的内在调节机制，体现了纳税人纳税水平与所得税等比例增减，具有公平税负的特性。

(3) 企业所得税的财政监督作用较强　企业所得税计算较复杂，涉及成本核算的许多方面，正确计算应纳所得税额，可以从中发现企业财务会计核算过程中及纳税过程中存在的问题，及时加以纠正解决。就监督的深度和广度而言，是其他税种所不具备的，也是其他经济管理部门难以做到的。

### 8.1.3　企业所得税的立法意义

(1) 征收企业所得税，有利于规范国家与企业之间的分配关系，保证财政收入的稳步增长。

企业所得税是我国第二大主体税种，对组织国家税收收入作用非常重要。国家依据政治权力对企业征收所得税，以法律的形式明确了征纳双方的法律责任和义务，并用法律形式将两者之间的分配关系固定下来，有利于正确发挥税收的内在功能，保证国家财政收入随着企业的发展和经济效益的提高而稳步增长，较好地体现了税收参与国民收入分配的刚性原则。

(2) 征收企业所得税，有利于贯彻国家产业政策和社会政策，实施宏观调控。

企业所得税是国家实施税收优惠政策的最主要的税种，有减免税、降低税率、加计扣除、加速折旧、投资抵免、减计收入等众多的税收优惠措施，是国家宏观调控的一种重要手段，也促进了我国产业结构调整和经济又好又快发展。

## 8.2　企业所得税基本制度

### 8.2.1　企业所得税的纳税人

企业所得税的纳税义务人是指在中华人民共和国境内的企业和其他取得收入的组织(以下统称企业)。不包括个人独资企业和合伙企业。

企业所得税的纳税人分为居民企业和非居民企业。

1) 居民企业

居民企业是指依法在中国境内成立，或者依照外国(地区)法律成立但实际管理机构在中国境内的企业。这里的企业包括国有企业、集体企业、私营企业、联营企业、股份制企业、外商投资企业、外国企业，以及有生产、经营所得和其他所得的其他组织。其中，有生产、经营所得和其他所得的其他组织，是指经国家有关部门批准，依法注册、登记的事业单位、社会团体等组织。由于我国的一些社会团体组织、事业单位在完成国家事业计划的过程中，开展多种经营和有偿服务活动，取得除财政部门各项拨款、财政部和国家价格主管部门批准的各项规费收入以外的经营收入，具有经营的特点，应当视同企业纳入征税范围。其中，实际管理机构是指对企业的生产经营、人员、账务、财产等实施实质性全面管理和控制的机构。对于实际管理机构的判断，应当遵循实质重于形式的原则。

2) 非居民企业

非居民企业是指依照外国(地区)法律成立且实际管理机构不在中国境内，但在中国境内设立机构、场所的，或者在中国境内未设立机构、场所，但有来源于中国境内所得的企业。

上述所称机构、场所，是指在中国境内从事生产经营活动的机构、场所，包括：

(1) 管理机构、营业机构、办事机构。

(2) 工厂、农场、开采自然资源的场所。

(3) 提供劳务的场所。

(4) 从事建筑、安装、装配、修理、勘探等工程作业的场所。

(5) 其他从事生产经营活动的机构、场所。

非居民企业委托营业代理人在中国境内从事生产经营活动的,包括委托单位或者个人经常代其签订合同,或者储存、交付货物等,该营业代理人视为非居民企业在中国境内设立的机构、场所。

### 8.2.2 企业所得税的征税对象

企业所得税的征税对象是指企业的生产经营所得、其他所得和清算所得。

1) 居民企业的征税对象

居民企业应就来源于中国境内、境外的所得作为征税对象。所得,包括销售货物所得、提供劳务所得、转让财产所得、股息红利等权益性投资所得,以及利息所得、租金所得、特许权使用费所得、接受捐赠所得和其他所得。

2) 非居民企业的征税对象

非居民企业在中国境内设立机构、场所的,应当就其所设机构、场所取得的来源于中国境内的所得,以及发生在中国境外但与其所设机构、场所有实际联系的所得,缴纳企业所得税,非居民企业在中国境内未设立机构、场所的,或者虽设立机构、场所但取得的所得与其所设机构、场所没有实际联系的,应当就其来源于中国境内的所得缴纳企业所得税。

上述所称实际联系,是指非居民企业在中国境内设立的机构、场所拥有的据以取得所得的股权、债权,以及拥有、管理、控制据以取得所得的财产。

3) 所得来源的确定

(1) 销售货物所得,按照交易活动发生地确定。

(2) 提供劳务所得,按照劳务发生地确定。

(3) 转让财产所得:① 不动产转让所得按照不动产所在地确定;② 动产转让所得按照转让动产的企业或者机构、场所所在地确定;③ 权益性投资资产转让所得按照被投资企业所在地确定。

(4) 股息、红利等权益性投资所得,按照分配所得的企业所在地确定。

(5) 利息所得、租金所得、特许权使用费所得,按照负担、支付所得的企业或者机构、场所所在地确定,或者按照负担、支付所得的个人的住所地确定。

(6) 其他所得,由国务院财政、税务主管部门确定。

### 8.2.3 企业所得税的税率

企业所得税实行比例税率。居民企业和非居民企业在中国境内设立机构、场所的,适用税率为25%。非居民企业在中国境内未设立机构、场所的,或者虽设立机构、场所但取得的所得与其所设机构、场所没有实际联系的,适用税率为20%,但实际征税时适用10%的税率。

### 8.2.4 企业所得税的税收优惠

企业所得税对国家重点扶持和鼓励发展的产业和项目给予了相应的税收优惠,优惠方式主要包括免税、减税、降低税率、加计扣除、加速折旧、减计收入、税额抵免等。

1）减免税优惠政策

（1）从事农林牧渔业项目的所得可以免征或减征企业所得税。免征的项目包括：第一，蔬菜、谷物、薯类、油料、豆类、棉花、麻类、糖料、水果、坚果的种植；第二，农作物新品种的选育；第三，中药材的种植；第四，林木的培育和种植；第五，牲畜、家禽的饲养；第六，林产品的采集；第七，灌溉、农产品初加工、兽医、农技推广、农机作业和维修等农、林、牧、渔服务业；第八，远洋捕捞。

减半征税的项目包括：第一，花卉、茶以及其他饮料作物和香料作物的种植；第二，海水养殖、内陆养殖。

（2）从事国家重点扶持的公共基础设施项目投资经营的所得，自项目取得第一笔生产经营收入所属纳税年度起，第1年至第3年免征企业所得税，第4年至第6年减半征收企业所得税。

（3）从事符合条件的环境保护、节能节水项目的所得，自项目取得第一笔生产经营收入所属纳税年度起，第1年至第3年免征企业所得税，第4年至第6年减半征收企业所得税。

（4）符合条件的技术转让所得可以免征、减征所得税。是指在一个纳税年度内，居民企业技术转让所得不超过500万元的部分，免征企业所得税；超过500万元的部分，减半征收企业所得税。

2）降低税率优惠政策

（1）国家需要重点扶持的高新技术企业减按15%的税率征收企业所得税。

（2）符合条件的小型微利企业减按20%的税率征收企业所得税。

小型微利企业是指同时符合以下条件的企业：

① 工业企业，年度应纳税所得额不超过30万元，从业人数不超过100人，资产总额不超过3 000万元。

② 其他企业，年度应纳税所得额不超过30万元，从业人数不超过80人，资产总额不超过1 000万元。

（3）非居民企业在中国境内未设立机构、场所，但从我国取得利息、股息、特许权使用费和其他所得，或虽设立机构、场所，但上述各项所得与其机构、场所没有实际联系的，减按10%税率征税。该类非居民企业取得下列所得免征企业所得税：

① 外国政府向中国政府提供贷款取得的利息所得。

② 国际金融组织向中国政府和居民企业提供优惠贷款取得的利息所得。

③ 经国务院批准的其他所得。

3）加计扣除优惠

（1）研究开发费，是指企业为开发新技术、新产品、新工艺发生的研究开发费用，未形成无形资产计入当期损益的，允许在据实扣除的基础上，再按研究开发费用的50%加计扣除；形成无形资产的，按照无形资产成本的150%摊销。

（2）企业安置残疾人员所支付的工资，是指企业安置残疾人员的，在按照支付给残疾职工工资据实扣除的基础上，再按支付给残疾职工工资的100%加计扣除。残疾人员的范围适用《中华人民共和国残疾人保障法》的有关规定。

（3）企业安置国家鼓励安置的其他就业人员所支付的工资的加计扣除办法，由国务院另行规定。

4）创投企业优惠

创业投资企业优惠，是指创业投资企业采取股权投资方式投资于未上市的中小高新技术企业2年以上的，可以按照其投资额的70%，在股权持有满2年的当年抵扣该创业投资企业的应纳税所得额，当年不足抵扣的，可以在以后纳税年度结转抵扣。

5）加速折旧优惠

企业的固定资产由于技术进步等原因，确需加速折旧的，可以缩短折旧年限或者采取加速折旧的方法。这类固定资产包括：

(1) 由于技术进步，产品更新换代快的固定资产。

(2) 常年处于强振动、高腐蚀状态的固定资产。

采取缩短折旧年限方法的，最低折旧年限不得低于法定折旧年限的60%；采取加速折旧方法的，可以采取双倍余额递减法或者年数总和法。

6）减计收入优惠

减计收入优惠，是指企业以《资源综合利用企业所得税优惠目录》规定的资源作为主要原材料，生产国家非限制和禁止并符合国家和行业相关标准的产品取得的收入，减按90%计入收入总额。

7）税额抵免优惠

税额抵免，是指企业购置并实际使用《环境保护专用设备企业所得税优惠目录》、《节能节水专用设备企业所得税优惠目录》和《安全生产专用设备企业所得税优惠目录》规定的环境保护、节能节水、安全生产等专用设备的，该专用设备的投资额的10%可以从企业当年的应纳税额中抵免；当年不足抵免的，可以在以后5个纳税年度结转抵免。

8）民族自治地方的优惠

民族自治地方的自治机关对本民族自治地方的企业应缴纳的企业所得税中属于地方分享的部分，可以决定减征或者免征。自治州、自治县决定减征或者免征的，须报省、自治区、直辖市人民政府批准。

## 8.3 企业所得税应纳税所得额的确定

### 8.3.1 应纳税所得额的概念与计算原则

企业所得税的计税依据，是企业的应纳税所得额。企业每一纳税年度的收入总额，减除不征税收入、免税收入、各项扣除以及允许弥补的以前年度亏损后的余额，为应纳税所得额。计算公式为：

应纳税所得额＝收入总额－不征税收入－免税收入－准予扣除项目金额－以前年度亏损弥补额

应纳税所得额与会计利润是两个不同的概念，两者既有联系又有区别。应纳税所得额是一个税收概念，是根据企业所得税法按照一定的标准确定的、纳税人在一定时期内的计税所得。而会计利润则是一个会计核算概念，反映的是企业一定时期内生产经营的财务成果。会计利润是确定应纳税所得额的基础，但是不能等同于应纳税所得额。纳税人在确定应纳税所得额时，按照税法规定计算出的应纳税所得额与企业依据财务会计制度计算的会计利润，往往是不一致的。当企业财务、会计处理办法与有关税收法规相抵触时，应当依照税法的有关规定计算纳税。企业按照有关财务会计制度规定计算的会计利润，必须按照税法规定进行必要调整后，才能作为应纳税所得额，计算缴纳所得税。

### 8.3.2 收入总额的确定

收入总额是指纳税人在生产经营活动中以及其他行为取得的各项收入的总和。包括以货币形式和非货币形式从各种来源取得的收入。货币形式的收入包括现金、存款、应收账款、应收票据、准备持有至到期的债券投资以及债务的豁免等。非货币形式的收入包括固定资产、生物资产、无形资产、股权投资、存货、不准备持有至到期的债券投资、劳务以及有关权益等。企业以非货币形式取得的收入，应当按照公允价值确定收入额。公允价值，是指按照市场价格确定的价值。

1）收入的内容

(1) 销售货物收入　是指企业销售商品、产品、原材料、包装物、低值易耗品以及其他存货取得的收入。

(2) 劳务收入　是指企业从事建筑安装、修理修配、交通运输、仓储租赁、金融保险、邮电通信、咨询经纪、文化体育、科学研究、技术服务、教育培训、餐饮住宿、中介代理、卫生保健、社区服务、旅游、娱乐、加工以及其他劳务服务活动取得的收入。

(3) 财产转让收入　是指企业转让固定资产、生物资产、无形资产、股权、债权等财产取得的收入。

(4) 股息、红利等权益性投资收益　是指企业因权益性投资从被投资方取得的收入，包括股息、红利、联营分利等。

(5) 利息收入　是指企业将资金提供他人使用但不构成权益性投资，或者因他人占用企业资金取得的收入，包括存款利息、贷款利息、债券利息、欠款利息等收入。

(6) 租金收入　是指企业提供固定资产、包装物或者其他有形财产使用权取得的收入。租金收入，按照合同约定的承租人应付租金的日期确认收入的实现。

(7) 特许权使用费收入　是指企业提供专利权、非专利技术、商标权、著作权以及其他特许权的使用权而取得的收入。特许权使用费收入，按照合同约定的特许权使用人应付特许权使用费的日期确认收入的实现。

(8) 接受捐赠收入　是指企业接受的来自其他企业、组织或者个人无偿给予的货币性资产、非货币性资产。

(9) 其他收入　是指企业取得的除以上收入外的其他收入，包括企业资产溢余收入、逾期未退包装物押金收入、确实无法偿付的应付款项、已作坏账损失处理后又收回的应收款项、债务重组收入、补贴收入、违约金收入、汇兑收益等。

企业发生非货币性资产交换以及将货物、财产、劳务用于捐赠、偿债、赞助、集资、广告、样品、职工福利或者利润分配等用途的，应当视同销售货物、转让财产或者提供劳务，作收入处理。但国务院财政、税务主管部门另有规定的除外。

**例 8.3.1**　某生产企业经税务机关核定，某年度取得产品销售收入 700 万元，出租房屋取得租金收入 50 万元，固定资产盘盈 18 万元，其他收入 6 万元，计算其全年收入总额。

**解**　收入总额＝700＋50＋18＋6＝774(万元)

2）收入的实现

（1）销售货物　在发出货物并取得货款或取得收款凭证时确定为收入实现。根据不同的销售方式，确认收入的实现时间也有不同。

① 以分期收款方式销售货物的，按照合同约定的收款日期确认收入的实现。

② 采用托收承付方式销售货物的，在办妥托收手续时确认收入的实现。

③ 采用预收款方式销售货物的，在发出商品时确认收入的实现。

④ 销售商品需要安装和检验的，在购买方接受商品以及安装和检验完毕时确认收入的实现。如果安装程序比较简单，可在发出商品时确认收入的实现。

⑤ 销售商品采用支付手续费方式委托代销的，在收到代销清单时确认收入的实现。

⑥ 采取产品分成方式取得收入的，按照企业分得产品的日期确认收入的实现，其收入额按照产品的公允价值确定。

（2）提供劳务　在同一会计年度内开始并完成的，应在劳务完成并取得价款或取得收款作证时确认收入的实现。企业受托加工制造大型机械设备、船舶、飞机以及从事建筑、安装、装配工程业务或者提供其他劳务等，持续时间超过 12 个月的，按照纳税年度内完工进度或者完成的工作量确认收入的实现。

（3）股息、红利等权益性投资收益　企业因权益性投资从被投资方取得的股息、红利等权益性投资收益，除国务院财政、税务主管部门另有规定外，按照被投资方做出利润分配决定的日期确认收入的实现。

（4）利息收入　按照合同约定的债务人应付利息的日期确认收入的实现。

（5）特许权使用费收入　按照合同约定的特许权使用人应付特许权使用费的日期确认收入的实现。

（6）接受捐赠收入　按照实际收到的捐赠资产的日期确认收入的实现。

### 8.3.3　不征税收入和免税收入

国家为了扶持和鼓励某些特殊的纳税人和特定的项目，或者避免因征税影响企业的正常经营，对企业取得的某些专项用途的资金作为非税收入处理，某些收入予以不征税或免征税的特殊政策，以减轻企业的税负，增加企业的可用资金。

1）不征税收入

不征税收入是指从性质和根源上不属于企业营业性活动带来的经济利益、不负有纳税义务并不作为应纳税所得额组成部分的收入。主要包括：

（1）财政拨款　是指各级人民政府对纳入预算管理的事业单位、社会团体等组织拨付的财政资金，但国务院和国务院财政、税务主管部门另有规定的除外。不包括财政补贴、税收返还。

（2）依法收取并纳入财政管理的行政事业性收费、政府性基金　其中，行政性收费是指依照法律法规等有关规定，按照国务院规定程序批准，在实施社会公共管理，以及在向公民、法人或者其他组织提供特定公共服务的过程中，向特定对象收取并纳入财政管理的费用。政府性基金是指企业依照法律、行政法规等有关规定，代政府收取的具有专项用途的财政资金。

（3）国务院规定的其他不征税收入　是指企业取得的，由国务院财政、税务主管部门规定专项用途并经国务院批准的财政性资金。

2）免税收入

免税收入是指属于企业的应税所得但按照税法规定免予征收企业所得税的收入。免税收入不同于不征税收入。不征税收入不属于营利性活动带来的经济收益；免税收入是纳税人的应税收入总额的组成部分，只是在特定时期或者对特定项目取得的经济利益给予的税收优惠。主要包括：

（1）国债利息收入。

（2）符合条件的居民企业之间的股息、红利等权益性收益。是指居民企业直接投资于其他居民企业取得的投资收益，不包括连续持有居民企业公开发行并上市流通的股票不足12个月取得的投资收益。

（3）在中国境内设立机构、场所的非居民企业从居民企业取得与该机构、场所有实际联系的股息、红利等权益性投资收益，不包括连续持有居民企业公开发行并上市流通的股票不足12个月取得的投资收益。

（4）符合条件的非营利组织的收入。

### 8.3.4 准予扣除项目的确定

1）扣除项目的确定原则

纳税人在生产经营活动中，所发生的费用支出必须严格区分收益性支出和资本性支出。其中，资本性支出不得在发生当期直接扣除，必须按税收法规规定分期折旧、摊销或计入有关投资的成本；收益性支出在发生当期可直接扣除。纳税人申报的扣除要真实、合法。真实是指能提供证明有关支出确属已经实际发生的适当凭据；合法是指符合国家税收规定，其他法规规定与税收法规规定不一致的，以税收法规规定为准。收益性支出税前扣除的确认一般应遵循以下原则：

（1）权责发生制原则　即纳税人应在费用发生时而不是实际支付时确认扣除。

（2）配比原则　即纳税人发生的费用应在费用应配比或应分配的当期申报扣除。纳税人某一纳税年度应申报的可扣除费用不得提前或滞后申报扣除。

（3）相关性原则　即纳税人可扣除的费用从性质和根源上必须与取得应税收入相关。

（4）确定性原则　即纳税人可扣除的费用不论何时支付，其金额必须是确定的。

（5）合理性原则　即纳税人可扣除费用的计算和分配方法应符合一般的经营常规和会计惯例。

2）准予扣除项目的基本内容

在计算应税所得额时，准予从收入总额中扣除的项目，是指企业实际发生的与取得收入有关的、合理的支出，包括成本、费用、税金、损失和其他支出。

（1）成本　是指企业在生产经营活动中发生的销售成本、销货成本、业务支出以及其他耗费。

（2）费用　是指企业在生产经营活动中发生的销售费用、管理费用和财务费用，已经计入成本的有关费用除外。

（3）税金　是指企业发生的除企业所得税和允许抵扣的增值税以外的各项税金及其附加。包括企业按规定缴纳的消费税、营业税、城市维护建设税、关税、资源税、土地增值税。教育费附加可视同税金，准予在税前扣除。企业缴纳的房产税、车船税、土地使用税、印花税等已经计入管理费，不再作税金单独扣除。企业缴纳的增值税因其属于价外税，故不在扣除之列。

(4) 损失　是指企业在生产经营活动中发生的固定资产和存货的盘亏、毁损、报废损失,转让财产损失,呆账损失,坏账损失,自然灾害等不可抗力因素造成的损失以及其他损失。

(5) 其他支出　是指除成本、费用、税金、损失外,企业在生产经营活动中发生的与生产经营活动有关的、合理的支出。

3) 准予扣除项目的范围和标准

在计算应纳税所得额时,下列项目可按照实际发生额或规定的标准扣除。

(1) 借款利息和借款费用　企业在生产经营活动中发生的合理的不需要资本化的借款费用,准予扣除。企业为购置、建造固定资产、无形资产和经过12个月以上的建造才能达到预定可销售状态的存货发生借款的,在有关资产购置、建造期间发生的合理的借款费用,应予以资本化,作为资本性支出计入有关资产的成本;有关资产交付使用后发生的借款利息,可在发生当期扣除。

企业在生产经营活动中发生的利息费用,按下列规定扣除:

① 非金融企业向金融企业借款的利息支出、金融企业的各项存款利息支出和同业拆借利息支出、企业经批准发生债券的利息支出可据实扣除。

② 非金融企业向非金融企业借款的利息支出,不超过按照金融企业同期同类贷款利率计算的数额的部分可据实扣除,超过部分不许扣除。

**例8.3.2**　某公司2011年度实现会计利润总额25万元。经审核,"财务费用"账户中列支有两笔利息费用:向银行借入生产用资金200万元,借用期限6个月,支付借款利息5万元;经过批准向本企业职工借入生产用资金60万元,借用期限10个月,支付借款利息3.5万元。计算公司2011年度的应纳税所得额。

**解**　银行的利率＝(5×2)÷200＝5%

可以税前扣除的职工借款利息＝60×5%÷12×10＝2.5(万元)

超过扣除标准的借款利息＝3.5－2.5＝1(万元)

应纳税所得额＝25＋1＝26(万元)

(2) 工资、薪金支出　企业发生的合理的工资薪金支出准予据实扣除。工资、薪金支出是指企业每一纳税年度支付给在本企业任职或者受雇的员工的所有现金形式或者非现金形式的劳动报酬,包括基本工资、奖金、津贴、补贴、年终加薪、加班工资,以及与员工任职或者受雇有关的其他支出。工资薪金总额不包括企业的职工福利费、职工教育经费、工会经费以及养老保险费、医疗保险费、失业保险费、工伤保险费、生育保险费等社会保险费和住房公积金。

合理的工资薪金,是指企业按照股东大会、董事会、薪酬委员会或相关管理机构制订的工资薪金制度规定实际发放给员工的工资薪金。属于国有性质的企业,其工资薪金不得超过政府有关部门给予的限定数额;超过部分,不得计入企业工资薪金总额,也不得在计算企业应纳税所得额时扣除。

(3) 职工福利费、工会经费和职工教育经费　企业发生的职工福利费、工会经费、职工教育经费按标准扣除,未超过标准的按实际数扣除,超过标准的只能按标准扣除。

① 企业发生的职工福利费支出,不超过工资薪金总额14%的部分准予扣除。

② 企业拨缴的工会经费,不超过工资薪金总额2%的部分准予扣除。

③ 除国务院财政、税务主管部门另有规定外，企业发生的职工教育经费支出，不超过工资薪金总额2.5%的部分准予扣除，超过部分准予在以后纳税年度结转扣除。

(4) 社会保险费

① 企业依照国务院有关主管部门或者省级人民政府规定的范围和标准为职工缴纳的"五险一金"，即基本养老保险费、基本医疗保险费、失业保险费、工伤保险费、生育保险费等基本社会保险费和住房公积金，准予扣除。

② 企业为在本企业任职或者受雇的全体员工支付的补充养老保险费、补充医疗保险费，分别在不超过职工工资总额5%标准内的部分，在计算应纳税所得额时准予扣除；超过的部分，不予扣除。

③ 除企业依照国家有关规定为特殊工种职工支付的人身安全保险费和符合国务院财政、税务主管部门规定可以扣除的商业保险费外，企业为投资者或者职工支付的商业保险费，不得扣除。

(5) 公益性捐赠支出　是指企业通过公益性社会团体或者县级以上人民政府及其部门，用于《中华人民共和国公益事业捐赠法》规定的公益事业的捐赠。

企业发生的公益性捐赠支出，不超过年度利润总额12%的部分，准予扣除。年度利润总额，是指企业依照国家统一会计制度的规定计算的年度会计利润。

公益性社会团体，是指同时符合下列条件的基金会、慈善组织等社会团体：

① 依法登记，具有法人资格。

② 以发展公益事业为宗旨，且不以营利为目的。

③ 全部资产及其增值为该法人所有。

④ 收益和营运结余主要用于符合该法人设立目的的事业。

⑤ 终止后的剩余财产不归属任何个人或者营利组织。

⑥ 不经营与其设立目的无关的业务。

⑦ 有健全的财务会计制度。

⑧ 捐赠者不以任何形式参与社会团体财产的分配。

⑨ 国务院财政、税务主管部门会同国务院民政部门等登记管理部门规定的其他条件。

**例 8.3.3**　某企业2011年度实现会计利润总额200万元，当年"营业外支出"账户中列支了通过文化行政管理部门向当地公益性图书馆捐赠37万元。计算该企业2011年度应缴纳的企业所得税。

**解**　公益救济性捐赠扣除限额＝200×12%＝24(万元)

该企业2011年度应缴纳企业所得税＝(200＋37－24)×25%＝53.25(万元)

(6) 业务招待费　企业发生的与生产经营活动有关的业务招待费支出，按照发生额的60%扣除，但最高不得超过当年销售(营业)收入的5‰。

**例 8.3.4**　某企业为居民企业，2011年度向其主管税务机关申报应纳税所得额与利润总额相等，均为10万元，其中产品销售收入5 000万元，业务招待费26.5万元。假设不存在其他纳税调整事项，计算该公司2011年度应缴纳企业所得税。

**解**　业务招待费扣除限额：5 000×5‰＝25(万元)

26.5×60%＝15.9(万元)

故准予扣除额为15.9万元。

该公司2011年度应缴纳企业所得税＝(10＋26.5－15.9)×25%＝5.15(万元)

(7) 广告费和业务宣传费　企业发生的符合条件的广告费和业务宣传费支出，除国务院财政、税务主管部门另有规定外，不超过当年销售(营业)收入15%的部分，准予扣除；超过部分，准予结转以后纳税年度扣除。

(8) 环境保护专项资金　企业依照法律、行政法规有关规定提取的用于环境保护、生态恢复等方面的专项资金，准予扣除。上述专项资金提取后改变用途的，不得扣除。

(9) 保险费　企业参加财产保险，按照规定缴纳的保险费，准予扣除。

(10) 租赁费　企业根据生产经营需要租入固定资产支付的租赁费，按照以下方法扣除：

① 以经营租赁方式租入固定资产发生的租赁费支出，按照租赁期限均匀扣除。经营性租赁是指所有权不转移的租赁。

② 以融资租赁方式租入固定资产发生的租赁费支出，按照规定构成融资租入固定资产价值的部分应当提取折旧费用，分期扣除。融资租赁是指在实质上转移与一项资产所有权有关的全部风险和报酬的一种租赁。

(11) 劳动保护费　企业发生的合理的劳动保护支出，准予扣除。

(12) 汇兑损失　企业在货币交易中，以及纳税年度终了时将人民币以外的货币性资产、负债按照期末即期人民币汇率中间价折算为人民币时产生的汇兑损失，除已经计入有关资产成本以及与向所有者进行利润分配相关的部分外，准予扣除。

(13)有关资产的费用　企业转让各类固定资产发生的费用，允许扣除。企业按规定计算的固定资产折旧费、无形资产和递延资产的摊销费，准予扣除。

(14) 总机构分摊的费用　非居民企业在中国境内设立的机构、场所，就其中国境外总机构发生的与该机构、场所生产经营有关的费用，能够提供总机构出具的费用汇集范围、定额、分配依据和方法等证明文件，并合理分摊的，准予扣除。

(15) 资产损失　企业当期发生的固定资产和流动资产盘亏、毁损净损失，由其提供清查盘存资料经主管税务机关审核后，准予扣除；企业因存货盘亏、毁损、报废等原因不得从销项税金中抵扣的进项税金，应视同企业财产损失，准予与存货损失一起在所得税前按规定扣除。

(16) 依照有关法律、行政法规和国家有关税法规定准予扣除的其他项目。如会员费、合理的会议费、差旅费、违约金、诉讼费等。

4) 不得扣除的项目

纳税人在计算应纳税所得额时，下列项目不得从收入总额中扣除：

(1) 向投资者支付的股息、红利等权益性投资收益款项。

(2) 企业所得税税款。

(3) 税收滞纳金。

(4) 罚金、罚款和被没收财物的损失。

(5) 超过规定标准的捐赠支出。

(6) 赞助支出。是指企业发生的与生产经营活动无关的各种非广告性质支出。

(7) 未经核定的准备金支出。是指不符合国务院财政、税务主管部门规定的各项资产减值准备、风险准备等准备金支出。

(8) 企业之间支付的管理费、企业内营业机构之间支付的租金和特许权使用费，以及非银行企业内营业机构之间的利息，不得扣除。

(9) 与取得收入无关的其他支出。

### 8.3.5 确定应税所得额的其他规定

1) 亏损抵补

亏损抵补也称盈亏互抵,它是国家帮助企业渡过暂时困难,保护税源的一项税前扣除照顾措施,这项措施有利于企业亏损得到及时的补偿,保障企业生产经营的顺利进行。但是,为了督促企业改善经营管理,努力扭亏增盈,一般都规定有连续抵补亏损的时限。企业所得税法规定,纳税人发生年度亏损的,可以用下一纳税年度的所得弥补;下一纳税年度所得不足弥补的,可以逐年延续弥补,但是延续弥补期最长不超过 5 年。5 年内不论纳税人是盈利还是亏损,都作为实际弥补年限计算。

这里所说的亏损,不是企业财务报表中反映的亏损额,而是企业财务报表中的亏损额经主管税务机关按税法规定核实调整后的金额。

2) 关联企业间业务往来的税务处理

为了防止纳税人通过关联企业以及其他关联关系,利用转让定价方式转移利润,进行避税,税法明确规定,纳税人与其关联企业之间的业务往来,应当按照独立企业之间的业务往来收取或者支付价款、费用。不按照独立企业之间的业务往来收取或者支付价款、费用,而减少其应纳税所得额的,税务机关有权进行合理调整。

所谓关联企业,是指直接或间接被同一利益集团所拥有或控制的有关企业。我国税法规定,当一个企业与其他企业之间有下列关系之一者,就被认为是关联企业或有关联关系的企业:一是在资金、经营、购销等方面存在直接或间接的控制关系;二是直接或间接地同为第三者控制;三是在利益上具有相关联的其他关系。其中的所谓"控制",包括管理控制和股权控制。

所谓独立企业之间的业务往来,是指没有关联关系的企业之间,按照公平成交价格和营业常规所进行的业务往来。所谓合理调整,是指税务机关按照下列顺序和确定的方法调整:

(1) 可比非受控价格法,是指按照没有关联关系的交易各方进行相同或者类似业务往来的价格进行定价的方法。

(2) 再销售价格法,是指按照从关联方购进商品再销售给没有关联关系的交易方的价格,减除相同或者类似业务的销售毛利进行定价的方法。

(3) 成本加成法,是指按照成本加合理的费用和利润进行定价的方法。

(4) 交易净利润法,是指按照没有关联关系的交易各方进行相同或者类似业务往来取得的净利润水平确定利润的方法。

(5) 利润分割法,是指将企业与其关联方的合并利润或者亏损在各方之间采用合理标准进行分配的方法。

(6) 其他符合独立交易原则的方法。

3) 税务机关核定应纳税所得额

纳税人不能提供完整、准确的收入及成本、费用凭证,不能正确计算应纳税所得额的,由税务机关核定其应纳税所得额。核定方法如下:

(1) 参照当地同类行业或者类似行业中经营规模和收入水平相近的纳税人的收入额和利润率核定;

(2) 按照成本加合理的费用和利润核定;

(3) 按照耗用的原材料、燃料、动力等推算或者测算核定；

(4) 按照其他合理的方法核定。

4) 清算所得

纳税人依法清算时，以其清算终了后的清算所得为应纳税所得额，按规定缴纳企业所得税。所谓清算所得，是指纳税人清算时的全部资产或财产扣除各项清算费用、损失、负债、企业未分配利润、公益金和公积金后的余额，超过实缴资本的部分。

### 8.3.6 资产的税务处理

资产的税务处理是指企业的固定资产、生物资产、无形资产、长期待摊费用、投资资产、存货等的确认、计价及计入成本、费用的方法在税务处理上的规定。资产是企业的经济资源，在持续经营的期间不断被耗用和重置，并转化为当期的成本费用。不同的会计处理方法对资产的转化形式各有所差别，从而造成企业当期应纳税所得额的差异。因此，对企业资产处理加以规定，有利于区别资本性支出与收益性支出，准确确定扣除项目及内容，进而正确计算应纳税所得额。税法规定，企业的各项资产以历史成本为计税基础。历史成本是指企业取得该项资产时实际发生的支出。企业持有各项资产期间资产增值或者减值，除按规定确认损益外，不得调整该资产的计税基础。对于资本性支出，以及无形资产受让、长期待摊费用，不允许作为成本、费用从企业的收入总额中作一次性扣除，而只能采取分次计提折旧或分次摊销的方式予以列支。

1) 固定资产的税务处理

固定资产是指企业为生产产品、提供劳务、出租或者经营管理而持有的、使用时间超过12个月的非货币性资产，包括房屋、建筑物、机器、机械、运输工具以及其他与生产经营活动有关的设备、器具、工具等。

(1) 固定资产计价　固定资产的计价一般应以原价为准。具体规定如下：

① 外购的固定资产，以购买价款和支付的相关税费以及直接归属于使该资产达到预定用途发生的其他支出为计税基础。

② 自行建造的固定资产，以竣工结算前发生的支出为计税基础。

③ 融资租入的固定资产，以租赁合同约定的付款总额和承租人在签订租赁合同过程中发生的相关费用为计税基础，租赁合同未约定付款总额的，以该资产的公允价值和承租人在签订租赁合同过程中发生的相关费用为计税基础。

④ 盘盈的固定资产，以同类固定资产的重置完全价值为计税基础。

⑤ 通过捐赠、投资、非货币性资产交换、债务重组等方式取得的固定资产，以该资产的公允价值和支付的相关税费为计税基础。

⑥ 改建的固定资产，除已足额提取折旧的固定资产和租入的固定资产以外的其他固定资产，以改建过程中发生的改建支出增加计税基础。

(2) 固定资产折旧　固定资产的折旧，按下列规定处理：

① 应当提取折旧的固定资产：包括房屋、建筑物；在用的机器设备、运输车辆、器具、工具；季节性停用和大修理停用的机器设备；以经营租赁方式租出的固定资产；以融资方式租入的固定资产；财政部规定的其他应当计提折旧的固定资产。

② 不得提取折旧的固定资产：包括土地、房屋、建筑物以外未使用、不需用以及封存的固定资产；以经营租赁方式租入的固定资产；已提足折旧继续使用的固定资产；与经营

活动无关的固定资产;单独估价作为固定资产入账的土地;其他不得计提折旧扣除的固定资产。

③ 计提折旧的依据和方法:纳税人的固定资产,应当从投入使用月份的次月起计提折旧;停止使用的固定资产,应当从停止使用月份的次月起停止计提折旧。

纳税人可扣除的固定资产折旧的计算,采取直线折旧法。除因特殊情况需要缩短折旧年限的,可由企业提出申请,逐级报国家税务总局批准的以外,一般固定资产折旧不得短于以下规定年限:房屋、建筑物为 20 年;飞机、火车、轮船、机器、机械和其他生产设备为 10 年;与生产经营活动有关的器具、工具、家具等为 5 年;飞机、火车、轮船以外的运输工具为 4 年;电子设备为 3 年。

从事开采石油、天然气等矿产资源的企业,在开始商业性生产前发生的费用和有关固定资产的折耗、折旧方法,由国务院财政、税务主管部门另行规定。

2) 生物资产的税务处理

生物资产是指有生命的动物和植物。生物资产分为消耗性生物资产、生产性生物资产和公益性生物资产。其中,生产性生物资产是指企业为生产农产品、提供劳务或者出租等而持有的生物资产,包括经济林、薪炭林、产畜和役畜等。

(1) 生产性生物资产计价　生产性生物资产应按实际发生的支出计价。具体规定如下:

① 外购的生产性生物资产,以购买价款和支付的相关税费为计税基础。

② 自行营造的林木类生产性生物资产,按照达到预定生产经营目的前发生的造林费、抚育费、营林设施费、良种试验费、调查设计费和应分摊的间接费用等必要支出计价。

③ 自行繁殖的产畜和役畜,按照达到预定生产经营目的(成龄)前发生的饲料费、人工费和应分摊的间接费用等必要支出计价。

④ 通过捐赠、投资、非货币性资产交换、债务重组等方式取得的生产性生物资产,以该资产的公允价值和支付的相关税费为计税基础。

(2) 生产性生物资产折旧　生产性生物资产按照直线法计算的折旧,准予扣除。企业应当自生产性生物资产投入使用月份的次月起计算折旧;停止使用的生产性生物资产应当自停止使用月份的次月起停止计算折旧。

企业应当根据生产性生物资产的性质和使用情况,合理确定生产性生物资产的预计净残值。生产性生物资产的预计净残值一经确定,不得变更。生产性生物资产计算折旧的最低年限如下:林木类生产性生物资产为 10 年,畜类生产性生物资产为 3 年。

3) 无形资产的税务处理

无形资产是指企业为生产产品、提供劳务、出租或者经营管理而持有的、没有实物形态的非货币性长期资产,包括专利权、商标权、著作权、土地使用权、非专利技术、商誉等。

(1) 无形资产的计价　无形资产应按照取得时的实际成本计价。根据取得的方式不同确定如下:

① 外购的无形资产,以购买价款和支付的相关税费,以及直接归属于使该资产达到预定用途发生的其他支出为计税基础。

② 自行开发的无形资产,以开发过程中该资产符合资本化条件后至达到预定用途前发生的支出为计税基础。

③ 通过捐赠、投资、非货币性资产交换、债务重组等方式取得的无形资产,以该资产的

公允价值和支付的相关税费为计税基础。

(2) 无形资产的摊销　无形资产的摊销应采用直线法,分期等额摊销,摊销年限不得低于10年。作为投资或者受让的无形资产,有关法律规定或者合同约定了使用年限的,可以按照规定或者约定的使用年限分期摊销。应注意的是:自行开发的无形资产,其费用如作为开发费用在税前一次性扣除的,该无形资产在使用期间不能再摊销费用。外购商誉的支出,在企业整体转让或者清算时,准予扣除。

4) 长期待摊费用的税务处理

长期待摊费用是指企业发生的应在一个年度以上或几个年度进行摊销的费用。在计算应纳税所得额时,企业发生的下列支出作为长期待摊费用,按照规定摊销的,准予扣除。

(1) 已足额提取折旧的固定资产的改建支出。

(2) 租入固定资产的改建支出。

(3) 固定资产的大修理支出。

(4) 其他应当作为长期待摊费用的支出。

企业的固定资产修理支出可在发生当期直接扣除。企业的固定资产改良支出,如果有关固定资产尚未提足折旧,可增加固定资产价值;如有关固定资产已提足折旧,可作为长期待摊费用,在规定的期间内平均摊销。

5) 存货的税务处理

存货是指企业持有以备出售的产品或者商品、处在生产过程中的产品、在生产或者提供劳务过程中耗用的材料和物料等。

(1) 存货计价　存货计价应当以实际成本为准。

① 通过支付现金方式取得的存货,按购买价款和支付的相关税费计价。

② 通过支付现金以外的方式取得的存货,按该存货的公允价值和支付的相关税费计价。

③ 生产性生物资产收获的农产品,按产出或者采收过程中发生的材料费、人工费和分摊的间接费用等必要支出计价。

(2) 存货计价方法　企业使用或者销售的存货的成本计算方法,可以在先进先出法、加权平均法、个别计价法中选用一种。计价方法一经选用,不得随意变更。

6) 投资资产的税务处理

投资资产是指企业对外进行权益性投资和债权性投资而形成的资产。

投资资产按以下方法确定投资成本:通过支付现金方式取得的投资资产,以购买价款为成本。通过支付现金以外的方式取得的投资资产,以该资产的公允价值和支付的相关税费为成本。

投资资产成本的扣除方法:企业对外投资期间,投资资产的成本在计算应纳税所得额时不得扣除,企业在转让或者处置投资资产时,投资资产的成本准予扣除。

### 8.3.6 应纳税所得额的计算方法

企业在实际计算应纳税所得额时,一般有两种方法:

1) 直接计算法

在直接计算法下,居民企业每一纳税年度的收入总额减除不征税收入、免税收入、各项扣除以及允许弥补的以前年度亏损后的余额为应纳税所得额。计算公式与前述相同,即为：

应纳税所得额＝收入总额－不征税收入－免税收入－各项扣除金额－弥补亏损

2) 间接计算法

在间接计算法下，在会计利润总额的基础上加或减按照税法规定调整的项目金额，即为应纳税所得额。计算公式为：

应纳税所得额＝会计利润总额±纳税调整项目金额

税收调整项目金额包括两方面的内容：一是企业的财务会计处理和税收规定不一致的应予以调整的金额；二是企业按税法规定准予扣除的税收金额。

**例 8.3.5** 某企业为居民企业，2011 年发生经营业务如下：取得产品销售收入 4 000 万元；发生产品销售成本 2 600 万元；销售费用 770 万元(其中广告费 650 万元)；管理费用 480 万元(其中业务招待费 25 万元)；财务费用 60 万元；缴纳增值税 120 万元；其他销售税金 40 万元；营业外收入 80 万元，营业外支出 50 万元(含通过公益性社会团体向贫困山区捐款 30 万元，支付税收滞纳金 6 万元)；计入成本、费用中的实发工资总额 200 万元、拨缴职工工会经费 5 万元、发生职工福利费 31 万元、发生职工教育经费 7 万元。计算该企业 2011 年度应纳税所得额。

**解** (1) 会计利润总额＝4 000＋80－2 600－770－480－60－40－50＝80(万元)

(2) 广告费和业务宣传费调增所得额＝650—4 000×15％＝650－600＝50(万元)

(3) 业务招待费调增所得额＝25－25×60％＝25－15＝10(万元)

4 000×5‰＝20(万元)大于 25×60％＝15(万元)

(4) 捐赠支出应调增所得额＝30－80×12％＝20.4(万元)

(5) 工会经费应调增所得额＝5－200×2％＝1(万元)

(6) 职工福利费应调增所得额＝31－200×14％＝3(万元)

(7) 职工教育经费应调增所得额＝7－200×2.5％＝2(万元)

(8) 应纳税所得额＝80＋50＋10＋20.4＋6＋1＋3＋2＝172.4(万元)

## 8.4 企业所得税的计算与征收

### 8.4.1 应纳所得税税额的计算

企业的应纳税所得额乘以适用税率，减除按税收优惠规定减免和抵免的税额后的余额，为应纳税额。即：

应纳税额＝应纳税所得额×适用税率－减免税额－抵免税额

公式中的减免税额和抵免税额，是指依照企业所得税法和国务院的税收优惠规定减征、免征和抵免的应纳税额。

1) 核算征收应纳税额的计算方法

在一般情况下，企业所得税采用核算征收的办法，即按年计征、分月(季)预缴、年终汇算清缴、多退少补的办法。其应纳所得税额的计算分为预缴所得税额计算和年终汇算清缴所得税额计算两部分。

(1) 按月(季)预缴所得税的计算方法

纳税人预缴所得税时，按纳税期限内应纳税所得额的实际数预缴；按实际数预缴有困难的，可按上一年度应纳税所得额的1/12或1/4预缴，或者经当地税务机关认可的其他方法分期预缴所得税。其计算公式为：

应纳所得税额＝月(季)应纳税所得额×25％

或＝上年应纳税所得额×1/12(或1/4)×25％

(2) 年终汇算清缴所得税的计算方法

全年应纳所得税额＝全年应纳税所得额×25％

多退少补所得税额＝全年应纳所得税额－月(季)已预缴所得税额

**例8.4.1** 某企业2010年全年应税所得额1 600 000元。2011年企业经税务机关同意，每季按2010年应纳税所得额1/4预缴企业所得税。2011年全年实现利润经调整后的应纳税所得额为2 000 000元。计算该企业在年终汇算清缴时应补缴的所得税额。

**解** 2011年预缴所得税额＝1 600 000÷4×25％×4＝400 000(元)

2011年汇算清缴应补缴所得税＝2 000 000×25％－400 000＝100 000(元)

2) 核定征收应纳税额的计算方法

为了加强企业所得税的征收管理，对部分中小企业采取核定征收的办法，计算其应纳税额。

(1) 核定征收的适用范围　纳税人具有下列情况之一的，应采取核定征收方式征收企业所得税：

① 依照税收法律法规规定可以不设账簿的或应设置但未设置账簿的；

② 擅自销毁账簿或者拒不提供纳税资料的；

③ 虽设置账簿，但账目混乱或者成本资料、收入凭证、费用凭证残缺不全，难以查账的；

④ 发生纳税义务，未按照规定的期限办理纳税申报，经税务机关责令限期申报，逾期仍不申报的；

⑤ 申报的计税依据明显偏低，又无正当理由的。

(2) 核定征收的计算

核定征收方式包括定额征收和核定应税所得率征收两种办法，以及其他合理的办法。

定额征收，是指税务机关按照一定的标准、程序和方法，直接核定企业年度应纳企业所得税税额，由企业按规定进行申报缴纳的办法。

核定应税所得率征收，是指税务机关按照一定的标准、程序和方法，预先核定企业的应税所得率，由企业根据纳税年度收入总额或成本费用等项目的实际发生额，按预先核定的应税所得率计算缴纳企业所得税的办法。其计算公式为：

应纳税所得额＝收入总额×应税所得率

或＝成本(费用)支出额÷(1－应税所得率)×应税所得率

应纳所得税额＝应纳税所得额×适用税率

应税所得率的执行标准见表8.4.1：

表 8.4.1 不同行业应税所得率表

| 经营行业 | 应税所得率(%) |
|---|---|
| 1. 农、林、牧、渔业 | 3～10 |
| 2. 制造业 | 5～15 |
| 3. 批发和零售业 | 4～15 |
| 4. 交通运输业 | 7～15 |
| 5. 建筑业、房地产开发业 | 8～20 |
| 6. 饮食服务业 | 8～25 |
| 7. 娱乐业 | 15～30 |
| 8. 其他行业 | 10～30 |

3) 境外已纳所得税抵免

境外已纳所得税抵免，是指国家对企业来自境外所得依法征收所得税时，允许企业将其已在境外缴纳的所得税税额从其应向本国缴纳的所得税税额中扣除。这种做法是避免不同国家对同一所得重复征税的一项重要措施，它对于平衡境内外投资所得的税负，鼓励国际投资，维护我国的税收管辖权起到重要作用。

(1) 可抵免的外国税收范围　居民企业来源于中国境外的应税所得，居民企业从其直接或者间接控制的外国企业分得的来源于中国境外的股息、红利等权益性投资收益，以及非居民企业在中国境内设立机构、场所，取得发生在中国境外但与该机构、场所有实际联系的应税所得，已在境外缴纳或负担所得税税额，可以从其当期应纳税额中抵免。

上述所称直接控制，是指居民企业直接持有外国企业20%以上股份。间接控制，是指居民企业以间接持股方式持有外国企业20%以上股份，具体认定办法由国务院财政、税务主管部门另行制定。

(2) 税收抵免限额　境外税收的抵免限额，是指企业来源于中国境外的所得，依照我国企业所得税法的规定计算的应纳税额。除国务院财政、税务主管部门另有规定外，该抵免限额应当分国(地区)不分项计算。计算公式为：

抵免限额＝中国境内、境外所得依照企业所得税法的规定计算的应纳税总额×
来源于某国(地区)的应纳税所得额÷中国境内、境外应纳税所得总额

(3) 抵免不足部分的处理　企业来源于境外所得在境外实际缴纳的税款，如果低于按上述公式计算出的抵免限额，可以从应纳税额中扣除其在境外实际缴纳的所得税税款；如果超过抵免限额，其超过部分不得在本年度的应纳税额中扣除，也不得列为费用支出，但可以用以后年度税额抵免的余额抵补，抵补期限最长不得超过5年。

**例 8.4.2**　某企业2011年度境内所得应纳税所得额为200万元，在全年已预缴税款25万元，来源于境外某国税前所得100万元，境外实纳税款20万元，计算该企业当年汇算清缴应补(退)的税款。

**解**　该企业汇总纳税应纳税额＝(200＋100)×25%＝75(万元)

境外已纳税款抵免限额＝(200＋100)×25%×100÷(200＋100)＝25(万元)

境外实纳税额20万元，可全额抵免。境内已预缴25万元，则汇总纳税应纳所得税

额＝75－20－25＝30(万元)

4）非居民企业应纳税额的计算

对于在中国境内未设立机构、场所的，或者虽设立机构、场所但取得的所得与其所设机构、场所没有实际联系的非居民企业的所得，按照下列方法计算应纳税所得额：

(1) 股息、红利等权益性投资收益和利息、租金、特许权使用费所得，以收入全额为应纳税所得额。

(2) 转让财产所得，以收入全额减除财产净值后的余额为应纳税所得额。

(3) 其他所得，参照前两项规定的方法计算应纳税所得额。

财产净值是指财产的计税基础减除已经按照规定扣除的折旧、折耗、摊销、准备金等后的余额。

对非居民企业在中国境内未设立机构、场所的，或者虽设立机构、场所但取得的所得与其所设机构、场所没有实际联系的所得应缴纳的所得税，实行源泉扣缴，以支付人为扣缴义务人。

对非居民企业在中国境内取得工程作业和劳务所得应缴纳的所得税，税务机关可以指定工程价款或者劳务费的支付人为扣缴义务人。

### 8.4.2 企业所得税的征收管理

1）纳税年度

企业所得税的纳税年度，自公历1月1日起至12月31日止。纳税人在一个纳税年度的中间开业，或者由于合并、关闭等原因，使该纳税年度的实际经营期不足12个月的，应当以其实际经营期为一个纳税年度。纳税人清算时，应当以清算期间作为一个纳税年度。

2）纳税地点

(1) 除税收法律、行政法规另有规定外，居民企业以企业登记注册地为纳税地点；登记注册地在境外的，以实际管理机构所在地为纳税地点。

居民企业在中国境内设立不具有法人资格的营业机构的，应当汇总计算并缴纳企业所得税。

(2) 非居民企业在中国境内设立机构、场所的，应当就其所设机构、场所取得的来源于中国境内的所得，以及发生在中国境外但与其所设机构、场所有实际联系的所得，以机构、场所所在地为纳税地点。非居民企业在中国境内设立两个或者两个以上机构、场所的，经税务机关审核批准，可以选择由其主要机构、场所汇总缴纳企业所得税。

(3) 非居民企业在中国境内未设立机构、场所的，或者虽设立机构、场所但取得的所得与其所设机构、场所没有实际联系的，以扣缴义务人所在地为纳税地点。

(4) 除国务院另有规定外，企业之间不得合并缴纳企业所得税。

3）缴纳方法与纳税期限

企业所得税分月或者分季预缴。企业应当自月份或者季度终了之日起十五日内，向税务机关报送预缴企业所得税纳税申报表，预缴税款。企业应当自年度终了之日起五个月内，向税务机关报送年度企业所得税纳税申报表，并汇算清缴，结清应缴应退税款。

企业在报送企业所得税纳税申报表时，应当按照规定附送财务会计报告和其他有关资料。企业所得税分月或者分季预缴。

企业在纳税年度内无论盈利或者亏损，都应当依照企业所得税法规定的期限，向税务机关报送预缴企业所得税纳税申报表、年度企业所得税纳税申报表、财务会计报告和税务机关规定应当报送的其他有关资料。

对非居民企业在中国境内取得工程作业和劳务所得应缴纳的所得税，有下列情况的，税务机关可以指定工程价款或者劳务费的支付人为扣缴义务人。

(1) 预计工程作业或者提供劳务期限不足一个纳税年度，且有证据表明不履行纳税义务的。

(2) 没有办理税务登记或者临时税务登记，且未委托中国境内的代理人履行纳税义务的。

(3) 未按照规定期限办理企业所得税纳税申报或者预缴申报的。

扣缴义务人每次代扣的税款，应当自代扣之日起7日内缴入国库，并向所在地的税务机关报送扣缴企业所得税报告表。应当扣缴的所得税，扣缴义务人未依法扣缴或者无法履行扣缴义务的，由纳税人在所得发生地缴纳。

## 思考题

1. 企业所得税的纳税人是如何规定的?
2. 居民企业和非居民企业纳税对象有何不同?
3. 应计所得税收入主要包括哪些项目?
4. 借款利息在税务上应如何处理?
5. 广告支出在税务上应如何处理?
6. 业务招待费支出在税务上应如何处理?
7. 公益救济性捐赠支出在税务上应如何处理?
8. 不得税前扣除的项目有哪些?
9. 固定资产的折旧范围应如何处理?
10. 无形资产在税务上如何处理?
11. 如何确定企业的应纳税所得额?
12. 税法对企业亏损弥补如何规定?
13. 企业对境外所得如何进行税收抵免?
14. 小型微利企业的条件是什么? 小型微利企业享受什么优惠?

## 计算题

1. 某企业2011年取得产品销售收入2 100万元，房屋租赁收入140万元，营业外收入50万元；产品销售成本980万元，经营费用、管理费用和财务费用合计280万元，营业外支出60万元；企业账面上还存在2010年待弥补亏损10万元，2009年待弥补亏损20万元。要求计算该企业2011年度应缴纳的企业所得税。

2. 某居民企业2011年实际支出的工资、薪金总额为150万元，职工福利费本期发生30万元，拨缴的工会经费3万元，已经取得工会拨缴收据，实际发生职工教育经费4.50万元，该企业在计算2011年应纳税所得额时，应调整的应纳税所得额为多少?

3. 某白酒生产企业因扩大生产规模新建厂房，由于自有资金不足，2011年1月1日向银行借入长期借款1笔，金额3 000万元，贷款年利率是4.2%，2011年4月1日该厂房开始建设，12月31日房屋交付使用，则2011年度该企业可以在税前直接扣除的该项借款费用是多少?

4. 2011年某企业当年实现自产货物销售收入500万元，当年发生计入销售费用中的广告费60万元，企业上年还有35万元的广告费没有在税前扣除，企业当年可以税前扣除的广告费是多少?

5. 某企业2011年销售货物收入1 500万元，出租房屋收入500万元，转让房屋收入300万元。当年实际发生业务招待费20万元，该企业当年可在所得税前列支的业务招待费金额为多少？

6. 2011年度，某企业财务资料显示，2011年开具增值税专用发票取得收入2 000万元，另外从事运输服务，收入220万元。与收入对应的销售成本和运输成本合计为1 550万元，期间费用为200万元，营业外支出100万元(其中90万元为公益性捐赠支出)，上年度企业自行计算亏损50万元，经税务机关核定的亏损为30万元。企业在所得税前可以扣除的捐赠支出为多少？

7. 某国有企业2011年境内所得1 200万元，境外所得(均为税后所得)有三笔，其中来自甲国有两笔所得，分别为120万元和51万元，税率分别为40%和15%，来自乙国所得42.5万元，已纳税7.5万元(甲国、乙国均与我国签订了避免重复征税的税收协定)。则2011年该国有企业应纳所得税为多少？

8. 某生产企业2004至2011年的应纳税所得额如下表：

单位：万元

| 年度 | 2004 | 2005 | 2006 | 2007 | 2008 | 2009 | 2010 | 2011 |
|---|---|---|---|---|---|---|---|---|
| 应纳税所得额 | −20 | −10 | 5 | 8 | −5 | 15 | 5 | 10 |

试计算该生产企业2011年度应缴纳的企业所得税。

9. 假定某企业为工业企业，2011年资产总额是2 800万元，在职职工人数80人，全年经营业务如下：取得销售收入2 500万元。销售成本1 343万元；发生销售费用670万元(其中广告费320万元)；管理费用400万元(其中业务招待费15万元)；财务费用60万元。销售税金160万元(含增值税120万元)。营业外收入70万元，营业外支出50万元(含通过公益性社会团体向贫困山区捐款5万元，支付税收滞纳金6万元)。计入成本、费用中的实发工资总额150万元，拨缴职工工会经费3万元，支出职工福利费和职工教育经费29万元，经核定职工福利费和教育经费均超过扣除限额。请计算该企业本年应纳的企业所得税。

10. 2011年，某公司自行核算的会计利润为600万元(含从境外A企业分回的投资收益80万元，A企业所在国所得税率20%；从境内B企业分回的投资收益20万元，B企业所得税率15%)。该企业2011年的会计核算资料中，存在下列情况："管理费用"科目中，列支全年业务招待费36万元(该公司当年的产品销售收入净额为3 000万元，租金收入400万元)；列支新产品开发费用12万元；列支的职工福利类开支30万元，按规定比例拨缴工会经费4万元；"财务费用"科目中，列支了向其他企业拆借资金的利息支出22.5万元，借款金额为300万元，利率为9%(银行同类、同期贷款年利率为4%)；"营业外支出"科目中，列有对外捐赠款40万元。其中：通过红十字会向某灾区捐款22万元，直接向某校运动会捐赠18万元；取得某企业捐赠的原材料，价税合计金额40万元，该企业全部计入"资本公积"账户；当年以机器设备对外投资，账面净值为80万元，双方确认的价值为100万元，对该项业务未作所得税处理(本业务不考虑相关费用和流转税及附加)。请计算该企业本年度应纳的企业所得税。

# 9 个人所得税

## 9.1 个人所得税概述

个人所得税是对个人(自然人)取得的各项应税所得征收的一种税。它最早于1799年在英国创立,目前世界上已有140多个国家开征了这一税种。

### 9.1.1 我国个人所得税制的演变

我国的个人所得税法,诞生于1980年。当时随着改革开放方针的贯彻落实,我国对外贸易、对外经济交往、对外文化技术交流与合作不断扩大,外籍人员到中国工作、提供劳务并取得各种收入的情况日益增多,为了维护我国税收权益,遵循国际惯例,需相应制定对个人所得征税的法律和法规。为此,1980年9月10日第五届全国人民代表大会第三次会议审议通过了《中华人民共和国个人所得税法》(简称《个人所得税法》),并同时公布实施。同年12月14日,经国务院批准,财政部公布了《个人所得税法施行细则》。该法律、法规对在中国境内居住的个人所得和不在中国境内居住的个人而从中国取得所得都要征税,体现了适当调节个人收入、贯彻公平税负、实施合理负担的原则,并采取分项征收制,具有税率低、扣除额宽、征税面小、计算简便等特点。这项重要立法是中国税制建设的一个重大发展,对于在国际经济交往中合理地实施中国的税收管辖权,按照平等互利原则处理国家间的税收权益和鼓励外籍人员来华从事业务,都有着积极的意义。

1986年,国务院根据我国社会经济发展的状况,为了有效调节社会成员收入水平的差距,又分别发布了《中华人民共和国城乡个体工商业户所得税暂行条例》和《中华人民共和国个人收入调节税暂行条例》,从而形成了我国对个人所得课税三个税收法律、法规并存的状况。这些税收法律、法规的施行,对于促进对外经济技术交流与合作,缓解社会分配不公的矛盾,增加财政收入等都发挥了积极作用。但是,随着形势的发展,这些税收法律、法规逐渐暴露出税法不统一、税负不公平等矛盾和问题。

为了规范和完善对个人所得课税的制度,适应建立社会主义市场经济体制的要求,1993年10月31日第八届全国人民代表大会常务委员会第四次会议通过了《关于修改〈中华人民共和国个人所得税法〉的决定》,同时公布了新的《个人所得税法》,并自1994年1月1日起施行。这标志着我国建立了适用于中、外籍个人和个体工商户的统一的个人所得税法律制度。1999年8月30日第九届全国人民代表大会常务委员会第十一次会议通过了第二次修正的《中华人民共和国个人所得税法》。

2000年9月,财政部、国家税务总局根据《国务院关于个人独资企业和合作企业征收所得税问题的通知》中有关"对个人独资企业和合伙企业停征企业所得税,只对其投资者的经营所得征收个人所得税"的规定,制定了《关于个人独资企业和合伙企业投资者征收个人所得税的规定》。该规定明确从 2000 年 1 月 1 日起，个人独资企业和合伙企业投资者将依法缴纳个人所得税。

统一的个人所得税法律制度的建立，是我国个人所得税制改革的重要成果，使个人所得税制度更加科学化、法制化、规范化和合理化，从而有利于促进社会主义市场经济的健康发展；有利于扩大对外开放和对外经济合作及交流；有利于调节一部分纳税人的过高收入，缓解社会分配不公矛盾；有利于培养公民的纳税意识，增加财政收入；同时也有利于我国充分行使税收管辖权，维护国家权益。

新的个人所得税法自 1994 年施行以来，在调节收入分配、组织财政收入等方面发挥了重要作用。近年来，随着社会经济形势发展变化，现行个人所得税制逐渐暴露出一些问题，如采用分类税制模式，税率结构较为复杂，工薪所得税率级次过多，低档税率的级距较短，难以充分体现公平负担的原则等。其中工资、薪金所得项目减除费用标准偏低，工资、薪金所得税率结构不尽合理等问题较为突出。因此近十年来，根据我国国民经济和社会发展的情况，《个人所得税法》又经过了多次修订。最近的一次修订是在 2011 年。2011 年 6 月 30 日，第十一届全国人大常委会第二十一次会议审议通过了《关于修改＜个人所得税法＞的决定》；7 月 19 日，国务院发布了修改后的《个人所得税法实施条例》。修改后的个人所得税法及其实施条例自 2011 年 9 月 1 日起施行。

### 9.1.2 我国个人所得税的特点

我国现行个人所得税主要具有以下特点：

1）实行分类所得税制

世界各国的个人所得税制大体可分为三种类型：综合所得税制、分类所得税制和混合所得税制。这三种类型各有所长。为了符合我国公民的纳税习惯，适应税务机关现有的征管手段和征管能力，我国现行个人所得税采用的是分类所得税制。将个人所得划分为 11 类，分别适用不同的费用减除规定、不同的税率和不同的计税方法。

2）累进税率与比例税率并用

比例税率计算简便，便于实行源泉扣缴；累进税率可以合理调节收入和分配，体现公平。我国现行个人所得税根据各类个人所得的不同性质和特点，分别采用这两种形式的税率。其中，对工资、薪金所得，个体工商业经营者、承包承租经营者的生产经营所得，实行超额累进税率；对劳务报酬、稿酬等其他所得按次计征，实行比例税率。

3）计算简便

现行个人所得税费用扣除采取总额扣除法，免去了对个人实际生活费用支出逐项计算的麻烦，而且不同所得分类计算，各有明确的费用扣除规定，扣除内容及方法易于掌握，计算比较简便。

4）课源制和申报制两种征纳方法并用

现行个人所得税采用由支付单位源泉扣缴和纳税人自行申报两种征纳方法。其中，以支付单位扣缴的源泉征收法为主，即对可以在应税所得的支付环节扣缴的，均由支付单位履行代扣代缴义务。以纳税人自行申报缴纳为辅，只有在没有扣缴义务人或者个人在两处以上取得工资、薪金所得的，或者个人所得超过国务院规定的数额即年所得额在 12 万元以上的，才采取由个人自行申报纳税的办法。另外，对其他不便于扣缴税款的，也规定由纳税人自行申报纳税。这些规定简化了征收手续，节省了征税成本和纳税费用，既方便纳税人，也利于税务机关征收管理。

## 9.2 个人所得税基本制度

### 9.2.1 个人所得税的纳税人和征税范围

个人所得税以税法规定的取得应税所得的个人为纳税义务人，包括中国公民、个体工商户、个人独资企业和合伙企业投资者以及在中国有所得的外籍人员（包括无国籍人员，下同）和香港、澳门、台湾同胞。上述纳税义务人，依据住所和居住时间两个标准，区分为居民纳税人和非居民纳税人，分别承担不同的纳税义务。

1）居民纳税人及其征税范围

（1）居民纳税人的判断标准　根据《个人所得税法》规定，居民纳税义务人是指“在中国境内有住所，或者无住所而在中国境内居住满1年的个人”。这里采用了住所和居住时间两个标准来判定中国居民身份。

① 住所标准：是指以个人在一国境内拥有的住所确定其居民身份的判定标准。住所通常是指个人长期居住或具有长期居住意愿的场所，按其居住意愿的不同特征可分为永久性住所和习惯性住所。从法律上说，户籍所在地通常就是永久性居住地。而习惯性居住地可以是永久性居住地，也可以是因其他原因而经常居住的场所。我国税法按照习惯性居住地标准来判定纳税人的居民身份，申明“在中国境内有住所”的个人，是指因户籍、家庭、经济利益关系，而在中国境内习惯性居住的个人。所谓习惯性居住，是判定纳税人属于居民还是非居民的一个重要法律意义上的标准，而不一定是实际的居住场所或在某一个特定时期内的居住场所。例如，一个纳税人因学习、工作、探亲、旅游等原因，原来是在中国境外居住，但是在这些原因消除之后，如果必须回到中国境内居住的，则中国为该人的习惯性居住地。尽管该纳税义务人在一个纳税年度内，甚至连续几个纳税年度，都未在中国境内居住过一天，他仍然是中国居民纳税义务人，应就其来自全球的应纳税所得，向中国缴纳个人所得税。

② 居住时间标准：是指以个人在一个纳税年度内在一国境内居住的天数确定其居民身份的判定标准。所谓在中国境内居住满1年，是指在一个纳税年度（即公历1月1日起至12月31日止，下同）内，在中国境内居住满365日。在计算居住天数时，对临时离境应视同在华居住，不扣减其在华居住的天数。这里所说的临时离境，是指在一个纳税年度内，一次不超过30日或者多次累计不超过90日的离境。

（2）居民纳税人的征税范围　根据居民管辖权，居民纳税人对居住国负有无限纳税义务。其所取得的应纳税所得，无论是来源于境内还是境外任何地方，都要向居住国政府缴纳个人所得税。但是，为了鼓励外籍人员来华任职、开展业务等，我国税法又对不同层次的居民纳税人划定了不同的征税范围。

① 对在中国境内无住所，但居住1年以上5年以下的个人，其来源于中国境外的所得，经主管税务机关批准，可以只就由中国境内公司、企业以及其他经济组织或个人支付的部分征税。

② 对居住超过5年的，从第6年起，不论在中国境内或境外取得或支付，应当就其来源于境内、境外的全部所得缴纳个人所得税。在中国境内居住满5年，是指个人在中国境内连续居住满5年，即在连续5年中的每一纳税年度内均居住满1年。个人在中国境内居住满

5年后，从第6年起的以后年度中，凡在境内居住满1年的，应当就其来源于境内、外的所得申报纳税；凡在境内居住不满1年的，则仅就该年度内来源于境内的所得申报纳税。如果该个人从第6年起以后的某一纳税年度内在境内居住不足90天，其来源于中国境内的所得，由境外雇主支付并且不由该雇主在中国境内的机构、场所负担，免予缴纳个人所得税，并从再次居住满1年的年度起重新计算5年期限。

2）非居民纳税人及其征税范围

（1）非居民纳税人的判断标准　非居民纳税人是指在一个纳税年度中不符合居民纳税人标准的个人。根据《个人所得税法》规定，是指"在中国境内无住所又不居住，或无住所而在境内居住不满1年的个人"。也就是说，非居民纳税义务人，是指习惯性居住地不在中国境内，而且不在中国居住，或者在一个纳税年度内，在中国境内居住不满365天的个人。在现实生活中，习惯性居住地不在中国境内的个人，只有外籍人员、华侨或香港、澳门和台湾同胞。因此，非居民纳税义务人，实际上只能是在一个纳税年度中，没有在中国境内居住，或者在中国境内居住不满1年的外籍人员、华侨或香港、澳门和台湾同胞。

（2）非居民纳税义务人的征税范围　根据地域管辖权，非居民纳税人对我国负有有限纳税义务。即仅就其来源于中国境内的所得，向中国政府缴纳个人所得税。

为了正确判定境内所得，税法规定，对于下列所得，不论支付地点是否在中国境内，均属来源于中国境内的所得：

① 因任职、受雇、履约等而在中国境内提供各种劳务取得的所得。

② 在中国境内从事生产经营活动而取得的所得。

③ 将财产出租给承租人在中国境内使用而取得的财产租赁所得。

④ 转让中国境内的房屋、建筑物、土地使用权等财产或者在中国境内转让其他财产，而取得的财产转让所得。

⑤ 提供在中国境内使用的专利权、专有技术、商标权、著作权以及其他各种特许权利，而取得的特许使用费所得。

⑥ 因持有中国的各种债券、股票、股权，而从中国境内的公司、企业或其他经济组织以及个人取得的利息、股息、红利所得。

⑦ 在中国境内参加各种竞赛活动取得名次的奖金所得；参加中国境内有关部门和单位组织的有奖活动而取得的中奖所得；购买中国境内有关部门和单位发行的彩票取得的中彩所得。

⑧ 在中国境内以图书、报刊方式出版、发表作品取得的稿酬所得。

个人所得税境内所得的认定标准，可参见下表。

**表9.2.1　个人所得税境内所得的认定标准**

| 所得项目 | 境内所得的认定 |
| --- | --- |
| 工资、薪金所得 | |
| 其中：有住所的个人 | 受雇或任职单位的所在地在中国境内 |
| 无住所的个人 | 实际在中国境内工作期间取得的（由境内、外支付的）部分 |
| 生产、经营所得 | 生产、经营活动的实现地在中国境内 |
| 劳务报酬所得 | 实际提供劳务的地点在中国境内 |
| 稿酬所得 | 作品出版、发表所在地在中国境内 |

续 表

| 所 得 项 目 | 境内所得的认定 |
|---|---|
| 特许权使用费所得 | 特许权的使用地在中国境内 |
| 财产租赁所得 | 财产租赁的使用地在中国境内 |
| 财产转让所得 | 不动产:所在地在中国境内;动产:转让地在中国境内 |
| 利息、股息、红利所得 | 支付地在中国境内 |
| 偶然所得 | 竞赛的组织地、彩票的发行地在中国境内 |

另外,税法还规定,对符合下列条件的中国境内所得,免缴个人所得税:在中国境内无住所,但是在一个纳税年度中在中国境内连续或者累计居住不超过 90 日或者在税收协定规定的期间内在中国境内连续或累计居住不超过 183 日的个人,其来源于中国境内的工资、薪金所得,由境外雇主支付并且不由该雇主在中国境内的机构、场所负担的,免予缴纳个人所得税。

### 9.2.2 个人所得税的征税对象

个人所得税以个人取得的各项应税所得为征税对象。由于个人所得范围广、项目多、内容复杂,为此我国税法采取了列举所得项目征税的办法,凡列举的项目均征税,没有列举的项目不征税。《个人所得税法》列举了 11 项应纳税所得项目:

1) 工资、薪金所得

工资、薪金所得,是指个人因任职或者受雇而取得的工资、薪金、年终加薪、劳动分红、津贴、补贴以及与任职或者受雇有关的其他所得。

一般来说,工资、薪金所得属于非独立个人劳动所得。所谓非独立个人劳动,是指个人所从事的是由他人指定、安排并接受管理的劳动,工作或服务于公司、工厂、行政和事业单位的人员(私营企业主除外)均为非独立劳动者。他们从上述单位取得的劳动报酬,是以工资、薪金的形式体现的。在这类报酬中,工资和薪金的收入主体略有差异。通常情况下,对从事营利性的生产、经营或服务的劳动者所取得的收入称为工资,即所谓"蓝领阶层"所得;而将从事社会公职或管理活动的劳动者所取得的收入称为薪金,即所谓"白领阶层"所得。但实际立法过程中,各国都从简便易行的角度考虑,将工资、薪金合并为一个项目计征个人所得税。

除工资、薪金以外,奖金、年终加薪、劳动分红、津贴、补贴也被确定为工资、薪金范畴。其中年终加薪、劳动分红不分种类和取得情况,一律按工资、薪金所得课税。奖金是指所有具有工作性质的奖金。免税奖金的范围在税法中另有规定。津贴、补贴等则有例外,根据我国目前个人收入的构成情况,规定对于一些不属于工资、薪金性质的补贴、津贴或者不属于纳税人本人工资、薪金所得项目的收入,不予征税。

另外,对下列特殊所得,税法明确按工资、薪金所得计税:

① 在机构改革过程中实行内部退养的个人在其办理内部退养手续后至法定退休年龄之间从原任职单位取得的工资、薪金,不属于离退休工资,应按"工资、薪金所得"项目计征个人所得税。个人在办理内部退养手续后从原任职单位取得的一次性收入,应按办理内部退养后至法定离退休年龄之间的所属月份进行平均,并与领取当月的"工资、薪金" 所得合并后减除当月费用扣除标准,以余额为基数确定适用税率,计征个人所得税。个人在办理内

部退养手续后至法定退休年龄之间重新就业取得的“工资、薪金”所得，应与其从原任职单位取得的同一月份的“工资、薪金”所得合并，并依法自行向主管税务机关申报缴纳个人所得税。

② 公司职工取得的用于购买企业有股权的劳动分红，按“工资、薪金”所得项目计征个人所得税。

③ 出租汽车经营单位对出租车驾驶员采取单车承包方式或承租方式经营，出租车驾驶员从事客货营运取得的收入，按“工资、薪金所得”征税。

④ 自2004年1月20日起，企业和单位对商品营销活动中营销业绩突出的雇员以培训班、研讨会、工作考察等名义组织旅游活动，通过免收差旅费、旅游费对个人实行的营销业绩奖励(包括实物、有价证券等)，应根据所发生费用的全额并入营销人员当期的工资薪金所得，按照“工资、薪金所得”项目征收个人所得税。

根据我国目前个人收入的构成情况，规定对于一些不属于工资、薪金性质的补贴、津贴或者不属于纳税人本人工资、薪金所得项目的收入，不予征税。这些项目包括：

① 独生子女补贴。

② 执行公务员工资制度未纳入基本工资总额的补贴、津贴差额和家属成员的副食品补贴。

③ 托儿补助费。

④ 差旅费津贴、误餐补助。其中，误餐补助是指按照财政部规定，个人因公在城区、郊区工作，不能在工作单位或返回就餐的，根据实际误餐顿数，按规定的标准领取的误餐费。单位以误餐补助名义发给职工的补助、津贴不包括在内。

2) 个体工商户的生产、经营所得

税法规定的个体工商户的生产经营所得是指：

(1) 个体工商户从事工业、手工业、建筑业、交通运输业、商业、饮食业、服务业、修理业及其他行业生产、经营取得的所得。

(2) 个人经政府有关部门批准，取得执照，从事办学、医疗、咨询以及其他有偿服务活动取得的所得。

(3) 其他个人从事个体工商业生产、经营取得的所得。

(4) 上述个体工商户和个人取得的与生产、经营有关的各项应税所得。

(5) 个人因从事彩票代销业务而取得的所得，应按“个体工商户的生产、经营所得”项目计征个人所得税。

(6) 从事个体出租车运营的出租车驾驶员取得的收入，按个体工商户的生产、经营所得项目缴纳个人所得税。出租车属于个人所有，但挂靠出租汽车经营单位或企事业单位，驾驶员向挂靠单位缴纳管理费的，或出租汽车经营单位将出租车所有权转移给驾驶员的，出租车驾驶员从事客货运营取得的收入，比照个体工商户的生产、经营所得项目征税。

个体工商户和从事生产、经营的个人，取得与生产、经营活动无关的其他各项应税所得，应分别按照其他应税项目的有关规定，计算征收个人所得税。如取得银行存款的利息所得、对外投资取得的股息所得，应按“股息、利息、红利”税目的规定单独计征个人所得税。

个人独资企业和合伙企业每一纳税年度的收入总额减除成本、费用以及损失后的余额，作为投资者个人的生产经营所得，比照“个体工商户的生产经营所得”，计征个人所得税。个人独资企业、合伙企业的个人投资者以企业资金为本人、家庭成员及其相关人员支付与生产经营无关的消费性支出及购买汽车、住房等财产性支出，视为企业对个人投资者利润分配，并入投资者个人的生产经营所得，依照“个体工商户的生产经营所得”项目计征个人所得税。投资者兴办两个或两个以上企业的(包括参与兴办)，年度终了时，应汇总从所有企业取得的应纳税所得额，据此确定适用税率并计算缴纳个人所得税。

3）对企事业单位的承包、承租经营的所得

对企事业单位的承包、承租经营的所得，是指个人承包经营或承租经营以及转包、转租取得的所得，包括个人按月或者按次取得的工资、薪金性质的所得。承包项目可分多种，如生产经营、采购、销售、建筑安装等各种承包。转包包括全部转包或部分转包。对该条款的正确理解是：个人实行承包、承租以后，企事业单位的法律地位没有变化，必须缴纳企业所得税，同时对承包、承租经营者个人所取得的承包、承租经营收入征收个人所得税。在这种情况下，承包、承租人与企事业单位的分配方式有两种：一种是承包、承租经营者个人对企事业单位的经营成果不拥有所有权，仅按合同或协议的规定取得所得，这类所得属于非独立劳动所得，应按工资、薪金项目征税。另一种是承包、承租经营者个人按合同或协议只向发包、出租企事业单位缴纳规定的承包、承租费用，经营成果归承包、承租经营者个人所有，这类所得才属于税法规定的对企事业单位的承包、承租经营所得。

4）劳务报酬所得

劳务报酬所得是指个人独立从事各种非雇佣的劳务活动所取得的所得。具体包括个人从事设计、装潢、安装、制图、化验、测试、医疗、法律、会计、咨询、讲学、新闻、广播、翻译、审稿、书画、雕刻、影视、录音、录像、演出、表演、广告、展览、技术服务、介绍服务、经纪服务、代办服务以及其他劳务取得的所得。

劳务报酬所得属于独立劳动所得。独立劳动，即指个人所从事的是由自己自由提供的、不受他人指定、安排和具体管理的劳动。例如，私人诊所的医生、私人会计事务所的会计师，以及独立从事教学、文艺等活动的个人均为独立劳动者，他们的收入具有不确定性。在国际税收协定中，也将独立个人劳务严格界定为从事独立科学、文学、艺术、教育或教学活动，以及医师、律师、工程师、建筑师、牙医师和会计师的独立活动。在实际操作过程中，有可能出现难以判断一项所得是属于工资、薪金所得，还是属于劳务报酬所得的情况。这两者的区别在于：工资、薪金所得是属于非独立个人劳务活动，即在机关、团体、学校、部队、企业、事业单位及其他组织中任职、受雇而得到的报酬；而劳务报酬所得，则是个人独立从事各种技艺、提供各项劳务取得的报酬。

自 2004 年 1 月 20 日起，企业和单位对商品营销活动中营销业绩突出的非雇员以培训班、研讨会、工作考察等名义组织旅游活动，通过免收差旅费、旅游费对个人实行的营销业绩奖励(包括实物、有价证券等)，应根据所发生费用的全额作为该营销人员当期的劳务收入，按照“劳务报酬所得”项目征收个人所得税，并由提供上述费用的企业和单位代扣代缴。个人兼职取得的收入，应按照“劳务报酬所得”项目缴纳个人所得税。个人担任董事职务所取得的董事费收入，属于劳务报酬性质，按劳务报酬所得项目征税。在校学生因参与勤工俭学(包括参与学校组织的勤工俭学活动)而取得属于《个人所得税法》规定的应税所得的收入，应依法缴纳个人所得税。

5）稿酬所得

稿酬所得是指个人因其作品以图书、报刊形式出版、发表而取得的所得。将稿酬所得独立划归一个征税项目，而对不以图书报刊形式出版、发表的翻译、审稿、书画所得归为劳务报酬所得，主要是考虑了出版、发表作品的特殊性。第一，它是一种依靠较高智力创造的精神产品；第二，它具有普遍性；第三，它与社会主义精神文明和物质文明密切相关；第四，它的报酬相对偏低。因此，稿酬所得应当与一般劳务报酬相对区别，并给予适当的优惠照顾。

6）特许权使用费所得

特许权使用费所得是指个人提供专利权、商标权、著作权、非专利技术以及其他特许权的使用权取得的所得。提供著作权的使用权的所得，不包括稿酬所得。

特许权大体有四种：一是专利权，是由国家专利主管机关依法授予专利申请人或其权利继承人在一定期间内实施其发明创造的专有权。二是商标权，即商标注册申请人依法取得的对其注册商标在获得商品上使用的独占使用权。三是著作权，即版权，是作者依法对其创作的文学、艺术和科学作品享有的专有权。四是非专利技术，指专利技术以外的专有技术，大多尚处于保密状态，仅为特定人知晓和占有。特许权使用费所得实际上包括特许权的转让（所有权转让）所得和特许权的提供（使用权让渡）所得。许多国家只将提供他人使用取得的所得，列入特许权使用费，而将特许权的转让所得列为资本利得税的征税对象。我国则不加区分。

7）利息、股息、红利所得

利息、股息、红利所得，是指个人拥有债权、股权而取得的利息、股息、红利所得。利息一般指个人因拥有债权而取得的利息，包括银行存款、贷款利息和各种债券利息。股息、红利，指个人拥有股权取得的股息、红利。按照一定的比率对每股发给的息金，叫股息；公司、企业应分配的利润，按股份分配的叫红利。

除个人独资企业、合伙企业以外的其他企业的个人投资者，以企业资金为本人、家庭成员及其相关人员支付与生产经营无关的消费性支出及购买汽车、住房等财产性支出，视为企业对个人投资者的红利分配，依照“利息、股息、红利所得”项目计征个人所得税。企业的上述支出不允许在所得税前扣除。

纳税年度内个人投资者从其投资企业（个人独资企业、合伙企业除外）借款，在该纳税年度终了后既不归还又未用于企业生产经营的，其未归还的借款可视为企业对个人投资者的红利分配，依照“利息、股息、红利所得”项目计征个人所得税。

8）财产租赁所得

财产租赁所得是指个人出租建筑物、土地使用权、机器设备、车船以及其他财产取得的所得。

个人取得的财产转租收入，属于“财产租赁所得”的征税范围，由财产转租人缴纳个人所得税。在确认纳税义务人时，应以产权凭证为依据；对无产权凭证的，由主管税务机关根据实际情况确定。产权所有人死亡，在未办理产权继承手续期间，该财产出租而有租金收入的，以领取租金的个人为纳税义务人。

9）财产转让所得

财产转让所得是指个人转让有价证券、股权、建筑物、土地使用权、机器设备、车船以及其他财产取得的所得。

个人进行的财产转让实际上是个人财产所有权的买卖行为。当事人双方通过签订、履行财产转让合同，形成财产买卖的法律关系，使出让财产的个人从对方取得价款（收入）或其他经济利益。对个人取得的各项财产转让所得，除股票转让所得外，都要征收个人所得税。

具体规定如下：

(1) 股票转让所得　根据税法规定，对股票所得征收个人所得税的办法，由财政部另行制定，报国务院批准施行。鉴于我国证券市场发育还不成熟，股份制还处于试点阶段，对股票转让所得的计算、征税办法和纳税期限的确认等都需要在作深入的调查研究后，结合国际通行做法，作出符合我国实际的规定。因此，国务院决定，对股票转让所得暂不征收个人所得税。

(2) 量化资产股份转让　集体所有制企业在改制为股份合作制企业时，对职工个人以股份形式取得的拥有所有权的企业量化资产，暂缓征收个人所得税；待个人将股份转让时，就其转让收入额，减除个人取得该股份时实际支付的费用和合理转让费用后的余额，按“财产转让所得”项目计征个人所得税。

(3) 个人住房转让所得　为促进我国居民住宅市场的健康发展，完善制度，加强征管，2006 年国家税务总局对个人住房转让所得的征税又进一步作出以下明确规定：

① 对住房转让所得征收个人所得税时，以实际成交价格为转让收入。纳税人申报的住房成交价格明显低于市场价格且无正当理由的，征收机关依法有权根据有关信息核定其转让收入，但必须保证各税种计税价格一致。

② 对转让住房收入计算个人所得税应纳税所得额时，纳税人可凭原购房合同、发票等有效凭证，经税务机关审核后，允许从其转让收入中减除房屋原值、转让住房过程中缴纳的税金及有关合理费用。

③ 纳税人未提供完整、准确的房屋原值凭证，不能正确计算房屋原值和应纳税额的，税务机关可对其实行核定征税，即按纳税人住房转让收入的一定比例核定应纳个人所得税额。具体比例由省级地方税务局或者省级地方税务局授权的地市级地方税务局根据纳税人出售住房的所处区域、地理位置、建造时间、房屋类型、住房平均价格水平等因素，在住房转让收入 1%～3%的幅度内确定。

④ 对出售自有住房并拟在现住房出售 1 年内按市场价重新购房的纳税人，其出售现住房所缴纳的个人所得税，先以纳税保证金形式缴纳，再视其重新购房的金额与原住房销售额的关系，全部或部分退还纳税保证金；对个人转让自用 5 年以上，并且是家庭唯一生活用房取得的所得，免征个人所得税。

10) 偶然所得

偶然所得是指个人得奖、中奖、中彩以及其他偶然性质的所得。得奖是指参加各种有奖竞赛活动，取得名次得到的奖金；中奖、中彩是指参加各种有奖活动，如有奖销售、有奖储蓄，或者购买彩票，经过规定程序，抽中、摇中号码而取得的奖金。偶然所得应缴纳的个人所得税款，一律由发奖单位或机构代扣代缴。

11) 其他所得

除上述列举的各项个人所得外，其他确有必要征税的个人所得，由国务院财政部门确定。个人取得的所得，难以界定应纳税所得项目的，由主管税务机关确定。

### 9.2.3　个人所得税的税率

个人所得税对不同性质的所得分别规定了两种不同的适用税率，即超额累进税率和比例税率。

(1) 工资、薪金所得适用七级超额累进税率，税率从 3%～45%。(见表 9.2.2)

表 9.2.2　工资、薪金所得个人所得税税率表

| 级数 | 全月应纳税所得额 | 全月不含税应纳税所得额 | 税率(%) | 速算扣除数 |
|---|---|---|---|---|
| 1 | 不超过 1 500 元的部分 | 不超过 1 455 元的 | 3 | 0 |
| 2 | 超过 1 500 元～4 500 元的部分 | 超过 1 455 元的至 4 155 元的部分 | 10 | 105 |
| 3 | 超过 4 500 元～9 000 元的部分 | 超过 4 155 元的至 7 755 元的部分 | 20 | 555 |
| 4 | 超过 9 000 元～35 000 元的部分 | 超过 7 755 元的至 27 255 元的部分 | 25 | 1 005 |
| 5 | 超过 35 000 元～55 000 元的部分 | 超过 27 255 元的至 41 255 元的部分 | 30 | 2 755 |
| 6 | 超过 55 000 元～80 000 元的部分 | 超过 41 255 元的至 57 505 元的部分 | 35 | 5 505 |
| 7 | 超过 80 000 以上的部分 | 超过 57 505 元的部分 | 45 | 13 505 |

注：本表所称全月应纳税所得额是指依据税法的规定，以每月收入额减除有关费用后的余额。

(2) 个体工商户的生产、经营所得和对企事业单位的承包经营、承租经营所得，以及个人独资企业和合伙企业的生产经营所得，适用五级超额累进税率，税率从 5%～35%。(见表 9.2.3)

表 9.2.3　个体工商户、承包承租经营者、个人独资企业和合伙企业的经营所得个人所得税税率表

| 级数 | 全月应纳税所得额 | 全月不含税应纳税所得额 | 税率(%) | 速算扣除数 |
|---|---|---|---|---|
| 1 | 不超过 15 000 元的部分 | 不超过 14 250 元的 | 5 | 0 |
| 2 | 超过 15 000 元～30 000 元的部分 | 超过 14 250 元至 27 750 元的部分 | 10 | 750 |
| 3 | 超过 30 000 元～60 000 元的部分 | 超过 27 750 元至 51 750 元的部分 | 20 | 3 750 |
| 4 | 超过 60 000 元～100 000 元的部分 | 超过 51 750 元至 79 750 元的部分 | 30 | 9 750 |
| 5 | 超过 100 000 元的部分 | 超过 79 750 元的部分 | 35 | 14 750 |

注：本表所称全年应纳税所得额，对个体工商户、个人独资企业和合伙企业的生产、经营所得来源，是指以每一纳税年度的收入总额，减除成本、费用以及损失后的余额；对企事业单位的承包经营、承租经营所得来源，是指以每一纳税年度的收入总额，减除必要费用后的余额。

需要注意的是，如承包人、承租人对企业经营成果没有所有权的，只是按合同或协议规定取得一定所得的，其所得按“工资、薪金”所得项目征税，适用 3%～45%的七级超额累进税率；如承包人、承租人按合同或协议规定向发包方、出租方缴纳一定费用后其余经营成果归其所有的，就适用 5%～35%的五级超额累进税率(个人独资企业和合伙企业的个人投资者取得的生产经营所得也适用该税率)。

(3) 稿酬所得适用比例税率，税率为 20%，同时可按应纳税额减征 30%，故其实际税负为 14%。

(4) 劳务报酬所得适用比例税率，税率为 20%，同时规定对劳务报酬所得一次收入畸高的，实行加成征收。具体规定为：个人一次取得劳务报酬，其应纳税所得额超过 2 万元至 5 万元的部分，依照税法规定计算应纳税额后，再按照应纳税额加征五成；超过 5 万元的部分，加征十成。因此，劳务报酬所得实际上适用 20%、30%、40%的三级超额累进税率。

(5) 特许权使用费所得，利息、股息、红利所得，财产租赁所得，财产转让所得，偶然所得和其他所得适用比例税率，税率为 20%。

### 9.2.4 个人所得税的税收优惠

根据《个人所得税法》及其实施条例以及财政部、国家税务总局的若干规定，个人所得税的减免税优惠政策主要有以下内容：

1) 免征个人所得税的项目

(1) 省级人民政府、国务院部委和中国人民解放军军以上单位，以及外国组织颁发的科学、教育、技术、文化、卫生、体育、环境保护等方面的奖金。对乡、镇(含乡镇)以上人民政府或经县(含县)以上人民政府主管部门批准成立的有机构、有章程的见义勇为基金或者类似性质的组织，奖励见义勇为者的奖金或奖品，经主管税务机关核准，免征个人所得税。

(2) 国债和国家发行的金融债券利息。这里所说的国债利息，是指个人持有中华人民共和国财政部发行的债券而取得的利息所得；所说的国家发行的金融债券利息，是指个人持有经国务院批准发行的金融债券而取得的利息所得。对个人取得的教育储蓄存款利息所得以及国务院财政部门确定的其他专项储蓄存款或者储蓄性专项基金存款的利息所得，免征个人所得税。

(3) 按照国家统一规定发给的补贴、津贴。具体包括按照国务院规定发给的政府特殊津贴、资深院士津贴，以及国务院规定免纳个人所得税的其他补贴、津贴。

(4) 福利费、抚恤金、救济金。这是指根据国家有关规定，从企业、事业单位、国家机关、社会团体提留的福利费或者工会经费中支付给个人的生活补助费，以及国家民政部门支付给个人的生活困难补助费。

(5) 保险赔款。

(6) 军人的转业费、复员费。

(7) 按照国家统一规定发给干部、职工的安家费、退职费、退休工资、离休工资、离休生活补助费。

(8) 依照我国有关法律规定应予免税的各国驻华使馆、领事馆的外交代表、领事官员和其他有关人员的所得。该项所得是指依照《中华人民共和国外交特权与豁免条例》和《中华人民共和国领事特权与豁免条例》规定免税的所得。

(9) 中国政府参加的国际公约以及签订的协议中规定免税的所得。

(10) 企业和个人按照省级以上人民政府规定的比例提取并交付的住房公积金、医疗保险金、基本养老保险金、失业保险金，不计入个人当期的工资、薪金收入，免予征收个人所得税。超过规定的比例缴付的部分计征个人所得税。

个人领取原提存的住房公积金(包括企业提存部分和个人提存部分)、医疗保险金、基本养老保险金时，免予征收个人所得税。

(11) 经国务院财政部门批准免征的所得。

2) 减征个人所得税的项目

有下列情形之一的，经批准可以减征个人所得税：

(1) 残疾、孤老人员和烈属的所得。残疾人员投资兴办或参与兴办个人独资企业或合伙企业的，残疾人员取得的生产经营所得，符合各省、自治区、直辖市人民政府规定的减征个人所得税条件的，经本人申请、主管税务机关审核批准，可按省、自治区、直辖市人民政府规定减征的范围和幅度，减征个人所得税。实行核定征税的投资者，不能享受个人所得税的优惠政策。

(2) 因严重自然灾害造成重大损失的。

(3) 其他经国务院财政部门批准减税的。

3) 暂免征收个人所得税的项目

(1) 外籍个人以非现金形式或实报实销形式取得的住房补贴、伙食补贴、搬迁费、洗衣费。

(2) 外籍人员按合理标准取得的境内、外出差补贴。

(3) 外籍人员取得的探亲费、语言训练费、子女教育费等,经当地税务机关审核批准为合理的部分。可以享受免征个人所得税优惠的探亲费,仅限于外籍个人在我国的受雇地与其家庭所在地(包括配偶或父母居住地)之间搭乘交通工具,且每年不超过两次的费用。

(4) 个人举办、协查各种违法、犯罪行为而获得的奖金。

(5) 个人办理代扣代缴税款手续,按规定取得的扣缴手续费。

(6) 个人转让自用达 5 年以上并且是唯一的家庭居住用房取得的所得。

(7) 对按《国务院关于高级专家离退休若干问题的暂行规定》和《国务院办公厅关于杰出高级专家暂缓离休审批问题的通知》精神,达到离休、退休年龄,但确因工作需要,适当延长离休、退休年龄的高级专家(指享受国家发放的政府特殊津贴的专家、学者),其在延长离休、退休期间的工资、薪金所得,视同退休工资、离休工资免征个人所得税。

(8) 外籍个人从外商投资企业取得的股息、红利所得。

(9) 凡符合下列条件之一的外籍专家取得的工资、薪金所得可免征个人所得税:

① 根据世界银行专项贷款协议由世界银行直接派往我国工作的外国专家;

② 联合国组织直接派往我国工作的专家;

③ 为联合国援助项目来华工作的专家;

④ 援助国派往我国专为该国无偿援助项目工作的专家;

⑤ 根据两国政府签订文化交流项目来华工作 2 年以内的文教专家,其工资、薪金所得由该国负担的。

⑥ 根据我国大专院校国际交流项目来华工作 2 年以内的文教专家,其工资、薪金所得由该国负担的。

⑦ 通过民间科研协定来华工作的专家,其工资、薪金所得由该国政府机构负担的。

(10) 股权分置改革中非流通股股东通过对价方式向流通股股东支付的股份、现金等收入,暂免征收流通股股东应缴纳的个人所得税。

(11) 对被拆迁人按照国家有关城镇房屋拆迁管理办法规定的标准取得的拆迁补偿款,免征个人所得税。

(12) 自 2008 年 10 月 9 日起,对储蓄存款利息所得暂免征收个人所得税。

## 9.3 个人所得税的计算

### 9.3.1 应纳税所得额的计算

个人所得税的计税依据是应纳税所得额。应纳税所得额是纳税人的收入总额扣除各项费用后的余额。征收个人所得税,要从纳税人的收入总额中扣除一些必要的费用,是世界各国通行的做法。扣除费用的项目一般包括两部分:一是本人及其赡养家人的生计费用;二是纳税人取得所得应支付的必要费用。由于个人所得税的应税项目不同，并且取得某项所得所需费用也不相同，因此，计算个人应纳税所得额，需按不同应税项目分项计算。以某项应税项目的收入额减去税法规定的该项目费用减除标准后的余额，为该项应纳税所得额。

1）各项所得的费用减除标准

（1）工资、薪金所得，以每月收入额减除费用 3 500 元后的余额，为应纳税所得额。

纳税人若在境内、境外同时取得工资、薪金所得，应首先判断其境内、境外取得的所得是否来源于一国的所得。纳税人能够提供在境内、境外同时任职或者受雇及其工资、薪金标准的有效证明文件，可判定其所得是分别来自境内和境外的，应分别减除费用后计税。如果纳税人不能提供上述证明应视为来源于一国所得。若其任职或者受雇单位是在中国境内，应为来源于我国境内的所得；若其任职或者受雇单位在我国境外，应为来源于我国境外的所得。

（2）个体工商户、个人独资企业和合伙企业的生产、经营所得，以每一纳税年度的收入总额，减除成本、费用以及损失后的余额，为应纳税所得额。所谓成本、费用，是指纳税人从事生产、经营所发生的各项直接支出和分配计入成本的间接费用以及销售费用、管理费用、财务费用；损失是指纳税人在生产、经营过程中发生的各项营业外支出。从事生产、经营的纳税人未提供完整、准确的纳税资料，不能正确计算应纳税所得额的，由主管税务机关核定其应纳税所得额。

对个体工商户、个人独资企业和合伙企业的成本费用扣除以及所得确定的详细规定还有：

① 个体工商户业主、个人独资企业和合伙企业自然人投资者本人的费用扣除标准统一确定为 42 000 元/年(3 500 元/月)。

② 个体工商户、个人独资企业和合伙企业向其从业人员实际支付的合理的工资、薪金支出，允许在税前据实扣除。个人独资企业和合伙企业投资者的工资不得在税前扣除。

③ 个体工商户、个人独资企业和合伙企业拨缴的工会经费、发生的职工福利费、职工教育经费支出分别在工资薪金总额 2%、14%、2.5%的标准内据实扣除。

④ 个体工商户、个人独资企业和合伙企业每一纳税年度发生的广告费和业务宣传费用不超过当年销售(营业)收入 15%的部分，可据实扣除；超过部分，准予在以后纳税年度结转扣除。

⑤ 个体工商户、个人独资企业和合伙企业每一纳税年度发生的与其生产经营业务直接相关的业务招待费支出，按照发生额的 60%扣除，但最高不得超过当年销售(营业)收入的 5‰。

⑥ 个体工商户在生产、经营期间借款的利息支出，凡有合法证明的，不高于按金融机构同类、同期贷款利率计算的数额的部分，准予扣除。

⑦ 企业生产经营和投资者及其家庭生活共用的固定资产，难以划分的，由主管税务机关根据企业的生产经营类型、规模等具体情况，核定准予在税前扣除的折旧费用的数额或比例。

⑧ 企业计提的各种准备金不得扣除。

⑨ 个体工商户与企业联营而分得的利润，按利息、股息、红利所得项目计征个人所得税。

⑩ 个体工商户和从事生产、经营的个人，取得与生产经营活动无关的各项应税所得，应

分别适用各应税项目的规定计算征收个人所得税。

⑪ 个人独资企业的投资者以全部生产经营所得为应纳税所得额；合伙企业的投资者按照合伙企业的全部生产经营所得和合伙协议约定的分配比例，确定应纳税所得额，合伙协议没有约定分配比例的，以全部生产经营所得和合伙人数量平均计算每个投资者的应纳税所得额。这里所称生产经营所得，包括企业分配给投资者个人的所得和企业当年留存的所得（利润）。

(3) 对企事业单位的承包经营、承租经营所得，以每一纳税年度的收入总额，减除必要费用后的余额，为应纳税所得额。所谓每一纳税年度的收入总额，是指纳税人按照承包经营、承租经营合同规定分得的经营利润和工资、薪金性质的所得；所说的减除必要费用，是指按月减除 3 500 元。

(4) 劳务报酬所得、稿酬所得、特许权使用费所得、财产租赁所得，每次收入不超过 4 000 元的，减除费用 800 元；4 000 元以上的，减除 20% 的费用，其余额为应纳税所得额。

(5) 财产转让所得，按照一次转让财产的收入额减除财产原值和合理费用后的余额，为应纳税所得额。所谓财产原值，是指：

① 有价证券，为买入价以及买入时按照规定交纳的有关费用；

② 建筑物，为建造费或者购进价格以及其他有关费用；

③ 土地使用权，为取得土地使用权所支付的金额，开发土地的费用以及其他有关费用；

④ 机器设备、车船，为购进价格、运输费、安装费以及其他有关费用；

⑤ 其他财产，参照以上方法确定。

纳税义务人未提供完整、准确的财产原值凭证，不能正确计算财产原值的，由主管税务机关核定其财产原值。

所谓合理费用，是指卖出财产时按照规定支付的有关费用。

(6) 利息、股息、红利所得，偶然所得和其他所得，以每次收入额为应纳税所得额。

自 2005 年 6 月 13 日起，对个人投资者从上市公司取得的股息、红利所得暂减按 50% 计入个人应纳税所得额。

2) 费用减除的特殊规定

(1) 考虑到外籍人员和在境外工作的中国公民的生活水平比国内公民要高，而且我国汇率的变化情况对他们的工资、薪金所得也有一定的影响。为了不因征收个人所得税而加重他们的负担，税法规定了对外籍人员和在境外工作的中国公民的工资、薪金所得附加减除费用的照顾。

按照税法的规定，对在中国境内无住所而在中国境内取得工资、薪金所得的纳税人和在中国境内有住所而在中国境外取得工资、薪金所得的纳税人，可以根据其平均收入水平、生活水平以及汇率变化情况，在每月减除 3 500 元费用的基础上，再附加减除费用 1 300 元。其适用范围包括：

① 在中国境内的外商投资企业和外国企业中工作取得工资、薪金所得的外籍人员；

② 应聘在中国境内的企业、事业单位、社会团体、国家机关中取得工资、薪金所得的外籍专家；

③ 在中国境内有住所而在中国境外任职或者受雇取得工资、薪金所得的个人；

④ 财政部确定的取得工资、薪金所得的其他人员。

华侨和香港、澳门、台湾同胞参照上述附加减除费用规定执行。

(2) 个人将其所得通过中国境内的社会团体、国家机关向教育和其他社会公益事业以及遭受严重自然灾害地区、贫困地区捐赠，捐赠额未超过纳税义务人申报的应纳税所得额30%的部分，可以从其应纳税所得额中扣除。

(3) 纳税人对下列捐赠，在缴纳个人所得税前的所得额中全额扣除。

① 纳税人通过非营利性的社会团体和政府部门向福利性、非营利性的老年服务机构的捐赠。

② 纳税人通过非营利性的社会团体和国家机关向农村义务教育的捐赠。农村义务教育的范围，是政府和社会力量举办的农村乡镇(不含县和县级市政府所在地的镇)、村的小学和初中以及属于这一阶段的特殊教育学校。纳税人对农村义务教育与高中在一起的学校的捐赠，也享受此项所得税前扣除。

③ 纳税人通过非营利性的社会团体和国家机关对公益性青年活动场所(其中包括新建)的捐赠。

④ 纳税人通过非营利性的社会团体和国家机关(包括中国红十字会)向红十字事业的捐赠。

⑤ 个人和个体工商户通过中国境内非营利性的社会团体、国家机关向科研机构和高等学校研究开发经费的资助。

(4) 个人的所得(不含偶然所得和经国务院财政部门确定征税的其他所得)用于资助非关联的科研机构和高等学校研究开发新产品、新技术、新工艺所发生的研究开发经费，经主管税务机关确定，可以全额在下月(工资、薪金所得)或下次(按次计征的所得)或当年(按年计征的所得)计征个人所得税时，从应纳税所得额中扣除，不足抵扣的，不得结转抵扣。

3) *每次收入的确定*

《个人所得税法》对纳税人取得的劳务报酬所得，稿酬所得，特许权使用费所得，利息、股息、红利所得，财产租赁所得，偶然所得和其他所得等七项所得，都是明确应该按次计算征税。由于扣除费用依据每次应纳税所得额的大小，分别规定了定额扣除和定率扣除两种标准，因此，无论是为了正确贯彻税法的立法精神，维护纳税人的合法权益，还是为了避免税收漏洞，防止税款流失，保证国家税收收入，如何准确划分“次”，都是十分重要的。劳务报酬所得等七个项目的“次”，《个人所得税法实施条例》中作了明确的规定。具体是：

(1) 劳务报酬所得，根据不同劳务项目的特点，分别规定如下：

① 只有一次性收入的，以取得该项收入为一次。例如从事设计、安装、装潢、制图、化验、测试等劳务，往往是接受客户的委托，按照客户的要求，完成一次劳务后取得收入。因此，是属于只有一次性的收入，应以每次提供劳务取得的收入为一次。

② 属于同一事项连续取得收入的，以一个月内取得的收入为一次。例如，某歌手与一歌厅签约，在一年内每两天到歌厅演唱一次，每次演唱后得到报酬100元。在计算其劳务报酬所得时，应视为同一事项的连续性收入，以其一个月内取得的收入为一次计征个人所得税，而不能以每次取得的收入为一“次”。

(2) 稿酬所得，以每次出版、发表取得的收入为一次。具体又可细分为：

① 同一作品再版取得的所得，应视作另一次稿酬所得计征个人所得税。

② 同一作品先在报刊上连载，然后再出版，或先出版，再在报刊上连载的，应视为两次稿酬所得征税。即连载作为一次，出版作为另一次。

③ 同一作品在报刊上连载取得收入的，以连载完成后取得的所有收入合并为一次，计征个人所得税。

④ 同一作品在出版和发表时，以预付稿酬或分次支付稿酬等形式取得的稿酬收入，应合并计算为一次。

⑤ 同一作品出版、发表后，因添加印数而追加稿酬的，应与以前出版、发表时取得的稿酬合并计算为一次，计征个人所得税。

(3) 特许权使用费所得，以某项使用权的一次转让所取得的收入为一次。一个纳税义务人可能不仅拥有一项特许权利，每一项特许权的使用权也可能不止一次地向他人提供。因此，对特许权使用费所得的“次”的界定，明确为每一项使用权的每次转让所取得的收入为一次。如果该次转让取得的收入是分笔支付的，应将各笔收入相加为一次的收入，计征个人所得税。

(4) 财产租赁所得，以一个月内取得的收入为一次，计征个人所得税。

(5) 利息、股息、红利所得，以支付利息、股息、红利时取得的收入为一次，计征个人所得税。

(6) 偶然所得，以每次收入为一次，计征个人所得税。

(7) 其他所得，以每次收入为一次，计征个人所得税。

4) 应纳税所得额的其他规定

(1) 应税所得的确认　个人取得的应纳税所得，包括现金、实物和有价证券，所得为实物的，应当按照取得的凭证上所注明的价格计算应纳税所得额；无凭证的实物或者凭证上所注明的价格偏低的，由主管税务机关参照当地的市场价格核定应纳税所得额。所得为有价证券的，由主管税务机关根据票面价格和市场价格核定应纳税所得额。

(2) 外币所得的折算　各项所得的计算，以人民币为单位。所得为外国货币的，应当按照填开完税凭证的上一月最后一日国家外汇主管机关公布的外汇牌价，折合成人民币计算应纳税所得额。按照税法规定，在年度终了后汇算清缴的，对已经按月或者按次预缴税款的外国货币所得，不再重新折算；对应当补缴税款的所得部分，按照上一纳税年度最后一日国家外汇主管机关公布的外汇牌价，折合成人民币计算应纳税所得额。

(3) 共同收入的分解　两个或者两个以上的个人共同取得同一项目收入的，应当对每个人取得的收入分别按照税法规定减除费用后计算缴纳个人所得税。

(4) 境内、境外所得的分解　在中国境内有住所，或者无住所而在中国境内居住满 1 年的个人，从中国境内和境外取得的所得，应当分别计算应纳税额。

### 9.3.2 应纳所得税额的计算

个人所得税应纳税额的计算，应根据纳税人各种性质的应纳税所得额，分项乘以适用税率，求出应纳税额。

1) 工资、薪金所得应纳税额的计算

工资、薪金所得应纳税额的计算公式为：

应纳税额＝应纳税所得额 × 适用税率－速算扣除数

＝(每月收入额－3 500 元或 4 800 元)× 适用税率－速算扣除数

这里需要说明的是：由于工资、薪金所得在计算应纳个人所得税额时，适用的是超额累进税率，所以计算比较烦琐。速算扣除数是指在采用超额累进税率征税的情况下，根据超额累进税率表中划分的应纳税所得额级距和税率，先用全额累进方法计算出税额，再减去用超额累进方法计算的应征税额以后的差额。当超额累进税率表中的级距和税率确定以后，各级速算扣除数也固定不变，成为计算应纳税额时的常数。

HTH]例 **9.3.1** 某中国公民 2012 年 3 月工资收入 5 200 元，计算该公民该月应纳个人所得税税额。

**解** ① 采用直接计算法：

应纳税所得额 ＝ 5 200－3 500 ＝1 700(元)

应纳税额＝1 500×3％＋200×10％＝65(元)

② 采用速算扣除数法：

应纳税所得额＝5 200－3 500＝1 700(元)

应纳税额＝1 700×10％－105＝65(元)

纳税人取得工资、薪金所得如属以下情况的，应按特定规定计税：

(1) 对个人取得全年一次性奖金的计税　全年一次性奖金是指行政机关、企事业单位等扣缴义务人根据其全年经济效益和对雇员全年工作业绩的综合考核情况，向雇员发放的一次性奖金，也包括年终加薪、实行年薪制和绩效工资办法的单位根据考核情况兑现的年薪和绩效工资。纳税人取得全年一次性奖金，单独作为一个月工资、薪金所得计算纳税。具体计税办法如下：

① 先将雇员当月内取得的全年一次性奖金，除以 12 个月，按其商数确定适用税率和速算扣除数。如果在发放年终一次性奖金的当月，雇员当月工资薪金所得低于税法规定的费用扣除额，应将全年一次性奖金减除“雇员当月工资薪金所得与费用扣除额的差额”后的余额，按上述办法确定全年一次性奖金的适用税率和速算扣除数。

② 将雇员个人当月内取得的全年一次性奖金，按①项确定的适用税率和速算扣除数计算征税。计算公式如下：

如果雇员当月工资、薪金所得高于(或等于)税法规定的费用扣除额的，适用公式为：

应纳税额＝雇员当月取得全年一次性奖金×适用税率－速算扣除数

如果雇员当月工资薪金所得低于税法规定的费用扣除额的，适用公式为：

应纳税额＝(雇员当月取得全年一次性奖金－雇员当月工资薪金所得与费用扣除额的差额)
×适用税率－速算扣除数

在一个纳税年度内，对每一个纳税人，该计税办法只允许采用一次。

雇员取得除全年一次性奖金以外的其他各种名目奖金，如半年奖、季度奖、加班奖、先进奖、考勤奖等，一律与当月工资、薪金收入合并，按税法规定缴纳个人所得税。对无住所个人取得该项所述的各种名目奖金，如果该个人当月在我国境内没有纳税义务，或者该个人由于出入境原因导致当月在我国工作时间不满一个月的，仍按照《国家税务总局关于在我国境内无住所的个人取得奖金征税问题的通知》(国税发〔1996〕183 号)计算纳税。

**例 9.3.2** 某公民 2012 年 12 月份工资收入 3 200 元，一次性领取年终奖金 19 200 元。计算该公民该笔奖金应纳个人所得税税额。

**解** ① 确定该笔奖金适用的税率和速算扣除数：

每月分摊的奖金＝[19 200－(3 500－3 200)]÷12＝1 575(元)，根据工薪所得税率规定，适用的税率和速算扣除数分别为 10％、105 元。

② 应纳税额=[19 200-(3 500-3 200)]×10%-105=1 785(元)

(2) 取得不含税全年一次性奖金收入的计税　纳税人取得不含税全年一次性奖金应换算为含税奖金再计征个人所得税。换算的具体方法为：

① 按照不含税的全年一次性奖金收入除以12的商数，查找相应适用税率A和速算扣除数A；

② 含税的全年一次性奖金收入=(不含税的全年一次性奖金收入-速算扣除数A)÷(1-适用税率A)；

③ 按含税的全年一次性奖金收入除以12的商数，重新查找适用税率B和速算扣除数B；

④ 应纳税额=含税的全年一次性奖金收入×适用税率B-速算扣除数B。

如果纳税人取得不含税全年一次性奖金收入的当月工资薪金所得，低于税法规定的费用扣除额，应先将不含税全年一次性奖金减去当月工资薪金所得低于税法规定费用扣除额的差额部分后，再按照上述方法处理。

**例9.3.3**　某公民王某，2012年12月取得工资5 000元，取得不含税全年一次性奖金收入51 600元，计算王某该笔奖金应纳个人所得税税额。

**解**　① 每月的不含税奖金=51 600÷12=4 300(元)，适用税率和速算扣除数分别为10%和105元。

② 含税的全年一次性奖金收入=(51 600-105)÷(1-10%)=57 216.67(元)

③ 每月的含税奖金=57 216.67÷12=4 768.05(元)，适用税率和速算扣除数分别为20%和555元。

④ 应纳税额=57 216.67×20%-555=10 888.33(元)

(3) 纳税人在两处或两处以上取得工资、薪金所得，如果每处取得的工资、薪金所得超过计税标准的应先由支付单位代扣代缴所得税，且只能由一处扣除费用。个人在取得两处或两处以上工资、薪金所得后，应向税务机关申报纳税。对于已经代扣代缴的所得税，允许在申报纳税时予以抵扣。

**例9.3.4**　刘某为一中外合资企业雇佣的中方管理人员，2012年6月，该合资企业支付给刘某的薪金为6 000元；同月，刘某还从其派遣单位取得工资1 200元。试计算刘某当月应缴纳的个人所得税税额。

**解**　① 合资企业扣缴税额=(6 000 - 3 500)×10%- 105=145(元)

② 派遣单位扣缴税额=1 200×3%=36(元)

③ 实际应缴纳税额=(6 000+1 200 - 3 500) ×10%- 105=265(元)

因此，刘某到税务机关申报时，应补缴税款84元(265-145-36)。

(4) 在我国境内无住所的个人，凡在我国境内不满一个月并仅就不满一个月期间的工资、薪金所得申报纳税的均按全月工资、薪金所得为依据计算应纳税额。其计算公式为：

应纳税额=(当月工资、薪金应纳税所得额×适用税率-速算扣除数)
×当月实际在中国天数÷当月天数

(5) 对试行年薪制的企业经营者取得的工资、薪金可以采取按年计征、分月预缴的方法计征个人所得税。即企业经营者按月领取的基本收入，应在减除规定的费用标准(3 500元)后，按适用税率计算应纳税款并预缴，年度终了领取效益收入后，合计全年基本收入和效益收入，再按12个月平均计算实际应纳的税款。用公式表示为：

应纳税额=[(全年基本收入和效益收入÷12 —费用扣除标准)×税率—速算扣除数]×12

2) 个体工商户的生产、经营所得应纳税额的计算

个体工商户的生产、经营所得应纳税额的计算公式为：

应纳税额=应纳税所得额 × 适用税率—速算扣除数

=(全年收入总额—成本、费用以及损失)×适用税率—速算扣除数

3) 个人独资企业和合伙企业的生产经营所得应纳税额的计算

个人独资企业和合伙企业生产经营所得，其个人所得税应纳税额的计算有两种办法：

(1) 查账征税办法　凡实行查账征税办法的，应纳税额按照个体工商户个人所得税计税方法计算。

投资者兴办两个或两个以上企业，并且企业性质全部是独资的，年度终了后汇算清缴时，应纳税款的计算按以下方法进行：汇总其投资兴办的所有企业的经营所得作为应纳税所得额，以此确定适用税率，计算出全年经营所得的应纳税额，再根据每个企业的经营所得占所有企业经营所得的比例，分别计算出每个企业的应纳税额和应补缴税额。计算公式如下：

$$应纳税所得额 = \sum 各个企业的经营所得$$

$$应纳税额 = 应纳税所得额 \times 税率 - 速算扣除数$$

$$本企业应纳税额 = 应纳税额 \times 本企业的经营所得 \div \sum 各个企业的经营所得$$

$$本企业应补缴的税额 = 本企业应纳税额 - 本企业预缴的税额$$

(2) 核定征收办法　核定征收方式包括定额征收、核定应税所得率征收以及其他合理的征收方式。

实行核定应税所得率征收方式的，应纳所得税额的计算公式如下：

应纳税所得额=收入总额 × 应税所得率

或=成本费用支出额 ÷ (1—应税所得率)×应税所得率

应纳所得税额=应纳税所得额 × 适用税率

应税所得率按表9.3.1规定的标准执行：

**表9.3.1　个人所得税应税所得率表**

| 行　　业 | 应税所得率(%) |
|---|---|
| 工业、交通运输业、商业 | 5～20 |
| 建筑业、房地产开发业 | 7～20 |
| 饮食服务业 | 7～25 |
| 娱乐业 | 20～40 |
| 其他行业 | 10～30 |

企业经营多业的，无论其经营项目是否单独核算，均应根据其主营项目确定其适用的应税所得率。

实行核定征税的投资者，不能享受个人所得税的优惠政策。

实行查账征税方式的个人独资企业和合伙企业改为核定征税方式后，在查账征税方式

下认定的年度经营亏损未弥补完的部分不得再继续弥补。

**例 9.3.5** 某商店为个人独资企业，2013 年初向税务机关报送 2012 年度的个人所得税申报表，表中填列的商品销售收入为 200 万元，减除成本费用、税金后的利润为－8 万元，应纳税所得额也是－8 万元，经税务机关审查后核定以下支出：

(1) 业主工资每月列支 3 500 元。

(2) 经营场所月租金 12 000 元，为业主家庭居住占面积的 1/4，税务部门允许业主私人使用和经营使用的分摊比例为 1∶3。

(3) 全年发生业务招待费 52 000 元，已列支。

(4) 被工商部门处以罚款 30 000 元。

试计算该独资企业投资者 2012 年度应纳个人所得税税额。

**解** 应纳税所得额＝应纳税所得额＝－80 000＋3 500×12＋(12 000×1/3)×12＋(52 000－2 000 000×5‰)＋30 000

＝－80 000＋42 000＋48 000＋42 000＋30 000

＝ 82 000

应纳税额＝82 000×30％－9 750＝14 850(元)

4) 承包经营、承租经营所得应纳税额的计算

对企事业单位的承包经营、承租经营所得，其个人所得税应纳税额的计算公式为：

应纳税额＝应纳税所得额 × 适用税率 － 速算扣除数

或＝(纳税年度收入总额－必要费用)×适用税率－速算扣除数

**例 9.3.6** 2012 年 1 月 1 日李某与某农科所签订承包合同经营饭店，根据合同协议承包期为 3 年，个人每年交纳承包费 120 000 元。年终该饭店实现利润总额 200 000 元。试计算李某 2012 年应纳个人所得税税额。

**解** 应纳税所得额 ＝承包经营利润 － 上交费用 － 每月费用扣减数

＝200 000 － 120 000 － 3 500 × 12

＝38 000(元)

应纳税额 ＝38 000 × 20％ － 3 750

＝3 850(元)

5) 劳务报酬所得应纳税额的计算

对劳务报酬所得，其个人所得税应纳税额的计算公式为：

(1) 每次收入不足 4 000 元的：

应纳税额＝应纳税所得额 × 适用税率

或＝(每次收入额 － 800)× 20％

(2) 每次收入在 4 000 元以上的：

应纳税额＝应纳税所得额 × 适用税率

或＝每次收入额 ×(1－ 20％)× 20％

(3) 应纳税所得额超过 20 000 元的：

应纳税额＝应纳税所得额 × 适用税率 － 速算扣除数

或＝每次收入额×(1－ 20％)× 适用税率 － 速算扣除数

劳务报酬所得适用的税率及速算扣除数见表 9.3.2。

**表 9.3.2　劳务报酬所得适用的税率和速算扣除数表**

| 级数 | 每次应纳税所得额 | 税率(%) | 速算扣除数 |
|---|---|---|---|
| 1 | 不超过 20 000 元的部分 | 20 | 0 |
| 2 | 超过 20 000 元～50 000 元的部分 | 30 | 2 000 |
| 3 | 超过 50 000 元的部分 | 40 | 7 000 |

注:本表所称"每次应纳税所得额",是指每次收入额减除费用 800 元(每次收入不超过 4 000 元时)或者减除 20%的费用(每次收入超过 4 000 元时)后的余额。

**例 9.3.7**　某演员一次取得表演收入 50 000 元，计算其应纳个人所得税税额。

**解**　应纳税额＝每次收入额×(1 － 20%)× 适用税率－速算扣除数

＝50 000 ×(1－20%)×30% － 2 000

＝10 000(元)

(4) 为纳税人代付税款的计算方法:

如果单位或个人为纳税人代付税款的,应当将单位或个人支付给纳税人的不含税支付额(或称纳税人取得的不含税收入额)换算为应纳税所得额,然后按规定计算应代付的个人所得税款。计算公式为:

① 不含税收入额不超过 3 360 元的:

应纳税所得额＝(不含税收入额 － 800)÷ (1 －税率)

应纳税额＝应纳税所得额 × 适用税率

② 不含税收入额超过 3 360 元的:

应纳税所得额＝[(不含税收入额 － 速算扣除数)×(1－20%)]

÷[1－税率×(1－20%)]

或＝[(不含税收入额 － 速算扣除数)×(1－20%)]÷ 当级换算系数

应纳税额＝应纳税所得额 × 适用税率 － 速算扣除数

上述公式中的"税率",是指不含税劳务报酬收入所对应的税率(见表 9.3.3);公式中的"适用税率",是指应纳税所得额按含税级距所对应的税率(见表 9.3.2)。

**表 9.3.3　不含税劳务报酬收入适用税率表**

| 级数 | 不含税劳务报酬收入额 | 税率(%) | 速算扣除数 | 换算系数(%) |
|---|---|---|---|---|
| 1 | 未超过 3 360 元的部分 | 20 | 0 | 无 |
| 2 | 超过 3 360 元～21 000 元的部分 | 20 | 0 | 84 |
| 3 | 超过 21 000 元～49 500 元的部分 | 30 | 2000 | 76 |
| 4 | 超过 49 500 元的部分 | 40 | 7000 | 68 |

**例 9.3.8**　某软件工程师为 A 公司编制了一套应用程序,按照合同规定,该公司应支付其劳务报酬 30 000 元,与其报酬相关的个人所得税由该公司代为支付。在不考虑其他税收的情况下,计算 A 公司应代付的个人所得税额。

**解**　代付个人所得税的应纳税所得额＝[(30 000－2 000)×(1－20%)]÷76%

$$=29\ 473.68(元)$$

应代付个人所得税$=29\ 473.68\times30\%-2\ 000$

$=6\ 842.11(元)$

6) 稿酬所得应纳税额的计算

稿酬所得应纳税额的计算公式为：

(1) 每次收入不足 4 000 元的：

$$应纳税额=应纳税所得额\times适用税率\times(1-30\%)$$
$$=(每次收入额-800)\times20\%\times(1-30\%)$$

(2) 每次收入在 4 000 元以上的：

$$应纳税额=应纳税所得额\times适用税率\times(1-30\%)$$
$$=每次收入额\times(1-20\%)\times20\%\times(1-30\%)$$

**例 9.3.9** 某作家从出版社取得稿酬 50 000 元，试计算其应纳个人所得税额。

**解** 应纳税额$=50\ 000\times(1-20\%)\times20\%\times(1-30\%)$

$=5\ 600(元)$

7) 特许权使用费所得应纳税额的计算

特许权使用费所得应纳税额的计算公式为：

(1) 每次收入不足 4 000 元的：

$$应纳税额=应纳税所得额\times适用税率$$
$$=(每次收入额-800)\times20\%$$

(2) 每次收入在 4 000 元以上的：

$$应纳税额=应纳税所得额\times适用税率$$
$$=每次收入额\times(1-20\%)\times20\%$$

8) 利息、股息、红利所得应纳税额的计算

利息、股息、红利所得应纳税额的计算公式为：

$$应纳税额=应纳税所得额\times适用税率$$
$$=每次收入额\times20\%$$

这里需要指出的是，对储蓄存款利息，1999 年 11 月 1 日以前是免征个人所得税的。根据国务院 1999 年 9 月 30 日《对储蓄存款利息所得征收个人所得税的实施办法》(以下简称《实施办法》)的规定，从我国境内的储蓄机构取得人民币、外币储蓄存款利息所得的个人，应当缴纳个人所得税。《实施办法》还规定，储蓄存款在 1999 年 10 月 31 日前滋生的利息所得，不征收个人所得税；储蓄存款在 1999 年 11 月 1 日后滋生的利息所得，按 20%征收个人所得税。从 2007 年 8 月 15 日起除特殊规定外，储蓄存款所取得的利息按 5%的税率征收个人所得税，储蓄存款在 2007 年 8 月 14 日前滋生的利息所得，按 20%征收个人所得税。自 2008 年 10 月 9 日(含)起暂免征储蓄存款利息个人所得税。

**例 9.3.10** 某储户 1999 年 7 月 1 日存入银行十年期定期存款 10 000 元，年利率为 5.78%，存款到期日即 2009 年 7 月 1 日把存款全部取出。试计算其应纳税额。

**解** 该存款十年滋生的利息额$=10\ 000\times5.78\%\times10=5\ 780(元)$

1999 年 11 月 1 日前滋生的利息$=578\div12\times4=192.67(元)$(不需纳税)

1999 年 11 月 1 日至 2007 年 8 月 14 日止滋生的利息

$=578\div12\times8+10\ 000\times5.78\%\times7+10\ 000\times5.78\%\div360\times(31+14)$

$=385.33+4\ 046+72.25=4\ 503.58$(元)

2007 年 8 月 15 日至 2011 年 10 月 8 日止滋生的利息

$=10\ 000\times5.78\%\div360\times(360-31-14)+10\ 000\times5.78\%\div360\times(31+31+30+8)=505.75+160.56=666.31$(元)

2008 年 10 月 9 日起至 2009 年 6 月 30 日止滋生的利息

$=10\ 000\times5.78\%\div360\times(360-31-31-30-8)=417.44$(元)(不需纳税)

应纳税额$=4\ 503.58\times20\%+666.31\times5\%=900.72+33.32=934.04$(元)

9) 财产租赁所得应纳税额的计算

在确定财产租赁的应纳税所得额时,除按税法规定的费用扣除标准进行定额或定率减除外,纳税人在出租财产过程中缴纳的税金和教育费附加,可持完税(交款)凭证从其财产租赁收入中扣除。还准予扣除能够提供有效、准确凭证,证明由纳税人负担的该出租财产实际开支的修缮费用。允许扣除的修缮费用,以每次 800 元为限。一次扣除不完的,准予在下一次继续扣除,直到扣完为止。

财产租赁所得应纳税额的计算公式为:

(1) 每次(月)收入不足 4 000 元的:

应纳税额=应纳税所得额×适用税率

=[每次(月)收入额 − 准予扣除税费−修缮费用− 800]×适用税率

(2) 每次收入在 4 000 元以上的:

应纳税额=应纳税所得额×适用税率

={(每次(月)收入额 − 准予扣除税费−修缮费用)×(1−20%)}×适用税率

财产租赁所得正常适用税率是 20%,但对个人按市场价格出租的居民住房取得的所得,自 2001 年 1 月 1 日起暂缓减按 10%的税率征收个人所得税。

**例 9.3.11** 胡某于 2011 年 5 月将其自有的一套面积为 89 平方米的三居室住房出租给一公司作为办公用房使用,租期 1 年。胡某每月取得租金收入 1 500 元,全年租金收入 18 000 元。计算胡某 2011 全年租金收入应缴纳的个人所得税。

**解** 财产租赁收入以每月内取得的收入为一次,因此,胡某每月及 2011 年应纳税额为:

每月应纳税额$=(1\ 500-800)\times10\%=70$(元)

2011 年应纳税额$=70\times8=560$(元)

本例在计算个人所得税时未考虑其他税、费。如果对租金收入计征营业税、城市维护建设税、房产税和教育附加等,还应将其从税前的收入中先扣除后才计算应缴纳的个人所得税。

假定在上例中,当年 10 月份因房屋漏水请维修公司来修理,发生修理费用 400 元,有正式的维修费发票,则 10 月份和 2011 年的应纳税额为:

10 月份应纳税额$=(1\ 500-400-800)\times10\%$

$=30$(元)

2011 年应纳税额$=70\times7+30=520$(元)

在实际征税过程中,有时会出现财产租赁所得的纳税人不明确的情况。对此,在确定财产租赁所得纳税人时,应以产权凭证为依据。无产权凭证的,由主管税务机关根据实际情况确定纳税人。如果产权所有人死亡,在未办理产权继承手续期间,以领取租金收入的个人为纳税义务人。

10）财产转让所得应纳税额的计算

财产转让所得应纳税额的计算公式为：

$$\begin{aligned}应纳税额&=应纳税所得额\times 适用税率\\&=(收入总额-财产原值-合理费用)\times 20\%\end{aligned}$$

**例 9.3.12** 某人拥有自建房一栋，原造价共为 100 000 元，后将该房屋转让，转让价为 150 000 元，转让过程中，按规定支付房屋交易费等 3 000 元，计算其应纳个人所得税额。

**解** 应纳税所得额＝150 000－100 000 － 3 000

＝47 000(元)

应纳税额＝47 000×20%＝9 400(元)

11）偶然所得、其他所得应纳税额的计算

偶然所得、其他所得应纳税额的计算公式为：

$$\begin{aligned}应纳税额&=应纳税所得额\times 适用税率\\&=每次收入额\times 20\%\end{aligned}$$

**例 9.3.13** 李某在参加电视台主办的有奖知识问答时获得第一名，得到奖金共计 25 000元，李某在领取奖金时告知电视台，从得到的奖金中拿出 5000 元通过教育部门向家乡某小学捐款。试计算电视台代扣代缴个人所得税后，李某实际可得到的中奖金额。

**解** 根据税法规定，李某的捐赠额可以全部从应纳税所得额中扣除(因为 5 000/25 000 ＝20%，小于捐赠扣除比例 30%)。

应纳税所得额＝25 000 － 5 000＝20 000(元)

应纳税额(电视台代扣税款)＝ 20 000×20%＝4 000(元)

李某实际可获得奖金额＝25 000 － 5 000 － 4 000

＝16 000(元)

12）应纳税额计算中的特殊问题

(1) 关于个人取得公务交通、通讯补贴收入征税问题　个人因公务用车和通讯制度改革而取得的公务用车、通讯补贴收入，扣除一定标准的费用后，按照“工资、薪金”所得项目计征个人所得税。按月发放的，并入当月“工资、薪金”所得计征个人所得税；不按月发放的，分解到所属月份并与该月份“工资、薪金”所得合并后计征个人所得税。公务费用扣除标准，由省级地方税务局根据纳税人公务交通、通讯费用实际发生情况调查测算，报经省级人民政府批准后确定，并报国家税务总局备案。

(2) 两个以上的纳税人共同取得同一项所得时的计税问题　两个或两个以上的纳税人共同取得同一项所得的，可以对每个人分得的收入分别减除费用，并计算各自应纳的税款。

(3) 关于失业保险费(金)征税问题　城镇企事业单位及其职工个人按照《失业保险条例》规定的比例，实际缴付的失业保险费，均不计入职工个人当期工资、薪金收入，免予征收个人所得税；超过《失业保险条例》规定的比例缴付的失业保险费，应计入职工个人当期的工资、薪金收入，依法计征个人所得税。具备《失业保险条例》规定条件的失业人员，领取的失业保险金，免予征收个人所得税。

(4) 对个人因解除劳动合同取得经济补偿金的征税问题　企业依照国家有关法律规定宣告破产，企业职工从该破产企业取得的一次性安置费收入，免征个人所得税。个人因与用人单位解除劳动关系而取得的一次性补偿收入(包括用人单位发放的经济补偿金、生活补助费和其他补助费用)，其收入在当地上年职工平均工资3倍数额以内的部分，免征个人所得税；超过3倍数额部分的一次性补偿收入，可视为一次取得数月的工资、薪金收入，允许在一定期限内平均计算。方法为：以超过3倍数额部分的一次性补偿收入，除以个人在本企业的工作年限数(超过12年的按12年计算)，以其商数作为个人的月工资、薪金收入，按照税法规定计算缴纳个人所得税。个人领取一次性补偿收入时按照国家和地方政府规定的比例实际缴纳的住房公积金、医疗保险费、基本养老保险费、失业保险费，可以在计征其一次性补偿收入的个人所得税时予以扣除。

(5) 个人兼职和退休人员再任职取得收入的征税问题　个人兼职取得的收入应按照"劳务报酬所得"应税项目缴纳个人所得税；退休人员再任职取得的收入，在减除按个人所得税法规定的费用扣除标准后，按照"工资、薪金"所得应税项目缴纳个人所得税。

(6) 企业为股东个人购买汽车的征税问题　企业为股东购买车辆并将车辆所有权办到股东个人名下，其实质为企业对股东进行了红利性质的实物分配，应按照"利息、股息、红利所得"项目征收个人所得税。考虑到该股东个人名下的车辆同时也为企业经营使用的实际情况，允许合理减除部分所得；减除的具体数额由主管税务机关根据车辆的使用情况合理确定。

(7) 个人股票期权所得的征税问题　员工接受实施股票期权计划企业授予的股票期权时，除另有规定外，一般不作为应税所得征税。员工行权时，其从企业取得股票的实际购买价(施权价)低于购买日公平市场价(指该股票当日的收盘价，下同)的差额，是因员工在企业的表现和业绩情况而取得的与任职、受雇有关的所得，应按"工资、薪金所得"适用的规定计算缴纳个人所得税。对因特殊情况，员工在行权日之前将股票期权转让的，以股票期权的转让净收入，作为工资、薪金所得征收个人所得税。

员工行权日所在期间的工资、薪金所得，应按下列公式计算工资、薪金应纳税所得额：

股票期权形式的工资、薪金应纳税所得额=(行权股票的每股市场价－员工取得该股票期权支付的每股施权价)×股票数量

员工将行权后的股票再转让时获得的高于购买日公平市场价的差额，是因个人在证券二级市场上转让股票等有价证券而获得的所得，应按照"财产转让所得"适用的征免规定计算缴纳个人所得税。员工因拥有股权而参与企业税后利润分配取得的所得，应按照"利息、股息、红利所得"适用的规定计算缴纳个人所得税。

### 9.3.3　境外所得的税额抵免

在对纳税人的境外所得征税时，会存在其境外所得已在来源国家或者地区缴税的实际情况。基于国家之间对同一所得应避免双重征税的原则，我国在对纳税人的境外所得行使税收管辖权时，对该所得在境外已纳税额采取分不同情况从应征税额中予以抵免的做法。

税法规定，纳税人从中国境外取得的所得，准予其在应纳税额中抵免已在境外缴纳的个人所得税税额。但抵免额不得超过该纳税人境外所得依照我国税法规定计算的应纳税额。具体规定及计税方法如下：

(1) 已缴境外税款　是指纳税人从中国境外取得的所得，依照该所得来源国家或者地区的法律应当缴纳并且实际已经缴纳的税额。

(2) 抵免限额　准予抵免的已缴境外税款不能超过按我国税法计算的抵免限额。我国

个人所得税的抵免限额采用分国分项限额法，即区别不同国家或者地区和不同的应税项目，依照税法规定的费用减除标准和适用税率计算抵免限额。对于同一国家或者地区的不同应税项目，以其各项的扣除限额之和，作为该国家或者地区所得税款的扣除限额。其计算公式为：

$$分国抵免限额 = \sum(来自某国或某地区的某一应税项目的所得 - 费用扣除标准) \times 适用税率 - 速算扣除数$$

(3) 允许抵免额　用计算出来的分国抵免限额与纳税人在该国或地区的实缴税款进行比较，以数额较小者作为允许抵免额。

(4) 超限额结转　如果纳税人在某一纳税年度实缴境外税款低于抵免限额，应当在中国缴纳差额部分的税款；如果实缴境外税款超过抵免限额，超限额部分不得在本年度的应纳税额中抵扣，但可以在以后纳税年度的该国家或地区抵免限额的余额中补扣。这一做法被称为超限额结转。下一年度补扣后仍有超限额的，可继续结转，但结转期最长不得超过5年。

**例 9.3.14**　某纳税人在同一纳税年度，从A、B两国取得应税收入。其中A国取得工资收入60 000元(已折合人民币，下同，平均每月5 000元)，特许权使用费收入70 000元；同时，又在B国取得利息收入10 000元。该纳税人已分别按A国和B国税法规定，缴纳了个人所得税12 500元和1 500元。其抵免计算如下：

① A国抵免限额＝[(5 000－4 800)×3%]×12＋[70 000×(1－20%)×20%]
＝72 ＋ 11 200＝11 272(元)

② 该纳税人在A国所得缴纳个人所得税12 500元，超出抵免限额，因此，只能按限额抵免11 272元，不用补缴税款。

③ B国抵免限额＝10 000×20%＝2 000(元)

④ 该纳税人在B国所得缴纳个人所得税1 500元，低于抵免限额，因此，在B国实缴税款可全额抵免，并需在中国补缴税款500元(2 000 － 1 500)。

综合上述计算结果，该纳税人当年度在B国的所得应在中国补缴个人所得税500元，在A国缴纳税款未抵免完的超限额为1 228元，可在以后5年内该纳税人从A国取得抵免限额结余时补扣。

# 9.4　个人所得税的征收管理

## 9.4.1　个人所得税的征收办法

个人所得税的征收，采用源泉扣缴和纳税人自行申报相结合的办法。

1) 源泉扣缴法

源泉扣缴即全员全额扣缴申报，是指扣缴义务人在向个人支付应税所得时，从其应税所得中代扣税款；并在代扣税款的次月内，向主管税务机关报送其支付所得个人的基本信息、支付所得数额、扣缴税款的具体数额和总额以及其他相关涉税信息。这种方法的优点在于：可以节约税务机关的人力、物力消耗，简化征收管理手续；可以有效控制税源，避免或减少漏税和逃税，及时组织税款入库。我国的个人所得税广泛运用源泉扣缴法进行个人所得税征收。国家税务总局专门制定下发了《个人所得税代扣代缴暂行办法》(以下简称《暂行办法》)。自 1995 年 4 月 1 日起执行的《暂行办法》,对扣缴义务人和代扣代缴的范围、扣缴义务人的义务及应承担的责任、代扣代缴期限等作了明确规定。

(1) 扣缴义务人　凡支付个人应纳税所得的企业(公司)、事业单位、机关、社会团体、军队、驻华机构、个体户等单位或者个人,为个人所得税的扣缴义务人。

这里所说的驻华机构,不包括外国驻华使领馆和联合国及其他依法享有外交特权和豁免的国际组织驻华机构。

(2) 代扣代缴的范围　扣缴义务人向个人支付税法规定的应纳税所得(包括现金、实物和有价证券)时,不论纳税人是否属于本单位人员,均应代扣代缴其应纳的个人所得税税款。这里所说支付,包括现金支付、汇拨支付、转账支付和以有价证券、实物以及其他形式的支付。

(3) 扣缴义务人的义务及应承担的责任

① 扣缴义务人应指定支付应纳税所得的财务会计部门或其他有关部门的人员为办税人员,由办税人员具体办理个人所得税的代扣代缴工作。代扣代缴义务人的有关领导要对代扣代缴工作提供便利,支持办税人员履行义务;确定办税人员或办税人员发生变动时应将名单及时报告主管税务机关。

② 扣缴义务人的法人代表(或单位主要负责人)、财会部门的负责人及具体办理代扣代缴税款的有关人员,共同对依法履行代扣代缴义务负法律责任。

③ 同一扣缴义务人的不同部门支付应纳税所得时,应报办税人员汇总。

④ 扣缴义务人在代扣代缴时,必须向纳税人开具税务机关统一印刷的代扣代收凭证,并详细注明纳税人姓名、工作单位、家庭住址和居民身份或护照号码(无上述证件的,可用其他能有效证明身份的证件)等个人情况。对工资、奖金所得和利息、股息、红利所得等,因纳税人数众多、不便一一开具代扣代收税款凭证的,经主管税务机关同意,可不开具代扣代缴凭证,但应通过一定形式告知纳税人已扣缴税款。纳税人为持有完税依据而向扣缴义务人索取代扣代缴税款凭证的,扣缴义务人不得拒绝。

扣缴义务人应主动向税务机关申领代扣代收税款凭证,据以向纳税人扣税。非正式扣税凭证,纳税人可以拒收。

⑤ 扣缴义务人对纳税人的应扣未扣的税款,其应纳税款仍然由纳税人缴纳,扣缴义务人应承担应扣未扣税款 50%以上至 3 倍的罚款。

⑥ 扣缴义务人应设立代扣代缴税款账簿,正确反映个人所得税的扣缴情况,并如实填写《扣缴个人所得税报告表》及其他有关资料。

2) 自行申报法

自行申报纳税,是由纳税人自行在税法规定的纳税期限内,向税务机关申报取得的应税所得项目和数额,如实填写个人所得税纳税申报表,并按照税法规定计算应纳税额,据此缴纳个人所得税的一种方法。

纳税人发生以下几种情况之一时,就采用自行申报法:

(1) 年所得 12 万元以上的纳税义务人,在年度终了后 3 个月内到主管税务机关办理纳税申报。

(2) 从中国境内两处或者两处以上取得工资、薪金所得的;

(3) 从中国境外取得所得的;

(4) 取得应纳税所得,没有扣缴义务人的;

(5) 国务院规定的其他情形。

### 9.4.2 个人所得税的纳税期限

无论是扣缴义务人还是自行申报的纳税人，都必须按税法规定的期限向税务机关缴纳税款。

(1) 工资、薪金所得应纳的税款，按月计征，由扣缴义务人或纳税人在次月 15 日内缴入国库，并向主管税务机关报送纳税申报表。

(2) 账册健全的个体工商户的生产、经营所得应纳的税款，按年计算、分月预缴，由纳税人在次月 15 日内申报预缴，年度终了后 3 个月内汇算清缴，多退少补。账册不健全的个体工商户的生产、经营所得应纳的税款，由各地税务机关依据《中华人民共和国税收征收管理法》(以下简称《征管法》)及其实施细则的有关规定，自行确定征收方式。

(3) 对企事业单位的承包经营、承租经营所得应纳的税款，按年计算，在年终一次性取得承包经营、承租经营所得的纳税人，自取得收入之日起 30 日内申报纳税；在 1 年内分次取得承包经营、承租经营所得的，应在取得每次所得后的 15 日内申报预缴，年度终了后 3 个月内汇算清缴，多退少补。

(4) 个人独资企业和合伙企业投资者应纳的个人所得税税款，按年计算，分月或者分季预缴，由投资者在每月或者每季年度终了后 15 日内预缴，年度终了后 3 个月内汇算清缴，多退少补。

个人独资企业和合伙企业在年度中间合并、分立、终止时，投资者应当在停止生产经营之日起 60 日内，向主管税务机关办理当期个人所得税汇算清缴。在纳税年度的中间开业，或者由于合并、关闭等原因，使该纳税年度的实际经营期不足 12 个月的，应当以其实际经营期为一个纳税年度。

(5) 从中国境外取得所得的纳税人，其来源于中国境外的应纳税所得，如在境外以纳税年度计算缴纳个人所得税的，应在所得来源国的纳税年度终了、结清税款后的 30 日内，向中国主管税务机关申报纳税；如在取得境外所得时结清税款的，或者在境外按所得来源国税法规定免予缴纳个人所得税，应在次年 1 月 1 日起 30 日内向中国主管税务机关申报纳税。

(6) 纳税人需要出境的，应在未离开中国 7 日以前，向当地税务机关缴清税款，方可办理出境手续。

(7) 扣缴义务人每月所扣的税款，应当在次月 15 日内缴入国库并向主管税务机关报送《扣缴个人所得税报告表》、代扣代收税款凭证和包括每一纳税人姓名、单位、职务、收入、税款等内容的支付个人收入明细表以及税务机关要求报送的其他有关资料。

扣缴义务人违反上述规定不报送或者报送虚假纳税资料的，一经查实，其未在支付个人收入明细表中反映的向个人支付的款项，在计算扣缴义务人应纳税所得额时不得作为成本费用扣除。

上述纳税期限的最后一日是法定休假日的，以休假日的次日为期限的最后一日。纳税人或扣缴义务人确有困难，不能按期办理纳税申报的，经主管税务机关核准，可以延迟申报。

### 9.4.3 个人所得税的申报纳税地点

个人所得税实行就地征收原则，自行申报的纳税人，应向取得所得和当地税务机关申报纳税；扣缴义务人应向扣缴人所在地税务机关代缴税款。纳税人从两处或两处以上取得工资、薪金所得的，可选择并固定在其中一地的税务机关申报纳税；从境外取得所得的，应向境内户籍所在地或经常居住地税务机关申报纳税。纳税人要求变更申报纳税地点的，须经原主管税务机关批准。

个人独资企业和合伙企业投资者应向企业实际经营管理所在地主管税务机关申报缴纳个人所得税。投资者从合伙企业取得的生产经营所得，由合伙企业向企业实际经营管理所在地主管税务机关申报缴纳投资者应纳的个人所得税，并将个人所得税申报表抄送投资者。

投资者兴办两个或两个以上企业的，应分别向企业实际经营管理所在地主管税务机关预缴税款。年度终了后办理汇算清缴时，区别以下两种不同情况分别处理：

第一种情况：投资者兴办的企业全部是个人独资性质，分别向各企业的实际经营管理所在地主管税务机关办理年度纳税申报，并依所有企业的经营所得总额确定适用税率。

第二种情况：投资者兴办的企业中含有合伙性质的，投资者应向经常居住的主管税务机关申报纳税，办理汇算清缴，但经常居住地与其兴办企业的经营管理所在地不一致的，应选定其参与兴办的某一合伙企业的经营管理所在地为办理年度汇算清缴所在地，并在 5 年内不得变更。5 年后需要变更的，须经原主管税务机关批准。

投资者在预缴个人所得税时，应向主管税务机关报送《个人独资企业和合伙企业投资者个人所得税申报表》，并附送会计报表。

年度终了后 30 日内，投资者应向主管税务机关报送《个人独资企业和合伙企业投资者个人所得税申报表》，并附送年度会计决算报表和预缴个人所得税纳税凭证。

投资者兴办两个或两个以上企业的，向企业实际经营管理所在地主管税务机关办理年度纳税申报时，应附注从其他企业取得的年度应纳税所得额；其中含有合伙企业的，应报送汇总从所有企业取得的所得情况的《合伙企业投资者个人所得税汇总申报表》，同时附送所有企业的年度会计决算报表和当年度已缴个人所得税纳税凭证。

## 思考题

1. 我国个人所得税的立法意义？
2. 我国个人所得税有哪些特点？
3. 如何区分居民纳税人和非居民纳税人？两者在税务处理上有什么不同？
4. 我国个人所得税列举了哪些应税项目？
5. 对于劳务报酬的“次”，应如何定义？
6. 减征与加成的规定应如何执行？
7. 个人所得税有哪些免税规定？
8. 试比较分类课征制与综合课征制的优劣。

## 计算题

1. 中国公民陈某是一股份有限公司高级主管，2012 年 3 月份工资收入为 4 500 元，季度奖金 3 000 元，试计算陈某 3 月份应纳个人所得税。

2. 中国公民李某 2012 年在我国境内 1—12 月每月的工资收入为 1 800 元，12 月 31 日又一次性领取年终奖 29 600 元。试计算李某取得该年终奖金应纳个人所得税。

3. 陈先生在 A 公司工作了 12 年，2012 年 1 月与单位解除聘用关系，取得一次性补偿收入 126 000 元。A 公司所在地上年年平均工资 20 000 元。试计算陈先生取得的补偿收入应缴纳的个人所得税。

4. 某大学李教授，2012 年 6 月收入如下：(1) 工资收入为每月 4 200 元；(2) 当月津贴 1 600 元；(3) 在外校授课取得讲课费 5 000 元;(4) 取得稿酬收入 8 000 元,其中 2000 元通过希望工程基金会捐赠给希望小学;(5) 出访美国某大学,获得讲学收入 60 000 元(已折合成人民币),并已在美国缴纳所得税 9 000 元(已折合成人民币)(6) 取得国务院特殊津贴 1 000 元。试计算李教授 6 月份应缴纳的个人所得税。

5. 中国公民周某于 2011 年 9 月参加演出,一次性取得劳务报酬 80 000 元(不考虑其他税费)。试计算周某该项演出劳务报酬应缴纳的个人所得税税款。

6. 中国公民张某为某外商投资企业雇用的中方管理人员,2012 年 1 月该外商投资企业支付给张先生的薪金为 5 000 元,同时,本月张先生还收到其所在的派遣单位发给的工资 2 000 元,该外商投资企业和派遣单位应如何扣缴其个人所得税?张先生实际应缴纳多少个人所得税税款?

7. 某中国公民,2012 年 1 至 12 月从中国境内取得工资、薪金 51 000 元;当年还从 A 国取得特许权费收入 80 000 元。从 B 国取得利息收入 5 000 元。该纳税人已按 A 国和 B 国税法规定分别缴纳了个人所得税 14 000 元和 840 元,试计算该纳税人本年度应缴纳的个人所得税税额。(货币单位均为人民币元)

8. 德国某公司派遣一技术人员在我国合资公司任职。该技术人员 2009 年 5 月 1 日入境,2011 年 3 月 1 日离境。合资公司每月向其支付工资 15 000 元;在 2009 年和 2010 年还代母公司向其支付海外津贴,每年各 84 000 元。计算该技术人员在我国应纳的个人所得税税额。

9. 2012 年 6 月,秦某与其他四人共同进行了一项劳务活动,共取得收入 58 000 元,因该项劳务是秦某所承接,并由秦某主要负责,因此,秦某分得收入 28 000 元,试计算秦某的劳务报酬所得应缴纳的个人所得税额。

10. 中国公民钱某在 2011 年 10 月取得工资收入 4 600 元,其中包括单位发放的独生子女补贴 200 元;转让多余的一套住房,取得转让收入 600 000 元,该套住房购进时的原价为 400 000 元,转让时支付有关税费 58 000 元。计算钱某应缴纳的个人所得税额。

# 10 资源课税

## 10.1 资源税

### 10.1.1 资源税概述

资源税是对在中华人民共和国境内从事开采应税矿产品或者生产盐的单位和个人，因资源贮存和开发条件差异而形成的级差收入所征收的一种税。从理论上讲，资源税的征收范围应当包括一切开采的自然资源，如矿产资源、森林资源、土地资源、植物资源、海洋资源、动物资源、太阳能资源、水资源等，但就我国现行资源税的征收范围来看，仅对矿产品和盐征收，对其他自然资源则不征收资源税。现行资源税的基本规范，是1993年12月25日国务院颁布，于2011年9月30日修订的《中华人民共和国资源税暂行条例》(以下简称《资源税暂行条例》)。新修订的《资源税暂行条例》于2011年11月1日起施行。

我国资源税的主要特点：

(1) 征收范围的局限性　出于征管水平、征收成本、税收调节等多方面的考虑，目前我国的资源税主要是选择一些开采利用价值较高、级差收益较大、税基比较广泛、税源相对集中的大宗自然资源进行征收，对其他资源则暂不征收。

(2) 税率的地区差别性　我国资源税的税率因地区不同而采用差别税率，可以有效调节因地区间的差异所导致的级差收入，同时公平合理地取得一定的财政收入。例如，北京统配矿的煤炭每吨税额为0.5元，而山西大同则为24元。

(3) 从量与从价并行的计征方法 我国资源税原来只采用从量计征的方法，这可以保证各类资源的税负水平相对固定，计算简便，易于征管，适应我国资源生产的特点以及税收管理的状况。新修订的《资源税暂行条例》在原有资源税从量定额计征基础上增加从价定率的计征办法，调整原油、天然气等品目资源税税率。这对于完善税制、调整经济结构、转变经济增长方式、推动节能减排、扩大财政收入、促进地方经济发展等方面有积极意义。

开征资源税，不仅可为国家筹集财政收入，还可促进资源的合理配置。根据资源税的立法精神，开征资源税的意义可归纳为以下几个方面：

一是确立国有自然资源有偿开采的原则，为国家筹集一定的财政收入。由于自然资源的国有属性，国家有权采用一定的方式分享自然资源开发的利益，这也是国家对资源的所有权在经济上的体现。任何企业和个人，只要开采国有应税资源，都要按照税法规定向国家缴纳一定的资源税。同时通过对资源征税增加了国家财政收入，提高了财政收入的稳定性。

二是促进国有自然资源的合理开发利用，减少资源浪费，达到有效配置。在我国资源开采业中，一些地方、企业和个人出于自身利益的考虑，采取急功近利的做法，采富弃贫，采易弃难，采大弃小，造成生产过程中回采率低和资源严重浪费情况，危害了国家和人民的长远利益。因此，开征资源税，提高企业和个人的开采成本，对防止自然资源的乱占滥采，提高自然资源的开发利用率是十分必要和有效的。

三是合理调节资源级差收入，促进资源开采企业公平竞争。资源级差收入是指同类资源由于资源质量和开采难易程度等客观条件的差异，使资源开采者获得的超额收益。开征资源税，把由于自然条件优越所形成的级差收入收归国家所有，排除客观因素造成的利润水平相差悬殊和利润分配苦乐不均问题，使资源开采企业在较为合理的收益水平上开展竞争，达到鼓励先进，鞭策落后，改善企业经营管理，提高经济效益的目的。

### 10.1.2 资源税的基本制度

1）资源税的纳税义务人

根据《资源税暂行条例》的规定，资源税的纳税义务人是指在中华人民共和国领域及管辖海域开采应税矿产品或者生产盐的单位和个人。

单位是指企业、行政单位、事业单位、军事单位、社会团体及其他单位；个人是指个体工商户和其他个人。

中外合作开采石油、天然气，按照现行规定只征收矿区使用费，暂不征收资源税。因此，中外合作开采石油、天然气的企业不是资源税的纳税义务人。

《资源税暂行条例》还规定，收购未税矿产品的单位为资源税的扣缴义务人。规定资源税的扣缴义务人，主要是针对税源零星、分散、不定期开采、不易控管的情况，为了加强管理，避免漏洞，由扣缴义务人在收购矿产品时代扣代缴资源税。

收购未税矿产品的单位是指独立矿山、联合企业和其他单位。独立矿山是指只有采矿或只有采矿和选矿，独立核算，自负盈亏的单位，其生产的原矿和精矿主要用于对外销售。联合企业是指采矿、选矿、冶炼（或加工）连续生产的企业或采矿、冶炼（或加工）连续生产的企业，其采矿单位，一般是该企业的二级或二级以下核算单位。其他单位也包括收购未税矿产品的个体户在内。

2）资源税的征税范围

资源税的征收范围，从理论上讲应该包括一切开发和利用的国有资源，但考虑到我国普遍开征资源税还缺乏条件，所以现行规定的征税范围只包括矿产品和盐。具体税目规定为：

（1）原油　指开采的天然原油，不包括人造石油。

（2）天然气　指专门开采或与原油同时开采的天然气，暂不包括煤矿生产的天然气。

（3）煤炭　指原煤，不包括洗煤、选煤及其他煤炭制品。

（4）其他非金属矿原矿　指原油、天然气、煤炭和井矿盐以外的非金属矿原矿，包括宝石、玉石、金刚石等。

（5）黑色金属矿原矿　指纳税人开采后自用、销售的，用于直接入炉冶炼或作为主产品先入选精矿、制造人工矿，再最终入炉冶炼的黑色金属矿石原矿征税，包括铁矿石、锰矿石和磷矿石等。

（6）有色金属矿原矿　包括稀土矿、铜矿石、铅锌矿石、铝土矿石、钨矿石等。

（7）盐　一类是固体盐，指海盐原盐、湖盐原盐和井矿盐；另一类是液体盐（俗称卤水），是指氯化钠含量达到一定浓度的溶液，是用于生产碱和其他产品的原料。

3）资源税的税率

新修订的《资源税暂行条例》采用从价定率和从量定额的计征办法，因此其税率也分为两种类型，对原油、天然气采用比例税率，其他税目仍采用定额税率。

纳税人具体适用的税率，在《资源税税目税率表》规定的税率幅度内，根据纳税人所开采或者生产应税产品的资源品位、开采条件等情况，由财政部商国务院有关部门确定；财政部未列举名称且未确定具体适用税率的其他非金属矿原矿和有色金属矿原矿，由省、自治区、直辖市人民政府根据实际情况确定，报财政部和国家税务总局备案。

矿产品等级的划分，按《资源税暂行条例实施细则》所附《几个主要品种的矿山资源等级表》执行。对于划分资源等级的应税产品，《几个主要品种的矿山资源等级表》其中未列举名称的纳税人适用的税率，由省、自治区、直辖市人民政府根据纳税人的资源状况，参照《资源税税目税率明细表》和《几个主要品种的矿山资源等级表》中确定的邻近矿山或者资源状况、开采条件相近矿山的税率标准，在浮动30%的幅度内核定，并报财政部和国家税务总局备案。

纳税人在开采主矿产品的过程中伴采的其他应税矿产品，凡未单独规定适用税额的，一律按主矿产品或视同主矿产品税目征收资源税。

纳税人开采或者生产不同税目应税产品的，应当分别核算不同税目应税产品的销售额或者销售数量；未分别核算或者不能准确提供不同税目应税产品的销售额或者销售数量的，从高适用税率。资源税税目税率见表10.1.1。

**表10.1.1　资源税税目税率表**

| 税目 | | 税率 |
|---|---|---|
| 一、原油 | | 销售额的5%～10% |
| 二、天然气 | | 销售额的5%～10% |
| 三、煤炭 | 焦煤 | 每吨8～20元 |
| | 其他煤炭 | 每吨0.3～5元 |
| 四、其他非金属矿原矿 | 普通非金属矿原矿 | 每吨或者每立方米0.5～20元 |
| | 贵重非金属矿原矿 | 每千克或者每克拉0.5～20元 |
| 五、黑色金属矿原矿 | | 每吨2～30元 |
| 六、有色金属矿原矿 | 稀土矿 | 每吨0.4～60元 |
| | 其他有色金属矿原矿 | 每吨0.4～30元 |
| 七、盐 | 固体盐 | 每吨10～60元 |
| | 液体盐 | 每吨2～10元 |

4）资源税的减免

资源税实行普遍征收、级差调节的原则，因此规定的减免税项目比较少。下列情况可减征或者免征资源税：

(1) 开采原油过程中用于加热、修井的原油免税。

(2) 纳税人开采或者生产应税产品过程中，因意外事故、自然灾害等原因遭受重大损失的，由省、自治区、直辖市人民政府酌情决定减税或者免税。

(3) 国务院规定的其他减税、免税项目。具体有：

① 自 2002 年 4 月 1 日起，对冶金联合企业矿山铁矿石资源税，减按规定税额标准的 40%征收。对于由此造成地方政府财政收入的减少，中央财政将予以适当的补助。

② 对有色金属矿的资源税在规定的税额的基础上减征 30%，即按规定标准的 70%征收。

纳税人的减税、免税项目，应当单独核算课税数量；未单独核算或者不能准确提供课税数量的，不予减税或免税。

### 10.1.3 资源税应纳税额的计算

1) 资源税的计税依据

资源税采用从价定率或从量定额的计征办法，因此其计税依据分别为应税产品的销售额或者销售数量。

(1) 从价定率征收的计税依据　采用从价定率征收的税目以应税产品销售额作为计税依据。销售额是指纳税人销售应税产品向购买方收取的全部价款和价外费用，但不包括收取的增值税销项税额。

价外费用，包括价外向购买方收取的手续费、补贴、基金、集资费、返还利润、奖励费、违约金、滞纳金、延期付款利息、赔偿金、代收款项、代垫款项、包装费、包装物租金、储备费、优质费、运输装卸费以及其他各种性质的价外收费。但下列项目不包括在内：

① 承运部门的运输费用发票开具给购买方且纳税人将该项发票转交给购买方的代垫运输费用。

② 代为收取的政府性基金或者行政事业性收费。是指由国务院或者财政部批准设立的政府性基金，由国务院或者省级人民政府及其财政、价格主管部门批准设立的行政事业性收费，且收取时开具省级以上财政部门印制的财政票据；所收款项全额上缴财政。

销售额以人民币计算。纳税人以人民币以外的货币结算销售额的，应当折合成人民币计算。其销售额的人民币折合率可以选择销售额发生的当天或者当月 1 日的人民币汇率中间价。纳税人应事先确定采用何种折合率计算方法，确定后 1 年内不得变更。

另外，纳税人申报的应税产品销售额明显偏低并且无正当理由的，或者有视同销售应税产品行为而无销售额的，除财政部、国家税务总局另有规定外，按下列顺序确定销售额：

① 按纳税人最近时期同类产品的平均销售价格确定；

② 按其他纳税人最近时期同类产品的平均销售价格确定；

③ 按组成计税价格确定。组成计税价格的公式为：

$$组成计税价格=成本\times(1+成本利润率)\div(1-税率)$$

公式中的成本是指：应税产品的实际生产成本。公式中的成本利润率由省、自治区、直辖市税务机关确定。

(2) 从量定额征收的计税依据　采用从量定额征收的税目以应税产品销售数量作为计税依据。销售数量是指纳税人开采或者生产应税产品的实际销售数量和视同销售的自用数量。具体规定如下：

① 纳税人开采或者生产应税产品销售的，以实际销售数量为课税数量。

② 纳税人开采或者生产应税产品，自用于连续生产应税产品的，不缴纳资源税；自用于其他方面的，视同销售，以自用(非生产用)数量为课税数量。

③ 纳税人不能准确提供应税产品销售数量的，以应税产品的产量或者主管税务机关确定的折算比换算成的数量为计征资源税的销售数量。

④ 原油中的稠油、高凝油与稀油划分不清或不易划分的，一律按原油的数量课税。

⑤ 纳税人以自产原煤连续加工成洗煤、选煤或用于炼焦、发电、机车及生产生活等用煤，均以动用时的原煤量为课税数量；对于连续加工前无法正确计算原煤移送使用量的，可按加工产品的综合回收率，将加工产品实际销售和自用量折算成原煤数量作为课税数量。

⑥ 金属和非金属矿产品原矿，因无法准确掌握纳税人移送使用原矿数量的，可将其精矿按选矿比折算成原矿数量，作为课税数量。

选矿比＝精矿数量÷耗用原矿数量

⑦ 纳税人以自产的液体盐加工成固体盐的，按固体盐税额征税，以加工的固体盐数量为课税数量。纳税人以外购的液体盐加工成固体盐的，其加工固体盐所耗用液体盐的已纳税额准予抵扣。

2）应纳税额的计算

(1)从价定率征收的应纳税额　根据应税产品的销售额和规定的适用税率计算应纳税额。其计算公式为：

应纳税额 ＝ 应税产品销售额 × 适用税率

**例 10.1.1**　某油田 2012 年 4 月份销售原油 6 250 吨，开具的增值税专用发票上显示销售额为 2 500 万元，增值税额为 425 万元，查《资源税税目税率明细表》得知，该原油适用的税率为 5%。计算该油田本月应纳资源税税额。

**解**　应纳税额 ＝ 25 000 000 × 5% ＝ 1 250 000(元)

(2) 从量定额征收的应纳税额　按照应税产品的课税数量和规定的定额税率计算应纳税额。其计算公式为：

应纳税额 ＝ 应税产品课税数量 × 定额税率

代扣代缴应纳税额 ＝ 收购未税矿产品的数量 × 适用的定额税率

**例 10.1.2**　某铁矿 2012 年 4 月份销售原矿 10 万吨，另外自用入选铁精矿的铁矿石原矿 18 万吨，按规定该矿属于重点矿山，资源等级是 4 级，适用 14 元/吨的定额税率。计算该铁矿本月应纳资源税税额。

**解**　应纳税额＝100 000×14＋180 000×14

＝3 920 000(元)

**例 10.1.3**　铅锌矿山 2012 年 5 月销售铅锌矿石原矿 10 000 吨，移送入选精矿 2 400 吨，选矿比为 20%，该铅锌矿山资源等级属于 5 级，按规定适用 10 元/吨的定额税率。试计算该矿山本月应纳资源税税额。

**解**　(1) 外销铅锌矿石原矿的应纳税额：

应纳税额＝10 000×10＝100 000(元)

(2) 因无法准确掌握入选精矿石的原矿数量，按选矿比计算的应纳税额：

应纳税额＝2 400÷20%×10＝120 000(元)

(3) 合计应纳税额＝100 000＋120 000＝220 000(元)

### 10.1.4 资源税的征收管理

1）纳税义务发生时间

(1) 纳税人销售应税产品,其纳税义务发生的时间为:

① 纳税人采取分期收款结算方式的,其纳税义务发生时间,为销售合同规定的收款日期的当天。

② 纳税人采取预收货款结算方式的,其纳税义务发生时间,为发出应税产品的当天。

③ 纳税人采取其他结算方式的,其纳税义务发生时间,为收讫销售款或者取得索取销售凭据的当天。

(2) 纳税人自产自用应税产品的纳税义务发生时间,为移送使用应税产品的当天。

(3) 扣缴义务人代扣代缴税款的纳税义务发生时间,为支付货款的当天。

2）纳税地点

(1) 凡是缴纳资源税的纳税人,都应当向应税产品的开采或者生产所在地主管税务机关缴纳税款。

(2) 如果纳税人在本省、自治区、直辖市范围内开采或者生产应税产品,其纳税地点需要调整的,由所在省、自治区、直辖市税务机关决定。

(3) 如果纳税人应纳的资源税属于跨省开采的,其下属生产单位与核算单位不在同一省、自治区、直辖市的,对其开采或者生产的应税产品,一律在开采地或者生产地纳税。实行从量计征的应税产品,其应纳税款一律由独立核算的单位按照每个开采地或者生产地的销售量及适用税率计算划拨;实行从价计征的应税产品,其应纳税款一律由独立核算的单位按照每个开采地或者生产地的销售量、单位销售价格及适用税率计算划拨。

(4) 扣缴义务人代扣代缴的资源税,也应当向收购地主管税务机关缴纳。

3）纳税期限

资源税的纳税期限为1日、3日、5日、10日、15日或者1个月,纳税人的纳税期限由主管税务机关根据实际情况具体核定。不能按固定期限计算缴纳的,可以按次计算缴纳。

纳税人以1个月为一期纳税的,自期满之日起10日内申报纳税;以1日、3日、5日、10日或者15日为一期纳税的,自期满之日起5日内预缴税款,于次月1日起10日内申报纳税并结清上月税款。

扣缴义务人的解缴税款期限,可比照执行。

## 10.2 土地增值税

### 10.2.1 土地增值税概述

土地增值税是对转让国有土地使用权、地上建筑物及其附着物并取得收入的单位和个人,就其转让房地产所获得收入的增值部分征收的一种税。现行土地增值税的基本规范是1993年12月13日国务院颁布的《中华人民共和国土地增值税暂行条例》(以下简称《土地增值税暂行条例》),于1994年1月1日起实施。

我国开征土地增值税的主要意义在于:

(1) 征收土地增值税,是进一步改革和完善税制,增强国家对房地产开发和房地产市场调控力度的客观需要。1993年前后,我国房地产开发和房地产市场的发展非常迅速,这对于合理配置土地资源,提高土地使用效益,改善城市设施和人民生活居住条件,以及带动相关产业的发展,都有积极作用。但是也出现了一些问题,如房地产开发过热,一度炒买炒卖房地产的投机行为盛行,房地产价格上涨过猛,投入开发的资金规模过大,土地资源浪费严重,国家收回土地增值收益少。针对这种情况,迫切需要建立相应的税收制度对房地产业进行调控,以促进其健康发展。

(2) 征收土地增值税,可以有效抑制炒买炒卖土地投机获得暴利的行为,防止国有土地收益的流失。1993年前后出现的房地产开发过热现象,从根本上讲是利益驱使所致。从事房地产开发固然风险很大,但能获得高额的收入,特别是土地收益。土地收益主要来源于土地的增值收益,包括自然增值和投资增值。特别是土地的自然增值,随着经济的发展和土地资源的相对短缺,将会越来越大。我国的土地资源属于国家所有,国家为整治和开发土地投入了巨额资金,应当在土地增值收益的分配中取得较多的份额。而不少房地产商通过炒买炒卖土地获取暴利,这不仅直接导致土地资源的浪费以及国有土地收益的大量流失,而且破坏了正常的房地产市场交易秩序。征收土地增值税,通过对转让房地产的过高增值收益进行合理调节,一方面维护国家权益,也对房地产正当开发者的合法权益给予保护;另一方面使投机者不能再获得暴利,从根本上抑制炒买炒卖房地产的现象。

(3) 开征土地增值税,规范了国家参与土地增值收益的分配方式,有利于增加国家财政收入。1994年1月1日前,我国涉及房地产交易市场的税收,主要有营业税、企业所得税、个人所得税、契税等。这些税对转让房地产收益可以起一般调节作用,但对土地增值所获得的过高收入起不到特殊调节作用。在土地增值税未开征前,有些地区已通过征收土地增值费的办法,对土地增值过高收益进行调控,既增加了财政收入,也抑制了炒买卖炒卖房地产的投机行为,但各地办法不统一,收取标准差别也比较大。开征土地增值税可以统一和规范国家参与土地增值收益分配的方式。

### 10.2.2 土地增值税的基本制度

1) 土地增值税的纳税义务人

土地增值税的纳税义务人为转让国有土地使用权、地上建筑物及其附着物(以下简称转让房地产)并取得收入的单位和个人。单位是指不论经济性质、不论内资外资、不论部门的各类企业单位、事业单位、国家机关和社会团体及其他组织。个人包括个体经营者及国内外其他个人。以上单位和个人,只要是有偿转让房地产,都是土地增值税的纳税人。

对于外国政府驻华机构、领事馆等官方代表机构拥有的房地产发生转让行为是否缴纳土地增值税,将由财政部、国家税务总局根据国际惯例及双方对等原则另行规定。

2) 土地增值税的征税范围

根据《土地增值税暂行条例》的规定,土地增值税的征税范围包括:转让国有土地使用权;连同国有土地使用权一并转让的地上建筑物及其附着物的产权。这里所称“国有土地”是指按国家法律规定属于国家所有的土地。所称“地上建筑物”是指建于土地上的一切建筑物,包括地上地下的各种附属设施。所称“附着物”是指附着于土地上的不能移动或一经移动即遭损坏的物品。

(1) 界定征税范围的标准　准确界定土地增值税的征税范围十分重要。在实际工作中,可以通过以下标准进行判定:

① 转让的土地,其使用权是否属于国家所有,是判定其是否属于土地增值税征税范围的标准之一。土地增值税只对转让国有土地使用权的行为课税,转让非国有土地和出让国有土地的行为均不征税。

根据《中华人民共和国宪法》和《中华人民共和国土地管理法》的规定,城市的土地属于国家所有。农村和城市郊区的土地除由法律规定属于国家所有的以外,属于集体所有。集体的土地依法被征用后属于国家所有。企业、单位和个人对国有土地只拥有使用权,而无所有权。土地增值税只对企业、单位和个人等经济主体转让国有土地使用权的行为课税。

对属于集体所有的土地,根据《土地管理法》和《城市房地产管理法》及国家其他有关规定,是不得自行转让的。只有根据有关法律规定,由国家征用后变为国家所有时才能进行转让,故集体土地的自行转让是一种违法行为。对于目前违法将集体土地转让给其他单位和个人的情况,应在有关部门处理后,并补办土地征用或出让手续变为国家所有之后,再纳入土地增值税的征税范围。

② 土地使用权、地上建筑物及其附着物的产权是否发生转让是判定其是否属于土地增值税征税范围的标准之二。土地增值税的征税范围强调的是房地产转让行为,而非其他行为。

首先要区分"转让"与"出让"这两个概念。出让是指国有土地使用权的出让,即国家以土地所有者的身份将土地使用权在一定年限内让与土地使用者,并由土地使用者向国家支付土地使用权出让金的行为,属于土地买卖的一级市场。土地使用权出让方是国家,出让的目的是实行国有土地的有偿使用制度,合理开发利用和经营土地。因此土地使用权的出让不属于土地增值税的征税范围。转让是指国有土地使用权的再转让,即土地使用者通过出让等形式取得土地使用权后,将土地使用权再转让的行为,主要有出售、交换和赠予等,它属于土地买卖的二级市场。土地使用权的转让,其地上的建筑物及其他附着物也随之转让,属于土地增值税的征税范围。

其次要区分权属是否变更。凡土地使用权、房产产权未变更的(如房地产的出租),不属于土地增值税的征税范围。

③ 是否取得收入是判定是否属于土地增值税征税范围的标准之三。土地增值税是对转让房地产并取得收入的行为征税,不包括房地产的权属虽然转让但未取得收入的行为。如房地产的继承、赠与,尽管房地产的权属发生了变更,但权属人并没有取得收入,因此不属于土地增值税的征税范围。

(2) 对征税范围的具体判定　根据上述三条标准,可以对以下情况是否属于土地增值税的征税范围作出判定:

① 以出售方式转让国有土地使用权、地上建筑物及附着物的,因其同时具备上述三个条件,所以属于土地增值税的征税范围。具体又分为以下三种情况:

第一种情况:出售国有土地使用权。这种情况是指土地使用者通过出让方式,向政府交纳了土地出让金,有偿受让土地使用权后,仅对土地进行通水、通电、通路和平整地面等土地开发,未进行房产开发,即所谓"将生地变熟地",然后直接将空地出售出去。这属于国有土地使用权的有偿转让,应纳入土地增值税的征税范围。

第二种情况:取得国有土地使用权并进行房屋开发建造,然后出售的。这种情况即是一般所说的房地产开发。房屋开发单位在出售房屋产权的同时,土地使用权也随之发生转让。在这种情况下,转让土地使用权和地上建筑物及附着物产权的行为,都属于土地增值税的征税范围。

第三种情况：存量房地产的买卖。这种情况是指已经建成并已投入使用的房地产，其房屋所有人将房屋产权和土地使用权一并转让给其他单位和个人。这种行为按照国家有关的房地产法律和法规，应当到有关部门办理房产产权和土地使用权的转移变更手续；原土地使用权属于无偿划拨的，还应到土地管理部门补交土地出让金。这种情况既发生了产权的转让又取得了收入，应纳入土地增值税的征税范围。

② 以继承、赠与方式转让房地产的，因其只发生房地产产权的转让，没有取得相应的收入，属于无偿转让房地产的行为，所以不能将其纳入土地增值税的征税范围。当然，对于以赠与之名，行出售或交换之实的行为，不能作为赠与对待，应征收土地增值税。

房地产的继承，是指房产的原产权所有人、依照法律法规取得土地使用权的土地使用人死亡以后，由其继承人依法承受死者房产产权和土地使用权的民事法律行为。继承通常分为法定继承和遗嘱继承。法定继承主要是指由死者的父母、子女、兄弟姐妹等亲属继承该房地产；遗嘱继承主要是指由死者生前所立遗嘱中指定的继承人继承该房地产。这种行为虽然发生了房地产的权属变更，但作为房产产权、土地使用权的原所有人（即被继承人）并没有因为权属的转让而取得任何收入。因此，这种房地产的继承不属于土地增值税的征税范围。

房地产的赠与是指房产的原产权所有人、依照法律规定取得土地使用权的土地使用人，将自己所拥有的房地产无偿地交给其他人的民事法律行为。而税法认定的赠与仅指两种情况：一是房产所有人、土地使用权所有人将房屋产权、土地使用权赠与直系亲属或承担直接赡养义务人的；二是房产所有人、土地使用权所有人通过中国境内非营利的社会团体、国家机关将房屋产权、土地使用权赠与教育、民政和其他社会福利、公益事业的。上述赠与行为虽发生了房地产的权属变更，但作为房产产权、土地使用权的原所有人（即赠与人）并没有因为权属的转让而取得任何收入。因此，这种房地产的赠与不属于土地增值税的征税范围。

③ 房地产的出租。是指房产的产权所有人、依照法律规定取得土地使用权的土地使用人，将房产、土地使用权租赁给承租人使用，由承租人向出租人支付租金的行为。房地产的出租，出租人虽然取得了收入，但没有发生房产产权、土地使用权的转让。因此，不属于土地增值税的征税范围。但对于以出租之名行转让房地产之实以逃避土地增值税的，应根据《税收征管法》的有关规定进行处理。

④ 房地产的抵押。是指房地产的产权所有人、依法取得土地使用权的土地使用人作为债务人或第三人向债权人提供不动产作为清偿债务的担保而不移转权属的法律行为。这种情况由于房产的产权、土地使用权在抵押期间并没有发生权属的变更，房产的产权所有人、土地使用权人仍能对房地产行使占有、使用、收益等权利，房产的产权所有人、土地使用权人虽然在抵押期间取得了一定的抵押贷款，但实际上这些贷款在抵押期满后是要连本带利偿还给债权人的。因此，对房地产的抵押，在抵押期间不征收土地增值税。待抵押期满后，视该房地产是否移转占有而确定是否征收土地增值税。对于以房地产抵债而发生房地产权属转让的，应列入土地增值税的征税范围。

⑤ 房地产的交换。是指一方以房地产与另一方的房地产进行交换的行为。由于这种行为既发生了房产产权、土地使用权的转移，交换双方又取得了实物形态的收入，所以它属于土地增值税的征税范围。但对个人之间互换自有居住用房地产的，经当地税务机关核实，可以免征土地增值税。

⑥ 以房地产进行投资或联营的，主要是指投资、联营的一方以土地（或房地产）作价入

股进行投资或作为联营条件，将房地产转让到所投资、联营的企业中时，暂免征收土地增值税。对投资、联营企业将上述房地产再转让的，应征收土地增值税。

⑦ 房地产的联建。是指由一方出土地，另一方出资金，双方合作建房，建成后按比例分房自用的，暂免征收土地增值税；建成后转让的，应征收土地增值税。

⑧ 房地产的代建行为。是指房地产开发公司代客户进行房地产的开发，开发完成后向客户收取代建收入的行为。对于房地产开发公司而言，虽然取得了收入，但没有发生房地产权属的转移，其收入属于劳务收入性质，故不属于土地增值税的征税范围。

⑨ 房地产的重新评估。主要是指国有企业在清产核资时对房地产进行重新评估而使其升值的情况。这种情况房地产虽然有增值，但其既没有发生房地产权属的转移，房产产权、土地使用权人也未取得收入，所以不属于土地增值税的征收范围。

⑩ 因国家收回国有土地使用权、征用地上建筑物及其附着物而使房地产权属发生转让的。这种情况发生了房地产权属的变更，原房产所有人、土地使用权人也取得了一定的收入(补偿金)，但根据《土地增值税暂行条例》的有关规定，可以免征土地增值税。

3）土地增值税的税率

土地增值税税率设计的原则是，增值多的多征，增值少的少征，无增值的不征。按照这个原则，土地增值税实行四级超率累进税率：

(1) 增值额未超过扣除项目金额的50%的部分，税率为30%。

(2) 增值额超过扣除项目金额50%、未超过扣除项目金额100%的部分，税率为40%。

(3) 增值额超过扣除项目金额100%、未超过扣除项目金额200%的部分，税率为50%。

(4) 增值额超过扣除项目金额200%的部分，税率为60%。

上述所列四级超率累进税率，每级“增值额未超过扣除项目金额”的比例，均包括本比例数。超率累进税率见表10.2.1。

**表10.2.1　土地增值税四级超率累进税率表**

| 级数 | 增值额与扣除项目金额的比率 | 税率(%) | 速算扣除系数(%) |
|---|---|---|---|
| 1 | 不超过50%的部分 | 30 | 0 |
| 2 | 超过50%～100%的部分 | 40 | 5 |
| 3 | 超过100%～200%的部分 | 50 | 15 |
| 4 | 超过200%的部分 | 60 | 35 |

4）土地增值税的减免优惠

对房地产转让征收土地增值税，涉及面广，政策性强。为了促进房地产开发结构的调整，改善城镇居民的居住条件，并有利于城市的建设，土地增值税对以下情况给予减免税优惠：

(1) 对建造普通标准住宅的税收优惠　纳税人建造普通标准住宅出售，增值额未超过扣除项目金额20%的，免征土地增值税。增值额超过20%的，应就其全部增值额按规定计税。

这里所说的“普通标准住宅”，是指按所在地一般民用住宅标准建造的居住用住宅。高级公寓、别墅、度假村等不属于普通标准住宅。普通标准住宅与其他住宅的具体划分界限由各省、自治区、直辖市人民政府规定。

对纳税人既建造普通标准住宅又搞其他房地产开发的，应分别核算增值额。不分别核算增值额或不能准确核算增值额的，其建造的普通标准住宅不能适用这项免税规定。

(2) 对国家征用收回的房地产的税收优惠　因国家建设需要依法征用、收回的房地产，免征土地增值税。这里所说的“因国家建设需要依法征用、收回的房地产”是指因城市实施规划、国家建设的需要而被政府批准征用的房产或收回的土地使用权。因城市实施规划、国家建设的需要而搬迁，由纳税人自行转让原房地产的，比照有关规定免征增值税。

(3) 对个人转让房地产的税收优惠　个人因工作调动，或改善居住条件而转让原自用住房，经向税务机关申报核准，凡居住满 5 年或 5 年以上的，免予征收土地增值税；居住满 3 年或未满 5 年的，减半征收土地增值税；居住未满 3 年的，按规定计征土地增值税。从 2008 年 11 月 1 日起，对居民个人转让住房一律免征土地增值税。

(4) 企事业单位、社会团体以及其他组织转让旧房作为廉租住房、经济适用房房源且增值额未超过扣除项目金额 20%的，免征土地增值税。

### 10.2.3　土地增值税的计算

1) 计税依据的确定

土地增值税的计税依据是纳税人有偿转让房地产所取得的增值额。此项增值额，是指纳税人转让房地产所取得的收入额减除税法规定的允许扣除项目金额后的余额。用公式表示为：

增值额＝房地产转让收入－允许扣除项目的金额

因此，正确确定土地增值税计税依据的关键在于正确确定房地产的转让收入和税法允许扣除项目的金额。

(1) 房地产转让收入的确定　根据《土地增值税暂行条例》及其实施细则的规定，纳税人转让房地产取得的应税收入，包括转让房地产的全部价款及有关的经济收益。从收入的形式看，包括货币收入、实物收入和其他收入。

① 货币收入：是指纳税人转让房地产而取得的现金、银行存款、支票、银行本票、汇票等各种信用票据和国库券、金融债券、企业债券、股票等有价证券。这些类型的收入其实质都是转让方因转让土地使用权、房屋产权而向取得方收取的价款。货币收入一般比较容易确定。

② 实物收入：是指纳税人转让房地产而取得的各种实物形态的收入，如钢材、水泥、木材等建材，机器、设备等动产，房屋、土地等不动产等。实物收入的价值不太容易确定，一般要对这些实物形态的财产进行估价。

③ 其他收入：是指纳税人转让房地产而取得的无形资产收入或具有财产价值的权利，如专利权、商标权、著作权、专有技术使用权、土地使用权、商誉权等。这种类型的收入比较少见，其价值需要进行专门的评估。

在确定房地产转让收入时，纳税人有下列情形之一的，税务机关有权按照房地产评估价格调整确定转让收入：隐瞒、虚报房地产成交价格的；提供扣除项目金额不实的；转让房地产成交价格低于房地产评估价格，又无正当理由的。

具体调整方法分别为：隐瞒、虚报房地产成交价格，应由评估机构参照同类房地产的市场交易价格进行评估。税务机关根据评估价格确定转让房地产的收入。提供扣除项目金额不实的，应由评估机构按照房屋重置成本价乘以成新度折扣率计算的房屋成本价和取得土地使用权时的基准价进行评估。税务机关根据评估价格确定扣除项目金额。转让房地产的成交价格低于房地产评估价，又无正当理由的，由税务机关参照房地产评估价格确定转让房地产的收入。上述“房地产评估价格”，是指由政府批准设立的房地产评估机构根据相同地段、同类房地产进行综合评定并经当地税务机关确认的价格。

(2) 扣除项目的确定　要计算增值额，还必须确定扣除项目金额。税法准予纳税人从转让收入额中减除的扣除项目及其金额，包括以下几项：

① 取得土地使用权所支付的金额：是指纳税人为取得土地使用权所支付的地价款和按国家统一规定交纳的有关费用。有关费用主要有登记费、过户手续费等。

② 房地产开发成本：是纳税人开发土地和新建房屋及配套设施的实际发生成本，包括土地征用费、拆迁补偿费、前期工程费、建筑安装工程费、基础设施费、公共配套设施费、开发间接费用等。

土地征用及拆迁补偿费，包括土地征用费、耕地占用税、劳动力安置费及有关地上、地下附着物拆迁补偿的净支出、安置动迁用房支出等。

前期工程费，包括规划、设计、项目可行性研究、水文、地质、勘察、测绘、“三通一平”等支出。

建筑安装工程费，包括以出包方式支付给承包单位的建筑安装工程费，以自营方式发生的建筑安装工程费。

基础设施费，包括开发小区内道路、供水、供电、供气、排污、排洪、通讯、照明、环卫、绿化等工程发生的支出。

公共配套设施费，包括不能有偿转让的开发小区内公共配套设施发生的支出。

开发间接费用，是指直接组织、管理开发项目发生的费用，包括工资、职工福利费、折旧费、修理费、办公费、水电费、劳动保护费、周转房摊销等。

③ 房地产开发费用：是指与房地产开发项目有关的销售费用、管理费用、财务费用。根据现行财务会计制度的规定，这三项费用均作为期间费用，直接计入当期损益，不按成本核算对象进行分摊。故与房地产开发有关的费用直接计入当年损益，不按房地产项目进行归集或分摊。为了便于计算，土地增值税实施细则对有关费用的扣除，尤其是财务费用中数额较大的利息支出扣除，作了较为详细的规定。

《实施细则》规定，财务费用中的利息支出，分两种情况确定扣除：凡能够按转让房地产项目计算分摊利息并提供金融机构证明的，允许据实扣除，但最高不能超过按商业银行同类同期贷款利率计算的金额。超过贷款期限的利息和加罚的利息，均不允许扣除。利息支出以外的其他房地产开发费用，按取得土地使用权支付的金额和房地产开发成本金额之和，在5%以内计算扣除。凡不能够按转让房地产项目计算分摊利息支出或不能提供金融机构证明的，利息支出不得单独计算，而应并入房地产开发费用中一并计算扣除。在这种情况下，允许扣除的房地产开发费用是按取得土地使用权支付的金额和房地产开发成本金额之和，在10%以内计算扣除。计算扣除的具体比例，由各省、自治区、直辖市人民政府规定。

④ 旧房及建筑物的评估价格：是指在转让已使用的房屋及建筑物时，由政府批准设立的房地产评估机构评定的重置成本价乘以成新度折扣率后的价格。评估价格须经当地税务机关确认。

转让旧房的，应按房屋及建筑物的评估价格、取得土地使用权所支付的地价款和按国家统一规定交纳的有关费用以及在转让环节缴纳的税金作为扣除项目金额计征土地增值税。

对取得土地使用权时未支付地价款或不能提供已支付地价款凭据的，不允许扣除取得土地使用权所支付的金额。

⑤ 与转让房地产有关的税金：是指在转让房地产时缴纳的营业税、城市维护建设税、印花税。因转让房地产交纳的教育费附加，也可视同税金予以扣除。

⑥ 其他扣除项目：对从事房地产开发的纳税人允许按取得土地使用权支付的金额和房地产开发成本金额之和，加计 20%的扣除。此条款只适用于从事房地产开发的纳税人，除此之外的其他纳税人均不适用。这项扣除政策的立法意图是，由于纳税人取得土地使用权后投入资金开发房地产，将生地变为熟地后转让，属于国家鼓励的投资行为，因此，在计算应纳土地增值税时，不仅可以从转让收入中扣除规定的地价款、开发成本、费用和税金，还可以有加计扣除。这样，就可以保证从事房地产开发的纳税人取得基本的投资回报，以调动其从事房地产开发的积极性。

2）应纳税额的计算

土地增值税以转让房地产的增值额为税基，依据超率累进税率计算应纳税额，其计算原理与超额累进税率基本相同。计算的基本步骤是：首先以出售房地产的总收入减除扣除项目金额，求得增值额；再以增值额同扣除项目金额相比，其比值即为土地增值率；然后，根据土地增值率的高低确定适用税率，用增值额和适用税率相乘，求得应纳税额。土地增值税的计算公式为：

$$应纳税额 = \sum(每级距的土地增值额 \times 适用税率)$$

因分步计算比较烦琐，所以可以采用速算扣除法计算，即可按增值额乘以适用的税率减去扣除项目金额乘以速算扣除系数的简便方法计算，具体公式如下：

$$应纳税额=增值额\times适用税率-扣除项目金额\times速算扣除系数$$

**例 10.2.1** 某房地产开发公司出售某处花园别墅取得的收入为 2 400 万元。其有关支出如下：支付地价款 200 万元，房地产开发成本 700 万元；财务费用中的利息支出为 120 万元（可按项目计算分摊并提供金融机构证明）；缴纳的有关税费为 140 万元；该公司所在地政府规定的其他房地产开发费用计算扣除比例为 5%。试计算其应纳土地增值税税额。

**解** ① 允许扣除项目的金额：

取得土地使用权支付的地价款 200 万元

房地产开发成本 700 万元

可按项目分摊的利息支出 120 万元

房地产开发费用＝140＋(200＋700)×5%＝185(万元)

从事房地产开发的纳税人加计扣除＝(200＋700)×20%＝180(万元)

允许扣除项目的金额合计＝200＋700＋120＋140＋(200＋700)×5%＋(200＋700)×20%

＝1 385(万元)

② 增值额＝2 400 － 1 385＝1 015 (万元)

③ 增值率＝1 015÷1 385＝73.29%

④ 应纳税额＝1 015×40%－1 385×5%＝336.75(万元)

### 10.2.4 土地增值税的征收管理

1）纳税地点

土地增值税的纳税人应向房地产所在地主管税务机关办理纳税申报，并在税务机关核定的期限内缴纳土地增值税。

这里所说的“房地产所在地”，是指房地产的坐落地。纳税人转让的房地产坐落在两个或两个以上的地区的，应按房地产所在地分别申报。

在实际工作中，纳税地点的确定又可分为以下两种情况：

(1) 纳税人是法人的。当转让的房地产坐落地与其机构所在地或经营所在地一致时，则在办理税务登记的原管辖税务机关申报纳税即可；当转让的房地产坐落地与其机构所在地或经营所在地不一致时，则应在房地产坐落地所管辖的税务机关申报纳税。

(2) 纳税人是自然人的。当转让的房地产坐落地与其居住所在地一致时，则在住所所在地税务机关申报纳税；当转让的房地产坐落地与其居住所在地不一致时，则在办理过户手续所在地的税务机关申报纳税。

2）纳税申报

土地增值税的纳税人应在转让房地产合同签订后的 7 日内，到房地产所在地主管税务机关办理纳税申报，并向税务机关提交房屋及建筑物产权、土地使用权证书，土地转让、房屋买卖合同，房地产评估报告及其他与转让房地产有关的资料。

纳税人因经常发生房地产转让而难以在每次转让后申报的，经税务机关审核同意后，可以定期进行纳税申报，具体期限由税务机关根据具体情况确定。

纳税人在项目全部竣工结算前转让房地产取得的收入，由于涉及成本确定或其他原因，而无法据以计算土地增值税的，可以预征土地增值税；待该项目全部竣工、办理结算后再进行清算，多退少补。具体办法由各省、自治区、直辖市地方税务局根据当地情况制定。

## 10.3 城镇土地使用税

### 10.3.1 城镇土地使用税概述

城镇土地使用税是以城镇土地为征税对象，对在中华人民共和国境内拥有土地使用权的单位和个人，就其使用土地的面积按规定征收的一种税。它于 1988 年 11 月 1 日起对国内企业、单位和个人开征，对外资企业和外籍人员暂不征收。

为了进一步合理利用城镇土地，调节土地的级差收入，提高土地使用效率，加强城镇土地管理，2006 年 12 月 31 日国务院颁布第 483 号令，修订了《中华人民共和国城镇土地使用税暂行条例》，主要是提高了城镇土地税额标准，将征税范围扩大到外商投资企业和外国企业，从 2007 年 1 月 1 日起施行。

土地是十分宝贵的资源。开征城镇土地使用税，变土地的无偿使用为有偿使用，有利于保护土地资源，合理利用和节约使用城镇土地，提高土地使用效益；有利于调节不同地区、不同地段之间的土地级差收入，促进企业加强经济核算，理顺国家和土地使用者之间的分配关系；也有利于增加国家财政收入，为城市建设积累资金。

### 10.3.2 城镇土地使用税的基本制度

1) 城镇土地使用税的纳税义务人

城镇土地使用税的纳税义务人为在城市、县城、建制镇、工矿区范围内使用土地的单位和个人。单位包括国有企业、集体企业、私营企业、股份制企业、外商投资企业、外国企业以及其他企业和事业单位、社会团体、国家机关、军队以及其他单位;个人包括个体工商户以及其他个人。

由于在实际经济生活中,使用土地的情况非常复杂,为确保将城镇土地使用税及时、足额地征收入库,税法根据用地者的不同情况,对纳税人作了具体的规定:

(1) 城镇土地使用税由拥有土地使用权的单位和个人缴纳。

(2) 土地使用权未确定或权属纠纷未解决的,由实际使用人缴纳。

(3) 土地使用权共有的,由共有各方分别缴纳。例如,某城市的甲单位和乙单位共同拥有一块土地的使用权,这块土地的面积为 2 000 平方米,甲单位实际使用 2/5,乙单位实际使用 3/5,则甲单位应就其所占用的土地 800 平方米(2 000×2/5)缴纳城镇土地使用税,而乙单位应就其所占用的土地 1 200 平方米(2 000×3/5)缴纳城镇土地使用税。

2) 城镇土地使用税的征税范围

城镇土地使用税的征收范围,包括在城市、县城、建制镇、工矿区范围内的国家所有和集体所有的土地。

这里所称的"城市"是指经国务院批准设立的市,包括市区和郊区。"县城"是指县人民政府所在地的城镇。"建制镇"是指经省、自治区、直辖市人民政府批准设立的建制镇的镇人民政府所在地。"工矿区"是指工商业比较发达,人口比较集中,符合国务院规定的建制镇标准,但尚未设立建制镇的大中型工矿企业所在地。工矿区须经省、自治区、直辖市人民政府批准。

由于城市、县城、建制镇、工矿区内的不同地方,其自然条件和经济繁荣程度各不相同,税法很难对全国城镇的具体征税范围作出统一规定。国家税务总局在《关于土地使用税若干具体问题的解释和暂行规定》中确定:"城市、县城、建制镇、工矿区的具体征税范围,由各省、自治区、直辖市人民政府划定。"

3) 城镇土地使用税的税率

城镇土地使用税采用定额税率,即采用有幅度的差别税额,按大、中、小城市和县城、建制镇、工矿区分别规定每平方米土地使用税年应纳税额。具体标准如表 10.3.1 所示。

**表 10.3.1 城镇土地使用税税率表**

| 级别 | 人口(人) | 税额(元/平方米) |
|---|---|---|
| 大城市 | 50 万以上 | 1.5～30 |
| 中等城市 | 20 万至 50 万 | 1.2～24 |
| 小城市 | 20 万以下 | 0.9～18 |
| 县城、建制镇、工矿区 | | 0.6～12 |

注:大、中、小城市以公安部门登记在册的非农业正式户口人数为依据,按照国务院颁布的《城市规划条例》中规定的标准划分。现行的划分标准是:市区及郊区非农业人口总计在 50 万以上的,为大城市;市区及郊区非农业人口总计在 20 万至 50 万之间的,为中等城市;市区及郊区非农业人口总计在 20 万以下的,为小城市。

各省、自治区、直辖市人民政府可根据市政建设状况和经济繁荣程度等条件，在法定的税额幅度内，确定所辖地区的适用税额幅度。市、县人民政府应当根据实际情况，将本地区土地划分若干等级，在省、自治区、直辖市人民政府确定的税额幅度内，制定适用税额标准，报省、自治区、直辖市人民政府批准执行。

经省、自治区、直辖市人民政府批准，经济落后地区土地使用税的适用税额标准可以适当降低，但降低额不得低于上述规定最低税额的30%。经济发达地区土地使用税的适用税额标准可以适当提高，但须报经财政部批准。

4）城镇土地使用税的减免优惠

（1）下列土地免缴土地使用税：

① 国家机关、人民团体、军队自用的土地。这部分土地是指这些单位本身的办公用地和公务用地。如国家机关、人民团体的办公楼和军队的营房等占用的土地。

② 由国家财政部门拨付事业经费的单位自用的土地。这部分土地是指这些单位本身的业务用地。如学校的教学楼、办公楼、实验室、操场等占用的土地。

③ 宗教寺庙、公园、名胜古迹自用的土地。宗教寺庙自用的土地，是指举行宗教仪式等的用地和寺庙内的宗教人员生活用地；公园、名胜古迹自用的土地，是指供公共参观游览的用地及其管理单位的办公用地。

以上单位的生产、经营用地不属于免税范围，应按规定缴纳土地使用税，如公园、名胜古迹中附设的影剧院、饮食部、茶社、照相馆等使用的土地，应缴纳土地使用税。

④ 市政街道、广场、绿化地带等公共用地。非社会性的公共用地不能免税，如企业内的广场、道路、绿化等占用的土地。

⑤ 直接用于农、林、牧、渔业的生产用地。这部分土地是指直接从事于种植、养殖、饲养的专业用地，不包括农副产品加工场地和生活、办公用地。

⑥ 经批准开山填海整治的土地和改造的废弃土地，从使用的月份起免缴土地使用税5～10年。具体免税期限由各省、自治区、直辖市税务局在《土地使用税暂行条例》规定的期限内自行确定。

⑦ 企业办的学校、医院、托儿所、幼儿园，其用地能与企业其他用地明确区分的，免征城镇土地使用税。

⑧ 对非营利性医疗机构、疾病控制机构和妇幼保健机构等卫生机构自用的土地，免征城镇土地使用税。

⑨ 由财政部另行规定免税的能源、交通、水利用地和其他用地。

（2）下列土地由省、自治区、直辖市地方税务局确定减免土地使用税：

① 个人所有的居住房屋及院落用地；

② 房产管理部门在房租调整改革前经租的居民住房用地；

③ 免税单位职工家属的宿舍用地；

④ 民政部门举办的安置残疾人占一定比例的福利工厂用地；

⑤ 集体和个人办的各类学校、医院、托儿所、幼儿园用地。

### 10.3.3 城镇土地使用税的计算

城镇土地使用税以纳税人实际占用的土地面积为计税依据。纳税人实际占用的土地面积，以房地产管理部门核发的土地使用证书与确认的土地面积为准；尚未核发土地使用证书的，应由纳税人据实申报土地面积，据以纳税，待核发土地使用证后再作调整。

城镇土地使用税的应纳税额依据纳税人实际占用的土地面积乘以该土地所在地段的适用税额求得。计算公式为：

全年应纳税额＝实际占用应税土地面积(平方米)×适用税额

**例 10.3.1** 设在某大城市的一国有企业经营占用的实际土地面积为 15 000 平方米，属一等地段，经税务机关核定，该土地为应税土地，每平方米年税额为 5.5 元。有一仓库位于市郊，占地面积为 20 000 平方米，属五等地段，每平方米年税额为 1 元。该企业自办托儿所占地面积 1 000 平方米，属三等地段，每平方米年税额为 2 元。试计算该企业全年应缴纳的土地使用税额。(当地规定托儿所占地面积免税)

**解** (1) 经营占地年应纳土地使用税税额＝15 000×5.5＝82 500(元)

(2) 仓库占地年应纳土地使用税税额 ＝20 000×1＝20 000(元)

(3) 企业自办托儿所按税法规定免税

(4) 全年应纳土地使用税额＝82 500 ＋ 20 000＝102 500(元)

### 10.3.4 城镇土地使用税的征收管理

1) 纳税义务发生的时间

① 纳税人购置新建商品房，自房屋交付使用之次月起，缴纳城镇土地使用税。

② 纳税人购置存量房，自办理房屋权属转移、变更登记手续，房屋权属登记机关签发房屋权属证书之次月起，缴纳城镇土地使用税。

③ 纳税人出租、出借房产，自交付出租、出借房产之次月起，缴纳城镇土地使用税。

④ 以出让或转让方式有偿取得土地使用权的，应由受让方从合同约定交付土地时间的次月起缴纳城镇土地使用税；合同未约定交房时间的，由受让方从合同签订的次月起缴纳城镇土地使用税。

⑤ 纳税人新征用的耕地，自批准征用之日起满 1 年时开始缴纳土地使用税。

⑥ 纳税人新征用的非耕地，自批准征用次月起缴纳土地使用税。

⑦ 自 2009 年 1 月 1 日起，纳税人因土地的权利发生变化而依法终止城镇土地使用税缴纳义务的，其应纳税款的计算应截止到土地权利发生变化的当月末。

2) 纳税地点

城镇土地使用税的纳税地点为土地所在地，由土地所在地的税务机关负责征收。土地管理机关应当向土地所在地的税务机关提供土地使用权属资料。

纳税人使用的土地不属于同一省(自治区、直辖市)管辖范围的，应由纳税人分别向土地所在地的税务机关缴纳土地使用税；在同一省(自治区、直辖市)管辖范围内，纳税人跨地区使用的土地，由各省、自治区、直辖市地方税务局确定其纳税地点。

3) 纳税期限

城镇土地使用税实行按年计算、分期缴纳的征收方法。具体纳税期限由各省、自治区、直辖市地方人民政府确定。各省、自治区、直辖市税务机关结合当地情况，一般分别确定按月、季或半年等不同的期限缴纳。

4) 纳税申报

城镇土地使用税的纳税人应按照《城镇土地使用税暂行条例》的有关规定及时办理纳税

申报，并如实填写《城镇土地使用税申报表》。纳税人新征用的土地，必须于批准新征用之日起30日内申报登记。纳税人如有住址变更、土地使用权属转换等情况，从转移之日起，按规定期限办理申报变更登记。

## 10.4 耕地占用税

### 10.4.1 耕地占用税概述

耕地占用税是对占用耕地建房或从事其他非农业建设的单位和个人，按其所占用耕地的面积征收的一种税。我国自1987年4月1日起开征此税。2007年12月1日，国务院重新修订和颁布《中华人民共和国耕地占用税暂行条例》，并自2008年1月1日起施行。

耕地是从事农业生产的基本条件，我国虽幅员辽阔，但耕地资源严重不足，人均耕地占有面积远远低于世界其他国家。近年来，城乡非农业建设乱占、滥用耕地的现象十分严重，造成耕地面积急剧减少。开征耕地占用税，一方面可以在一定程度上控制占用耕地建房和非农业建设用地，实现土地资源的合理利用；另一方面，征收的税款可以用于土地的开发和整治，作为对被占用耕地的一种补偿，以利于稳定农业生产。

### 10.4.2 耕地占用税的基本制度

1）耕地占用税的纳税人

耕地占用税的纳税人为占用耕地建房或从事非农业建设的单位和个人。所称单位，包括国有企业、集体企业、私营企业、股份制企业、外商投资企业、外国企业以及其他企业和事业单位、社会团体、国家机关、部队以及其他单位；所称个人，包括个体工商户以及其他个人。

2）耕地占用税的课税对象

耕地占用税的课税对象是一切用于建房和从事其他非农业建设所占用的耕地。包括国家所有和集体所有的耕地。所谓耕地是指用于种植农作物的土地，包括菜地、园地。占用林地、牧草地、农田水利用地、养殖水面以及渔业水域滩涂等其他农用地建房或者从事非农业建设的，也应征收耕地占用税。建设直接为农业生产服务的生产设施占用农用地的，不征收耕地占用税。

纳税人临时占用耕地，应当按规定缴纳耕地占用税。纳税人在批准临时占用耕地的期限内恢复所占用耕地原状的，全额退还已经缴纳的耕地占用税。

3）耕地占用税的税率

耕地占用税实行定额税率，从量计征。由国务院财政、税务主管部门根据人均耕地面积和经济发展情况确定各省、自治区、直辖市的平均税额。各地适用税额，由省、自治区、直辖市人民政府在规定的税额幅度内，根据本地区情况核定。但核定的适用税额的平均水平，不得低于国务院财政、税务主管部门规定的平均税额。

①人均耕地不超过1亩的地区（以县级行政区域为单位，下同），每平方米为10元至50元；

②人均耕地超过1亩但不超过2亩的地区，每平方米为8元至40元；

③人均耕地超过2亩但不超过3亩的地区，每平方米为6元至30元；

④人均耕地超过3亩的地区，每平方米为5元至25元。

国务院财政、税务主管部门根据人均耕地面积和经济发展情况确定各省、自治区、直辖市的平均税额。各地适用税额，由省、自治区、直辖市人民政府在规定的税额幅度内，根据本地区情况核定。但核定的适用税额的平均水平，不得低于国务院财政、税务主管部门规定的平均税额。

经济特区、经济技术开发区和经济发达且人均耕地特别少的地区，适用税额可以适当提高，但是提高的部分最高不得超过当地核定的适用税额的50%。

占用基本农田的，适用税额应当在规定的当地适用税额的基础上提高50%。

4) 耕地占用税的减免优惠

为了保障国家公共建设用地的需要，体现社会福利政策和民族政策，耕地占用税规定对下列情况给予减税或免税。

(1) 军事设施占用耕地。

(2) 学校、幼儿园、养老院、医院占用耕地。

(3) 铁路线路、公路线路、飞机场跑道、停机坪、港口、航道占用耕地，减按每平方米2元的税额征收耕地占用税。

(4) 农村居民占用耕地新建住宅，按照当地适用税额减半征收耕地占用税。

(5) 农村烈士家属、残疾军人、鳏寡孤独以及革命老根据地、少数民族聚居区和边远贫困山区生活困难的农村居民，在规定用地标准以内新建住宅缴纳耕地占用税确有困难的，经所在地乡(镇)人民政府审核，报经县级人民政府批准后，可以免征或者减征耕地占用税。

免征或者减征耕地占用税后，纳税人改变原占地用途，不再属于免征或者减征耕地占用税情形的，应当按照当地适用税额补缴耕地占用税。

### 10.4.3 耕地占用税应纳税额的计算

耕地占用税以纳税人实际占用的耕地面积为计税依据，按照规定的适用税额一次性征收。计算单位为平方米。计算公式为：

应纳耕地占用税税额＝实际占用耕地面积(平方米)×适用税额

**例10.4.1** 某房地产开发企业占用耕地10 000平方米用以建造居民住宅，该耕地位于人均耕地1亩以下的地区，按规定，每平方米应纳耕地占用税税额为30元。试计算该企业应纳耕地占用税税额。

**解** 应纳耕地占用税税额＝10 000×30＝300 000(元)

### 10.4.4 耕地占用税的征收管理

耕地占用税由地方税务机关负责征收管理。土地管理部门在通知单位或者个人办理占用耕地手续时，应当同时通知耕地所在地同级地方税务机关。获准占用耕地的单位或者个人应当在收到土地管理部门的通知之日起30日内缴纳耕地占用税。土地管理部门凭耕地占用税完税凭证或者免税凭证和其他有关文件发放建设用地批准书。

对未经批准或超过批准限额、超过农民住宅建房规定标准占用耕地的，由土地管理机构按《中华人民共和国土地管理法》的有关规定处理。纳税人按有关规定向土地管理部门办理退还耕地，但已缴纳的耕地占用税税款不予退还。

## 思考题

1. 资源税的征税范围是如何规定的?

2. 资源税有哪些优惠政策?

3. 为什么对资源征税要采用从量定额的征收方法?

4. 开征土地增值税的意义是什么?

5. 如何确定房地产转让收入?

6. 计算土地增值税时准予扣除的项目有哪些?

7. 土地增值税的税率是如何设计的?

8. 城镇土地使用税的纳税人是如何确定的?

9. 城镇土地使用税的计税依据和税率是如何规定的?

10. 城镇土地使用税与耕地占用税有何区别?

11. 耕地占用税有哪些减免税优惠?

12. 耕地占用税的计税依据和税率是如何规定的?

## 计算题

1. 某油田2月份生产原油30万吨,其中已销售20万吨,自用0.5万吨(未用于加热、修井),尚未销售5万吨。该原油适用税率为8%。试计算其2月份应纳的资源税税额。

2. 某独立铁矿山,2012年8月份开采铁矿石6 000吨,销售4 000吨,适用单位税额为14元/吨。试计算该矿当月应纳的资源税。

3. 某纳税人本期以自产液体盐80 000吨和外购液体盐15 000吨(每吨已纳资源税8元)加工固体盐19 000吨,并已销售取得收入950万元,已知固体盐税额为30元/吨。试计算该纳税人本期应缴纳的资源税税额。

4. 某省一独立核算的煤炭企业,下属一生产单位在外省。2011年该企业开采原煤340万吨(其中含省外生产单位开采的60万吨),当年销售原煤300万吨(其中含省外生产单位开采的50万吨)。已知原煤资源税的单位税额为4元/吨。试计算该企业当年在本省应缴纳的资源税。

5. 某房地产开发公司转让一栋写字楼取得收入1 300万元。已知该公司为取得土地使用权所支付的金额为50万元,房地产开发成本为200万元,房地产开发费用为410万元,与转让房地产有关的税金为60万元。试计算该公司应缴纳的土地增值税。

6. 8月1日,某房地产开发公司以200万元竞买到某块土地使用权后,随即以250万元的价格转让,转让时缴纳的营业税、城市维护建设税和教育费附加共13.88万元。试计算该房地产开发公司应缴纳的土地增值税。

7. 2011年10月,A房地产开发公司与B生产性外资企业签订售房合同,A将一幢办公楼出售给B外资企业,共收到B外资企业款项500万元和一块土地使用权作价400万元。A房地产开发公司开发该幢办公楼的开发成本为350万元,支付土地出让金及相关费用180万元,其对利息不能准确分摊,交易发生后,双方缴纳了有关税金(营业税率5%,城市维护建设税7%,教育费附加3%,印花税税率0.5‰)。B外资企业取得土地使用权时支付的款项为190万元,该地规定的房地产开发费用的扣除比例为10%。试计算A公司和B企业各应缴纳的土地增值税。

8. 某市国有企业原实际占地3万平方米。年初又受让了一块土地,土地使用证上确认的土地面积为1.2万平方米,企业按其当年实际开发使用的土地面积0.9万平方米进行申报。假设以上土地均适用每平方米5元的城镇土地使用税税率。试计算该企业当年应纳城镇土地使用税税额。

# 11 财产课税

## 11.1 房产税

### 11.1.1 房产税概述

1）*房产税的概念与特点*

房产税是以房屋为征税对象，按房屋的计税余值或租金收入，向产权所有人征收的一种财产税。

新中国成立初期，房产税是一个独立的税种，1951 年与土地税合并为城市房地产税，在各大中城市开征。1973 年简化税制时，把对企业征收的房产税并入了工商税。对房地产管理部门和个人的房屋，以及外商投资企业的房屋，继续保留征收房地产税。1984 年进行工商税制全面改革时，对国内企业单位恢复征收房产税。这样，原房地产税的税名与征收范围已名不符实，故将城市房地产税分为房产税和城镇土地使用税。1986 年 9 月 15 日，国务院正式发布了《中华人民共和国房产税暂行条例》，自当年 10 月 1 日起施行。各省、自治区、直辖市政府根据暂行条例的规定，先后制定了实施细则。至此，房产税又在全国范围内全面征收。

现行房产税是在原计划经济体制和财产所有结构的框架内恢复征收的，一方面继承了过去房产税的传统做法，同时又考虑了我国新旧体制转换过程中的某些特殊情况。因此，又有自身的特点。

（1）属于财产税中的个别财产税　财产税按征收对象的范围不同，可以分为一般财产税和个别财产税。一般财产税也叫"综合财产税"，是对纳税人拥有的各类财产实行综合课征的税收。个别财产税，也叫"单项财产税"，是对纳税人拥有的土地、房屋、资本和其他财产分别课征的税收。房产税属于个别财产税，其征税对象只是房屋。

（2）征税范围限于城镇的经营性房屋　房产税在城市、县城、建制镇和工矿区范围内征收，不涉及农村。农村的房屋，大部分是农民居住用房，为了不增加农民负担，对农村的房屋没有纳入征税范围。另外，对某些拥有房屋，但自身没有纳税能力的单位，如国家拨付行政经费、事业经费和国防经费的单位自用的房产，税法也通过免税的方式将这些房屋排除在外。因为这些单位本身没有经营收入，若对其征税，将相应增加财政拨款，征税也就失去了意义。

（3）区别房屋的经营使用方式确定征税方法　拥有房屋的单位和个人，可以将房屋用于经营自用，又可以把房屋用于出租。房产税根据纳税人经营形式的不同，对前一类房屋按房产计税余值征收，对后一类房屋按租金收入计税，使征税办法符合纳税人的经营特点，便于平衡税收负担和征收管理。

2）房产税的征收意义

(1) 筹集地方财政收入　房产税属于地方税，征收房产税可以为地方财政筹集一部分市政建设资金，解决地方财力不足；而且房产税以房屋为征税对象，税源比较稳定，随着地方经济的发展，城市基础设施改善和工商各业的兴旺，房产税收将成为地方财政收入的一个主要来源。

(2) 有利于加强房产管理　对房屋拥有者征收房产税，可以调节纳税人的收入水平，有利于加强对房屋的管理，提高房屋的使用效益，控制固定资产的投资规模。另一方面，房产税规定对个人拥有的非营业用房屋不征房产税，可以鼓励个人建房、购房和改善住房条件，配合和推动城市住房制度改革。

### 11.1.2　房产税的基本制度

1）房产税的纳税义务人

房产税以在征税范围内的房屋产权所有人为纳税人。具体规定如下：

(1) 产权属国家所有的，由经营单位纳税；产权属集体和个人所有的，由集体单位和个人纳税。

(2) 产权出典的，由承典人纳税。所谓产权出典，是指产权所有人将房屋、生产资料等的产权，在一定期限内典当给他人使用，而取得资金的一种融资业务。由于在房屋出典期间，产权所有人已无权支配房屋，因此，税法规定由对房屋具有支配权的承典人为纳税人。

(3) 产权所有人、承典人不在房屋所在地的，由房产代管人或者使用人纳税。

(4) 产权未确定及租典纠纷未解决的，也由房产代管人或使用人纳税。所谓租典纠纷，是指产权所有人在房产出典和产权关系上，与承典人、租赁人发生各种争议，特别是权利和义务的争议悬而未决的。

(5) 纳税单位和个人无租使用房产管理部门、免税单位的房产，应由使用人代为缴纳房产税。

(6) 自 2009 年 1 月 1 日起，外商投资企业、外国企业和组织以及外籍个人，依照《中华人民共和国房产税暂行条例》缴纳房产税。

2）房产税的征税范围

房产税的征税对象是房产，具体征税范围为城市、县城、建制镇和工矿区。房产税的征收范围不包括农村，这主要是为了减轻农民负担。

房地产开发企业建造的商品房，在出售前，不征收房产税，但对出售前房地产开发企业已使用或出租、出借的商品房应按规定征收房产税。

3）房产税的税率

我国现行房产税采用的是比例税率。由于房产税的计税依据分为从价计征和从租计征两种形式，所以房产税的税率也有两种：采用从价计征的，税率规定为 1.2%的比例税率；采用从租计征的，税率规定为 12%的比例税率。

4）房产税的减免优惠

房产税的减免优惠是根据国家政策需要和纳税人的负担能力制定的。由于房产税属地方税，因此给予地方一定的减免权限，有利于地方因地制宜处理问题。目前，房产税的减免优惠政策主要有：

(1) 国家机关、人民团体、军队自用的房产，免征房产税。

(2) 由国家财政部门拨付事业经费的单位，如学校、医疗卫生单位、体育、托儿所、幼儿园、文化、艺术这些实行全额或差额预算管理的事业单位所有的，本身业务范围内使用的房产，免征房产税。

(3) 宗教寺庙、公园、名胜古迹自用的房产，免征房产税。

(4) 个人所有非营业用的房产，免征房产税。

(5) 行使国家管理职能的中国人民银行总行（含国家外汇管理局）所属分支机构自用的房产，免征房产税。

(6) 经财政部批准免税的其他房产。这类免税房产，情况特殊，范围较小，是根据实际情况确定的。

除以上可以免征房产税的情况外，如纳税人确实有困难的，可由省、自治区、直辖市人民政府确定，定期减征或者免征房产税。

### 11.1.3 房产税的计算

1) 计税依据的确定

房产税的计税依据通常是房产的价值。房产的价值有三种表现形式：一是房产的原值，即房屋的造价；二是房产的净值，即房屋的原值扣除折旧后的价值；三是房产的市价，即买卖房产的市场价格。选择不同的计价形式，其征收效果有明显的不同。按房产原值计税，收入比较稳定，但不尽合理。因为随着时间的推移，房屋的价值会发生变化，或增加，或减少，税收负担往往难以与房产的获利水平相适应；按净值计税，不仅计税复杂，而且也不科学；按市价计税较为合理，市价是房产的现实价值，但存在估价工作量大、市价标准难以确定等诸多问题。基于以上考虑，我国房产税对经营自用的房屋以房产计税余值作为计税依据，对出租的房屋以租金收入作为计税依据。这样既可以将房屋的自然损耗因素和房屋后期的增值因素等综合考虑进去，也便于对不同房屋征税的分类管理。

(1) 计税余值　对经营自用的房屋，以房产的计税余值作为计税依据。所谓计税余值，是指依照房产原值一次减除10%～30%的损耗后的余额。

关于房产原值，税法作了以下规定：

① 房产原值是指纳税人按照会计制度规定，在账簿"固定资产"科目中记载的房屋原价。因此，凡按会计制度规定在账簿中记载有房屋原价的，应以房屋原价按规定减除一定比例后作为房产余值计征房产税；没有记载房屋原价的，按照上述原则，并参照同类房屋，确定房产原值，按规定计征房产税。

自2009年1月1日起，对依照房产原值计税的房产，不论是否记载在会计账簿固定资产科目中，均应按照房屋原价计算缴纳房产税。

② 房产原值应包括与房屋不可分割的各种附属设备或一般不单独计算价值的配套设施。主要有：暖气、卫生、通风、照明、煤气等设备及各种管线。

③ 纳税人对原有房屋进行改建、扩建的，要相应增加房屋的原值。

在确定计税余值时，房产原值的具体减除比例由各省、自治区、直辖区人民政府在税法规定的减除幅度内自行确定。

此外，对以下特殊使用房产情况，应注意计税依据的正确确定：

① 是对投资联营的房产，在计征房产税时要区别对待。对于以房屋投资联营，投资者参与投资利润分红，共担风险的，按房产的余值作为计税依据计征房产税；对以房产投资，收

取固定收入，不承担联营风险的，实际是以联营名义取得房产租金，按租金收入计算缴纳房产税。

② 是对融资租赁的房产，由于租赁费包括购进房屋的价款、手续费、借款利息等，与一般房屋的租金不同，而且租赁期满后，当承租方偿还最后一笔租赁费后，房屋产权要转移到承租方。这实际上是一种变相的分期付款购买固定资产的形式，所以在计征房产税时应以房产余值计算征收。

③ 从2006年1月1日起，房屋附属设备和配套设施计征房产税按以下规定执行：

凡以房屋为载体，不可随意移动的附属设备和配套设施，如给排水、采暖、消防、中央空调、电气及智能化楼宇设备等，无论在会计核算中是否单独记账与核算，都应计入房产原值，计征房产税。

对于更换房屋附属设备和配套设施的，在将其价值计入房产原值时，可扣减原来相应设备和设施的价值；对附属设备和配套设施中易损坏、需要经常更换的零配件，更新后不再计入房产原值。

(2) 租金收入　对出租的房屋，以房产的租金收入作为计税依据。所谓的房产租金收入，是指房屋产权所有人出租房产使用权所得的报酬，包括货币收入和实物收入。对以劳务或其他形式作为报酬抵付房租收入的，应根据当地同类房产的租金水平，确定一个标准租金额从租计征。

纳税人对个人出租房屋的租金收入申报不实或申报数与同一地段同类房屋的租金收入相比明显不合理的，税务部门可以按照有关法规，采取科学合理的方法核定其应纳税款。

2) 应纳税额的计算

房产税的计税依据有两种，与之相适应的应纳税额计算也有两种方法：一是从价计征的计算；二是从租计征的计算。

(1) 从价计征的计算　从价计征是按房产原值减除一定比例后的余值计征，其计算公式为：

$$应纳税额=应税房产原值\times(1-扣除比例)\times适用税率$$

如前所述，房产原值是固定资产科目中记载的房屋原值；扣除比例是省、自治区、直辖市人民政府规定的10%～30%的减除比例；计征的适用税率是1.2%。

**例 11.1.1**　某企业的经营用房原值为4 000万元，当地政府规定减除比例为30%，适用税率为1.2%。试计算其应纳房产税税额。

**解**　应纳税额=4 000×(1－30%)×1.2%=33.6(万元)

(2) 从租计征的计算　从租计征是按房产的租金收入计征，其计算公式为：

$$应纳税额=租金收入\times适用税率(12\%)$$

**例 11.1.2**　某企业出租房屋三间，年租金收入为20 000元，适用税率为12%。试计算其应纳房产税税额。

**解**　应纳税额=20 000×12%=2 400(元)

### 12.1.4　房产税的征收管理

1) 纳税义务发生时间的确定

(1) 纳税人将原有房产用于生产经营，从生产经营之月起，缴纳房产税。

(2) 纳税人自行新建房屋用于生产经营的，从建成之次月起，缴纳房产税。

(3) 纳税人委托施工企业建设的房屋，从办理验收手续之次月起，缴纳房产税。纳税人在办理手续前，即已使用或出租、出借的新建房屋，应从使用或出租、出借当月起，缴纳房产税。

(4) 纳税人购置新建商品房，自房屋交付使用之次月起，缴纳房产税。

(5) 纳税人购置存量房屋，自办理房屋权属转移、变更登记手续，房地产权属登记机关签发房屋权属证书之次月起，缴纳房产税。

(6) 纳税人出租、出借房产，自交付出租、出借房产之次月起，缴纳房产税。

(7) 房地产开发企业自用、出租、出借本企业建造的商品房，自房屋使用或交付之次月起，缴纳房产税。

(8) 自 2009 年 1 月 1 日起，纳税人因房产的实物或权利状态发生变化而依法终止房产税纳税义务的，其应纳税款的计算应截止到房产的实物或权利状态发生变化的当月末。

2) 纳税期限

房产税实行按年计算、分期缴纳的征收办法，具体纳税期限由省、自治区直辖市人民政府确定。

3) 纳税地点

房产税在房产所在地缴纳。房产不在同一地方的纳税人，应按房产的坐落地点分别向房产所在地的税务机关纳税。

## 11.2 车船税

### 11.2.1 车船税概述

1) 车船税的概念

车船税是以车船为征税对象，向拥有或按管理车船的单位和个人征收的一种税。

我国对车船课税历史悠久。早在公元前 129 年(汉武帝元光六年)，我国就开征了算商车。1945 年 6 月，民国政府公布了《使用牌照税法》，在全国统一开征车船使用牌照税。新中国成立后，中央人民政府政务院于 1951 年 9 月颁布了《车船使用牌照税暂行条例》，在全国部分地区开征。1973 年简化税制、合并税种时，把对企业征收的车船使用牌照税并入工商税。从那时起，车船使用牌照税只对不缴纳工商税的单位、个人和外侨征收，征税范围大大缩小。1984 年 10 月国务院决定恢复对车船征税，因原税名“车船使用牌照税”不太确定，实际工作中往往误认为是对牌照征税，因此，改名为车船使用税。1986 年 9 月 15 日，国务院发布了《中华人民共和国车船使用税暂行条例》，并于 1986 年 10 月 1 日起在全国施行。2006 年 12 月 27 日国务院第 162 次常务会议通过并公布了《中华人民共和国车船税暂行条例》，自 2007 年 1 月 1 日起施行。2011 年 2 月 25 日新的《中华人民共和国车船税法》由十一届全国人大常务委员会第十九次会议通过，2012 年 1 月 1 日起施行。

2) 车船税的特点

(1) 具有单项税的特点　从财产税的角度看，车船税属于单项财产税。不仅征税对象仅限于车船类运输工具，而且对不同的车、船还规定了不同的征税标准。

(2) 实行分类、幅度定额税率　车船税首先划分车辆与船舶的类别，再规定它们各自的分类、幅度定额税率，以适应我国各地经济发展不平衡，车辆和船舶种类繁多、大小不同的实际情况，以保持全国税负的大体均衡。

3) 车船税的征收意义

改革开放以来，我国的交通业发展迅速，运输紧张状况大为缓解，但矛盾依然存在。随着经济的发展，社会拥有车船的数量急剧增加，开征车船税，可以从车船所有人和管理人的手中集中一部分资金，增加地方财源，并缓解运力紧张的矛盾；可以促使纳税人加强对已有车船、使用车船的管理与核算，合理利用车船，提高其使用效率。除此以外，还可以对拥有车船的纳税人的财富进行调节，缓解财富分配不公的状况。

### 11.2.2　车船税的基本制度

1) 车船税的纳税义务人

车船税的纳税义务人，是指在中华人民共和国境内，属于车船税法所附《车船税税目税额表》规定的车辆、船舶(以下简称车船)的所有人或者管理人。车船的所有人或者管理人未缴纳车船税的，使用人应当代为缴纳车船税。从事机动车第三者责任强制保险业务的保险机构为机动车车船税的扣缴义务人，应当在收取保险费时依法代收车船税，并出具代收税款凭证。机动车车船税的扣缴义务人依法代收代缴车船税时，纳税人不得拒绝。

2) 车船税的征税范围

车船税的具体征税范围由车辆和船舶两大类构成。征税车船包括依法应当在车船登记管理部门登记的机动车辆和船舶，以及依法不需要在车船登记管理部门登记的在单位内部场所行驶或者作业的机动车辆和船舶。

(1) 乘用车　是指在设计和技术特性上主要用于载运乘客及随身行李，核定载客人数包括驾驶员在内不超过 9 人的汽车。

(2) 商用车　是指除乘用车外，在设计和技术特性上用于载运乘客、货物的汽车，划分为客车和货车。半挂牵引车是指装备有特殊装置用于牵引半挂车的商用车。三轮汽车是指最高设计车速不超过 50 km/h，具有三个车轮的货车。低速载货汽车是指以柴油机为动力，最高设计车速不超过 70 km/h，具有四个车轮的货车。

(3) 挂车　是指就其设计和技术特性需由汽车或者拖拉机牵引，才能正常使用的一种无动力的道路车辆。

(4) 专用作业车　是指在其设计和技术特性上用于特殊工作的车辆。

(5) 摩托车　是指无论采用何种驱动方式，最高设计车速大于 50 km/h，或者使用内燃机，其排量大于 50 ml 的两轮或者三轮车辆。

(6) 船舶　是指各类机动、非机动船舶以及其他水上移动装置，但是船舶上装备的救生艇筏和长度小于 5 m 的艇筏除外。其中，机动船舶是指用机器推进的船舶；拖船是指专门用于拖(推)动运输船舶的专业作业船舶；非机动驳船，是指在船舶登记管理部门登记为驳船的非机动船舶。

(7) 游艇　是指具备内置机械推进动力装置，长度在 90 m 以下，主要用于游览观光、休闲娱乐、水上体育运动等活动，并应当具有船舶检验证书和适航证书的船舶。

3) 车船税的税率

车船税实行幅度定额税率。国务院财政部门、税务主管部门可以根据实际情况，在《车船税税目税额表》规定的税目范围和税额幅度内，划分子税目，并明确车辆的子税目税额幅度和船舶的具体适用税额。车辆的具体适用税额由省、自治区、直辖市人民政府在规定的子税目税额幅度内确定。车船税税目税额表见表 11.2.1。

**表 11.2.1　车辆税税目税额表**

<table>
<tr><th colspan="2">税目</th><th>计税单位</th><th>年基准税额</th><th>备注</th></tr>
<tr><td rowspan="7">乘用车（按发动机气缸容量分挡）</td><td>1.0 升（含）以下</td><td rowspan="7">每辆</td><td>60 元～360 元</td><td rowspan="7">核定载客人数 9 人（含）以下</td></tr>
<tr><td>1.0 升以上～1.6 升（含）</td><td>300 元～540 元</td></tr>
<tr><td>1.6 升以上～2.0 升（含）</td><td>360 元～660 元</td></tr>
<tr><td>2.0 升以上～2.5 升（含）</td><td>660 元～1200 元</td></tr>
<tr><td>2.5 升以上～3.0 升（含）</td><td>1200 元～2400 元</td></tr>
<tr><td>3.0 升以上～4.0 升（含）</td><td>2400 元～3600 元</td></tr>
<tr><td>4.0 升以上</td><td>3600 元～5400 元</td></tr>
<tr><td rowspan="2">商用车</td><td>客车</td><td>每辆</td><td>480 元～1440 元</td><td>核载 9 人以上，包括电车</td></tr>
<tr><td>货车</td><td>整备质量每吨</td><td>16 元～120 元</td><td>包括半挂牵引车、三轮汽车和低速载货汽车等</td></tr>
<tr><td colspan="2">挂车</td><td>整备质量每吨</td><td>按照货车税额的 50%计算</td><td></td></tr>
<tr><td colspan="2">其他车辆专用作业车</td><td>整备质量每吨</td><td>16 元～120 元</td><td>不包括拖拉机</td></tr>
<tr><td colspan="2">摩托车</td><td>每辆</td><td>36 元～180 元</td><td></td></tr>
<tr><td rowspan="2">船舶</td><td>机动船舶</td><td>净吨位每吨</td><td>3 元～6 元</td><td>拖船、非机动驳船分别按照机动船舶税额的 50%计算</td></tr>
<tr><td>游艇</td><td>艇身长度每米</td><td>600 元～2000 元</td><td></td></tr>
</table>

（1）应税车辆具体适用税额，应当遵循以下原则：

① 乘用车依排气量从小到大递增税额。

② 客车按照核定载客人数 20 人以下和 20 人（含）以上两挡划分，递增税额。

省、自治区、直辖市人民政府确定的车辆具体适用税额，应当报国务院备案。

（2）机动船舶具体适用税额

① 净吨位不超过 200 吨的，每吨 3 元。

② 净吨位超过 200 吨但不超过 2 000 吨的，每吨 4 元。

③ 净吨位超过 2 000 吨但不超过 10 000 吨的，每吨 5 元。

④ 净吨位超过 10 000 吨的，每吨 6 元。

拖船按照发动机功率每 1 kW 折合净吨位 0.67 吨计算征收车船税。

（3）游艇具体适用税额

① 艇身长度不超过 10 m 的，每米 600 元。

② 艇身长度超过 10 m 但不超过 18 m 的，每米 900 元。

③ 艇身长度超过 18 m 但不超过 30 m 的，每米 1 300 元。

④ 艇身长度超过 30 m 的，每米 2 000 元。

⑤ 辅助动力帆艇，每米 600 元。

4）车船税的减免优惠

《车船税法》对车船税的减免优惠政策作了明确规定，下列车船免征车船税：

（1）捕捞、养殖渔船。

（2）军队、武警专用的车船。

（3）警用车船。

（4）依照法律规定应当予以免税的外国驻华使领馆、国际组织驻华代表机构及其有关人员的车船。

（5）临时入境的外国车船和香港特别行政区、澳门特别行政区、台湾地区的车船，不征收车船税。

（6）按照规定缴纳船舶吨税的机动船舶，依法不需要在车船登记管理部门登记的机场、港口、铁路站场内部行驶或者作业的车船，自车船税法实施之日起 5 年内免征车船税。

对节约能源、使用新能源的车船可以免征或者减半征收车船税。免征或者减半征收车船税的车船的范围，由国务院财政、税务主管部门商同国务院有关部门制订，报国务院批准。

对受地震、洪涝等严重自然灾害影响纳税困难以及其他特殊原因确需减免税的车船，可以在一定期限内减征或者免征车船税。可以对公共交通车船，农村居民拥有并主要在农村地区使用的摩托车、三轮汽车和低速载货汽车定期减征或者免征车船税。具体减免期限和数额由省、自治区、直辖市人民政府确定，报国务院备案。

### 11.2.3 车船税应纳税额的计算

1）计税依据

车船税以应税车船为征税对象，以征税对象的计量标准为计税依据，从量计征。

2）应纳税额的计算

车船税根据不同类型的车船及其适用的计税标准分别计算应纳税额。计算公式如下：

（1）乘用车、客车和摩托车的应纳税额＝辆数×适用单位税额

（2）货车、挂车和专用作业车的应纳税额＝自重吨数×适用单位税额

（3）船舶的应纳税额＝净吨位数 ×适用单位税额

（4）游艇的应纳税额＝艇身长度 ×适用单位税额

### 11.2.4 车船税的征收管理

1）纳税义务发生时间

车船税的纳税义务发生时间，为取得车船所有权或者管理权的当月。以购买车船的发票或者其他证明文件所载日期的当月为准。购置的新车船，购置当年的应纳税额自纳税义务发生的当月起按月计算。应纳税额为年应纳税额除以 12 再乘以应纳税月份数。

2）纳税期限

车船税按年申报，分月计算，一次性缴纳。纳税年度为公历 1 月 1 日至 12 月 31 日。

具体申报纳税期限由省、自治区、直辖市人民政府确定。

3）纳税地点

车船税的纳税地点为车船的登记地或者车船税扣缴义务人所在地。依法不需要办理登记的车船，车船税的纳税地点为车船的所有人或者管理人所在地。

公安、交通运输、农业、渔业等车船登记管理部门、船舶检验机构和车船税扣缴义务人的行业主管部门应当在提供车船有关信息等方面，协助税务机关加强车船税的征收管理。

车辆所有人或者管理人在申请办理车辆相关登记、定期检验手续时，应当向公安机关交通管理部门提交依法纳税或者免税证明。公安机关交通管理部门核查后办理相关手续。

## 11.3 契税

### 11.3.1 契税概述

1）契税的概念

契税是以在中华人民共和国境内转移土地、房屋权属为征税对象，向产权承受人征收的一种财产税。

契税在我国是一个古老的税种，起源于东晋的“估税”，后来历代相沿，皆有征收，至今已有 1 600 多年的历史。新中国成立以后颁布的第一个税收法规就是《契税暂行条例》。这个条例对旧中国的契税进行了改革，其基本内容是：凡土地、房屋之买卖、典当、赠与和交换，均应凭土地、房屋的产权证明，在当事人双方订立契约时，由产权承受人缴纳契税。

1954 年，财政部对《契税暂行条例》进行修改。修改的主要内容是：对公有制单位的买卖、典当、承受赠与和交换土地、房屋的行为，免征契税。社会主义三大改造完成后，国家禁止土地买卖和转让，征收土地契税自然停止。契税的征税范围只限于非公有制单位的房屋产权转移行为，契税收入甚微。“文革”期间，有的地方甚至明令停止办理契税征收业务。1978 年后，逐步落实了房产政策，随着改革开放的不断深入，城乡房屋买卖又重新活跃起来，为此，财政部于 1981 年和 1990 年分别发出了《关于改进和加强契税征收管理工作的通知》和《关于加强契税征收工作的通知》，对契税政策进行了一些补充和调整。但随着房地产市场的发展，交易形式的多样，原《契税暂行条例》的内容已经不能适应新形势的需要。本着公平税负，规范税制，增加收入，适当下放管理权限，调动地方管理税收积极性的原则，国务院对契税暂行条例进行了修订，于 1997 年 7 月 7 日重新颁布了《中华人民共和国契税暂行条例》，并于 1997 年 10 月 1 日起实施。

2）契税的特点

契税与其他税种相比，具有如下特点：

（1）契税属于财产转移税　契税以发生转移的不动产，即土地和房屋为征税对象，有财产转移课税性质。土地、房屋产权未发生转移的，不征契税。

（2）契税由财产承受人缴纳　一般税种都确定销售者为纳税人，即卖方纳税。契税则属于土地、房屋产权发生交易过程中的财产税，由承受人纳税，即买方纳税。对买方征税的主要目的，在于承认不动产转移生效，承受人纳税以后，便可拥有转移过来的不动产产权或使用权，法律保护纳税人的合法权益。

3）契税的征收意义

（1）广辟财源，增加地方财政收入　契税按财产转移价值征税，税源较为充足，它可以弥补其他财产课税的不足，扩大其征税范围，为地方政府增加一部分财政收入。随着市场经济的发展和房地产交易的日趋活跃，契税的财政作用将日益显著。

(2) 保护合法产权，避免产权纠纷　不动产所有权和使用权的转移，涉及转让者和承受者双方的利益，而且由于产权转移形式多种多样，如果产权的合法性得不到确认，事后必然会出现产权纠纷。契税规定对承受人征税，一方面是对承受人财富的调节，另一方面有利于通过法律形式确定产权关系，维护公民的合法利益，避免产权纠纷。

### 11.3.2　契税的基本制度

1) 契税的纳税义务人

契税的纳税义务人是境内转移土地、房屋权属承受的单位和个人。境内是指中华人民共和国实际税收行政管辖范围内。土地、房屋权属是指土地使用权和房屋所有权。承受是指以受让、购买、受赠、交换等方式取得土地、房屋权属的行为。单位是指企业单位、事业单位、国家机关、军事单位和社会团体以及其他组织。个人是指个体经营者及其他个人，包括中国公民和外籍人员。

此外，契税征收机关可以根据征收管理的需要规定代扣代缴义务人，委托有关单位代征契税。

2) 契税的征税范围

契税的征税对象是我国境内发生土地使用权和房屋所有权权属转移的土地和房屋。其具体征税范围包括以下内容：

(1) 国有土地使用权出让　是指土地使用者向国家交付土地使用权出让费用，国家将国有土地使用权在一定年限内让与土地使用者的行为。

(2) 土地使用权的转让　是指土地使用者以出售、赠与、交换或者其他方式将土地使用权转移给其他单位和个人的行为，但不包括农村集体土地承包经营权的转移。所谓出售，是指土地使用者以土地使用权作为交易条件，取得货币、实物、无形资产或者其他经济利益的行为；所谓赠与，是指土地使用者将其土地使用权无偿转让给受赠者的行为；所谓交换，是指土地使用者之间相互交换土地使用权的行为。

(3) 房屋买卖　即以货币为媒介，出卖者向购买者过渡房产所有权的交易行为。以下几种特殊情况，视同买卖房屋：

① 以房产抵债或实物交换房屋，经当地政府和有关部门批准，以房产抵债或实物交换房屋，均视同房屋买卖，应由产权承受人，按房屋现值缴纳契税。

② 以房产作投资或股权转让，这种交易业务属房屋产权转移，应根据国家房地产管理的有关规定，办理房屋产权交易和产权变更登记手续，视同房屋买卖，由产权承受方按契税税率计算缴纳契税。以自有房产作股投入本人独资经营企业，免缴契税。因为以自有的房地产投入本人独资经营的企业，产权所有人和使用人未发生变化，不需要办理房产变更手续，也不办理契税手续。

③ 买房拆料或翻建新房，应照章征收契税。例如，甲某购买乙某房产，不论其目的是该房产的建筑材料或是翻建新房，实际构成房屋买卖。甲某应该首先办理房屋产权变更手续，并按买价缴纳契税。

(4) 房屋赠与　是指房屋产权所有人将房屋无偿转让给他人所有。房屋赠与的前提必须是，产权无纠纷，赠与人和受赠人双方自愿。由于房屋是不动产，价值较大，故法律要求赠与房屋应有书面合同(契约),并到房地产管理部门或农村基层政权机关办理登记过户手续,才能生效。如果房屋赠与行为涉及涉外关系,还需公证处证明和外事部门认证,才能有效。房屋的受赠人要按规定缴纳契税。

以获奖方式取得房屋产权的,其实质是接受赠与房产,应照章缴纳契税。

(5) 房屋交换　是指房屋所有者之间相互交换房屋的行为。

此外,有些特殊方式转移土地、房屋权属的,也将视同土地使用权转让、房屋买卖或房屋赠与:一是以土地、房屋权属作价投资、入股;二是以土地、房屋权属抵债;三是以获奖方式承受土地、房屋权属;四是以预购方式或者预付集资建房款方式承受土地、房屋权属。

(6) 承受国有土地使用权支付的土地出让金　对承受国有土地使用权所应支付的土地出让金,要计征契税。不得因减免土地出让金而减免契税。

(7) 征税范围的特殊规定　随着社会主义市场经济的深入发展,企业改革逐步深化,企业改组、改制的情况比较普遍,由此涉及的契税征收,亦作出以下明确规定:

① 公司制改造:是指非公司制企业按照《公司法》要求,改建为有限责任公司或股份有限公司,或经批准由有限责任公司变更为股份有限公司。在公司制的改造中,对不改变投资主体和出资比例改建成的公司制企业承受原企业土地、房屋权属的,不征收契税;对独立发起、募集设立的股份有限公司承受发起人土地、房屋权属的,免征契税;对国有、集体企业改建成全体职工持股的有限责任公司或股份有限公司承受原企业土地、房屋权属的,免征契税;对其余涉及土地、房屋权属转移的,征收契税。

② 企业合并:是指两个或者两个以上的企业,依照法律规定、合同约定合并为一个企业的行为。合并有吸收合并和新设合并两种形式。一个企业存续,其他企业解散的,为吸收合并;设立一个新企业,其他企业解散的,为新设合并。企业合并中,新设方或者存续方承受被解散方土地、房屋权属,如合并前各方为相同投资主体的,则不征收契税,其余征收契税。

③ 企业分立:是指企业依照法律规定、合同约定分设为两个或者两个以上投资主体相同的企业行为。分为存续分立和新设立分立两种形式。原企业存续,而其一部分分出、派生设立为一个或多个新企业的,为存续分立;原企业解散,分立出的各方分别设立为新企业的为新设分立。企业分立中,对派生方、新设方承受原企业土地、房屋权属的,不征收契税。

④ 股权重组:是指企业股东持有的股份或者出资发生变更的行为。股权重组主要包括股权转让和增资扩股两种形式。股权转让是指企业的股东将其持有的股份或者出资部分或全部转让给他人;增资扩股是指企业向社会公众或特定单位、个人募集出资、发行股票。在股权转让中,单位、个人承受企业股权,企业的土地、房屋权属不发生转移,不征收契税;在增资扩股中,对以土地、房屋权属作价入股或作为出资投入企业的,征收契税。

⑤ 企业破产:是指企业因经营管理不善造成严重亏损,不能清偿到期债务而依法宣告破产的法律行为。企业破产清算期间,对债权人(包括破产企业职工)承受破产企业土地、房屋权属以抵偿债务的,免征契税;对非债权人承受破产企业土地、房屋权属的,征收契税。

3) 契税的税率

契税实行 3%～5% 的幅度比例税率。实行幅度税率是考虑到我国经济发展的不平衡,各地经济差别较大的实际情况。因此,各省、自治区、直辖市人民政府可以在 3%～5%

的幅度税率规定范围内，根据本地区的实际情况决定。

4）契税的减免优惠

(1) 国家机关、事业单位、社会团体、军事单位承受土地、房屋用于办公、教学、医疗、科研和军事设施的，免征契税。

(2) 城镇职工按规定第一次购买公有住房的，免征契税。自2008年11月1日起，对个人首次购买90 $m^2$ 以下普通住房的，契税税率暂统一下调到1%。

(3) 因不可抗力灭失住房而重新购买住房的，酌情准予减征或者免征契税。

(4) 土地、房屋被县级以上人民政府征用、占用后，重新承受土地、房屋权属的，由省级人民政府确定是否减免。

(5) 承受荒山、荒沟、荒丘、荒滩土地使用权，并用于农、林、牧、渔业生产的，免征契税。

(6) 经外交部确认，依照我国有关法律规定以及我国缔结或参加的双边和多边条约或协定，应当予以免税的外国驻华使馆、领事馆、联合国驻华机构及其外交代表、领事官员和其他外交人员承受土地、房屋权属。

税法规定，凡经批准减征、免征契税的纳税人，改变有关土地、房屋的用途，不再属于减免税的范围，应当补缴已经减征、免征的税款。

### 11.3.3 契税应纳税额的计算

1）计税依据

契税的计税依据为不动产的价格。由于土地、房屋权属转移方式不同，定价方法不同，因而具体计税依据应视不同情况确定。

(1) 国有土地使用权出让、土地使用权出售、房屋买卖，以成交价格为计税依据。成交价格是指土地、房屋权属转移合同确定的价格，包括承受者应交付的货币、实物、无形资产或者其他经济利益。

(2) 土地使用权赠与、房屋赠与，由征收机关参照土地使用权出售、房屋买卖的市场价格核定。

(3) 土地使用权交换、房屋交换，为所交换的土地使用权、房屋的价格差额。就是说，交换价格相等时，免征契税；交换价格不等时，由多交付的货币、实物、无形资产或者其他经济利益的一方缴纳契税。

(4) 以划拨方式取得的土地使用权，经批准转让房地产时，由房地产转让者补缴契税。计税依据为补缴的土地使用权出让费用或者土地收益。

为了避免偷、逃税款，税法规定，成交价格明显低于市场价格并且无正当理由的，或者所交换土地使用权、房屋的价格差额明显不合理并且无正当理由的，征收机关可以参照市场价格核定计税依据。

2）应纳税额的计算

契税的应纳税额依照规定的税率和计税依据计算，其计算公式为：

$$应纳税额=计税依据\times税率$$

**例11.3.1** 居民甲有两套住房，将一套出售给居民乙，成交价格为240 000元；将另一套两室住房与居民丙交换成两处一室住房，并交付给丙换房差价60 000元。试计算甲、乙、丙相关行为应缴纳的契税（假定税率为3%）。

**解** 甲应缴纳契税＝60 000×3%＝1 800(元)

乙应缴纳契税＝240 000×3%＝7 200(元)

丙不缴纳契税。

### 11.3.4 契税的征收管理

1）纳税义务时间

契税的纳税义务发生时间是纳税人签订土地、房屋权属转移合同的当天，或者纳税人取得其他具有土地、房屋权属转移合同性质凭证的当天。

2）纳税期限

纳税人应当自纳税义务发生之日起 10 日内，向土地、房屋所在地的契税征收机关办理纳税申报，并在契税征收机关核定的期限内缴纳税款。

3）纳税地点

契税在土地、房屋所在地的征收机关缴纳。

## 思考题

1. 房产税的纳税人是如何规定的？
2. 房产税的计税依据是如何规定的？
3. 车船使用税的征税对象和征税范围是如何规定的？
4. 车船使用税的定额税率是如何规定的？
5. 契税的特点和征收意义是什么？
6. 契税的征收范围是如何规定的？
7. 契税的计税依据是如何规定的？

## 计算题

1. 某饭店房产原值 2 000 万元，2012 年该饭店内装修，6 月份装修完毕办理竣工结算，装修支出 250 万元，均计入固定资产原值，要求计算该企业 2012 年度应纳房产税税额（当地政府规定允许按原值一次扣除 20%）。

2. 某企业拥有两栋房产，一栋用于本企业生产经营，房产原值 1 200 万元，已计提折旧 200 万元。另一栋租给一商店，该栋楼的房产原值是 1 100 万元，当年共收租金 150 万元。计算该企业全年应缴纳的房产税税额（该房产税的扣除率为 30%）。

3. 某公司 2012 年拥有 6 座客货两用汽车 5 辆，每辆载重净吨位为 2.8 吨。税额为载重汽车每吨 50 元，载客汽车 11 座以下每辆 200 元。要求计算该公司该年度客货两用车应缴的车船税税额。

4. 某学校张老师购买一套商品房，价格为 50 万元，因一次性付款，售房单位给予 1 万元优惠，同时按当地政策规定对教师按正常售价优惠 4%，当地契税税率为 4%，张老师应缴纳多少契税？

# 12 行为课税

## 12.1 城市维护建设税

### 12.1.1 城市维护建设税概述

1）城市维护建设税的概念与特点

城市维护建设税，是国家对缴纳增值税、消费税、营业税（简称“三税”）的单位和个人，就其实际缴纳的“三税”税额为计税依据征收，税款专项用于城市、县城、乡镇维护建设方面的一种税。它属于特定目的税，是国家为加强城市的维护建设，扩大和稳定城市建设资金的来源而采取的一项税收措施。

城市维护建设税有以下显著特点：

（1）具有附加税性质　它以纳税人实际缴纳的“三税”税额为计税依据，附加于“三税”税额，本身并没有特定的、独立的征税对象。

（2）具有特定目的　城建税税款专门用于城市的公用事业和公共设施的维护建设。

2）城市维护建设税的征收意义

城市市政公共设施的维护和建设，必须要有专门的资金投入。在计划经济时期，我国用于城市维护和建设的资金主要由国家预算拨款和征收地方附加税解决。但由于受国家财力、计划等方面的限制，不能满足城建资金的需要。因此，为了保证城建资金有稳定可靠的来源，国务院于 1985 年 2 月发布了《中华人民共和国城市维护建设税暂行条例》，并于同年 1 月 1 日起正式实施。

开征城市维护建设税，为开发建设新兴城市，扩展、改造旧城市，发展城市公用事业，以及维护公共设施等提供了稳定的资金来源，使城市的维护建设随着经济的发展而不断发展，体现了对受益者课税，权利与义务相一致的原则。同时，由于城市维护建设税是以纳税人实际缴纳的增值税、消费税和营业税税额为计税依据的，是主要税种的附加，随着国民经济的发展和三大税种税额的增长，城市维护建设税也逐年增长，使其逐步成为地方税系中的主要税种。将来条件具备时，城市维护建设税将由附加税过渡为一个独立的地方税种。

### 12.1.2 城市维护建设税的基本制度

1）城市维护建设税的纳税义务人

凡在我国境内从事生产、经营，缴纳增值税、消费税和营业税的单位和个人都是城市维护建设税的纳税义务人。具体包括国有企业、集体企业、股份制企业、私营企业、其他企业、事业单位及个体经营者和其他个人。根据《国务院关于统一内外资企业和个人城市维护建设税和教育费附加制度的通知》（国发[2010]35 号），自 2010 年 12 月 1 日起，将外商投资企业、外国企业及外籍个人(以下简称外资企业)纳入城市维护建设税的征收范围。

2) 城市维护建设税的计税依据

城市维护建设税是以附加税的形式出现的,其计税依据为纳税人实际缴纳的增值税、消费税、营业税的税额。在确定计税依据时应注意以下几点:

(1) 对进口产品由海关代征的增值税、消费税不作为城市维护建设税计税依据,不征收城市维护建设税。

(2) 对纳税人因违反增值税、消费税、营业税有关税法而加收的滞纳金或罚款,不作为城市维护建设税的计税依据,不征城市维护建设税。但纳税人在被查补“三税”或被处以罚款时,应同时对其偷漏的城建税进行补税和罚款。

(3) 如果纳税人减征或免征“三税”,同时也就减征或免征了城市维护建设税。但对出口产品实行出口退还增值税、消费税的,不退出口产品已缴纳的城市维护建设税。

3) 城市维护建设税的税率

城市维护建设税采用地区差别比例税率。根据纳税人所处地区的不同,分为三个档次:

(1) 纳税人所在地为市区的,税率为7%;

(2) 纳税人所在地为县城、建制镇的,税率为5%;

(3) 纳税人所在地为市区、县城、建制镇以外地区的,税率为1%。

城市维护建设税的税率一般按纳税人所在地确定,但对于由受托方代征代扣的城市维护建设税按受托方所在地适用税率执行。流动经营无固定纳税地点的单位和个人,在经营地缴纳增值税、消费税、营业税的,其城市维护建设税按照经营地适用税率执行。

4) 城市维护建设税的减免优惠

城市维护建设税原则上不单独减免,但因其具有附加税性质,当主税发生减免时,城市维护建设税相应发生税收减免。城市维护建设税的税收减免具体有以下几种情况:

(1) 城市维护建设税按减免后实际交纳的“三税”税额计征,即随“三税”的减免而减免。

(2) 对于因减免税而需进行“三税”退库的,城市维护建设税也可同时退库。

(3) 海关对进口产品代征的增值税、消费税,不征收城市维护建设税。

(4) 为支持国家重大水利工程建设,对国家重大水利工程建设基金免征城市维护建设税。

(5) 对个别缴纳城市维护建设税确有困难的企业和个人,由县(市)级人民政府审批,酌情给予减免税照顾。

### 12.1.3 城市维护建设税应纳税额的计算

城市维护建设税应纳税款的计算公式为:

应纳税额=纳税人实际缴纳的增值税、消费税和营业税税额×适用税率

**例 12.1.1** 某企业设在市区,纳税期内销售货物缴纳增值税80万元,提供劳务缴纳营业税20万元。要求计算该企业应纳城市维护建设税税额。

**解** 应纳城市维护建设税=(80+20)×7%=7(万元)

### 12.1.4 城市维护建设税的征收管理

1) 纳税义务发生时间和纳税期限

城市维护建设税的纳税义务发生时间和纳税期限的规定与现行增值税、消费税、营业税

相同,具体可由主管税务机关根据纳税人的情况分别确定。如果不能按照固定期限纳税的,可以按次纳税。

2) 纳税地点

城市维护建设税与增值税、消费税、营业税同时缴纳,所以纳税人缴纳"三税"的地点,就是缴纳城市维护建设税的地点。但是,属于下列情况的,纳税地点有特殊规定:

(1) 代征代扣"三税"的单位和个人,城市维护建设税的纳税地点在代征代扣地。

(2) 跨省开采的油田,下属生产单位与核算单位不在一个省内的,其生产的原油,在油井所在地缴纳增值税,其应纳税款由核算单位按照各油井的产量和规定税率,计算汇拨各油井纳税。所以,各油井应纳的城市维护建设税,应由核算单位计算,随同增值税一并汇拨油井所在地,由油井在缴纳增值税的同时一并缴纳。

(3) 对管道局输油部分的收入,由取得收入的各管道局于所在地缴纳营业税。所以,其应纳城市维护建设税,也应由取得收入的各管道局所在地缴纳营业税时一并缴纳。

(4) 对流动经营等无固定交纳税地点的单位和个人,应随同"三税"在经营地按适用税率缴纳。

## 12.2 印花税

### 12.2.1 印花税概述

1) 印花税的概念与特点

印花税是对经济活动和经济交往中书立、使用、领受具有法律效力的凭证征收的一种税。它是一种兼有行为性质的凭证税,因由纳税人在应税凭证上自行粘贴印花税票完税而得名。

印花税历史悠久,1624 年始创于荷兰,以后逐渐流传到世界各国,被普遍认为是一种温和的政府聚财手段。我国的印花税具有以下显著特点:

(1) 覆盖面广　印花税规定的征税范围广泛,涉及经济活动的各个方面。凡税法列举的合同或具有合同性质的凭证、产权转移书据、营业账簿及权利、许可证照等,都必须依法纳税。

(2) 税负轻微　印花税最高税率为 2‰,最低为 0.5‰;按定额税率征税的,每件 5 元。与其他税种相比,印花税税率确实要低得多。显然,纳税人的税收负担非常轻微。

(3)"三自"纳税　印花税与其他税种不同,实行"三自"纳税办法,即纳税人在书立、使用、领受应税凭证,发生纳税义务的同时,先根据凭证所载计税金额和应适用的税目税率,自行计算其纳税额;再由纳税人自行购买印花税票,并一次足额粘贴在应税凭证上;最后由纳税人按《印花税暂行条例》的规定对已粘贴的印花税票自行注销或者画销。至此,纳税人的纳税义务才算履行完毕。而对于其他税种,则一般先由纳税人申报纳税,再由税务机关审核确定其应纳税额,然后由纳税人办理缴纳税款手续。

2) 印花税的征收意义

新中国成立初期,我国曾开征过印花税,1958 年简化税制时,将其并入工商统一税之中,再未单独征收。改革开放以来,随着我国经济体制的深刻变化,国内、国际的各种经济活动日趋活跃,在经济交往中书立和领受凭证已成为普遍现象,这为重新开征印花税提供了客观经济基础。1988年8月国务院发布了《中华人民共和国印花税暂行条例》，并于同年10月1日起在全国范围内实施。

开征印花税，有利于加强对经济凭证的管理，促进经济行为的规范化、法制化；有利于培养纳税人的纳税观念和纳税自觉性，促进经营者建立健全会计制度及各类经济凭证。开征印花税，增辟了新的地方财源，取微用宏，为逐步建立地方税系创造了一定的条件。

### 12.2.2 印花税的基本制度

1）印花税的纳税义务人

印花税的纳税义务人是指在中华人民共和国境内书立、使用、领受应税凭证的单位和个人。单位是指国内各类企业、事业、机关、团体、部队以及中外合资企业、中外合作企业、外资企业、外国公司企业和其他经济组织及其在华机构等单位；个人是指我国公民和外国公民。

根据书立、使用、领受应税凭证的不同，印花税的纳税人可分别称为立合同人、立据人、立账簿人、领受人和使用人。

（1）立合同人　指合同的当事人，即对凭证有直接权利义务关系的单位和个人，但不包括担保人、证人、鉴定人。

（2）立据人　指产权转移书据的立据人。

（3）立账簿人　指设立并使用营业账簿的单位和个人。

（4）领受人　指领取或接受并持有权利、许可证照的单位和个人。

（5）使用人　在国外书立、领受，但在国内使用的应税凭证，其纳税人是使用人。

对合同、书据等凭证，凡属两方或两方以上当事人共同书立的，其当事人各方都是印花税的纳税人，各就其所持凭证所载的金额依率纳税。对在代理经济业务中，由代理人代办经济凭证的，则凭证当事人的代理人有代理纳税的义务。

2）印花税的征税范围

印花税属于行为税，其征税对象为在我国境内书立、使用、领受应税凭证的行为。应税凭证的具体范围包括：

（1）各类经济技术合同　包括购销合同、加工承揽合同、建设工程勘察设计合同、建设工程承包合同、财产租赁合同、货物运输合同、仓储保管合同、借款合同、财产保险合同、技术合同等及具有合同性质的凭证。

上述所称合同，是指根据《中华人民共和国合同法》和其他有关合同法规订立的合同。所称具有合同性质的凭证，是指具有合同效力的协议、契约、合约、单据、确认书及其他各种名称的凭证。

（2）产权转移书据　是指单位和个人产权的买卖、继承、赠与、交换、分割所立的书据，包括财产所有权和版权、商标专用权、专利权、专有技术使用权等转移书据等。对证券交易过程中发生的股权、债券书据转移，目前也列入印花税征税范围。

（3）营业账簿　是指单位或者个人记载生产经营活动的财务会计核算账簿。营业账簿按其反映内容的不同，可分为记载资金的账簿和其他账簿。记载资金的账簿，是指反映生产经营单位资本金数额增减变化的账簿。其他账簿是指除上述账簿以外的有关其他生产经营活动内容的账簿，包括日记账簿和各明细分类账簿。

（4）权利、许可证照　包括政府部门发给的房屋产权证、工商营业执照、商标注册证、专利证、土地使用证。

(5) 经财政部确定征税的其他凭证。

纳税人以电子形式签订的各类应税凭证按规定征收印花税。

3) 印花税的税目税率

印花税共设置13个税目，其中合同类凭证按其经济性质分为10个税目，产权转移书据、营业账簿、权利和许可证照各设置一个税目。一般来说，列入税目的就要征税，未列入税目的就不征税。

印花税的税率设计，遵循税负从轻、共同负担的原则，采用比例税率和定额税率两种形式。对各类经济合同、产权转移书据和记载资金的账簿实行比例税率，因为这些凭证一般都记载有金额，按比例征税既能保证财政收入，又能体现合理负担。对其他账簿和权利、许可证照采用定额税率，因为这些凭证比较特殊，有的是无法计算金额的凭证，例如权利、许可证照；有的虽记载有金额，但以其作为计税依据又明显不合理，例如其他账簿。采用定额税率，按件定额贴花，既便于纳税人缴纳，又便于税务机关征管。税目税率的具体规定见表12.2.1。

**表12.2.1　印花税税目税率表**

| 税　目 | 范　围 | 税　率 | 纳税人 | 说　明 |
|---|---|---|---|---|
| 1. 购销合同 | 包括供应、预购、采购、购销结合及协作、调剂、补偿、易货等合同 | 按购销合同3‰贴花 | 立合同人 | |
| 2. 加工承揽合同 | 包括加工、定做、修缮、修理、印刷、广告、测绘、测试等合同 | 按加工或承揽收入5‰贴花 | 立合同人 | |
| 3. 建设工程勘察设计合同 | 包括勘察、设计合同 | 按收取费用5‰贴花 | 立合同人 | |
| 4. 建筑安装工程承包合同 | 包括建筑、安装工程承包合同 | 按承包金额3‰贴花 | 立合同人 | |
| 5. 财产租赁合同 | 包括租赁房屋、船舶、飞机、机动车辆、机械、器具、设备等合同 | 按租赁金额1‰贴花。税额不足1元，按1元贴花。 | 立合同人 | |
| 6. 货物运输合同 | 包括民用航空运输、铁路运输、海上运输、内河运输、公路运输和联运合同 | 按运输收取的费用5‰贴花 | 立合同人 | 单据作为合同使用的，按合同贴花 |
| 7. 仓储保管合同 | 包括仓储、保管合同 | 按仓储收取的保管费用1‰贴花 | 立合同人 | 仓单或栈单作为合同使用的，按合同贴花 |
| 8. 借款合同 | 银行及其他金融组织和借款人（不包括银行同业拆借）所签订的借款合同 | 按借款金额0.5‰贴花 | 立合同人 | 单据作为合同使用的，按合同贴花 |
| 9. 财产保险合同 | 包括财产、责任、保证、信用等保险合同 | 按收取的保险费收入1‰贴花 | 立合同人 | 单据作为合同使用的，按合同贴花 |
| 10. 技术合同 | 包括技术开发、转让、咨询、服务等合同 | 按所载金额3‰贴花 | 立合同人 | |

续 表

| 税　目 | 范　围 | 税　率 | 纳税人 | 说　明 |
| --- | --- | --- | --- | --- |
| 11. 产权转移书据 | 包括财产所有权和版权、商标专用权、专利权、专有技术使用权等转移书据 | 按所载金额5‱贴花 | 立据人 | |
| 12. 营业账簿 | 生产、经营用账册 | 记载资金的账簿，按实收资本与资本公积的合计金额5‱贴花。其他账簿按件贴花5元 | 立账簿人 | |
| 13. 权利、许可证照 | 包括政府部门发给的房屋产权证、工商营业执照、商标注册证、专利证、土地使用证 | 按件贴花5元 | 领受人 | |

4）印花税的减免优惠

（1）已缴纳印花税凭证的副本或者抄本免税。凭证的正式签署本已按规定缴纳了印花税，其副本或者抄本对外不发生权利义务关系，只是留存备查。但以副本或者抄本视同正本使用的，则应另贴印花。

（2）财产所有人将财产赠给政府、社会福利单位、学校所立的书据免税。所谓社会福利单位，是指抚养孤老伤残的社会福利单位。对上述书据免税，旨在鼓励财产所有人这种有利于发展文化教育事业，造福社会的捐赠行为。

（3）国家指定的收购部门与村民委员会、农民个人书立的农副产品收购合同免税。由于我国农副产品种类繁多，地区之间差异较大，随着经济发展，国家指定的收购部门也会有所变化。对此，印花税法授权省、自治区、直辖市主管税务机关根据当地实际情况，具体划定本地区"收购部门"和"农副产品"的范围。

（4）无息、贴息贷款合同免税。无息、贴息贷款合同，是指由国有银行按照国家金融政策发放的无息贷款，以及由国有银行发放并按有关规定由财政部门或中国人民银行给予贴息的贷款项目所签订的贷款合同。

（5）外国政府或者国际金融组织向我国政府及国家金融机构提供优惠贷款所立书的合同免税。该类合同是就具有援助性质的优惠贷款而成立的政府间协议，对其免税有利于引进外资，利用外资，推动我国经济与社会的快速发展。

（6）房地产管理部门与个人签订的用于生活居住的租赁合同免税。

（7）农牧业保险合同免税。对该类合同免税，是为了支持农村保险事业的发展，减轻农牧业生产的负担。

（8）特殊货运凭证免税。这类凭证有：

① 军事物资运输凭证，即附有军事运输命令或使用专用的军事物资运费结算凭证。

② 抢险救灾物资运输凭证，即附有县级以上（含县级）人民政府抢险救灾物资运输证明文件的运费结算凭证。

③ 新建铁路的工程临管线运输凭证，即为新建铁路运输施工所需物料，使用工程临管线专用的运费结算凭证。

(9) 为促进资本市场发展和股市全流通，推动股权分置改革试点的顺利实施，经国务院批准，股权分置改革过程中因非流通股股东向流通股股东支付对价而发生的股权转让，暂免征收印花税。

(10) 对证券投资者保护基金有限责任公司(以下简称保护基金公司)及其管理的证券投资者保护基金(以下简称保护基金)的有关印花税政策如下：对保护基金公司新设立的资金账簿免征印花税；对保护基金公司与中国人民银行签订的再贷款合同、与证券公司行政清算机构签订的借款合同，免征印花税；对保护基金公司接收被处置证券公司财产签订的产权转移书据，免征印花税；对保护基金公司以保护基金自有财产和接收的受偿资产与保险公司签订的财产保险合同，免征印花税；对与保护基金公司签订上述应税合同或产权转移书据的其他当事人照章征收印花税。

(11) 对有关国有股东按照《境内证券市场转持部分国有股充实全国社会保障基金实施办法》(财企[2009]94 号)向全国社会保障基金理事会转持国有股，免征证券(股票)交易印花税。

(12) 为鼓励金融机构对小型、微型企业提供金融支持，促进小型、微型企业发展，自 2011 年 11 月 1 日起至 2014 年 10 月 31 日止，对金融机构与小型、微型企业签订的借款合同免征印花税。

### 12.2.3 印花税应纳税额的计算

1) 计税依据的一般规定

印花税的计税依据为各种应税凭证上所记载的计税金额。具体规定为：

(1) 购销合同的计税依据为合同记载的购销金额。

(2) 承揽合同的计税依据是加工或承揽收入的金额。分两种情况处理：

① 对于由受托方提供原材料的加工、定做合同，凡在合同中分别记载加工费金额和原材料金额的，应分别按“加工承揽合同”、“购销合同”计税，两项税额相加数，即为合同应贴印花；若合同中未分别记载，则应就全部金额依照加工承揽合同计税贴花。

② 对于由委托方提供主要材料或原料，委托方只提供辅助材料的加工合同，无论加工费和辅助材料金额是否分别记载，均以辅助材料与加工费的合计数，依照加工承揽合同计税贴花。对委托方提供的主要材料或原料金额不计税贴花。

(3) 建设工程勘察设计合同的计税依据为收取的费用。

(4) 建筑安装工程承包合同的计税依据为承包金额。

(5) 财产租赁合同的计税依据为租赁金额；经计算，税额不足 1 元的，按 1 元贴花。

(6) 货物运输合同的计税依据为取得的运输费金额(即运输收入)，不包括所运货物的金额、装卸费和保险费等。

(7) 仓库保管合同的计税依据为收取的仓储保管费用。

(8) 借款合同的计税依据为借款金额。针对实际借贷活动中不同的借款形式，税法规定了不同的计税方法：

① 凡是一项信贷业务既签订借款合同，又一次或分次填开借据的，只以借款合同所载金额为计税依据计税贴花；凡是只填开借据并作为合同使用的，应以借据所载金额为计税依据计税贴花。

② 借贷双方签订的流动资金周转性借款合同，一般按年(期)签订，规定最高限额，借款

人在规定的期限和最高限额内随借随还。为避免加重借贷双方的负担，对这类合同只以其规定的最高额为计税依据，在签订时贴花一次，在限额内随借随还不签订新合同的，不再另贴印花。

③ 对借款方以财产作抵押，从贷款方取得一定数量抵押贷款的合同，应按借款合同贴花；在借款方因无力偿还借款而将抵押财产转移给贷款方时，应再就双方书立的产权书据，按产权转移书据的有关规定计税贴花。

④ 对银行及其他金融组织的融资租赁业务签订的融资租赁合同，应按合同所载租金总额，暂按借款合同计税。

⑤ 在贷款业务中，如果贷方系由若干银行组成的银团，银团各方均承担一定的贷款数额，借款合同由借款方与银团各方共同书立，各执一份合同正本。对这类合同借款方与贷款银团各方应分别在所执的合同正本上，按各自的借贷金额计税贴花。

⑥ 在基本建设贷款中，如果按年度用款计划分年签订借款合同，在最后一年按总概算签订借款总合同，且总合同的借款金额包括各个分合同的借款金额的，对这类基建借款合同，应按分合同分别贴花，最后签订的总合同，只就借款总额扣除分合同借款金额后的余额计税贴花。

(9) 财产保险合同的计税依据为支付(收取)的保险费，不包括所保财产的金额。

(10) 技术合同的计税依据为合同所载的价款、报酬或使用费。为了鼓励技术研究开发，对技术开发合同，只就合同所载的报酬金额计税，研究开发经费不作为计税依据。单对合同约定按研究开发经费一定比例作为报酬的应按一定比例的报酬金额贴花。

(11) 产权转移书据的计税依据为所载金额。

(12) 营业账簿税目中记载资金的账簿的计税依据为“实收资本”与“资本公积”两项的合计金额。其他账簿的计税依据为凭证件数。

(13) 权利、许可证照的计税依据为应税凭证件数。

2) 计税依据的特殊规定

(1) 上述凭证以“金额”、“收入”、“费用”作为计税依据的，应当全额计税，不得作任何扣除。

(2) 同一凭证，载有两个或两个以上经济事项而适用不同税目税率，如分别记载金额的，应分别计算应纳税额，相加后按合计税额贴花；如未分别记载金额的，按税率高的计税贴花。

(3) 按金额比例贴花的应税凭证，未标明金额的，应按照凭证所载数量及国家牌价计算金额；没有国家牌价的，按市场价格计算金额，然后按规定税率计算应纳税额。

(4) 应税凭证所载金额为外国货币的，应按照凭证书立当日国家外汇管理局公布的外汇牌价折合成人民币，然后计算应纳税额。

(5) 应纳税额不足 1 角的，免纳印花税；1 角以上的，其税额尾数不满 5 分的不计，满 5 分的按1 角计算。

(6) 有些合同，在签订时无法确定计税金额，如技术转让合同中的转让收入，是按销售收入的一定比例收取或是按实现利润分成的；财产租赁合同，只是规定了月(天)租金标准而却无租赁期限的。对这类合同，可在签订时先按定额 5 元贴花，以后结算时再按实际金额计税，补贴印花。

(7) 应税合同在签订时纳税义务即已产生，应计算应纳税额并贴花。所以，不论合同是否兑现或是否按期兑现，均应贴花。

对已履行并贴花的合同，所载金额与合同履行后实际结算金额不一致的，只要双方未修改合同金额，一般不再办理完税手续。

(8) 对有经营收入的事业单位，凡是由国家财政拨付事业经费，实行差额预算管理的单位，其记载经营业务的账簿，按其他账簿定额贴花，不记载经营业务的账簿不贴花；凡属经费来源实行自收自支的单位，其营业账簿，应对记载资金的账簿和其他账簿分别计算应纳税额。

跨地区经营的分支机构使用的营业账簿，应由各分支机构于其所在地计算贴花。对上级单位核拨资金的分支机构，其记载资金的账簿按核拨的账面资金额计税贴花，其他账簿按定额贴花；对上级单位不核拨资金的分支机构，只就其他账簿按件定额贴花。为避免对同一资金重复计税贴花，上级单位记载资金的账簿，应按扣除拨给下属机构资金数额后的其余部分计税贴花。

企业发生分立、合并和联营等变更后，凡依法办理法人登记的新企业所设立的资金账簿，应于启用时计税贴花；凡无须重新进行法人登记的企业原有资金账簿，已贴印花继续有效。

(9) 商品购销活动中，采用以货换货方式进行商品交易签订的合同，是反映既购又销双重经济行为的合同。对此，应按合同所载的购、销合计金额计税贴花。合同未列明金额的，应按合同所载购、销数量依照国家牌价或者市场价格计算应纳税额。

(10) 施工单位将自己承包的建设项目，分包或者转包给其他施工单位所签订的分包合同或者转包合同，应按新的分包合同或转包合同所载金额计算应纳税额。这是因为印花税是一种具有行为税性质的凭证税，尽管总承包合同已依法计税贴花，但新的分包或转包合同是一种新的凭证，又发生了新的纳税义务。

(11) 对股票交易征收印花税，始于深圳和上海两地证券交易的不断发展。现行印花税法规定，股份制试点企业向社会公开发行的股票，因购买、继承、赠与所书立的A股、B股股权转让书据，均依书立时证券市场当日实际成交价格计算的金额为计税依据，由立据双方当事人分别计算缴纳印花税。近20年来，我国证券交易印花税多次调整。最近的一次调整为：经国务院批准，财政部、国家税务总局决定从2008年9月19日起，调整证券(股票)交易印花税征收方式，将现行的对买卖、继承、赠与所书立的A股、B股股权转让书据按1‰的税率对双方当事人征收证券(股票)交易印花税，调整为单边征税，即对买卖、继承、赠与所书立的A股、B股股权转让书据的出让按1‰的税率征收证券(股票)交易印花税，对受让方不再征税。

(12) 对国内各种形式的货物联运，凡在起运地统一结算全程运费的，应以全程运费作为计税依据，由起运地运费结算的双方缴纳印花；凡分程结算运费的，应以分程的运费作为计税依据，分别由办理运费结算的各方缴纳印花税。

对国际货运，凡由我国运输企业运输的，不论在我国境内、境外起运或中转分程运输，我国运输企业所持的一份运费结算凭证，均按本程运费计算应纳税额；托运方所持的一份运输结算凭证，按全程运费计算应纳税额。由外国运输企业运输进出口货物的，外国运输企业所持的一份运费结算凭证免纳印花税；托运方所持的一份运费结算凭证应缴纳印花税。国际货运运费结算凭证在国外办理的，应在凭证转回我国境内时按规定缴纳印花税。

(13) 根据《税收征管法》第三十五条规定和印花税的税源特征，为加强印花税征收管理，纳税人有下列情形的，地方税务机关可以核定纳税人印花税计税依据：未按规定建立印花税应税凭证登记簿，或未如实登记和完整保存应税凭证的；拒不提供应税凭证或不如实提供应税凭证致使计税依据明显偏低的；采用按期汇总缴纳办法的，未按地方税务机关规定的期限报送汇总缴纳印花税情况报告，经地方税务机关责令限期报告，逾期仍不报告的，或者地方税务机关在检查中发现纳税人有未按规定汇总缴纳印花税情况的。

地方税务机关核定征收印花税，应向纳税人发放核定征收印花税通知书，注明核定征收的计税依据和规定的税款缴纳期限。

3）应纳税额的计算

纳税人的应纳税额，根据应纳税凭证的性质，分别按比例税率或者定额税率计算。其计算公式为

应纳税额＝应税凭证计税金额（或应税凭证件数）×适用税率

**例 12.2.1** 某企业 2012 年 2 月开业，当年发生以下有关业务事项：领受房屋产权证、工商营业执照、土地使用证各一件；与其他企业订立租赁合同 1 份，所载金额 200 万元；订立产品购销合同 5 份，所载金额为 800 万元；订立借款合同 1 份，所载金额为 400 万元；企业记载资金的账簿，“实收资本”与“资本公积”合计额为 800 万元；其他营业账簿 8 本。试计算该企业 2012 年应缴纳的印花税额。

**解** ① 企业领受权利、许可证照应纳税额：

应纳税额＝3×5＝15（元）

② 企业订立租赁合同应纳税额：

应纳税额＝2 000 000×1‰＝2 000（元）

③ 企业订立购销合同应纳税额：

应纳税额＝8 000 000×3‱＝2 400（元）

④ 企业订立借款合同应纳税额：

应纳税额＝4 000 000×0.5‱＝200（元）

⑤ 企业记载资金的账簿应纳税额：

应纳税额＝8 000 000×5‱＝4 000（元）

⑥ 企业其他营业账簿应纳税额：

应纳税额＝8×5＝40（元）

⑦ 2012 年企业应纳印花税总额：

15＋2 000＋2 400＋200＋4 000＋40＝8 655（元）

### 12.2.4 印花税的征收管理

1）纳税方法

印花税实行由纳税人根据规定自行计算应纳税额，购买并一次贴足印花税票的缴纳方法。印花税票为有价证券，其票面金额以人民币为单位，分为 1 角、2 角、5 角、1 元、2 元、5 元、10 元、50 元、100 元九种。

根据税额大小、贴花次数以及税收管理的需要，分别采用以下三种具体纳税办法：

（1）自行贴花办法　该办法一般适用于应税凭证较少或者贴花次数较少的纳税人。纳税人书立、领受或者使用印花税法列举的应税凭证的同时，纳税义务即已产生，应当根据应

纳税凭证的性质和适用的税目税率，自行计算应纳税税额，自行购买印花税票，自行一次贴足印花税票并加以注销或画销，纳税义务才算全部履行完毕。值得注意的是，纳税人购买了印花税票，支付了税款，国家就取得了财政收入。但就印花税来说，纳税人支付了税款并不等于已履行了纳税义务。纳税人必须自行贴花并注销或画销，这样才算完整地完成了纳税义务。这也就是通常所说的"三自"纳税办法。

对已贴花的凭证，修改后所载金额增加的，其增加部分应当补贴印花税票。凡多贴印花税票者，不得申请退税或者抵用。

(2) 汇贴或汇缴办法　该办法一般适用于应纳税额较大或者贴花次数频繁的纳税人。

一份凭证应纳税额超过 500 元的，应向当地税务机关申请填写缴款书或者完税证，将其中一联粘贴在凭证上或者由税务机关在凭证上加注完税标记代替贴花。这就是通常所说的"汇贴"办法。

同一种类应纳税凭证，需要频繁贴花的纳税人，应向当地税务机关申请按期汇总缴纳印花税。获准汇总缴纳印花税的纳税人，应持有税务机关发给的汇缴许可证。汇总缴纳的限期限额由当地税务机关确定，但最长期限不得超过 1 个月。

实行印花税按期汇总缴纳的单位，对征税凭证和免税凭证汇总时，凡分别汇总的，按本期征税凭证的汇总金额计算缴纳印花税；凡确属不能分别汇总的，应按本期全部凭证的实际汇总金额计算缴纳印花税。

凡汇总缴纳印花税的凭证，应加注税务机关指定的汇缴戳记、编号并装订成册后，将已贴印花或者缴款书的一联粘附册后，盖章注销，保存备查。

(3) 委托代征办法　该办法主要是通过税务机关的委托，经由发放或者办理应纳税凭证的单位代为征收印花税税款。税务机关应与代征单位签订代征委托书。所谓发放办理应纳税凭证的单位，是指发放权利、许可证照的单位和办理凭证的签证、公证及其他有关事项的单位。发放或者办理应纳税凭证的单位，负有监督纳税人依法纳税的义务。

纳税人不论采用哪一种纳税办法，均应对纳税凭证妥善保存。凭证的保存期限，凡国家已有明确规定的，按规定办理；其余凭证均应在履行完毕后保存 1 年。

2) 纳税环节

印花税应当在书立或领受时贴花，具体是指在合同签订时、账簿启用时和证照领受时贴花。如果合同是在国外签订，并且不便在国外贴花的，应在将合同带入境时办理贴花纳税手续。

3) 纳税地点

印花税一般实行就地纳税。对于全国性商品物资订货会(包括展销会、交易会等)上所签订合同应纳的印花税，由纳税人回其所在地后及时办理贴花完税手续；对地方主办、不涉及省际关系的订货会、展销会上所签合同的印花税，其纳税地点由各省、自治区、直辖市人民政府自行确定。

4) 处罚规定

自 2004 年 1 月 29 日起，印花税纳税人有下列行为之一的，由税务机关根据情节轻重予以处罚：

(1) 在应纳税凭证上未贴或者少贴印花税票的或者已粘贴在应税凭证上的印花税票未注销或者未划销的，由税务机关追缴其不缴或者少缴的税款、滞纳金，并处不缴或者少缴的税款 50%以上 5 倍以下的罚款。

(2) 已贴用的印花税票揭下重用造成未缴或少缴印花税的，由税务机关追缴其不缴或者少缴的税款、滞纳金，并处不缴或者少缴的税款50%以上5倍以下的罚款；构成犯罪的，依法追究刑事责任。

(3) 伪造印花税票的，由税务机关责令改正，处以2 000元以上1万元以下的罚款；情节严重的，处以1万元以上5万元以下的罚款；构成犯罪的，依法追究刑事责任。

(4) 按期汇总缴纳印花税的纳税人，超过税务机关核定的纳税期限，未缴或少缴印花税款的，由税务机关追缴其不缴或者少缴的税款、滞纳金，并处不缴或者少缴的税款50%以上5倍以下的罚款；情节严重的，同时撤销其汇缴许可证；构成犯罪的，依法追究刑事责任。

(5) 纳税人违反以下规定的，由税务机关责令限期改正，可处以2 000元以下的罚款；情节严重的，处以2 000元以上1万元以下的罚款：

① 凡汇总缴纳印花税的凭证，应加注税务机关指定的汇缴戳记、编号并装订成册后，将已贴印花或者缴款书的一联粘附册后，盖章注销，保存备查。

② 纳税人对纳税凭证应妥善保存。凭证的保存期限，凡国家已有明确规定的，按规定办；没有明确规定的其余凭证均应在履行完毕后保存一年。

## 12.3 车辆购置税

### 12.3.1 车辆购置税概述

车辆购置税是以在中国境内购置规定的车辆为课税对象，在特定的环节向车辆购置者征收的一种税。2000年10月22日，国务院颁发《中华人民共和国车辆购置税暂行条例》，该条例于2001年1月1日实施。车辆购置税为中央税，其收入主要用于我国公路建设，投资计划由交通部提出，国家计委审批下达，按照“保证重点和向西部地区倾斜”的原则统筹安排。该税具有征收环节单一、征税具有特定目的、价外征收、税负不转嫁等特点。

### 12.3.2 车辆购置税的基本制度

1) 车辆购置税的纳税人

车辆购置税的纳税义务人是在中华人民共和国境内购置并自用应税车辆的单位和个人。所称购置，包括购买、进口、自产、受赠、获奖或者以其他方式取得并自用应税车辆的行为。所称单位，包括企业、事业单位、社会团体、国家机关及其他单位；个人包括中国公民和外国公民。

2) 车辆购置税的征税范围

车辆购置税的征税范围包括：汽车、摩托车、电车、挂车、农用运输车。

3) 车辆购置税的税率

车辆购置税实行统一比例税率，税率为10%。

4) 车辆购置税的减免优惠

车辆购置税的减免规定如下：

(1) 外国驻华使馆、领事馆和国际组织驻华机构及其外交人员自用车辆免税。

(2) 中国人民解放军和中国人民武装警察部队列入军队武器装备订货计划的车辆免税。

(3) 设有固定装置的非运输车辆免税。

(4) 有国务院规定予以免税或者减税的其他情形。如防汛部门、森林和消防部门购置的用于指挥、检查、调度、报汛(警)、联络的设有固定装置的指定型号的车辆;利用国债资金购置的农村巡回医疗车;对外国政府无偿援助的急救车辆;回国服务的留学人员用现汇购买1辆个人自用国产小汽车;长期来华定居专家1辆自用小汽车等。

### 12.3.3 车辆购置税应纳税额的计算

1) 计税依据

车辆购置税以应税车辆为征税对象。由于应税车辆购置的来源不同,计税价格的组成也不一样。车辆购置税的计税依据根据不同情况,按照下列规定确定:

(1) 纳税人购买自用的应税车辆以计税价格为计税依据。计税价格由销货方销售应税车辆向购买者收取的、除增值税以外的全部价款和价外费用组成。

(2) 纳税人进口自用的应税车辆以组成计税价格为计税依据。组成计税价格的计算公式为:

组成计税价格=关税完税价格+关税+消费税

或

组成计税价格=(关税完税价格+关税)÷(1-消费税率)

(3) 纳税人自产、受赠、获奖或者以其他方式取得并自用的应税车辆的计税价格,按购置该型号车辆的价格确认。不能取得购置价格的或者低于计税价格的,由主管税务机关参照国家税务总局规定不同类型应税车辆的最低计税价格核定。

(4) 纳税人购买自用或者进口自用应税车辆,申报的计税价格低于同类型应税车辆的最低计税价格,又无正当理由的,按照最低计税价格征收车辆购置税。

2) 应纳税额的计算

车辆购置税实行从价定率的办法计算应纳税额,其计算公式为:

应纳税额=计税价格×税率

或

应纳税额=组成计税价格×税率

**例 12.3.1** 甲某2012年3月1日购买排量为1.6升的自用小轿车一辆,支付价款122 850元(含增值税),另支付保险费3 700元,车辆装饰费280元,车辆证照费180元。支付的车辆价款开具"机动车销售统一发票",其他费用另开有票据。计算甲某应纳的车辆购置税。

**解** 计税价格=122 850÷(1+17%)=105 000(元)

应纳车辆购置税税额=105 000×10%=10 500(元)

### 12.3.4 车辆购置税的征收管理

1) 纳税申报

车辆购置税实行一次征收制度,即一车一申报,购置已征车辆购置税的车辆,不再征收车辆购置税。

纳税人办理纳税申报时应如实填写《车辆购置税纳税申报表》，同时提供以下资料的原件和复印件：车主身份证明、车辆价格证明、车辆合格证明。车辆购置税税款应当一次缴清。

已缴车购税的车辆，发生下列情形之一的，准予纳税人申请退税：因质量原因，车辆被退回生产企业或者经销商的；应当办理车辆登记注册的车辆，公安机关车辆管理机构不予办理车辆登记注册的。其中，因质量原因，车辆被退回生产企业或者经销商的，纳税人申请退税时，主管税务机关依据自纳税人办理纳税申报之日起，按已缴税款每满 1 年扣减 10%计算退税额；未满 1 年的，按已缴税款全额退税。

2）纳税期限

纳税人购买自用应税车辆的，应当自购买之日起 60 日内申报纳税；进口自用应税车辆，应当自进口之日起 60 日内申报纳税；自产、受赠、获奖或者以其他方式取得并自用应税车辆的，应当自取得之日起 60 日内申报纳税。免税、减税车辆因转让、改变用途等原因不再属于免税、减税范围的，应当在办理车辆过户手续前或者办理变更车辆登记注册手续前缴纳车辆购置税。

3）纳税地点

纳税人购置应税车辆，应当向车辆登记注册地的主管税务机关申报纳税；购置不需要办理车辆登记注册手续的应税车辆，应当向纳税人所在地的主管税务机关申报纳税。车辆登记注册地是指车辆的上牌落籍地或落户地。

## 思考题

1. 什么是城市维护建设税？我国开征城市维护建设税有何意义？
2. 城市维护建设税纳税人的纳税义务是如何规定的？
3. 城市维护建设税的税率是如何规定的？
4. 什么是印花税？我国开征印花税有何意义？
5. 印花税纳税人的纳税义务是如何规定的？
6. 印花税的税目包括哪些内容？
7. 印花税的计税依据有哪些特殊规定？
8. 什么是车辆购置税？其征税范围是如何规定的？
9. 车辆购置税的计税价格是如何确定的？

## 计算题

1. 某县城一企业 2012 年 8 月份实际缴纳增值税 250 000 元，缴纳消费税 400 000 元，缴纳营业税 80 000 元。计算该企业应纳的城市维护建设税税额。

2. 市区某企业某年实际缴纳增值税 150 万元(含进口环节缴纳的 15 万元)、消费税 180 万元(含进口环节缴纳的 28 万元)。计算该企业当年应缴纳的城市维护建设税并进行相关会计核算。

3. 某贸易公司本月对外签订三份合同：与甲建筑工程队签订建筑工程承包合同，合同金额 100 万元；与乙运输公司签订货物运输合同，合同金额 30 万元；与丙银行签订贷款合同，贷款金额 50 万元。要求计算该贸易公司应纳的印花税税额。

4. 某公司 2012 年启用非资金账簿 15 本，此外还签订了如下经济合同：

(1) 3 月份与甲企业签订一份产品销售合同，合同中载明销售数量 6 000 件，未载明金额。经核定，该产品当期的市场价格为 100 元/件。

(2) 5 月份与某金融机构签订了一年期流动资金借款合同，合同规定本年度最高借款额为 300 万元，当年发生借贷事项 5 起，累计金额 400 万元，每次借贷额均在限额以内。

(3) 6 月份与乙企业签订一份技术合同，记载金额共计 800 万元，其中研究开发费用为 200 万元。

根据资料计算该公司应纳印花税。

5. 某市工商局 2012 年 5 月向某汽车贸易公司购买了一辆 2.0 排量的小轿车自用，支付含增值税的价款 234 000 元，上牌费 250 元，均由该汽车贸易公司开具发票和有关收据。计算工商局应纳车辆购置税。

6. 某经营进口汽车的汽车销售公司 2012 年 3 月直接进口一辆自用的小轿车，经报关地口岸海关审查确定，关税完税价格为 184 000 元人民币，海关征收关税 36 800 元，并按规定分别交纳进口增值税 40 800 元、消费税 19 200 元。计算该企业应纳车辆购置税。

# 13 税收管理

税收管理是国家税收立法及执行机关,通过税收政策、法令、制度对税收分配全过程进行决策、计划、协调和监督控制的一种管理活动。税收管理可分为两个层次:一是税收政策、法令、制度的制定,即税收立法,这是税收管理体制所需要解决的问题;二是税收政策、法令、制度的执行,即税收执法,这是税收征收管理、税收行政司法所需要解决的问题。

## 13.1 税收管理体制

税收管理体制是指在中央与地方,以及地方各级政府之间在税收管理权限划分、税收收入分配和税收管理机构设置方面的一种制度,涉及中央和地方,以及地方各级政府之间的权限和利益关系。税收管理体制的确定,对于正确贯彻税收政策法令,充分发挥税收的各项职能作用,调动中央和地方两个积极性,提高税收管理效率等,具有重要的意义。

税收管理体制的内容主要体现在三大制度安排上,即税收收入划分、税收管理权限划分以及税收管理机构设置。

### 13.1.1 税收收入划分

税收收入是国家履行其职能,满足社会公共需要的主要财力来源和财力保证。由于国家是由中央和地方各级政府组成,每级政府均有各自不同的职责及支出需要,因此,国家税收必须按一定的标准和方法在中央和地方各级政府之间进行划分。

对中央和地方各级政府之间的税收收入划分,大致可采取税收承包、税收分成、划分税种三种主要形式。

(1) 税收承包　是指在处理中央政府和地方政府之间,以及地方各级政府之间税收分配关系时,采取由下级政府向上级政府承包上缴一定税额的一种税收收入划分形式。我国在1971至1973年,以及1988至1993年,曾二次实行税收承包。税收承包的优点是:利益关系明确,激励效应强烈,有利于地方增收节支,统筹安排。但也存在包干基数难以确定,助长地方保护主义,中央收入无法保证,损害税法严肃性,不利于发挥税收调节经济的杠杆作用等缺点。

(2) 税收分成　是指在处理中央政府和地方政府之间,以及地方各级政府之间税收分配关系时,采取比例分享的一种税收收入划分形式。新中国成立后,我国在处理政府间税收分配关系时,曾长期实行税收分成方式。税收分成方式使中央政府和地方政府共享税收成果,利于调动中央和地方两方面的税收征收管理的积极性,但仍然存在分成基数和分成比例难以确定的缺点。

(3) 划分税种　又称分税制,是指在处理中央政府和地方政府之间,以及地方各级政府之间税收分配关系时,采取按税种划分收入的一种税收收入划分形式。我国在1985至

1987 年，以及 1994 年起实行的分税制，属于划分税种的形式。相对于其他税收收入划分形式，分税制具有明显的优点：一是分税制按税种划分中央和地方各级政府收入，各级政府都有独立的税种作为收入来源，使各级财政收入稳定、可靠；二是分税制稳定了中央和地方各级政府的收入分配关系，有利于规范税收分配体制，合理规范政府行为；三是分税制把具有稳定经济，调控能力较强的税种划归中央，有利于中央政府运用税收分配实行宏观调控；四是分税制给予地方政府相对独立的财力，既有利于地方建设事业的发展，又可加强地方政府对财政支出的约束。但分税制也仍然存在着地区之间发展不平衡而引起的税源差异处理问题。

### 13.1.2 税收管理权限划分

税收管理权限包括税收立法权和税收管理权两个方面。

1）税收立法权

税收立法权是指国家最高权力机关依据法定程序赋予税收法律效力时所具有的权力。税收立法权包括税法制定权、审议权、表决权和公布权。

2）税收管理权

税收管理权是指贯彻执行税法所拥有的权限，它实质上是一种行政权力，属于政府及其职能部门的职权范围。税收管理权包括税种的开征与停征权；税法的解释权；税目的增减与税率的调整权；减免税的审批权。

### 13.1.3 税收管理机构设置

税收管理机构的组织形式同税收收入划分方式和税收管理权限密切联系。

（1）承包制和分成制下的税收管理机构的组织形式　在实行税收承包和税额分成的税收管理体制下，由于是单一税收体系，相应的也设立单一的征税机构体系，不分中央和地方，设置统一的税收征管机构。

（2）分税制下的税收管理机构的组织形式　在实行按税种划分收入的分税制的税收管理体制下，由于实行中央税和地方税两套税收体系，相应的需要设立国税局和地方税局两套征税机构体系，分别履行中央税和地方税的征管工作，国税局和地方税局采取不同的组织形式。

### 13.1.4 我国税务管理机构设置及其职能划分

1）税务管理机构的设置

为了适应分税制改革的要求，保证中央财政与地方财政的收入，国家按税种分设了国家税务局和地方税务局，分别负责中央税、中央与地方共享税和地方税的征收管理工作，从而形成了国家税务局和地方税务局相对独立的税收管理组织体系。国家税务总局是我国税务管理工作的最高职能机构，代表国家实施税务管理的职能。

国家税务总局在各省、自治区、直辖市设国家税务局；各省、自治区、直辖市下属地区、省辖市、自治州（盟）设国家税务局；各地区、省辖市、自治州（盟）在下属（县）市、自治区（旗）设国家税务局（分局）。与国家税务局相对应的是地方税务局，各省：自治区、直辖市设地方税务局，归属地方人民政府领导；各省、自治区、直辖市下属地区、省辖市、自治州（盟）设地方税务局；各地区、省辖市、自治州（盟）在下属县（市）、自治县（旗）设地方税务局（分局）。国家税务局系统实行国家税务总局垂直领导管理体制，从1998年起省以下地方税务局也实行垂直管理。

2）税收征收范围的划分

（1）国家税务局系统的征收范围

国家税务局系统主要负责下列税种的征收和管理：

增值税；消费税；进口产品消费税、增值税，直接对台贸易调节税（委托海关代征）；铁道、各银行总行、保险总公司集中缴纳的营业税、所得税和城市维护建设税；中央企业所得税（从2002年1月1日起，新注册登记的企业，所得税一律由国家税务局征收管理）；地方银行和外资银行及非银行金融企业所得税；海洋石油企业所得税、资源税；证券交易税（未开征，目前对在上海、深圳证券交易所交易的证券征收印花税）；境内外商投资企业和外国企业的增值税、消费税、企业所得税；出口产品退税的管理；集贸市场和个体户的增值税、消费税；中央税的滞补罚收入；按中央税、中央与地方共享税附征的教育费附加（属于铁道、各银行总行、保险总公司集中缴纳的入中央库，其他入地方库）。

（2）地方税务局系统的征收范围

地方税务局系统主要负责下列税种的征收和管理（不包括已明确由国家税务局系统负责征收的地方税部分）：

营业税；个人所得税；土地增值税；城市维护建设税；车船使用税；房产税；资源税；城镇土地使用税；固定资产投资方向调节税（现已暂停执行）；地方企业所得税（包括地方国有、集体、私营企业）；印花税；地方税的滞补罚收入；地方营业税附征的教育费附加。

## 13.2 税收征收管理

### 13.2.1 税收征收管理制度概述

税收征收管理简称税收征管，是税务机关依法对税款征收过程进行监督管理活动的总称。税收征收管理制度则是征纳双方必须共同遵守的法律规范，是保证征纳双方义务权利履行与实现的措施和办法。

1992年9月4日第七届全国人民代表大会常务委员会第二十七次会议通过《中华人民共和国税收征收管理法》，1993年1月1日起施行，1995年2月28日第八届全国人民代表大会常务委员会第十二次会议进行了修正。2001年4月28日，第九届全国人民代表大会常务委员会第二十一次会议通过了修正后的《中华人民共和国税收征收管理法》（以下简称《税收征管法》），并于2001年5月1日起施行。该法是我国税收征收管理制度的集中体现和基本依据，根据该法，国务院制定颁布了《中华人民共和国税收征收管理法实施细则》，还批准颁布了《中华人民共和国发票管理办法》。为了贯彻税收征收管理法和国务院的行政法规，财政部、国家税务总局先后制定了一系列具体的税收征管制度。与此相联系，《中华人民共和国行政处罚法》、《中华人民共和国刑法》、《中华人民共和国刑事诉讼法》、《中华人民共和国行政诉讼法》的涉税部分，以及最高人民法院、最高人民检察院制定的有关税法的司法解释也是税收征管法律关系的重要组成部分。这些法律、法规、规章以及其他规范性文件，构成了我国税收征收管理的法律体系，从而使我国税收征管的各项工作有法可依，有章可循，逐步走向法制化轨道。

在我国税收征收管理的法律体系中,《税收征管法》是税收征收管理的基本法律,凡依法由税务机关征收的各种税收的征收管理均适用本法。由海关征收的关税及代征的增值税、消费税,适用其他法律、法规的规定。我国同外国缔结的有关税收的条约、协定同《税收征管法》有不同规定的,依照条约、协定的规定办理。新修订的《税收征管法》施行前颁布的税收法律与其有不同规定的,适用新《税收征管法》的规定。

### 13.2.2 税务登记制度

税务登记也称纳税登记,是整个征收管理的首要环节,是税务机关对纳税人的开业、变更、歇业以及生产经营范围实行法定登记的一项管理制度,其内容包括开业登记、变更登记、停复业处理、注销登记、税务登记证验审和更换、非正常户处理等。通过税务登记,可以使税收法律关系即征纳双方权利与义务关系得到确认,有利于税务机关掌握税源,有利于增强纳税人依法纳税的观念,促进应纳税款及时足额地缴入国库。

1) *开业税务登记*

开业登记是指从事生产经营或其他业务的单位或个人,在获得工商行政管理机关核准或其他主管机关获准后的一定期间内,向税务机关办理注册登记的活动。从事生产、经营的单位和个人办理开业税务登记的先决条件是取得工商行政管理机关核发的营业执照;非从事生产、经营的单位和个人依法须纳税的,要取得有关部门的批准文件;无须行政管理机关或有关部门批准的,可直接向主管税务机关申报办理税务登记。

(1) 开业税务登记的对象　包括企业;企业在外地设立的分支机构和从事生产经营的场所;个体工商户;从事生产、经营的事业单位;非从事生产经营但依照法律、行政法规的规定负有纳税义务的单位和个人,均需办理税务登记。

(2) 开业税务登记的时限要求　从事生产经营的纳税人,应当自领取营业执照之日起30日内,持有关证件,向生产、经营地或者纳税义务发生地的主管税务机关申报办理税务登记。由税务机关审核后发给税务登记证件。非从事生产、经营的纳税人,除临时取得应税收入或发生应税行为以及只缴纳个人所得税、车船使用税外,都应当自有关部门批准之日起30日内或依照法律、行政法规的规定自发生纳税义务之日起30日内,向税务机关申报办理税务登记,税务机关审核后发给税务登记证件。

对纳税人填报的税务登记表、提供的证件和资料,税务机关应当自收到之日起30日内审核完毕,符合规定的予以登记,并发给税务登记证件;对不符合规定的不予登记,也应给予答复。

从事生产、经营的纳税人应当按照国家有关规定,持税务登记证件,在银行或者其他金融机构开立基本存款账户和其他存款账户,自开立账户之日起15日内向主管税务机关书面报告其全部账号;发生变化的应自变化之日起15日内向主管税务机关书面报告。

(3) 开业税务登记的内容　主要包括:纳税人名称与地址;登记注册类型及所属主管单位;核算方式;行业、经营范围、经营方式;注册资金(资本)、投资总额、开户银行及账号;经营期限;从业人数;营业执照号码;财务负责人、办税人员等其他有关事项。

2) *变更税务登记*

变更税务登记是指纳税人税务登记内容发生重要变化向税务机关申报办理的税务登记手续。

(1) 变更税务登记的适用范围　纳税人办理税务登记后,如发生下列情形之一的,应当办理税务变更登记：改变纳税人名称、法定代表人；改变住所、经营地点；改变经济性质或企业类型；改变经营范围或经营方式；改变隶属关系；改变或增减银行账号；增减注册资金（资本）；改变生产经营期限以及改变其他税务登记内容。

（2）变更税务登记的时限要求　纳税人税务登记内容发生变化，按规定需要在工商行政管理机关或者其他机关办理变更登记的，应当自工商行政管理机关或者其他机关办理变更登记之日起30日内，持有关证件向原税务登记机关申报办理变更税务登记。

纳税人税务登记内容发生变化，按规定不需要在工商行政管理机关或者其他机关办理变更登记的，应当自发生变更之日起30日内，持有关证件向原税务登记机关申报办理变更税务登记。

3）注销税务登记

注销税务登记是指纳税人税务登记内容发生了根本性变化，需终止履行纳税义务时向税务机关申报办理的税务登记手续。

（1）注销税务登记的适用范围　主要包括：纳税人因经营期限届满而自动解散；企业由于改组、分级、合并等原因而被撤销；企业资不抵债而破产；纳税人被工商行政管理机关吊销营业执照；纳税人因住所、经营地点或产权关系变更而涉及改变主管税务机关；纳税人依法终止履行纳税义务的其他情况。

（2）注销税务登记的时限要求　纳税人发生解散、破产、撤销以及其他情形，应当在向工商行政管理机关办理注销登记前，持有关证件向主管税务机关申报办理注销税务登记。纳税人按规定不需要在工商行政管理机关办理注销登记的，应当自有关机关批准或者宣告终止之日起15日内，持有关证件向主管税务机关申报办理注销税务登记。纳税人被工商行政管理机关吊销营业执照的，应当自营业执照被吊销之日起15日内，向主管税务机关申报办理注销税务登记。纳税人因住所、生产、经营场所变动而涉及改变主管税务登记机关的，应当在向工商行政管理机关申请办理变更或注销登记前，或者住所、生产、经营场所变动前，向原税务登记机关申报办理注销税务登记，并在30日内向迁达地主管税务登记机关申报办理税务登记。

纳税人在办理注销登记前，应当向税务机关结清应纳税款、滞纳金、罚款、缴销发票、税务登记证件和其他税务证件。

4）停业、复业登记

实行定期定额征收方式的纳税人，在营业执照核准的经营期限内需要停业的，应当向税务机关提出停业登记，说明停业的理由、时间、停业前的纳税情况和发票的领、用、存情况，并如实填写申请停业登记表。税务机关经过审核，应当责成申请纳税人结清税款并收回税务登记证件、发票领购簿和发票，办理停业登记。纳税人停业期间发生纳税义务，应当及时向主管税务机关申报，依法补缴应纳税款。

纳税人应当于恢复生产、经营之前，向税务机关提出复业登记申请，经确认后，办理复业登记，领回或启用税务登记证件和发票领购簿及其领购的发票，纳入正常管理。

纳税人停业期满不能及时恢复生产、经营的，应当在停业期满前向税务机关提出延长停业登记。纳税人停业期满未按期复业又不申请延长停业的，税务机关应当视为已恢复营业，实施正常的税收征收管理。

5）税务登记证的管理

（1）税务登记证使用范围　除按照规定不需要发给税务机关登记证件的外，纳税人办理下列事项时，必须持税务登记证件：① 开立银行账户；② 申请减税、免税、退税；③ 申请办理延期申报、延期缴纳税款；④ 领购发票；⑤ 申请开具外出经营活动税收管理证明；⑥ 办理停业、歇业；⑦ 其他有关税务事项。

(2) 税务登记证的审验　税务机关对税务登记证件实行定期验证和换证制度。纳税人应当在规定的期限内持有关证件到主管税务机关办理验证或者换证手续。纳税人应当将税务登记证件正本在其生产、经营场所或者办公场所公开悬挂，接受税务机关检查。

纳税人遗失税务登记证件的，应当在 15 日内书面报告主管税务机关，并登报声明作废。

从事生产、经营的纳税人到外县(市)临时从事生产、经营活动的，应当持税务登记证副本和所在地税务机关填开的外出经营活动税收管理证明，向营业地税务机关报验登记，接受税务管理。从事生产、经营的纳税人外出经营，在同一地累计超过 180 天的，应当在营业地办理税务登记手续。

6) 纳税人识别号管理

纳税人识别号是近年来从国外引进的一个概念，其目的是为了在计算机应用中采集、交换、处理信息中便于对纳税人的识别和监控。我国在 1994 年税务机构分设为国家税务局和地方税务局后，实行“统一代码，分别管理”。目前我国纳税人识别号的适用分类为：各类企业、事业单位、机关、团体、学校等组织机构纳税人适用国家技术监督局编制的 9 位码，并在其前面加挂国际 6 位行政区域码作为附码构成纳税人识别号；个体工商户和其他缴纳个人所得税的中国公民适用公安部编制的居民身份证 15 位码为纳税人识别号；国外个人以其国别加护照号作为纳税人识别号。

对企业、事业单位等组织机构纳税人识别号的管理有以下方面：

(1) 纳税人在申请更换税务登记证件或申请办理税务登记时，应当提供技术监督机关颁发的全国统一代码证书，确保两证一号；凡未能提供全国统一代码证书的纳税人，税务机关不予办理和换发税务登记证件。

(2) 纳税人在法定期限内提出办理开业登记申请，但未能提供全国统一代码证书的，税务机关应责令限期补办。

(3) 纳税人申请办理变更税务登记的，其统一代码不变；申请办理注销税务登记的，其统一代码同时终止使用。但是，其中因纳税人住所或经营地点变动，涉及改变主管税务登记机关的，其统一代码的前 6 位行政区域码由迁达地税务机关重新赋予，后 9 位代码不变。

### 13.2.3 账簿、凭证管理制度

纳税义务的成立是基于生产、经营、服务等经济活动，而履行纳税义务的计算依据准确与否，则取决于记载和反映生产、经营、服务等经济活动成果的账簿、凭证是否完整、准确。账簿、凭证是记录和反映纳税人经营活动的基本材料，也是税务机关对纳税人、扣缴义务人计征税款以及确认其是否正确履行纳税义务的重要凭据。对账簿、凭证管理实际上就是对企业的经营行为进行全面、系统的管理。

1) 对账簿、凭证设置的管理

(1) 设置账簿的范围　所有的纳税人和扣缴义务人都必须按照有关法律、行政法规和国务院财政、税务主管部门的规定设置账簿。所称账簿是指总账、明细账、日记账以及其他辅助性账簿。总账、日记账应当采用订本式。

从事生产、经营的纳税人自领取工商执照之日起 15 日内设置账簿。扣缴义务人应当自

税收法律、行政法规规定的扣缴义务发生之日起10日内，按照所代扣、代收的税种，分别设置代扣代缴、代收代缴税款账簿。

生产经营规模小又确无建账能力的纳税人，可以聘请经批准从事会计代理记账业务的专业机构或者经税务机关认可的财会人员代为建账和办理账务，聘请上述机构或者人员有实际困难的，经县以上税务机关批准，可以按照税务机关的规定，建立收支凭证粘贴簿、进货销货登记簿或者使用税控装置。

(2) 对会计核算的要求　所有纳税人、扣缴义务人都必须根据合法、有效的凭证进行账务处理。

纳税人、扣缴义务人会计制度健全，能够通过计算机正确、完整计算其收入和所得或者代扣代缴、代收代缴税款情况的，其计算机输出的完整的书面会计记录，可视同会计账簿。纳税人、扣缴义务人会计制度不健全，不能通过计算机正确、完整计算其收入和所得或者代扣代缴、代收代缴税款情况的，应当建立总账及与纳税或者代扣代缴、代收代缴税款有关的其他账簿。

2) 对财务会计制度的管理

凡从事生产、经营的纳税人应当自领取税务登记证件之日起15日内，将其财务、会计制度或者财务、会计处理办法和会计核算软件报送税务机关备案。纳税人使用计算机记账的，应当在使用前将会计电算化系统的会计核算软件、使用说明书及有关资料报送主管税务机关备案。纳税人建立的会计电算化系统应当符合国家有关规定，并能正确、完整核算其收入或者所得。

当从事生产、经营的纳税人、扣缴义务人的财务、会计制度或者财务、会计处理办法与国务院和财政部、国家税务总局有关税收方面的规定相抵触时，应依照国务院制定的税收法规或者财政部、国家税务总局制定的有关税收的规定计算缴纳税款、代扣代缴和代收代缴税款。

3) 账簿、凭证的保管

从事生产、经营的纳税人、扣缴义务人必须按照国务院财政、税务主管部门规定的保管期限保管账簿、记账凭证、完税凭证及其他有关资料。除法律、行政法规另有规定外，账簿、会计凭证、报表、完税凭证、发票、出口凭证以及其他有关涉税资料应当保存10年。账簿、记账凭证、报表、完税凭证、发票、出口凭证以及其他有关涉税资料应当合法、真实、完整，不得伪造、变造或者擅自损毁。

### 13.2.4 发票管理制度

发票是指在购销商品、提供或者接受服务以及从事其他经营活动中，开具、收取的收付款的书面证明。它是确定经营收支行为发生的法定凭证，是会计核算的原始依据，也是税务稽查的重要依据。

发票的基本内容包括：发票的名称、字轨号码、联次及用途；客户名称；开户银行及账号；商品名称或经营项目；计量单位、数量、单价、大小写金额；开票人；开票日期；开票单位(个人)名称(章)等。发票一般分为存根联、发票联、记账联三个联次。增值税专用发票还包括一个抵扣联。

1) 发票的特征

发票作为重要的商事凭证，具有以下特征：

(1) 发票的合法性　是指发票的确立是由法律、行政法规作出规定的，由法定的管理机关——税务机关统一监制的，只有依法印制、使用的，并具备法定的格式和内容的发票，才是有效的合法发票，才能作为财务收支和会计核算的合法凭证。

(2) 发票的真实性　是指用票单位和个人必须依照法律、行政法规的规定，从客观事实出发，对经济业务进行如实、客观的记录，真正反映经济交往的原始面貌；对外来的发票进行严格的审查把关，去伪存真，确保取得发票的真实性。

(3) 发票的时效性　是指填开发票必须按税务机关规定的时限进行，既不能提前也不能推后。

(4) 发票的共享性　发票在购销双方、企业之间、企业内部各部门之间具有共享性。对有关经济管理执法部门来说也具有共享。

(5) 发票的传递性　发票从印制、运输、发售、开具到记账有一个复杂的传递过程。发票只有经过传递，其信息才能为人们感知并接受，才能找到它的归宿。

2) 发票的分类

按照不同的管理要求，可以对发票进行科学分类。

(1) 按用票者所属行业，可分为工业类、商业类、服务业类、运输业类、建筑安装业类发票等。

(2) 按发票填开额度，可分为定额发票、非定额发票及限额发票。定额发票指票面金额不固定，由用票人自行填开的发票；限额发票指为了控制税收，减少发票漏洞，票面金额有所限制的发票。

(3) 按发票的特定使用范围，可分为增值税专用发票、普通发票和专业发票。增值税专用发票只限于增值税一般纳税人领购使用。普通发票主要由营业税纳税人和增值税小规模纳税人使用，增值税一般纳税人在不能开具专用发票的情况下也可使用普通发票。普通发票有行业发票和专用发票，前者适用于某个行业的经营业务，后者仅适用于某一经营项目。专业发票是指国有金融、保险企业的存贷、汇兑、转账凭证、保险凭证；国有邮政、电信企业的邮票、邮单、话务、电报收据；国有铁路、民用航空企业和交通部门、国有公路、水上运输企业的客票、货票等。专业发票经国家税务总局或省、市、自治区机关批准，专业发票可由政府主管部门自行管理，不套印税务机关的统一发票监制章，也可以根据税收征管的需要纳入统一发票管理。

3) 发票管理

发票管理是税务机关依法对发票印制、领购、开具、取得、保管、缴销的全过程进行组织、协调、监督等活动的总称，是税收征收管理的重要组成部分。税务机关通过发票管理，可以掌握纳税人的经营行为、商品流转和财务收支状况，有利于控制税源，强化财务监督，保护合法经营，抑制非法经营，防止偷税漏税，保证财政收入。发票管理的主要内容包括以下几个方面：

(1) 发票印制管理　增值税专用发票由国务院税务主管部门确定的企业印制；其他发票，按照国务院税务主管部门的规定，由省、自治区、直辖市税务机关确定的企业印制。禁止私自印制、伪造、变造发票。

印制发票应当使用国务院税务主管部门确定的全国统一的发票防伪专用品。禁止非法制造发票防伪专用品。发票应当套印全国统一发票监制章。全国统一发票监制章的式样和发票版面印刷的要求，由国家税务总局规定。发票监制章由省、自治区、直辖市税务机关制作。禁止伪造发票监制章。发票实行不定期换版制度。

发票应当使用中文印制。民族自治地方的发票，可以加印当地一种通用的民族文字。有实际需要的，也可以同时使用中外两种文字印制。

各省、自治区、直辖市内的单位和个人使用的发票，除增值税专用发票外，应当在本省、自治区、直辖市内印制；确有必要到外省、自治区、直辖市印制的，应当由省、自治区、直辖市税务机关商印制地省、自治区、直辖市税务机关同意，由印制地省、自治区、直辖市税务机关确定的企业印制。禁止在境外印制发票。

（2）发票领购管理　依法办理税务登记的单位和个人，在领取税务登记证件后，向主管税务机关申请领购发票。需要临时使用发票的单位和个人，可以凭购销商品、提供或者接受服务以及从事其他经营活动的书面证明、经办人身份证明，直接向经营地税务机关申请代开发票。依照税收法律、行政法规规定应当缴纳税款的，税务机关应当先征收税款，再开具发票。税务机关根据发票管理的需要，可以按照国务院税务主管部门的规定委托其他单位代开发票。禁止非法代开发票。

申请领购发票的单位和个人应当提出购票申请，提供经办人身份证明、税务登记证件或者其他有关证明，以及财务印章或者发票专用章的印模，经主管税务机关审核后，发给发票领购簿。领购发票的单位和个人应当凭发票领购簿核准的种类、数量以及购票方式，向主管税务机关领购发票。

临时到本省、自治区、直辖市行政区域以外从事经营活动的单位或者个人，应当凭所在地税务机关的证明，向经营地税务机关申请领购经营地的发票。临时在本省、自治区、直辖市以内跨市、县从事经营活动领购发票的办法，由省、自治区、直辖市税务机关规定。

税务机关对外省、自治区、直辖市来本辖区从事临时经营活动的单位和个人申请领购发票的，可以要求其提供保证人或者根据所领购发票的票面限额及数量交纳不超过 1 万元的保证金，并限期缴销发票。按期缴销发票的，解除保证人的担保义务或者退还保证金；未按期缴销发票的，由保证人或者以保证金承担法律责任。税务机关收取保证金应当开具收据。

（3）发票开具管理　销售商品、提供服务以及从事其他经营活动的单位和个人，对外发生经营业务收取款项，收款方应当如实向付款方开具发票。收购单位和扣缴义务人支付个人收款时，也可按规定由付款方向收款个人开具发票。开具发票必须真实、全面、准确，应当按照规定的时限、顺序，逐栏、全部联次一次性如实开具，并加盖发票专用章。任何单位和个人不得有下列虚开发票行为：为他人、为自己开具与实际经营业务情况不符的发票；让他人为自己开具与实际经营业务情况不符的发票；介绍他人开具与实际经营业务情况不符的发票。

（4）发票使用和取得管理　发票只限于本单位使用，任何单位和个人应当按照发票管理规定使用发票，不得有下列行为：转借、转让、介绍他人转让发票；知道或者应当知道是私自印制、伪造、变造、非法取得或者废止的发票而受让、开具、存放、携带、邮寄、运输；拆本使用发票；扩大发票使用范围；以其他凭证代替发票使用。

税务机关应当提供查询发票真伪的便捷渠道。除国务院税务主管部门规定的特殊情形外，发票限于领购单位和个人在本省、自治区、直辖市内开具。除国务院税务主管部门规定的特殊情形外，任何单位和个人不得跨规定的使用区域携带、邮寄、运输空白发票。禁止携带、邮寄或者运输空白发票出入境。

只有购买商品或接受劳务服务的单位和个人索取发票，才能使出售商品或提供劳务服务的一方及时开具发票，并能在购销、提供和接受劳务服务的双方之间形成一种勾稽关系，从而使税务机关的监督成为可能。所以，法规规定“所有从事生产、经营活动的单位和个人在购销商品、提供或者接受服务以及从事其他经营活动支付款项时，应当向收款方取得发票”，同时规定，取得发票时，不得要求变更品名和金额，不符合规定的发票，不得作为财务报销凭证，任何单位和个人有权拒收。这不仅有利于企业加强管理和财务核算，而且有利于保证计税依据的真实可靠。

5）发票保管管理

根据发票管理的要求，发票保管分为税务机关保管和用票单位、个人保管两个层次，都必须建立严格的发票保管制度。包括：专人保管制度；专库保管制度；专账登记制度；保管交接制度；定期盘点制度。开具发票的单位和个人应按税务机关规定存放和保管发票，不得擅自损毁。已经开具的发票存根联和登记簿应保存5年。保存期满，报经税务机关查验后销毁。

### 13.2.5 纳税申报制度

纳税申报是指纳税人按照税法规定的期限和内容，就计算缴纳税款的有关事项向税务机关定期提交书面报告的行为。纳税申报是纳税人履行纳税义务，界定纳税人法律责任的主要依据，也是税务机关办理征收业务、核定应征税款、填开税票的主要依据，是税收征收管理的一项重要制度。

1）纳税申报的对象

纳税申报的对象为纳税人和扣缴义务人。纳税人在纳税期内没有应纳税款的，也应当按照规定办理纳税申报。纳税人享受减税、免税待遇的，在减税、免税期间也应当按照规定办理纳税申报。

2）纳税申报的内容

纳税申报的内容，主要是在各税种的纳税申报表和代扣代缴、代收代缴税款报告表中体现，还有的是随纳税申报表附报的财务报表和有关纳税资料中体现。主要内容包括：税种、税目，应纳税项目或者应代扣代缴、代收代缴税款项目，计税依据，扣除项目及标准，适用税率或者单位税额，应退税项目及税额，应减免项目及税额，应纳税额或者应代扣代缴、代收代缴税额，税款所属期限，延期缴纳税款、欠税、滞纳金等。

3）纳税申报的期限

纳税人、扣缴义务人必须按照规定的期限办理纳税申报或者报送代扣代缴、代收代缴税款报告表。确有困难需要延期的，应当在规定的期限内向税务机关提出书面延期申请，经税务机关核准，在核准的期限内办理。

依照《税收征收管理法》的规定，纳税申报的期限可以分为两类：一类是税收实体法(即各个税种的单项法律、行政法规)，对纳税申报期限有明确规定的；另一类是税务机关按照法律、行政法规的原则规定，结合纳税人生产经营的实际情况及其所应缴纳的税种等相关问题予以确定的。两种期限具有同等的法律效力。

纳税申报期限在两种情况下可以延期：一种是法定延期，即纳税申报期限的最后一天是星期天或者其他法定休假日，或者星期天、其他法定休假日有变通的，可以顺延到实际休假日的次日；另一种是核准延期，即纳税人、扣缴义务人不能按期办理纳税申报或者报送代扣代缴、代收代缴税款报告表的，经税务机关核准，可以延期申报。这其中又可分两种情形：一是因自然灾害等不可抗力的原因，不能按期办理纳税申报或扣缴税款报告的，经税务机关核准，可延期到障碍消除后10日内办理申报；二是纳税申报期限或扣缴税款报告期限届满，但因账务未处理完毕等原因办理纳税申报有困难的，应当在原定的申报期限内按税务机关核定的税额申报，并在税务机关规定的期限内办理结算。

4）纳税申报的要求

纳税人办理纳税申报时，应当如实填写纳税申报表，并根据不同的情况相应报送其他纳税资料。具体包括：

（1）财务会计报表及其说明材料；

（2）与纳税有关的合同、协议书及凭证；

（3）税控装置的电子报税资料；

（4）外出经营活动税收管理证明和异地完税凭证；

（5）境内或者境外公证机构出具的有关证明文件；

（6）税务机关规定应当报送的其他有关证件、资料。

扣缴义务人必须依照法律、行政法规规定或者税务机关依照法律、行政法规的规定确定的申报期限、申报内容如实报送代扣代缴、代收代缴税款报告表以及税务机关根据实际需要要求扣缴义务人报送的其他有关证件、资料。

5）纳税申报的方式

经税务机关批准，纳税人、扣缴义务人可以直接到税务机关办理纳税申报或者报送代扣代缴、代收代缴税款报告表，也可以按照规定采取邮寄、数据电文或者其他方式办理上述申报、报送事项。

（1）自行申报　是指纳税人、扣缴义务人按照规定的期限自行到主管税务机关办理纳税申报手续。

（2）邮寄申报　是指经税务机关批准，纳税人、扣缴义务人可以采取邮寄申报的方式，将纳税申报表及有关的纳税资料通过邮局寄送主管税务机关。

（3）数据电文　是指经税务机关确定的电话语音、电子数据交换和网络传输等电子方式。纳税人采取电子方式办理纳税申报的，应当按照税务机关规定的期限和要求保存有关资料，并定期书面报送主管税务机关。

（4）代理申报　纳税人、扣缴义务人可以委托税务代理人办理纳税申报。

（5）实行定期定额方式缴纳税款的纳税人，可以实行简易申报、简并征期等申报纳税方式。

### 13.2.6　税款征收制度

税款征收是指税务机关依照法律、行政法规的规定，将纳税人应纳的税款组织入库的一系列活动的总称，它是税收征收管理工作的中心环节，在整个税收征收管理工作中占有极其重要的地位。税款征收，也是税务机关代表国家行使征税权，实现税收职能，纳税人履行纳税义务的体现。

1）税款征收的原则

（1）法定原则　依照法律预定的标准征税是税收区别于其他收入的关键。税务机关是征税的唯一行政主体，必须依照法律、行政法规的规定征收税款。必须依法征税、依率计征，将应征的税款及时、足额地征收入库。税务机关不得违反规定开征、停征、多征、少征税款，也不得提前征收、延缓征收或者摊派税款。

(2) 简便原则　税款的征纳手续应尽量简便，在时间上，尽量在纳税人收入丰裕的时候征税，不使纳税人感到纳税困难；在方法上，给纳税人以方便，允许多种方式纳税。

(3) 强制原则　税收是国家向纳税人的强制征收，凭借的是政治权力。因此，在纳税人不依法履行纳税义务时，税务机关应有足够的权力和手段确保税款及时入库。

(4) 优先原则　在纳税人支付各种款项和偿还债务时，税款征收有一定的优先权。这种优先权具体体现在以下方面：

① 除法律另有规定外，税收优先于无担保债权。

② 纳税人发生欠税在前的，税收优先于抵押权、质权和留质权的执行。

③ 纳税人欠缴税款，同时要被税务机关或其他行政部门处以罚款、没收非法所得的，税收优先于罚款、没收非法所得。

2) 税款征收的方式

(1) 查账征收　是指税务机关对账务健全的纳税人，依据其报送的纳税申报表、财务会计报表和其他有关纳税资料，按适用税率计算应纳税款，填写缴款书或完税证，并直接在纳税人银行账户上划解税款的征收方式。

(2) 查定征收　是指对账册不全，但能控制其材料、产量或进销货物的纳税单位或个人，由税务机关依据正常条件下的生产经营能力对其生产经营的应税产品查定产量、销售额并据以征收税款的征收方式。

(3) 查验征收　是指税务机关对纳税人的应税商品、产品，通过查验数量，按市场一般销售单价计算其销售收入，并据以计算应纳税额的一种征收方式。

(4) 定期定额征收　是指对小型个体工商户，税务机关采取典型调查，逐户确定营业额、利润额并据以核定应纳税额的一种征收方式。

(5) 代扣代缴　是指按照税法规定，负有扣缴税款义务的单位和个人，负责对纳税人应纳的税款进行代扣代缴的一种方式。即由支付人在向纳税人支付款项时，从所支付的款项中依法直接征收税款并代为缴纳。

(6) 代收代缴　是指按照税法规定，负有收缴税款义务的单位和个人，负责对纳税人应纳的税款进行代收代缴的一种方式，即由与纳税人有经济业务往来的单位和个人在向纳税人收取款项时依法收取税款。

(7)委托代征　是指受委托的有关单位按照税务机关核发的代征证书的要求，以税务机关的名义向纳税人征收零散税款的一种征收方式。

3) 税款征收的特定措施

为保证税款的有效征收并足额解缴入库，针对纳税人的特殊情况，可以采取特定的税款征收措施。

(1) 税额核定措施　如果纳税人有下列情形之一的，税务机关有权核定其应纳税额：依照法律、行政法规的规定可以不设置账簿的；按规定应当设置但未设置账簿的；擅自销毁账簿或者拒不提供纳税资料的；虽设置账簿，但账目混乱或者成本资料、收入凭证、费用凭证残缺不全，难以查账的；发生纳税义务，未按照规定的期限办理纳税申报，经税务机关责令限期申报，逾期仍不申报的；纳税人申报的计税依据明显偏低，又无正当理由的。

税务机关核定税额的方法主要有以下几种：

① 参照当地同类行业或者类似行业中经营规模和收入水平相近的纳税人的税负水平核定；

② 按照成本加合理费用和利润的方法核定；

③ 按照耗用的原材料、燃料、动力等推算或者测算核定；

④ 按照其他合理方法核定。

如果其中一种方法不足以正确核定应纳税额时，可以同时采用两种以上的方法核定。纳税人对税务机关采取规定的方法核定的应纳税额有异议的，应当提供相关证据，经税务机关认定后，调整应纳税额。

(2) 关联企业税收调整措施　我国企业或者外国企业在我国境内设立的从事生产、经营的机构、场所与其关联企业之间的业务往来，应当按照独立企业之间的业务往来收取或者支付价款、费用；不按照独立企业之间的业务往来收取或者支付价款、费用，而减少其应纳税的收入或者所得额的，税务机关有权进行合理调整。

纳税人与其关联企业未按照独立企业之间的业务往来支付价款、费用的，税务机关自该业务往来发生的纳税年度起 3 年内进行调整；有特殊情况的，可以自该业务往来发生的纳税年度起 10 年内进行调整。

(3) 责令缴纳措施　对未按照规定办理税务登记的从事生产、经营的纳税人以及临时从事生产、经营的纳税人，由税务机关核定其应纳税额，责令缴纳；不缴纳的，税务机关可以扣押其价值相当于应纳税款的商品、货物。扣押后缴纳应纳税款的，税务机关必须立即解除扣押，并归还所扣押的商品、货物；扣押后仍不缴纳应纳税款的，经县以上税务局(分局)局长批准，依法拍卖或者变卖所扣押的商品、货物，以拍卖或者变卖所得抵缴税款。

### 13.2.7　税收保障制度

税收保障制度是税务机关在组织征税过程中，为保障国家税收及时、足额入库，对纳税人逃避纳税义务或逾期仍不履行纳税义务的行为采取的限制性措施。主要有纳税担保、税收保全、强制执行和出境清税等保障措施。

1) 纳税担保措施

纳税担保，是指经税务机关同意或确认，纳税人或其他自然人、法人、经济组织以保证、抵押、质押的方式，为纳税人应当缴纳的税款及滞纳金提供担保的行为。

纳税担保范围包括税款、滞纳金和实现税款、滞纳金的费用。费用包括抵押、质押登记费用，质押保管费用，以及保管、拍卖、变卖担保财产等相关费用支出。用于纳税担保的财产、权利的价值不得低于应当缴纳的税款、滞纳金，并考虑相关的费用。纳税担保的财产价值不足以抵缴税款、滞纳金的，税务机关应当向提供担保的纳税人或纳税担保人继续追缴。

纳税人有下列情况之一的，适用纳税担保：

① 税务机关有根据认为从事生产、经营的纳税人有逃避纳税义务行为，在规定的纳税期之前经责令其限期缴纳应纳税款，在限期内发现纳税人有明显的转移、隐匿其应纳税的商品、货物以及其他财产或者应纳税收入的迹象，责成纳税人提供纳税担保的；

② 欠缴税款、滞纳金的纳税人或者其法定代表人需要出境的；

③ 纳税人同税务机关在纳税上发生争议而未缴清税款，需要申请行政复议的；

④ 税收法律、行政法规规定可以提供纳税担保的其他情形。

(1) 纳税保证　是指纳税保证人向税务机关保证，当纳税人未按照税收法律、行政法规规定或者税务机关确定的期限缴清税款、滞纳金时，由纳税保证人按照约定履行缴纳税款及滞纳金的行为。税务机关认可的，保证成立；税务机关不认可的，保证不成立。

纳税保证人，是指在中国境内具有纳税担保能力的自然人、法人或者其他经济组织。法人或其他经济组织财务报表资产净值超过需要担保的税额及滞纳金2倍以上的，自然人、法人或其他经济组织所拥有或者依法可以处分的未设置担保的财产的价值超过需要担保的税额及滞纳金的，为具有纳税担保能力。国家机关、学校、幼儿园、医院等事业单位、社会团体不得作为纳税保证人。企业法人的职能部门不得为纳税保证人。企业法人的分支机构有法人书面授权的，可以在授权范围内提供纳税担保。纳税保证为连带责任保证，纳税人和纳税保证人对所担保的税款及滞纳金承担连带责任。当纳税人在税收法律、行政法规或税务机关确定的期限届满未缴清税款及滞纳金的，税务机关即可要求纳税保证人在其担保范围内承担保证责任，缴纳担保的税款及滞纳金。

纳税保证人同意为纳税人提供纳税担保的，应当填写纳税担保书。纳税担保书须经纳税人、纳税保证人签字盖章并经税务机关签字盖章同意方为有效。纳税担保从税务机关在纳税担保书签字盖章之日起生效。

保证期间为纳税人应缴纳税款期限届满之日起60日，即税务机关自纳税人应缴纳税款的期限届满之日起60日内有权要求纳税保证人承担保证责任，缴纳税款、滞纳金。履行保证责任的期限为15日，即纳税保证人应当自收到税务机关的纳税通知书之日起15日内履行保证责任，缴纳税款及滞纳金。纳税保证期间内税务机关未通知纳税保证人缴纳税款及滞纳金以承担担保责任的，纳税保证人免除担保责任。

纳税人在规定的期限届满未缴清税款及滞纳金，税务机关在保证期限内书面通知纳税保证人的，纳税保证人应按照纳税担保书约定的范围，自收到纳税通知书之日起15日内缴纳税款及滞纳金，履行担保责任。纳税保证人未按照规定的履行保证责任的期限缴纳税款及滞纳金的，由税务机关发出责令限期缴纳通知书，责令纳税保证人在限期15日内缴纳；逾期仍未缴纳的，经县以上税务局(分局)局长批准，对纳税保证人采取强制执行措施，通知其开户银行或其他金融机构从其存款中扣缴所担保的纳税人应缴纳的税款、滞纳金，或扣押、查封、拍卖、变卖其价值相当于所担保的纳税人应缴纳的税款、滞纳金的商品、货物或者其他财产，以拍卖、变卖所得抵缴担保的税款、滞纳金。

(2) 纳税抵押　是指纳税人或纳税担保人不转移下列可抵押财产的占有，将该财产作为税款及滞纳金的担保。纳税人逾期未缴清税款及滞纳金的，税务机关有权依法处置该财产以抵缴税款及滞纳金。

纳税人或者纳税担保人为抵押人，税务机关为抵押权人，提供担保的财产为抵押物。可以抵押的财产为：① 抵押人所有的房屋和其他地上定着物；② 抵押人所有的机器、交通运输工具和其他财产；③ 抵押人依法有权处分的国有的房屋和其他地上定着物；④ 抵押人依法有权处分的国有的机器、交通运输工具和其他财产；⑤ 经设区的市、自治州以上税务机关确认的其他可以抵押的合法财产。以依法取得的国有土地上的房屋抵押的，该房屋占用范围内的国有土地使用权同时抵押。以乡(镇)、村企业的厂房等建筑物抵押的，其占用范围内的土地使用权同时抵押。

纳税担保人以其财产为纳税人提供纳税抵押担保的，按照纳税人提供抵押担保的规定执行；纳税担保书和纳税担保财产清单须经纳税人、纳税担保人签字盖章并经税务机关确认。纳税人在规定的期限届满未缴清税款、滞纳金的，税务机关应当在期限届满之日起15

日内书面通知纳税担保人自收到纳税通知书之日起15日内缴纳担保的税款、滞纳金。纳税担保人未按照前款规定的期限缴纳所担保的税款、滞纳金的，由税务机关责令限期在15日内缴纳；逾期仍未缴纳的，经县以上税务局（分局）局长批准，税务机关依法拍卖、变卖抵押物，抵缴税款、滞纳金。

（3）纳税质押　是指经税务机关同意，纳税人或纳税担保人将其动产或权利凭证移交税务机关占有，将该动产或权利凭证作为税款及滞纳金的担保。纳税人逾期未缴清税款及滞纳金的，税务机关有权依法处置该动产或权利凭证以抵缴税款及滞纳金。纳税质押分为动产质押和权利质押。动产质押包括现金以及其他除不动产以外的财产提供的质押。权利质押包括汇票、支票、本票、债券、存款单等权利凭证提供的质押。对于实际价值波动很大的动产或权利凭证，经设区的市、自治州以上税务机关确认，税务机关可以不接受其作为纳税质押。

纳税担保人以其动产或财产权利为纳税人提供纳税质押担保的，按照纳税人提供质押担保的规定执行；纳税担保书和纳税担保财产清单须经纳税人、纳税担保人签字盖章并经税务机关确认。

纳税人在规定的期限内缴清税款、滞纳金的，税务机关应当在3个工作日内将质物返还给纳税担保人，解除质押关系。纳税人在规定的期限内未缴清税款、滞纳金的，税务机关应当在期限届满之日起15日内书面通知纳税担保人自收到纳税通知书之日起15日内缴纳担保的税款、滞纳金。

纳税担保人未按照前款规定的期限缴纳所担保的税款、滞纳金，由税务机关责令限期在15日内缴纳；缴清税款、滞纳金的，税务机关自纳税担保人缴清税款及滞纳金之日起3个工作日内返还质物，解除质押关系；逾期仍未缴纳的，经县以上税务局（分局）局长批准，税务机关依法拍卖、变卖质物，抵缴税款、滞纳金。

2）税收保全措施

税务机关责令纳税人提供纳税担保而纳税人拒绝提供或无力提供纳税担保的，经县以上税务局（分局）局长批准，税务机关可以采取下列税收保全措施：

（1）书面通知纳税人开户银行或者其他金融机构冻结纳税人的相当于应纳税款金额的存款；

（2）扣押、查封纳税人的价值相当于应纳税款的商品、货物或者其他财产。

纳税人在规定的限期内缴纳税款的，税务机关必须立即解除税收保全措施；限期期满仍未缴纳税款的，经县以上税务局（分局）局长批准，税务机关可以书面通知纳税人开户银行或者其他金融机构从其冻结的存款中扣缴税款，或者依法拍卖、变卖所扣押、查封的商品、货物或者其他财产，以拍卖或变卖所得抵缴税款。

采取税收保全措施不当，或者纳税人在期限内已缴纳税款，税务机关未立即解除税收保全措施，使纳税人的合法权益遭受损失的，税务机关应当承担赔偿责任。

3）强制执行措施

从事生产、经营的纳税人、扣缴义务人未按照规定的期限缴纳或者解缴税款，纳税担保人未按照规定的期限缴纳所担保的税款，由税务机关责令限期缴纳，逾期仍未缴纳的，经县以上税务局（分局）局长批准，税务机关可以采取下列强制执行措施：

（1）书面通知其开户银行或者其他金融机构从其存款中扣缴税款。

（2）扣押、查封、依法拍卖或者变卖其价值相当于应纳税款的商品、货物或者其他财产，以拍卖或者变卖所得抵缴税款。税务机关采取强制执行措施时，对纳税人、扣缴义务人、纳税担保人未缴纳的滞纳金同时强制执行。

税务机关将扣押、查封的商品、货物或者其他财产变价抵缴税款时，应当交由依法成立的拍卖机构拍卖；无法委托拍卖或者不适于拍卖的，可以交由当地商业企业代为销售，也可以责令纳税人限期处理；无法委托商业企业销售，纳税人也无法处理的，可以由税务机关变价处理，具体办法由国家税务总局制定。国家禁止自由买卖的商品，应当交由有关单位按照国家规定的价格收购。拍卖或者变卖所得抵缴税款、滞纳金、罚款以及扣押、查封、保管、拍卖、变卖等费用后，剩余部分应当在3日内退还被执行人。

4）出境清税措施

这一制度是世界上不少发达国家和发展中国家的通行做法，实际上是税收保全和强制执行措施在特定条件下的特殊方式。它的适用对象是需要离开中国但欠有税款未结清的纳税人，主要包括在我国依法应当纳税的中国公民、外国人、无国籍人、私营企业主、个人承包、租赁经营者等。凡是欠缴税款的纳税人需要出境的，应当在出境前向税务机关结清应纳税款或提供担保；未按照规定结清应纳税款、滞纳金，又不提供纳税担保的，税务机关可以通知出入境管理机关阻止其出境。在这里，强制的对象由财产转为人身。

5）错税追溯的措施

错税追溯分两种情况：一种是超缴退还，另一种是少缴追征。

（1）超缴退还　是指纳税人超过应纳税额缴纳的税款，税务机关发现后应当立即退还。纳税人自结算缴纳税款之日起3年内发现的，可以向税务机关要求退还多缴的税款并加算银行同期存款利息，税务机关及时查实后应当立即退还；涉及从国库中退库的，依照法律、行政法规中有关国库管理的规定退还。

（2）少缴追征　是把那些由于纳税人、扣缴义务人的故意或过失以及由于税务机关的责任造成的应缴未缴或少缴的税款追回来。具体可分为三种情况：

① 因税务机关的责任，致使纳税人、扣缴义务人未缴或者少缴税款的，税务机关在3年内可以要求纳税人、扣缴义务人补缴税款，但是不得加收滞纳金。

② 因纳税人、扣缴义务人计算错误等失误，未缴或者少缴税款的，税务机关在3年内可以追征；有特殊情况的（如漏税数额较大等），追征期可以延长到5年，同时还加收滞纳金。

③ 因纳税人故意偷税、逃税，扣缴义务人明知应当扣缴而故意不扣缴或者少扣缴，甚至将已扣缴税款不解缴，税务机关可以无限期追征。

### 13.2.8　税务检查制度

税务检查是税务机关依照税收法律、行政法规的规定，对纳税人、扣缴义务人履行纳税义务或者扣缴义务以及其他有关税务事项进行审查、核实、监督活动的总称。如果说税收登记和账簿、凭证管理是征收管理的前期基础，纳税申报和税款征收是征收管理的关键，那么，税务检查则是征收管理的后期监督，是对纳税申报和税款及时足额征收入库的保障，是税收管理不可或缺的重要一环。

1）税务检查的范围

（1）检查纳税人的账簿、记账凭证、报表和有关资料；检查扣缴义务人代扣代缴、代收代缴税款账簿、记账凭证和有关资料。

（2）到纳税人的生产、经营场所和货物存放地检查纳税人应纳税的商品、货物或者其他财产;检查扣缴义务人与代扣代缴、代收代缴税款有关的经营情况。

(3) 责成纳税人、扣缴义务人提供与纳税或者代扣代缴、代收代缴税款有关的文件、证明材料和有关资料。

(4) 询问纳税人、扣缴义务人与纳税或者代扣代缴、代收代缴税款有关的问题和情况。

(5) 到车站、码头、机场、邮政企业及其分支机构检查纳税人托运、邮寄应纳税商品、货物或者其他财产的有关单据、凭证和有关资料。

(6) 经县以上税务局(分局)局长批准,凭全国统一格式的检查存款账户许可证,查核从事生产、经营的纳税人、扣缴义务人在银行或在其他金融机构的存款账户。

2) 税务检查的形式

税务检查可以采用重点检查、分类计划检查、集中性检查、临时性检查、专项检查等多种形式。

3) 税务检查的要求

税务机关派出的人员进行税务检查时,应当出示税务检查证件;无税务检查证件,纳税人、扣缴义务人及其他当事人有权拒绝检查。同时,被检查的纳税人、扣缴义务人及其他当事人应如实反映情况,提供资料,不得拒绝、隐瞒。

### 13.2.9 纳税评估管理

纳税评估是指税务机关运用数据信息对比分析的方法,对纳税人和扣缴义务人(以下简称纳税人)纳税申报(包括减、免、缓、抵、退税申请,下同)情况的真实性和准确性作出定性和定量的判断,并采取进一步征管措施的管理行为。开展纳税评估管理,有利于进一步强化税源管理,降低税收风险,减少税款流失,也有利于不断提高税收征管的质量和效率。纳税评估工作应遵循强化管理、优化服务,分类实施、因地制宜,人机结合、简便易行的原则进行。

纳税评估工作主要由基层税务机关的税源管理部门及其税收管理员负责,重点税源和重大事项的纳税评估也可由上级税务机关负责。开展纳税评估工作原则上在纳税申报到期之后进行,评估的期限以纳税申报的税款所属当期为主,特殊情况可以延伸到往期或以往年度。

纳税评估主要工作内容包括:根据宏观税收分析和行业税负监控结果以及相关数据设立评估指标及其预警值;综合运用各类对比分析方法筛选评估对象;对所筛选出的异常情况进行深入分析并作出定性和定量的判断;对评估分析中发现的问题分别采取税务约谈、调查核实、处理处罚、提出管理建议、移交稽查部门查处等方法进行处理;维护更新税源管理数据,为税收宏观分析和行业税负监控提供基础信息等。

1) 纳税评估对象

纳税评估的对象为主管税务机关负责管理的所有纳税人及其应纳所有税种。纳税评估对象可采用计算机自动筛选、人工分析筛选和重点抽样筛选等方法进行筛选。筛选纳税评估对象,要依据税收宏观分析、行业税负监控结果等数据,结合各项评估指标及其预警值和税收管理员掌握的纳税人实际情况,参照纳税人所属行业、经济类型、经营规模、信用等级等因素进行全面、综合的审核对比分析。综合审核对比分析中发现有问题或疑点的纳税人要作为重点评估分析对象;重点税源户、特殊行业的重点企业、税负异常变化、长时间零税负和负税负申报、纳税信用等级低下、日常管理和税务检查中发现较多问题的纳税人要列为纳税评估的重点分析对象。

2）纳税评估方法

纳税评估工作根据国家税收法律、行政法规、部门规章和其他相关经济法规的规定，按照属地管理原则和管户责任开展；对同一纳税人申报缴纳的各个税种的纳税评估要相互结合、统一进行，避免多头重复评估。

纳税评估的主要依据及数据来源包括：①“一户式”存储的纳税人各类纳税信息资料；② 税收管理员通过日常管理所掌握的纳税人生产经营实际情况，主要包括生产经营规模、产销量、工艺流程、成本、费用、能耗、物耗情况等各类与税收相关的数据信息；③ 上级税务机关发布的宏观税收分析数据，行业税负的监控数据，各类评估指标的预警值；④ 本地区的主要经济指标、产业和行业的相关指标数据，外部交换信息，以及与纳税人申报纳税相关的其他信息。

纳税评估可根据所辖税源和纳税人的不同情况采取灵活多样的评估分析方法，主要有：

(1) 对纳税人申报的纳税资料进行案头的初步审核比对，以确定进一步评估分析的方向和重点；

(2) 通过各项指标与相关数据的测算，设置相应的预警值，将纳税人的申报数据与预警值相比较；

(3) 将纳税人申报数据与财务会计报表数据进行比较、与同行业相关数据或类似行业同期相关数据进行横向比较；

(4) 将纳税人申报数据与历史同期相关数据进行纵向比较；

(5) 根据不同税种之间的关联性和勾稽关系，参照相关预警值进行税种之间的关联性分析，分析纳税人应纳相关税种的异常变化；

(6) 应用税收管理员日常管理中所掌握的情况和积累的经验，将纳税人申报情况与其生产经营实际情况相对照，分析其合理性，以确定纳税人申报纳税中存在的问题及其原因；

(7) 通过对纳税人生产经营结构，主要产品能耗、物耗等生产经营要素的当期数据、历史平均数据、同行业平均数据以及其他相关经济指标进行比较，推测纳税人的实际纳税能力。

3）纳税评估指标

纳税评估指标是税务机关筛选评估对象、进行重点分析时所选用的主要指标，分为通用分析指标和特定分析指标两大类，使用时可结合评估工作实际不断细化和完善。以下重点介绍纳税评估通用分析指标及使用方法。

纳税评估分析时，要综合运用各类指标，并参照评估指标预警值进行配比分析。评估指标预警值是税务机关根据宏观税收分析、行业税负监控、纳税人生产经营和财务会计核算情况以及内外部相关信息，运用数学方法测算出的算术、加权平均值及其合理变动范围。测算预警值，应综合考虑地区、规模、类型、生产经营季节、税种等因素，考虑同行业、同规模、同类型纳税人各类相关指标的若干年度的平均水平，以使预警值更加真实、准确和具有可比性。纳税评估指标预警值由各地税务机关根据实际情况自行确定。

(1) 通用指标及其功能

① 收入类评估分析指标计算公式及其功能

$$\text{主营业务收入变动率}=(\text{本期主营业务收入}-\text{基期主营业务收入})\div\text{基期主营业务收入}\times 100\%$$

如主营业务收入变动率超出预警值范围，可能存在少计收入或多列成本等问题，应结合运用其他指标作进一步分析。

② 成本类评估分析指标计算公式及其功能

单位产成品原材料耗用率＝本期投入原材料÷本期产成品成本×100％

分析单位产成品当期耗用原材料与当期产出的产成品成本比率，判断纳税人是否存在账外销售问题、是否错误使用存货计价方法、是否人为调整产成品成本或应纳所得额等问题。

主营业务成本变动率＝(本期主营业务成本－基期主营业务成本)
÷基期主营业务成本×100％

主营业务成本率＝主营业务成本÷主营业务收入

主营业务成本变动率超出预警值范围，可能存在销售未计收入、多列成本费用、扩大税前扣除范围等问题。

③ 费用类评估分析指标计算公式及其功能

主营业务费用变动率＝(本期主营业务费用－基期主营业务费用)
÷基期主营业务费用×100％

主营业务费用率＝(主营业务费用÷主营业务收入)×100％

主营业务费用变动率与预警值相比，如相差较大，可能存在多列费用的问题。

营业(管理、财务)费用变动率＝[本期营业(管理、财务)费用－基期营业(管理、财务)费用]
÷基期营业(管理、财务)费用×100％

如果营业(管理、财务)费用变动率与前期相差较大，可能存在税前多列支营业(管理、财务)费用的问题。

成本费用率＝(本期营业费用＋本期管理费用＋本期财务费用)
÷本期主营业务成本×100％

分析纳税人期间费用与销售成本之间的关系，与预警值相比较，如相差较大，企业可能存在多列期间费用的问题。

成本费用利润率＝利润总额÷成本费用总额×100％

成本费用总额＝主营业务成本总额＋费用总额

与预警值比较，如果企业本期成本费用利润率异常，可能存在多列成本、费用等问题。

税前列支费用评估分析指标包括工资扣除限额、“三费”(职工福利费、工会经费、职工教育经费)扣除限额、交际应酬费列支额(业务招待费扣除限额)、公益救济性捐赠扣除限额、开办费摊销额、技术开发费加计扣除额、广告费扣除限额、业务宣传费扣除限额、财产损失扣除限额、呆(坏)账损失扣除限额、总机构管理费扣除限额、社会保险费扣除限额、无形资产摊销额、递延资产摊销额等。如果申报扣除(摊销)额超过允许扣除(摊销)标准，可能存在未按规定进行纳税调整，擅自扩大扣除(摊销)基数等问题。

④ 利润类评估分析指标计算公式及其功能

主营业务利润变动率＝(本期主营业务利润－基期主营业务利润)
÷基期主营业务利润×100％

其他业务利润变动率＝(本期其他业务利润－基期其他业务利润)

÷基期其他业务利润×100％

上述指标若与预警值相比相差较大，可能存在多结转成本或不计、少计收入的问题。

利润类评估分析指标还有税前弥补亏损扣除限额和营业外收支增减额。应按税法规定审核分析允许弥补的亏损数额。如申报弥补亏损额大于税前弥补亏损扣除限额，可能存在未按规定申报税前弥补等问题。营业外收入增减额与基期相比减少较多，可能存在隐瞒营业外收入问题。营业外支出增减额与基期相比支出增加较多，可能存在将不符合规定支出列入营业外支出。

⑤ 资产类评估分析指标计算公式及其功能

净资产收益率＝净利润÷平均净资产×100％

净资产收益率用于分析纳税人资产综合利用情况，如指标与预警值相差较大，可能存在隐瞒收入或闲置未用资产计提折旧的问题。

总资产周转率＝(利润总额＋利息支出)÷平均总资产×100％

存货周转率＝主营业务成本÷[(期初存货成本＋期末存货成本)÷2]×100％

这两个指标用于分析总资产和存货周转情况，推测销售能力。如总资产周转率或存货周转率加快，而应纳税税额减少，可能存在隐瞒收入、虚增成本的问题。

应收(付)账款变动率＝[期末应收(付)账款－期初应收(付)账款]÷期初应收(付)账款×100％

分析纳税人应收(付)账款增减变动情况，判断其销售实现和可能发生坏账情况。如应收(付)账款增长率增高，而销售收入减少，可能存在隐瞒收入、虚增成本的问题。

固定资产综合折旧率＝基期固定资产折旧总额÷基期固定资产原值总额×100％

固定资产综合折旧率高于基期标准值，可能存在税前多列支固定资产折旧额的问题。要求企业提供各类固定资产的折旧计算情况，分析固定资产综合折旧率变化的原因。

资产负债率＝负债总额÷资产总额×100％

其中：负债总额＝流动负债＋长期负债，资产总额是扣除累计折旧后的净额。

资产负债率用于分析纳税人经营活力，判断其偿债能力。如果资产负债率与预警值相差较大，则企业偿债能力有问题，要考虑由此对税收收入产生的影响。

(2) 指标的配比分析

① 主营业务收入变动率与主营业务利润变动率配比分析：正常情况下，两者基本同步增长。当比值＜1，且相差较大，两者都为负时，可能存在企业多列成本费用、扩大税前扣除范围等问题。当比值＞1，且相差较大，两者都为正时，可能存在企业多列成本费用、扩大税前扣除范围等问题。当比值为负数，且前者为正后者为负时，可能存在企业多列成本费用、扩大税前扣除范围等问题。

② 主营业务收入变动率与主营业务成本变动率配比分析：正常情况下，两者基本同步增长，比值接近 1。当比值＜1，且相差较大，两者都为负时，可能存在企业多列成本费用、扩大税前扣除范围等问题；当比值＞1，且相差较大，两者都为正时，可能存在企业多列成本费用、扩大税前扣除范围等问题；当比值为负数，且前者为正后者为负时，可能存在企业多列成

本费用、扩大税前扣除范围等问题。

③ 主营业务收入变动率与主营业务费用变动率配比分析：正常情况下，两者基本同步增长。当比值<1，且相差较大，两者都为负时，可能存在企业多列成本费用、扩大税前扣除范围等问题；当比值>1，且相差较大，两者都为正时，可能存在企业多列成本费用、扩大税前扣除范围等问题；当比值为负数，且前者为正后者为负时，可能存在企业多列成本费用、扩大税前扣除范围等问题。

④ 主营业务成本变动率与主营业务利润变动率配比分析：当两者比值大于1，都为正时，可能存在企业多列成本的问题；前者为正，后者为负时，视为异常，可能存在企业多列成本、扩大税前扣除范围等问题。

⑤ 资产利润率、总资产周转率、销售利润率配比分析：综合分析本期资产利润率与上年同期资产利润率，本期销售利润率与上年同期销售利润率，本期总资产周转率与上年同期总资产周转率。如本期总资产周转率－上年同期总资产周转率>0，本期销售利润率－上年同期销售利润率≤0，而本期资产利润率－上年同期资产利润率≤0时，说明本期的资产使用效率提高，但收益不足以抵补销售利润率下降造成的损失，可能存在隐匿销售收入、多列成本费用等问题。如本期总资产周转率－上年同期总资产周转率≤0，本期销售利润率－上年同期销售利润率>0，而本期资产利润率－上年同期资产利润率≤0时，说明资产使用效率降低，导致资产利润率降低，可能存在隐匿销售收入的问题。

⑥ 存货变动率、资产利润率、总资产周转率配比分析：比较分析本期资产利润率与上年同期资产利润率，本期总资产周转率与上年同期总资产周转率。若本期存货增加不大，即存货变动率≤0，本期总资产周转率－上年同期总资产周转率≤0，可能存在隐匿销售收入的问题。

4）评估结果处理

（1）对纳税评估中发现的计算和填写错误、政策和程序理解偏差等一般性问题，或存在的疑点问题经约谈、举证、调查核实等程序认定事实清楚，不具有偷税等违法嫌疑，无需立案查处的，可提请纳税人自行改正。需要纳税人自行补充的纳税资料，以及需要纳税人自行补正申报、补缴税款、调整账目的，税务机关应督促纳税人按照税法规定逐项落实。

（2）对纳税评估中发现的需要提请纳税人进行陈述说明、补充提供举证资料等问题，应由主管税务机关约谈纳税人。

（3）对评估分析和税务约谈中发现的必须到生产经营现场了解情况、审核账目凭证的，应经所在税源管理部门批准，由税收管理员进行实地调查核实。

（4）发现纳税人有偷税、逃避追缴欠税、骗取出口退税、抗税或其他需要立案查处的税收违法行为嫌疑的，要移交税务稽查部门处理。

（5）对纳税评估工作中发现的问题要作出评估分析报告，提出进一步加强征管工作的建议，并将评估工作内容、过程、证据、依据和结论等记入纳税评估工作底稿。

## 13.3 税务行政司法

税务行政司法制度是税务行政机关或司法机关，对纳税人在履行纳税义务中的违法行为，税务行政人员在税务执法中的违法行为，以及纳税人同税务机关在税收征纳中的争议，进行处理的法律程序和法律规定。我国税收行政司法制度主要包括税务违章处理、税务行政复议和税务行政诉讼。

### 13.3.1 税务违章处理

税务违章处理是对纳税人违反税法行为采取的惩罚性措施，也涉及对税务人员违反《税收征收管理法》行为的处理。

1) 税务违章处理方法

税务违章处理的方法要根据纳税人违法情节轻重以及加强税务管理的需要来确定，有经济制裁、行政制裁和刑事制裁三种。

(1) 经济制裁是税务机关对有税务违章行为的纳税人，在经济上给予处罚。包括滞纳金、罚款、扣押财产抵缴税款和银行扣缴等四种形式。

(2) 行政制裁是指由税务机关或税务机关提请有关部门对违反税收法规的纳税单位或个人，依行政程序而给予的处理。包括吊销营业执照、吊销税务登记等处理。

(3) 刑事制裁是指对犯有偷税、抗税行为，情节严重、构成犯罪的纳税人，依照《刑法》给予制裁措施，包括拘役、处以有期徒刑。

2) 纳税人、扣缴义务人违法处理

对纳税人、扣缴义务人违反税收程序法和违反税收实体法的行为有不同的处理规定。

(1) 违反税收程序法的处理规定

① 纳税人未按照规定的期限申报办理税务登记、变更或注销登记的；未按照规定设置、保管账簿或者保管记账凭证和有关资料的；未按照规定将财务、会计制度或财务会计处理办法和会计核算软件报送税务机关备案的；未按照规定将其全部银行账号向税务机关报告的；未按照规定安装、使用税控装置，或者损毁和擅自改动税控装置的；纳税人未按照规定办理税务登记证件验证或者换证手续的。存在上述所列情况由税务机关责令限期改正，逾期未改正的，可以处以 2 000 元以下的罚款；情节严重的，处以 2 000 元以上 1 万元以下的罚款。

② 纳税人不办理税务登记的，由税务机关责令限期改正；逾期不改正的，经税务机关提请，由工商行政管理机关吊销其营业执照。

③ 纳税人未按照规定使用税务登记证件，或者转借、涂改、损毁、买卖、伪造税务登记证件的，处 2 000 元以上 1 万元以下的罚款；情节严重的，处 1 万元以上 5 万元以下的罚款。

④ 扣缴义务人未按照规定设置、保管代扣代缴、代收代缴税款账簿，未按照规定保管代扣代缴、代收代缴税款记账凭证及有关资料的，由税务机关责令限期改正。逾期不改正的，可处以 2 000 元以下的罚款；情节严重的，处以 2 000 元以上 5 000 元以下的罚款。

⑤ 纳税人未按照规定的期限办理纳税申报和报送纳税资料的，或者扣缴义务人未按照规定的期限向税务机关报送代扣代缴、代收代缴税款报告表和有关资料的，由税务机关责令限期改正，并可处以 2 000 元以下的罚款；情节严重的，可处以 2 000 元以上 1 万元以下的罚款。

(2) 违反税收实体法的处理规定

① 欠税行为及处罚：欠税是指纳税人、扣缴义务人因故逾期未缴或少缴税款的行为。对于欠税行为，由税务机关责令纳税人限期纳税。逾期仍未缴纳的，税务机关可采取强制措施追缴。纳税人欠缴应纳税款，采取转移或者隐匿财产的手段，妨碍税务机关追缴欠缴的税款的，由税务机关追缴欠缴的税款、滞纳金，并处欠缴税款 50%以上 5 倍以下的罚款；构成犯罪的，依法追究刑事责任。扣缴义务人应扣未扣、应收未收税款的，由税务机关向纳税人追缴税款，对扣缴义务人处以应扣未扣、应收未收税款 50%以上 3 倍以下罚款。

② 偷税行为及处罚：偷税是指纳税人采取伪造、变造、隐匿、擅自销毁账簿、记账凭证，在账簿上多列支出或者不列、少列收入，或者经税务机关通知申报而拒不申报或者进行虚假的纳税申报，不缴或者少缴应纳税款的行为。

对纳税人偷税的，由税务机关追缴其不缴或少缴的税款、滞纳金，并处不缴或者少缴税款50%以上5倍以下的罚款；构成犯罪的，依法追究刑事责任。扣缴义务人采取前款所列手段，不缴或者少缴已扣、已收税款，由税务机关追缴其不缴或者少缴的税款、滞纳金，并处不缴或者少缴税款50%以上5倍以下的罚款；构成犯罪的，依法追究刑事责任。

根据《刑法》规定，纳税人发生上述偷税行为，视其偷税金额大小及其情节轻重的不同，分别予以处理：偷税数额占应纳税额的10%以上不满30%并且偷税数额在1万元以上不满10万元的，或者因偷税被税务机关给予两次行政处罚又偷税的，处3年以下有期徒刑或者拘役，并处偷税数额1倍以上5倍以下罚金；偷税数额占应纳税额的30%以上并且偷税数额在10万元以上的，处3年以上7年以下有期徒刑，并处偷税数额1倍以上5倍以下罚金。

③ 抗税行为及处罚：抗税是指纳税人、扣缴义务人以暴力威胁方法拒绝缴纳税款的行为。依照《征管法》及《刑法》有关条款的规定，情节轻微、未构成犯罪的，由税务机关追缴其拒缴的税款、滞纳金，并处拒缴税款1倍以上5倍以下罚款。构成犯罪的，处3年以下有期徒刑或者拘役，并处拒缴税款l倍以上5倍以下罚金；情节严重的，处3年以上7年以下有期徒刑，并处拒缴税款1倍以上5倍以下罚金。以暴力方法抗税，致人重伤或者死亡的，按伤害罪、杀人罪从重处罚，并处罚金。

④ 骗税行为及处罚：骗税是指纳税人以假报出口或者其他欺骗手段，骗取国家出口退税款的行为。依照《征管法》及《刑法》有关条款的规定，由税务机关追缴其骗取的出口退税款，并处骗取税款l倍以上5倍以下的罚款。构成犯罪的，即以假报出口或者其他欺骗手段，骗取国家出口退税款，数额较大的，处5年以下有期徒刑或者拘役，并处骗取税款1倍以上5倍以下罚金；数额巨大或者有其他严重情节的，处5年以上10年以下有期徒刑，并处骗取税款1倍以上5倍以下罚金；数额特别巨大或者有其他特别严重情节的，处10年以上有期徒刑或无期徒刑，并处骗取税款1倍以上5倍以下罚金或者没收财产。

对骗取国家出口退税款的，税务机关可以在规定的期间内停止为其办理出口退税。

⑤ 行贿行为及处罚：纳税人向税务人员行贿，不缴或者少缴应纳税款的，依照《刑法》行贿罪追究刑事责任，并处不缴或者少缴税款5倍以下的罚金。《刑法》第三百九十条规定："对犯行贿罪的，处5年以下有期徒刑或者拘役；因行贿谋取不正当利益，情节严重的，或者使国家利益遭受重大损失的，处5年以上10年以下有期徒刑；情节特别严重的，处10年以上有期徒刑或者无期徒刑，可以并处没收财产。"

3) 税务人员违法处理

(1) 税务人员与纳税人、扣缴义务人勾结，唆使或者协助纳税人、扣缴义务人犯有偷税罪的，依照《刑法》关于共同犯罪的规定处罚；未构成犯罪的，给予行政处分。

(2) 税务人员利用职务上的便利，收受或者索取纳税人、扣缴义务人财物，构成犯罪的，依照《刑法》受贿罪追究刑事责任；未构成犯罪的，给予行政处分。

(3) 税务人员徇私舞弊或者玩忽职守，不征或者少征应征税款，致使国家税收遭受重大损失的，依照《刑法》渎职罪追究刑事责任；未构成犯罪的，给予行政处分。

(4) 税务人员滥用职权，故意刁难纳税人、扣缴义务人的，调离税收工作岗位，并给予行政处分；构成犯罪的，依照《刑法》渎职罪追究刑事责任。

(5) 税务人员违反法律、行政法规的规定，擅自决定税收的开征、停征或者减税、免税、退税、补税的，除按《征管法》规定撤销其擅自作出的决定外，补征应征未征税款，退还不应征收而征收的税款，并追究直接责任人员的行政责任；构成犯罪的，依法追究刑事责任。

(6) 税务人员私分扣押、查封的商品、货物或者其他财产，情节严重、构成犯罪的，依法追究刑事责任；尚不构成犯罪的，依法给予行政处分。

4) 税务违章案件处理程序

税务机关在处理违章案件时，一般要经过立案、调查、处理等程序。

(1) 立案　税务机关对有关单位或群众揭发或税务机关工作人员查获的偷税、抗税等违法问题，经研究确属应处理的案件，应立案查清其事实真相和情节。

(2) 调查　上级税务部门接到下属单位上报的税务违章案件后，应及时组织力量，进行认真核实。必要时还可以在税法规定范围内，对违章者进行税务检查。

(3) 处理　上级税务部门对下属单位上报的税务违章案件，经调查核实后，就可定案处理。同时，要提出综合报告，填写案件处理审批表，然后按处理权限报经审批单位核准后，批复征收单位执行处理决定。

### 13.3.2　税务行政复议

税务行政复议是指当事人(包括纳税人、扣缴义务人、纳税担保人及其他税务当事人)对税务机关及其工作人员作出的税务具体行政行为不服，依法向上一级税务机关提出申诉，请求上一级税务机关纠正；上一级税务机关根据当事人的申请，对引起争议的下级机关的具体行政行为进行审议，并依法作出维持、变更、撤销原具体行政行为的裁决的一项行政司法活动。税务行政复议制度有助于保护纳税人及其他税务当事人的合法权益，保障和监督税务机关依法行使职权。

1) 税务行政复议机构

税务行政复议机构是指受理复议申请，依法对具体行政行为进行审查并作出裁决的税务机构。县及县以上税务机关应设立税务行政复议委员会，代表本级机关行使税务复议职责。

2) 税务行政复议受案范围

根据《税收征管法》、《行政复议法》和《税务行政复议规则》的规定，公民、法人、其他组织以及外国人、无国籍人和外国组织，对税务机关下列具体行政行为不服所申请的复议，税务复议行政机关都应受理。这些行政行为包括：税务机关作出的征税行为；税务机关作出的委托代征、代扣、代缴税款的行为；税务机关作出的责令纳税人提供纳税担保行为；税务机关作出的税收保全措施；税务机关未及时解除税收保全措施，使纳税人等合法权益遭受损失的行为；税务机关作出的通知进出境管理机关阻止纳税人出境行为；税务机关作出的税务行政处罚与税收强制执行措施行为；税务机关作出的取消一般纳税人资格的行为；认为符合法定条件向税务机关申请要求颁发税务登记和发售发票，税务机关拒绝颁发、发售，或不予答复的行为；法律、法规规定税务机关受理复议的其他具体行政行为。

3) 税务行政复议的申请

由承受税务机关征税决定和违章处理决定的当事人，包括纳税人、代征人、代扣代缴义务人、直接责任人和其他税务争议当事人等提出复议申请，递交复议申请书。申请书内容包括：复议申请人的姓名、年龄、地址；法定代表人的姓名、职务、地址；委托代理人的姓名、年龄、职业、地址；复议申请人的营业执照、税务登记证号码、经济性质和经营范围；被提起复议的税务行政处理决定的内容，并附有关证明材料；执行原税务行政处理决定的数额和日期，并附有关证明材料；请求事项和理由；申请人签名或盖章。复议申请人对税务机关作出的征税行为必须首先依法缴纳税款及滞纳金，在收到税务机关填发的缴款凭证之日起60日内向上一级税务机关申请复议。当事人对税务机关的处罚决定、强制执行措施或税收保全措施等表示不服的，可在接到处罚通知之日起或税务机关采取强制执行措施、税务保全措施之日起15日内向其上一级税务机关申请复议。

4）税务行政复议受理

税务行政复议受理是指税务行政复议机关在接到当事人请求复议申请后，经审查决定接受申请或不接受申请的行为及过程。税务行政复议机关应当自收到复议申请书之日起5日内，对复议申请分别作出：符合申请条件，决定予以受理；不符合申请条件，裁决不予受理并说明理由；复议申请书不具备规定内容，退回复议申请书，期限补正等三种答复。当事人提出复议申请，复议机关无正当理由拒绝受理或不予答复的，上一级税务机关应责令其受理或答复。复议申请人对复议机关不予受理的裁决不服的，可在收到不予受理裁决书之日起15日内，向法院起诉。

5）税务行政复议的审理和决定

（1）复议审理　复议审理是指税务行政复议机关受理当事人复议申请以后，着手进行调查核实的全过程。税务行政复议机关对已受理的案件，应在受理之日起7日内将复议申请书副本发送被申请人，被申请人应在收到复议申请书副本之日起10日内，向税务行政复议机关提交作出具体行政行为的有关材料或论据，并提出答辩书。复议期间，纳税人对税务机关的具体行政行为一般不停止执行，但被申请人认为需要停止执行的，或复议机关认为需要停止执行的可以停止执行。在复议机关作出复议决定以前，申请人撤回申请，经复议机关同意并记录在案，可以撤回。但撤回后，不得以同一事实和理由再申请复议。

（2）复议决定　复议决定是指税务行政复议机关对当事人提起的有效的复议申请，进行审理后所作出的最后处理决定。对于有效的复议申请，复议机关应在收到复议申请之日起60日内作出复议决定，并制作复议决定书，送达申请人和实施具体行政行为的原税务机关。复议决定有三种情况：维持原处理决定；变更原处理决定；撤销原处理决定。当事人对复议决定不服的，可在接到复议决定书之日起15日内向法院起诉。

### 13.3.3　税务行政诉讼

税务行政诉讼是指公民、法人或其他组织认为税务机关及其工作人员的具体税务行政行为违法或者不当，侵犯了其合法权益，依法向人民法院提起行政诉讼，由人民法院对具体税务行政行为的合法性和适当性进行审理并作出裁决的司法活动。这项制度有助于保证人民法院正确、及时审理税务行政案件，保护纳税人、扣缴义务人等当事人的合法权益，维护和监督税务机关依法行使行政职权。

1）税务行政诉讼种类

税务行政诉讼按其诉讼标的不同，可分为撤销之诉、确认权利之诉、请求判决被告重作具体税务行为之诉、请求变更之诉和请求赔偿之诉。

（1）撤销之诉　即原告认为税务机关实施的具体行政行为违法或不当，要求人民法院通过审判程序加以撤销而提起的诉讼。

(2) 确认权利之诉　即原告认为税务机关应依法赋予自己某项权利,但税务机关却不给予,要求人民法院通过审判程序加以确认而提起的诉讼。

(3) 请求判决被告重作具体行政行为之诉　即原告认为被告所作出的具体税务行政行为违法,请求法院判决,责令被告重新作出合法的具体税务行政行为的诉讼。

(4) 请求变更之诉　即原告认为被告所作出的具体税务行政行为不符合税收法律规定,请求法院依法判决被告予以变更其已作出的行政行为的诉讼。

(5) 请求赔偿之诉　即原告认为被告所作出的具体税务行政行为损害其合法权益,并造成损失,请求法院依法判决被告予以赔偿的诉讼。

2) 税务行政诉讼的原则

除共有原则(如人民法院独立行使审判权,实行合议、回避、公开、辩论、两审、终审等)外,税务行政诉讼还必须和其他行政诉讼一样,遵循以下几个特有原则:

(1) 人民法院特定主管原则　即人民法院对税务行政案件只有部分管辖权,只能受理因具体行政行为引起的税务行政争议案。

(2) 合法性审查原则　除审查税务机关是否滥用权力、税务行政处罚是否显失公正外,人民法院只对具体税务行政行为是否合法予以审查。与此相适应,人民法院原则上不直接判决变更。

(3) 不适用调解原则　税收行政管理权是国家权力的重要组成部分,税务机关无权依自己意愿进行处置,因此,人民法院也不能对税务行政诉讼法律关系的双方当事人进行调解。

(4) 起诉不停止执行原则　即当事人不能以起诉为理由而停止税务机关所作出的行政行为,如税收保全措施和税收强制执行措施。

(5) 税务机关负举证责任原则　由于税务行政行为是税务机关单方依一定事实和法律作出的,只有税务机关最了解作出该行为的证据。如果税务机关不提供或不能提供证据,就可能败诉。

(6) 由税务机关负责赔偿的原则　依据《国家赔偿法》有关规定,税务机关及其工作人员因执行职务不当,给当事人造成人身及财产损害,应负赔偿责任。

3) 税务行政诉讼受案范围

税务行政诉讼受案范围,是指人民法院对税务机关的具体行政行为具有司法审查权,即纳税人对税务机关的具体行政行为不服可以向人民法院起诉。税务行政诉讼案件范围根据《行政诉讼法》、《税收征收管理法》及相关规定,包括以下诉讼:

(1) 税务机关作出的征税行为。具体包括:征收税款、加收滞纳金、审批减免税和出口退税。

(2) 税务机关作出的责令纳税人提交纳税保证金或提供纳税担保行为。

(3) 税务机关作出的各项行政处罚行为。具体包括:罚款、没收违法所得、没收非法所得、阻止出境、税收保全、税收强制执行等。

4) 税务行政诉讼管辖

税务行政诉讼管辖是确定法院之间受理第一审案件的分工和权限,明确当事人在哪一个人民法院起诉,由哪一个人民法院受理的法律制度。税务行政诉讼管辖分为级别管辖、地域管辖和裁定管辖三种。

(1) 级别管辖　是划分上下级人民法院之间受理一审行政案件的分工和权限。税务行政诉讼级别管辖的主要内容是：基层人民法院管辖一般的税务行政诉讼案件；中级人民法院管辖本辖区内重大、复杂的税务行政诉讼案件；最高人民法院管辖全国范围内重大、复杂的税务行政诉讼案件。

(2) 地域管辖　是确定同级人民法院之间受理第一审行政案件的分工和权限。包括一般地域管辖和特殊地域管辖两种。

① 一般地域管辖：是指行政案件由最初作出具体行政行为的税务机关所在地人民法院管辖。凡是未经复议直接向人民法院提起诉讼的，或者经过复议，复议裁决维持原具体行政行为，当事人不服向人民法院提起诉讼的，均由最初作出具体行政行为的税务机关所在地人民法院管辖。

② 特殊地域管辖：是指经过复议的案件，复议机关改变原具体行政行为的，由原告选择最初作出具体行政行为的税务机关所在地人民法院，或者复议机关所在地人民法院管辖。原告可以向任何一个有管辖权的人民法院起诉，最先收到起诉状的人民法院为第一审法院。

(3) 裁定管辖　是指人民法院依法自行裁定的管辖。包括移送管辖、指定管辖和管辖权的转移三种情况。

① 移送管辖：人民法院发现受理的案件不属于自己管辖时，应当将所受理的税务行政诉讼案件移送有管辖权的人民法院。受移送的人民法院不得再自行移送。

② 指定管辖：有管辖权的人民法院由于特殊原因，不能行使对税务行政诉讼案件的管辖权的，由其上级人民法院指定某下级人民法院管辖；人民法院对管辖权发生争议且协商不成的，由他们共同的上级人民法院指定管辖。

③ 管辖权的转移：上级人民法院有权审理下级人民法院管辖的第一审税务行政案件，也可以将自己管辖的第一审税务行政案件移交下级人民法院审判；下级人民法院对其管辖的第一审税务行政案件，认为需要由上级人民法院审判的，可以报请上级人民法院决定。

5) 税务行政诉讼参加人

税务行政诉讼参加人是指参加税务行政诉讼活动，享有诉讼权利，承担诉讼义务的人。包括税务诉讼当事人和诉讼代理人。

(1) 税务行政诉讼当事人　是指因税务行政上的权利义务关系发生争议或权益受到损害，以自己的名义进行诉讼活动，并受法院裁决约束的利害关系人，即诉讼权利与义务的主要承担者，是进行诉讼活动的主体。当事人包括原告和被告。税务行政诉讼的原告是指以自己名义向法院提起诉讼，从而引起税务行政诉讼程序发生的人。税务行政诉讼的被告是指经原告向法院起诉声称侵犯其合法权益，并由法院通知应诉的税务机关。

(2) 税务行政诉讼代理人　是指依照法律规定，受法院或当事人的委托，以当事人的名义，在一定权限范围内为当事人进行诉讼活动的人。

6) 税务行政诉讼的起诉、受理与应诉

(1) 起诉　税务行政诉讼的起诉是指原告对被告的侵权行为向法院提出诉讼请求，要求法院行使审判权，对原告的合法权益予以保护的诉讼行为。起诉必须有明确的原告和被告；必须有具体的诉讼请求和事实根据；必须在规定的期限内提起；起诉案件必须是属于法院受案范围，并属于受诉法院管辖；起诉一般采用书面形式。

(2) 受理　原告起诉，经人民法院审查，认为符合起诉条件并立案审理的行为，称为受理。根据法律规定，人民法院接到诉状，经过审查，应当在 7 天内立案或者作出裁定不予受理。原告对不予受理的裁定不服的,可以提起上诉。

(3) 应诉　税务行政诉讼的应诉是指税务机关接到法院的应诉通知后,参加诉讼活动向法院提出作出该行政行为的法律依据和事实根据,以驳回原告所提出的诉讼请求。税务行政诉讼的应诉的重要特征是应诉主题只能是作出具体税务行政行为的税务机关,具体从事应诉人员可以是税务机关的法定代表人或由税务机关委托的诉讼代理人。

7) 税务行政诉讼的判决与上诉

(1) 税务行政诉讼的判决　是指人民法院对受理的税务行政案件,经过调查、搜集证据、开庭审理之后,根据所查明案件的事实材料和有关法律规定,对当事人之间发生的税务行政纠纷作出的强制性决定。判决结果主要为:维持判决、撤销判决、履行判决、变更判决。

(2) 税务行政诉讼的上诉　是指当事人对法院一审判决或裁定不服,可在规定期限内请求上一级法院对一审判决或裁定的合法性进行审查,并要求撤销或改变原裁定的诉讼活动。上级法院根据当事人的上诉,对下一级法院未发生法律效力的判决、裁定进行二审程序的审理并作出最终裁决。

## 13.4　税务代理

### 13.4.1　税务代理概述

税务代理是指被有关部门认定资格,并为社会所承认的代理机构、代理人员接受纳税人或税务机关委托,为委托人代为办理纳税申报、结算清缴、纳税检查、税务咨询等涉税事务的一项专门活动。

税务代理作为委托办理税务事宜的一项专门活动,是应纳税人、扣缴义务人的需要而自发产生的。《民法通则》依照代理权产生的根据不同,将代理分为委托代理、法定代理和指定代理。税务代理是代理业的一个组成部分,具有代理的一般共性,是一种专项代理,属于民事代理中委托代理的一种。税务代理的基本特征为:

(1) 主体资格的特定性　在税务代理法律关系中,代理行为发生的主体资格是特定的,作为代理人一方必须是经批准具有税务代理执业资格的税务代理人和税务师事务所。不符合上述条件的单位和个人均不能从事税务代理业务。作为被代理人一方必须是负有纳税义务或扣缴税款义务的纳税人或扣缴义务人。

(2) 法律约束性　税务代理不是一般涵义上的事务委托或劳务提供,而是负有法律责任的契约行为。税务代理人与被代理人之间的关系是通过代理协议而建立起来的,代理人在从事税务代理活动的过程中,必须站在客观、公正的立场上行使代理权限,且其行为受税法及有关法律的约束。

(3) 内容确定性　税务代理的业务范围由国家以法律、行政法规和行政规章的形式确定,税务代理人不得超越规定的内容从事代理活动。除税务机关按照法律、行政法规规定委托其代理外,注册税务师不得代理应由税务机关行使的行政职权。

(4) 税收法律责任的不转嫁性　税务代理是一项民事活动,税务代理关系的建立并不改变纳税人、扣缴义务人对其本身所固有的税收法律责任的承担。在代理活动中产生的税收法律责任,无论出自纳税人、扣缴义务人的原因,还是由于代理人的原因,其承担者均应为纳税人或扣缴义务人。不能因建立了代理关系而转移征纳关系,即转移纳税人、扣缴义务人的法律责任。

（5）有偿服务性　税务代理是我国社会主义市场经济服务体系的一个重要组成部分。税务代理业是智能型的科技与劳动相结合的中介服务行业。它以服务为宗旨，以社会效益为目的，在获取一定报酬的前提下，既服务于纳税人、扣缴义务人，又间接地服务于税务机关。

### 13.4.2　税务代理的原则

税务代理是社会中介服务，作为税收征收机关与纳税人的中介，与征纳双方没有任何利益冲突。税务代理人应站在客观、公正的立场上，以税法为准绳，以服务为宗旨，既为维护纳税人合法权益服务，又为维护国家税法的尊严服务。因此，税务代理人在从事税务代理活动中，必须遵循以下原则：

1）自愿委托原则

税务代理属于委托代理的范畴，必须依照民法有关代理活动的基本原则，坚持自愿委托。代理关系的建立要符合代理双方的共同意愿。代理双方依法确立的代理关系不是依据任何行政隶属的关系，而是依据合同的契约关系。

2）依法代理原则

依法代理是税务代理的一项重要原则。首先，从事税务代理的机构必须是依法成立的机构，从事税务代理的专门人员必须是经全国统一考试合格，并在注册税务师管理机构注册登记的具有税务代理执业资格的注册税务师。其次，注册税务师承办的一切代理业务，都要以法律、法规为指针，其所有活动都必须在法律、法规规定的范围内进行。注册税务师制作涉税文书，计算被代理人应纳或应扣缴的税款，都应符合国家税收实体法律、法规的规定。注册税务师所有执业行为还须按照有关税收征管和税务代理的程序性法律、法规的要求进行。

3）独立、公正原则

税务代理的独立性是指代理人在其代理权限内，独立行使代理权，不受其他机关、社会团体和个人的非法干预。税务代理作为一项中介服务，涉及代理人、被代理人以及国家的利益关系。税务代理人在实施税务代理的过程中，必须站在公正的立场上，在维护税法尊严的前提下，公正、客观地为纳税人、扣缴义务人代办税务事宜，绝不能因收取委托人的报酬而偏袒或迁就纳税人或扣缴义务人。

4）维护国家利益和保护委托人合法权益的原则

税务代理人在税务代理活动中应向纳税人、扣缴义务人宣传有关税收政策，按照国家税法规定督促纳税人、扣缴义务人依法履行纳税及扣税义务，以促进纳税人、扣缴义务人知法、懂法、守法，从而提高依法纳税、扣税的自觉性。同时，通过税务代理，不仅可以使企业利用中介服务形式及时掌握各项政策，维护其自身的合法权益，正确履行纳税义务，避免因不知法而导致不必要的处罚，而且还可通过注册税务师在合法合理基础上的税收筹划，节省不必要的税收支出，减少损失。

### 13.4.3　我国税务代理制的产生与发展

我国的税务代理事业是为了适应国家建立和完善社会主义市场经济和深化税制改革，特别是税收征管改革不断深化的要求，顺应纳税人的客观需求，有组织有计划逐步开展起来的。

20世纪80年代初，随着国家税制改革的开展，我国的税收从单一税制改变为复合税制，纳税难度相应加大。为帮助纳税人正确纳税，一些地区的离退休税务干部组建了税务咨询机构，为纳税人解答税法方面的问题。这是税务代理的雏形。

从1988年起，国家税务总局在全国逐步开展了税收征管改革，辽宁、吉林的一些地区结合征管方式的改变，进行了税务代理的试点，取得了一定的成效。为此，国家在1993年实施的《中华人民共和国税收征收管理法》第五十七条中明确规定“纳税人、扣缴义务人可以委托税务代理人代为办理税务事宜”，并授权国家税务总局制定具体办法。1994年，国家税务总局颁发了《税务代理试行办法》，要求各地有步骤地开展税务代理的试点工作，税务代理市场开始启动。

20世纪90年代中后期，我国的税收征管改革进入深化阶段，税收征管实现了程序化，纳税人必须自觉履行各项纳税义务。但仅凭纳税人自身的努力难以准确地履行其纳税义务，寻求税务代理的客观需求越来越迫切。为促进税收征管改革的深入开展，规范代理行为，提高代理质量，1996年人事部和国家税务总局联合下发了《注册税务师资格制度暂行规定》，在税务代理行业全面实施注册税务师制度，进一步推动了税务代理的开展。

### 13.4.4 税务代理人

税务代理人是指具有一定财政、税收、会计专业理论和知识以及税收实务工作经验，经省以上税务机关批准，从事代理的专门人员。

为了提高税务代理人员的执业素质，按照《注册税务师资格制度暂行规定》的规定，我国对从事税务代理业务的专业技术人员实行注册税务师制，并将其纳入国家职业资格证书制度范畴，以促进税务代理业的健康发展。

1）注册税务师资格考试制度

注册税务师应是精通税法和财务会计制度，并能熟练进行业务操作的专业技术人员，必须具备从事税务代理工作的专业素质和工作技能。实行注册税务师资格考试制度是保证执业准入控制的基本前提。

凡中华人民共和国公民，遵纪守法并具备下列条件之一者，可申请参加注册税务师资格考试：

(1) 经济类、法学类大专毕业后，或非经济类、法学类大学本科毕业后，从事经济、法律工作满6年。

(2) 经济类、法学类大学本科毕业后，或非经济、法学类第二学士或研究生班毕业后，从事经济、法律工作满4年。

(3) 经济类、法学类第二学位或研究生班毕业后，或获非经济、法学类硕士学位后，从事经济、法律工作满2年。

(4) 获得经济类、法学类硕士学位后，从事经济、法律工作满1年。

(5) 获得经济类、法学类博士学位。

(6) 人事部和国家税务总局规定的其他条件。

注册税务师资格考试实行全国统一大纲、统一命题、统一组织的考试制度，原则上每年举行一次。考试科目共分为五科：《税法（Ⅰ）》、《税法（Ⅱ）》、《税务代理实务》、《税收相关法律》、《财务与会计》。国家税务总局负责组织有关专家拟定考试大纲、编写培训教材和命题以及考前培训等工作，人事部负责组织有关专家审定考试科目、考试大纲和试题，组织各项考务工作，并会同国家税务总局对考试进行检查、监督和指导。

2）注册税务师的注册登记制度

国家税务总局及其授权的省、自治区、直辖市、计划单列市注册税务师管理中心，为注册税务师的注册管理机构。按照《注册税务师资格制度暂行规定》的要求，通过考试取得中华人民共和国注册税务师资格证书者，必须在取得证书后三个月内到所在省、自治区、直辖市及计划单列市注册税务师管理中心申请办理注册登记手续。申请注册登记者，必须同时具备下列条件：

（1）遵纪守法，恪守职业道德；

（2）取得中华人民共和国注册税务师资格证书；

（3）身体健康，能坚持在注册税务师岗位上工作；

（4）经所在单位考核同意。

有下列情况之一者，不予注册：不具有完全民事行为能力者；受刑事处罚，自处罚执行完毕之日起未满3年者；被国家机关开除公职，自开除之日起未满3年者；国家税务总局认为其他不具备税务代理资格的情况。

注册税务师有下列情况之一，由国家税务总局或省、自治区、直辖市及计划单列市注册税务师管理中心注销其注册税务师资格：在注册登记中弄虚作假，骗取中华人民共和国注册税务师资格证书；同时在两个税务代理机构执业者；死亡或失踪者；国家税务总局认为其他不适合从事税务代理业务的情况。

注册税务师每次注册有效期限为三年，每年验证一次。有效期满前三个月，注册税务师应到注册税务师管理机构重新办理注册登记，对不符合注册条件和被注销注册税务师资格者，将不予办理注册登记。

3）税务代理的工作机构

税务师事务所是专职从事税务代理的工作机构，它可以是由注册税务师合伙设立的组织，或者是由一定数量的注册税务师发起成立的负有限责任的税务师事务所。税务师事务所是实行独立核算、自负盈亏的经济实体，其收入要依法纳税。

除税务师事务所外，注册会计师事务所、律师事务所和经批准成立的税务代理事务所也可以从事税务代理工作。

### 13.4.5 税务代理的范围和方式

1）税务代理的范围

税务代理的范围是指按照国家有关法律的规定，允许税务代理人所从事的业务内容。尽管世界各国所规定的业务不尽相同，但其基本原则是大致一样的，即税务代理的业务范围主要是纳税人所委托的各项涉税事宜。

税务代理人可以接受纳税人、扣缴义务人的委托业务，按其性质和特点，分为如下类型：办理税务登记、变更税务登记和注销税务登记；办理除增值税专用发票外的发票领购手续；办理纳税申报或扣缴税款报告；办理缴纳税款和申请退税；制作涉税文书；审查纳税情况；建账建制，办理账务；开展税务咨询、受聘税务顾问；税务行政复议；国家税务总局规定的其他业务。

根据现行有关法律的规定，税务代理人不能违反法律、行政法规的规定行使税务机关的行政职能。同时,对税务机关规定必须由纳税人、扣缴义务人自行办理的税务事宜,不得代理。例如《注册税务师资格制度暂行规定》中明确规定,增值税专用发票的领购事宜必须由纳税人自行办理,不得代理。

另外,纳税人、扣缴义务人违反税收法律、法规的事宜,不准代理。例如《注册税务师资格制度暂行规定》第二十六条、第三十条都明确规定了注册税务师不得接受纳税人、扣缴义务人违反税收法律、行政法规事项的委托,并有义务对其行为加以制止及报告有关税务机关。

2) 税务代理的方式

税务代理的方式按不同的标准进行分类,可归为以下几种:

(1) 按照税务代理的业务范围的大小不同,可分为全面综合代理和单项专题代理。

(2) 按照税务代理时间的长短可以分为长期代理和一次(临时)性代理。

总之,纳税人、扣缴义务人可以结合自身的需求,本着节约费用、便利纳税的原则,选择纳税代理的方式。

3) 代理关系的确立和终止

(1) 税务代理关系的确立　税务代理关系的确立应具备下列要件:税务代理人和委托人具备相应的行为能力;代理双方意思表示真实;不违反法律或社会公共利益。

(2) 税务代理关系的终止　税务代理关系终止的类型有以下几种:

① 自然终止:是指税务代理时间已经过期,税务代理委托合同书届时失去效力,税务代理关系自然解除。

② 被代理人终止:包括税务代理人死亡;税务代理被注销资格;税务代理人未按合同规定办理代理业务,严重违反税收法律、行政法规及其他法律法规,给被代理人造成重大经济损失。

③ 税务代理人终止:包括被代理人死亡或解体;被代理人授意税务代理人违反国家法律、法规行为经劝告仍不予停止其违法活动的;被代理人提供虚假的生产、经营情况的财务会计报表造成代理错误;被代理人自己实施违反国家法律、法规行为。

**思考题**

1. 我国分税制下税收收入是如何划分的?
2. 我国分税制下税务机关是如何设置的?
3. 纳税人如何办理税务登记?
4. 哪些单位和个人应办理纳税申报?
5. 账簿、凭证的保管要求是什么?
6. 纳税申报的内容是什么?
7. 在什么条件下税务机关进行税收保全和强制执行?
8. 发票有哪几种?使用时有什么要求?
9. 税务违章有哪些制裁方法?
10. 偷税、欠税、逃税、抗税有什么不同?
11. 纳税评估有哪些通用指标?各有什么功能?
12. 税务行政复议的范围是什么?
13. 税务行政诉讼的受案范围是什么?
14. 为什么要进行税务代理?
15. 税务代理在我国的主要业务范围是什么?

# 参考文献


[1] 郭庆旺,赵志耘. 财政学. 北京：中国人民大学出版社,2002

[2] 胡怡建. 税收学(第二版). 上海：上海财经大学出版社,2008

[3] 杨晓明,程扬,程明红. 税收学. 北京：航空工业出版社,1995

[4] 中国注册会计师协会. 税法. 北京：经济科学出版社,2009

[5] 盖地. 税务会计. 上海：立信会计出版社,2003

[6] 国家税务总局注册税务师管理中心. 税务代理实务. 北京：中国税务出版社,2002

[7] 中华人民共和国增值税暂行条例. 国务院令〔2008〕第538号

[8] 中华人民共和国消费税暂行条例. 国务院令〔2008〕第539号

[9] 中华人民共和国营业税暂行条例. 国务院令〔2008〕第540号

[10] 中华人民共和国进出口关税条例. 国务院令〔2003〕第392号

[11] 中华人民共和国企业所得税法. 2007年第十届全国人民代表大会第五次会议审议通过

[12] 中华人民共和国个人所得税法. 2011年6月30日第十一届全国人民代表大会常务委员会第二十一次会议通过第六次修正

[13] 中华人民共和国资源税暂行条例. 国务院令[2011] 第605号

[14] 中华人民共和国车船税法. 全国人民代表大会常务委员会主席令[2011]11届第43号